Betman · *Diesen Schritt gehen wir nur gemeinsam*

BETMAN

*Diesen Schritt gehen wir
nur gemeinsam*

ROMAN

FOUQUÉ PUBLISHERS NEW YORK

Copyright ©2012 by Fouqué Publishers New York
Originally published as *Diesen Schritt gehen wir nur gemeinsam, 2010*
by Weimarer Schiller-Presse

All rights reserved,
including the right of reproduction,
in whole or in part,
in any form

First American Edition
Printed on acid-free paper

Library of Congress Cataloging-in-Publication Data
Betman
[Diesen Schritt gehen wir nur gemeinsam. German]

ISBN 978-0-578-10304-4

INHALTSVERZEICHNIS

NUR EIN SPAZIERGANG
007

ZWEI SCHICKSALE
075

EINE WINZIGE CHANCE
179

DURCH DICK UND DÜNN
275

NUR NOCH HELLSTES LICHT
341

Nur ein Spaziergang

Gott sei Dank ..., endlich wieder ein sonniger Tag. Und schon in den frühen Morgenstunden des 7. September, blinzelt die Sonne freudestrahlend und angenehm warm über die Wipfel der vielen hohen Fichten und Tannen. Beim Blick durch das sehr große Fenster meines Arbeitszimmers, kann ich so die wunderschöne Natur begrüßen, die mir Gott Tag für Tag immer wieder neu schenkt.

Vierzehn lange Tage ..., vierzehn ewiglange Tage nur zäher Hochnebel und ungemütliches, nasskaltes Wetter. Der Blick auf das Kalenderblatt zeigt mir aber erst Anfang September. Die letzten zwei Wochen, sie waren also keine günstige Zeit für Menschen mit starken Depressionen.

Aber ..., ja doch ..., etwas Gutes hatte es schon, dieses miese Herbstwetter. So habe ich endlich einen Entschluss gefasst, den ich nun möglichst schnell umsetzen, kurzfristig realisieren möchte. Diese Tage waren für mich gedanklich ein chaotisches auf und ab, ein stetes Abwägen für ein Dafür oder ein Dagegen ..., eben ein einziges Desaster.

Wenngleich es meine knappen finanziellen Mittel kaum erlauben, es muss sich eine Lösung finden lassen. Wirklich nur noch ein einziges Mal möchte ich in diese wunderschöne Gegend fahren, in der ich einst meinen allerschönsten Urlaub erleben durfte. Damals ..., ja das waren Tage an denen ich so verliebt, so glücklich war und echt „Schmetterlinge im Bauch" hatte.

Wenn ich mich noch recht erinnere ..., ja das war damals in den ersten zwei Wochen im August 1968. Immer wieder kann ich mich nur wundern, wie schnell doch die Zeit vergeht. Nun ..., einfach sagenhaft ..., das war vor genau 36 Jahren, meine so einmalig schöne Hochzeitsreise nach Hintertux im zauberhaften, so romantisch gelegenen Tuxertal, mit meiner allerliebsten „Christina", meiner heißgeliebten Exfrau.

Ich weiß, die Zeit, sie drängt, ich muss und möchte so oder so für mich eine baldige, eine schnelle Entscheidung treffen.

In meiner kleinen Einbauküche, massiv ganz aus heller Eiche gearbeitet, habe ich nun auf dem Küchentisch jede Menge Papierkram, wie Flyer, lose Blätter, alte Kataloge, Prospekte, Bücher und Zeitschriften aufgestapelt, die ich mir in vielen Jahren zusammengetragen, feinsäuberlich geordnet hatte. Die hell-dunkelblau gemusterte handgearbeitete Tischdecke, die mir meine drei Kinder vor zwei Jahren zu Weihnachten geschenkt hatten, habe ich in der Eile nur zusammengeknüllt achtlos auf meine Bauerneckbank geworfen. Sie ist gleich linkerhand, also unmittelbar nach der Küchentüre und wurde maßgenau von einem mir gut bekannten Schreiner gefertigt. Passend zu dieser Sitzkombination gehört auch noch ein Stuhl, der an der Stirnseite des Tisches steht. Alle Sitzflächen habe ich mir erst kürzlich von einem Freund, mit einem sehr dekorativ ebenfalls hell-dunkelblau gemusterten Stoff, neu beziehen lassen. Rechts der Bank befindet sich ein großes rechteckiges Fenster, das unten bis fast zum Fußboden, oben bis zur Decke reicht und außen auf halber Höhe mit einem schmiedeeisernen weißlackierten Kunstwerk gesichert ist. Hieraus hat man einen wundervollen Blick zur Isar und zu den Isarhöhen. Das gleiche Fenster genau entgegengesetzt, trägt positiv dazu bei, dass die gesamte Wohnung sehr hell und an schönen Tagen, sonnendurchflutet wirkt.

Anschließend an der Breitseite des Zimmers, beginnt die Einbauküche mit einer integrierten großen Energiespar-Kühl-/Gefrier-Kombination. Dann einem Schränkchen aus Holz mit zwei breiten Schubladen, also ausreichend Raum für Bestecke und in den zwei unteren Fächern mit genügend Platz für alle meine Eisen- und Keramiktöpfe, Krüge und Pfannen aus Metall. Dann folgen Geschirrspüler und ein sehr tiefer Eckschrank, der viel Raum für Geschirr und die gesamten Kochutensilien bietet. Gleich darüber habe ich eine kleine Stereoanlage mit zwei Lautsprechern auf einer Eckkonsole montiert und seitlich davon das erst vor wenigen Tagen neu angeschaffte Kombi-Mikrowellengerät. An der Längsseite folgen noch das praktischbreite Spülbecken mit Unterschrank, ein völlig neuer hochmoderner Luxus-Elektroherd mit Dreikreiskochzone und Mehrfachheizsystem. Und zu guter Letzt, habe ich mir als Abschluss zur Gangtüre, millimetergenau, in mühevoller Kleinarbeit, einen über zwei Meter hohen, ein Meter breiten sehr wuchtigen Küchenschrank geleistet. Sehr geräumig, mit vielen kleinen und großen Fächern für meine gesamten Lebensmittelvorräte und mit eingebauter Gewürzbox und zusätzlich jeweils einer Box für Tassen, für Geschirr. Dabei bietet er noch genügend Raum für Gläser jeglicher Art ..., also ich bin für jede Party, für jede Feier bestens gerüstet.

Eine wirklich sehr große Freude bereitete mir erst kürzlich die Wohnungsvermieterin, Frau „Janowski". So überraschte sie mich in der ersten Woche im Juli, mit diesen, bestimmt nicht gerade billigen elektrischen Geräten. Wie sagte sie doch so schön ..., dies sei nur ein kleines Dankeschön für meine so fürsorgliche, liebevolle Pflege ihres Hauses und des jetzt in den Frühlings- und Sommermonaten immer so prächtig und wunderschön blühenden Gartens.

Die beiden höflichen und überaus fleißigen Monteure der Lieferfirma, entsorgten mir großzügig meinen alten Elektroschrott ..., meinen Kühlschrank, den Elektroofen. Diese beiden Geräte durften in meiner unruhigen Zeit nach der Trennung von meiner „Christina", so manchen Umzug mit mir überstehen.

Die letzten Tage haben mich offensichtlich richtig mürbe gemacht, denn augenblicklich kann ich mich kaum auf irgendetwas richtig konzentrieren. Nun durchblättere ich gedankenverloren von hinten nach vorn und wieder von vorn nach hinten, diese alten, fast vergessenen, teils stark vergilbten Unterlagen. Ja, ja ..., vielleicht erhoffe ich mir eine kleine Notiz ..., eine Adresse, eine Telefon- oder Fax-Nummer oder auch nur einen Hinweis. Erst nach zwei ..., nein, es sind schon über drei für mich ewiglange Stunden, werde ich glücklicherweise endlich fündig. In einem alten Reisemagazin, das ich mit vielleicht zwanzig anderen in zwei blauen Ordnern feinsäuberlich sortiert abgelegt hatte, finde ich einen für mich passenden Vermerk, eine Adresse und diese sogar mit Telefon und Fax.

Diese nervige Beschäftigung, hat mich zeitlich länger als von mir erwartet in Anspruch genommen und so sitze ich jetzt nach schon über drei Stunden, ganz gegen meine sonstige Gewohnheit, immer noch ungeduscht und im völlig durchschwitztfeuchten Schlafanzug zwischen all´ diesem Wirrwarr, diesem Chaos aus Zeitschriften und Büchern. Das ganze, schon ziemlich chaotische Durcheinander, habe ich großzügig auf Bank, auf Tisch, auf Stuhl und sogar auf dem terrafarbenen Teppich, der zu zweidrittel den mit kleinen kieselgrauen quadratischen Fliesen gefliesten Küchenboden bedeckt.

Das plötzliche ..., das musikalische Gebimmel meines Telefons, bringt mich jetzt sehr plötzlich auf den Boden der Tatsachen zurück. Schnell rappele ich mich hoch ..., dabei stolpere ich in aller Hektik fast über das von mir achtlos auf dem Fußboden verteilte Chaos.

Hoppla ..., immer schön langsam ..., muss ich mich selber erst einmal beruhigen. Doch wo ist mein schnurloses Sinus-Telefon ..., habe ich allem Anschein nach gestern Nacht. Doch leider ..., was ist mit meinem Erinnerungsvermögen? Habe ich es vielleicht im Arbeitszimmer liegen gelassen? Nur mein mir immer noch stark brummender, schwerer Kopf und das starke Dröhnen und Summen in beiden Ohren, erinnern mich noch schwach an das völlige Blackout in der vergangenen Nacht.

Gestern ..., ja was war gestern? Gestern war es wohl für meine Verhältnisse schon etwas ungewohnt, sehr ..., wohl sehr spät geworden. Vielleicht gegen elf ..., vielleicht auch ein wenig dazwischen oder war es schon gegen zwölf oder noch später ..., viel, viel später? Da muss ich wohl ..., ich weiß nur nicht wie, bis obenhin voll ..., übervoll mit Wein und Schnaps, auf zwei krummen, wackeligen Beinen oder war es gar auf allen Vieren ..., heimgeschaukelt oder besser gesagt, heimgeschlichen sein.

Es war wieder einmal beim „Santorini" ..., einem echt guten, stadtbekannten Griechen, einem bestens geführten Restaurant unmittelbar am Sanatoriumsplatz beim Harlachinger Krankenhaus gelegen. Also nicht zu weit von meinem zuhause, wollte ich mich mit einem ehemaligen Mitschüler der Grafischen Akademie in München, einem Berufskollegen aus meiner früheren beruflichen Tätigkeit, nach langer Zeit wieder zu einem kleinen, vielleicht auch größerem Gedankenaustausch treffen. Wir hatten vor jetzt schon dreißig Jahren, mehr als fünf Jahre lang den gleichen Arbeitgeber ..., wir waren beide Abteilungsleiter in einer Druckerei im Münchener Süden.

Vor gut zehn Jahren traf ich Peter zufällig bei einem Stadtbummel in der Füßgängerzone, in der Neuhauser Straße in München wieder. Mittlerweile ist es uns schon zur Gewohnheit geworden, dass wir uns nach Absprache, in unregelmäßigen Abständen, so ein bis zweimal im Jahr zu einem kleinen Plausch, bei diesem Griechen treffen.

Nun ..., gestern hat mich Peter, leider sehr kurzfristig und ohne Nennung von Gründen, versetzt. Lediglich über Telefon hat er im Lokal angerufen, aber erst nachdem ich schon voller Ungeduld fast eine Stunde vergeblich auf ihn wartete. „Anapoulis", der Besitzer, bei dem er sich meldete, konnte mir auch nichts über das „Warum" und das „Wieso" sagen. Er hat sich leider nur sehr kurz erklärt ..., heute Abend habe er keine Zeit. Das war´s auch schon.

In den dann folgenden Stunden, vertiefte ich mich mit einem anderen, auch gelangweilten Gast, einem urigen Bayern, um die sechzig, wie ich Frührentner, in eine von uns sehr erregt und teils sehr laut geführte politische Debatte. Dies aber hatte leider zwangsläufig zur Folge, dass wir uns wieder und wieder zuprosteten, uns gegenseitig abwechselnd, Stunde um Stunde, viele, ja ..., es waren viel zu viele Schnäpse, gönnten. Nur schwach, nur schemenhaft kann ich mich noch an so einzelne Themen unseres debattierens erinnern und dass er Florian heiße.

In meiner, mitunter zu kleinen, zum Arbeitszimmer umfunktionierten Schatzkammer, habe ich so ziemlich alle mir noch verbliebenen alten Erinnerungsstücke aus glücklicheren Jahren, aufbewahrt. Eine kleine beige Sitzcouch zum Ausziehen, auf der sich meine sechs echten Puppen aus Biskuitporzellan tummeln ..., eine bestimmt sehenswerte, umfangreiche Sammlung von Moccatassen und hochwertigen Porzellanfiguren in einer über zwei Meter hohen Eckglasvitrine aus massivem Kirschholz. Dazu zwei Sideboards ebenfalls aus Kirsche, angefüllt mit leider nur mehr wenigen Überresten meiner ehemals fast kompletten Briefmarken- und Bildersammlungen. Außerdem bewahre ich in diesen beiden Schränken noch so etliche, aufwendig im Tiefdruck hergestellte alte Radierungen, so allerlei mir liebgewordene Utensilien und Kleinkram auf. Auch vier Erinnerungen an eine wunderschöne Reise nach Mali Loginij, eine kleine im heutigen Kroatien in der Adria gelegene Halbinsel, alte echte handgewebte Teppiche und ein aus einem alten, schon etwas brüchigem Wohnimmerschrank von mir in Kleinstarbeit zu einem Hochschrank zusammengeschreinertes Kleinod, konnte ich noch in diesem relativ kleinen Raum unterbringen. Solch ein jetzt geräumiger Schrank, war dringend von Nöten, um meine relativ hochwertigen Glasfiguren, Gläser, und weitere für mich wertvolle Andenken unterzubringen. Erinnern mich diese Stücke beim Abstauben, doch jedes Mal immer wieder an frühere, an glücklichere, an bessere Tage.

In geschmackvolle Rahmen gefasst, hängen an den teils bis zu vier Meter hohen Wänden, zwölf alte, von den Künstlern handsignierte Radierungen mit Motiven aus Alt-München und aus meiner Geburtsstadt Hamburg. In vielen Jahrzehnten habe ich in einem dunkelbraunen antiken Hängeschrank, eine Sammlung von kleinen Vasen aus wertvollem Porzellan, aus aller Herrenländer zusammengetragen. Jede dieser Porzellanvasen kann mir eine eigene Geschichte …, eine Anekdote von einer Reise in ein fernes, fremdes Land erzählen. Oft ertappe ich mich, wie ich mich mit diesen toten Gegenständen gedanklich unterhalte und von diesen Reisen träume.

In meiner sehr beengten Schreibecke, gleich unter dem Dachfenster, mit Computer, Drucker und einem gebrauchten, schon in die Jahre gekommenen Fax-Gerät, verbringe und verbrachte ich schon so manche Stunde, lange Tage und auch schon Nächte, mit dem Selberdichten und Sammeln von Gedichten bekannter Denker und Poeten. Auf dem PC schrieb und gestaltete ich mir umfangreiche Gedichtbände und druckte diese dann in Farbe auf dem Laserdrucker aus. Zusätzlich illustrierte ich das Ganze dann noch, also je Band mit den Gemälden namhafter Maler, die ich mir nach Bedarf, aus über 10.000 lizenzfreien Gemälden, aus über zwanzig CDs, heraussuchen konnte.

Mittlerweile hat diese Edition von Gedichten und Sprüchen, gewaltige, gigantische Ausmaße von acht Bänden mit je 240 Seiten Inhalt erreicht. Illustriert, sind wie schon beschrieben, alle acht Bände mit je zweiundzwanzig vierfarbigen Gemälden und einer Kurzbiografie des jeweiligen Malers.

Diese besagte umfangreiche Sammlung aus mittlerweile zwanzig DIN A4 Ordnern, war mir dann irgendwann zu gewaltig und so musste ich mir speziell hierfür, zum anderen Mobilar passend, einen passenden Schrank, ebenfalls aus Kirschbaum, suchen. Für mich war dieses schöne Hobby, dem ich gut drei Jahre verfallen war, immer Entspannung und willkommene Ablenkung.

War ..? Deshalb, weil ich vor zwei Monaten dieses interessante Thema mit der Fertigstellung des letzten, des achten Bandes, abgeschlossen habe. Jetzt, also momentan, sortiere, scanne und bearbeite ich auf dem Computer alle noch guten und auch sehenswerten Fotos meiner insgesamt vier Kinder, aus deren Baby- und Kinderzeit. Wenn ich dieses Unterfangen zeitlich und auch finanziell schaffe, was ich mir von Herzen so wünsche, möchte ich für jedes meiner Kinder ein komplettes Album mit all` diesen vielen schönen Erinnerungen gestalten, texten und ausdrucken. Es soll eine kleine Erinnerung, ein schönes Andenken an die Kindheitsjahre sein.

Jahre ..., die nicht nur schön, sondern hin und wieder schwierig, kompliziert, mitunter leidvoll gewesen waren. Dabei denke ich hier an die Jahre 1973 und 1974 zurück, die meines Erachtens mitentscheidend waren, dass sich die Wesensart, der gesundheitliche und physische Allgemeinzustand meiner geliebten „Christina", so stark zu ihrem Nachteil veränderte.

Bestimmt ausschlaggebend hierfür war 1973 der so unerwartete, plötzliche Tod von „Günther", das schnelle tragische und unerwartete Sterben unseres Erstgeborenen, unseres von uns beiden so innig geliebten Sohnes. Dieser schwere Schicksalsschlag veränderte von nun an, trotz dreier gesunder, sehr lieber Kinder, die mir „Christina" in den Jahren 1974, 1976 und 1979 schenkte, ihr ganzes „Ich" und war letztendlich bestimmt mitentscheidend, dass wir uns nach fast neunundzwanzig Ehejahren, nach überaus glücklichen und schönen, zuletzt leider sehr schwierigen Jahren, trennten.

Ja, ja ..., meine lieben Erinnerungen und meine oft so verwirrten Gedanken. Das Telefon ..., ja, ja, ich hatte es wirklich nachts im Arbeitszimmer, ich weiß nicht mehr warum ..., auf die beige Couch, zwischen all´ meine Porzellanpuppen gelegt. Nun, da es wieder und wieder sehr musikalisch, übernervös klingelt, habe ich es endlich entdeckt und drücke nun ..., etwas zu hektisch und schon ziemlich genervt, auf die grüne Taste.

Pronto, hier Beyer ..., höre ich mich jetzt schon etwas gereizt sprechen. Doch was ist mit meiner Stimme ..? Einfach grausam ..., *hallo, aber hallo ..., Papa, wo bleibst Du denn? Hopp, hopp, habe ich Dich vielleicht hochgeschreckt? Wie geht es Dir heute an diesem so herrlichen, an diesem so sonnigen Morgen? Echt, ich mache mir wirklich Sorgen um Dich. Was war heute Nacht mit Dir und was ist nur mit Deiner Stimme? Du hast mich zu einer unmöglichen, zu einer nachtschlafenen Stunde, ich glaube, es war schon lange nach Mitternacht, angerufen und mich aus meinem angenehm warmen Bett gescheucht. Dabei hast Du mir leider auf meiner Mobil-Box keinerlei Nachricht hinterlassen* ..., erklingt am anderen Ende der Strippe, für mich heute um diese Zeit etwas überraschend, die angenehm warme Stimme meiner lieben Tochter „Monika".

Vorsichtig muss ich mich räuspern. Mit ihrem Anruf habe ich um diese Tageszeit nun wirklich nicht gerechnet. Ist sie doch berufstätig und um diese Stunde arbeitet sie werktags fast immer, also montags bis donnerstags von 8.00 bis 17.00 Uhr, in der Medienabteilung einer der größten Versicherungen Deutschlands in München. Nun und heute ..? Heute ist doch Dienstag und am kommenden Freitag ist erst wieder ihr Haustag ..? *Bist Du vielleicht krank, Du hörst Dich ja heute schlimm an* ..? frägt sie nun schon hastiger, etwas besorgter, denn allem Anschein stehe ich einmal mehr auf der sogenannten langen Leitung. *Das ist lieb von Dir, dass Du Dir solch unnötige Sorgen über mein gesundheitliches Befinden machst. Aber soll ich ehrlich sein ...,* antworte ich zu hastig, ein wenig gereizt. *Mir geht es jetzt im Augenblick wirklich blendend. Glaube mir, mir geht es bestens ...*, wiederhole ich mich. Nach diesem kleinen Schwindel, muss ich mich doch ein paar Mal räuspern ..., *na, ja ..., so oh lá lá. Sagen wir, den Umständen entsprechend gut. Wenn ich einmal vom überlauten Nachklingen meines blöden Kopfes und vom starken Windsausen in den Ohren absehe. Diese letzte Nacht ist beiden allem Anschein nach, nicht besonders gut bekommen. An das was heute Nacht passiert ist, an das kann ich mich beim besten Willen nicht mehr erinnern. Bitte entschuldige ..., es tut mir wirklich leid, wenn ich Dich wegen meinem dummen Aussetzer, um Deinen dringend notwendigen Schlaf gebracht habe.*

Meine Stimme ..., sie krächzt ja furchtbar. Chaotisch, ich kann mich schon nicht mehr hören. Aber ..., ja es muss wirklich so gewesen sein. Irgendwie habe ich beim Griechen, Du kennst ihn ja, wohl einen schlechten Schnaps erwischt und dabei ist mir anscheinend der Film total gerissen. So bin ich irgendwann ..., trotz alledem heil nach Hause gekommen. Du siehst, ich habe einen sehr braven, um mich besorgten und wirklich ortskundigen Schutzengel, der wie Du, immer auf mich aufpasst und mich immer bei der Hand nimmt.

Ein paar Sekunden ..., nur eine kleine Konzentrationspause und schon finde ich meinen roten Faden wieder. Doch das Wichtigste habe ich vor lauter Kopfschmerzen ganz vergessen ..., meine allerliebste „Monika". Du wirst es nicht glauben, aber ich habe mich endlich dazu durchgekämpft, ich habe mich endlich dazu entschieden. Für ein paar Tage, möchte ich wieder einmal in meine geliebten Berge fahren, um mich ein wenig zu erholen, um mich auszuspannen. Noch heute werde ich dies nach Möglichkeit regeln. Dieser Wortschwall, so viel wollte ich gar nicht reden. Zum Mindesten, mir gelingt jetzt ein schwaches Lachen.

Liebster Papa, endlich eine sehr gute Nachricht. Und allem Anschein, geht es Dir gar nicht so schlecht ..., bei Deinen Späßchen ..., kommt erfreut die Antwort. *Wenn es Dir recht ist, werden wir Dich gerne in Dein Domizil fahren und wir holen Dich dort gerne auch wieder ab. Gebe uns bitte nur rechtzeitig Bescheid. Wir würden uns wirklich freuen, wenn wir*

Dir damit endlich einen Gefallen tun könnten. Eine solch lange Fahrt, ist doch für Dich bei Deinen oft so starken Schmerzen, viel zu anstrengend und bestimmt keine Erholung mehr. Denke daran und bitte, achte besser auf Deine schon sehr angegriffene Gesundheit und noch etwas ..., ein bisschen werden wir Dir, finanziell meine ich, schon unter die Arme greifen können.

Was soll ich nun dazu sagen? Mir schießen so einige Dinge blitzschnell durch meinen Kopf. Dies ist mir aus bestimmten Gründen, bei aller Fürsorge ..., über diese möchte ich mich hier noch nicht auslassen, nun wirklich nicht recht. Wenn ich ehrlich sein soll, am Liebsten möchte ich diesen Kurzurlaub, meine vielleicht letzte Reise, ganz alleine antreten. Sie soll nur für mich ..., nichts wünsche ich mir im Augenblick mehr und inniger. Nur noch für dieses eine Mal, ein wirklich einmaliges, ein wunderschönes und glückliches Erlebnis bringen. Nur noch einmal möchte ich, wenn ich es gesundheitlich schaffe, all´ die vielen Wege gehen, die ich mit meiner „Christina" damals gewandert bin.

Meine drei Kinder ermöglichen mir durch eine regelmäßige monatliche Zuwendung, bei den Benzin- und Versicherungskosten, ohnehin den Luxus eines Kleinwagens. Diesen habe ich vor gut sechs Monaten, für runde 2.800 Euro günstig erstanden. Es ist ein dunkelgrüner Fiat Punto, Baujahr 1998, mit nicht einmal 50.000 echt gefahrenen Kilometern. Vor mir war der Klein-Pkw im Besitz von zwei älteren Damen, die ihn allerdings nur für gelegentliche Einkäufe und Urlaubsfahrten benutzten. Ohne diese großzügige, liebe Geste meiner Kinder, ist mir das Halten eines, wenn auch nur kleinen Autos, bei meiner kaum lebensfähigen, sehr bescheidenen Rente kaum möglich. Für mich bedeutet dies nach wie vor Beweglichkeit, was mir bei meiner jetzigen gesundheitlichen Verfassung, überaus wichtig erscheint.

Hallo, hallo ..., hallo „Monika", bist Du noch da, bist Du noch an der langen Strippe ..? Plaudere ich nach meinen ergiebigen gedanklichen Abschweifungen und Geistesblitzen munter in die Hörmuschel. *Ich werde nun erst einmal dort anrufen und über das Wann, das Wohin und* das Wie, werde ich Dich entweder heute Abend zuhause oder morgen in der Firma anrufen. Gleich klemme ich mich an die noch heiße Strippe, um mir ein für mich passendes Domizil, wie Du es so schön formuliert hast, zu suchen. Deine Fürsorge hat mir sehr gut getan. Darum möchte ich Dir für heute einen wirklich schönen, sonnigwarmen Tag wünschen und vor allem, denke auch daran ..., keinen Stress und Ärger an Deinem Arbeitsplatz. Herzlichen Dank für Deinen so lieben Anruf und viele liebe und von ganzem Herzen kommende Grüße an Deinen braven „Helmut".

Tschüss und alles, alles Liebe und bitte ..., achte ein bisschen mehr auf Dich, auf Deine Gesundheit und schone Dich besser. Wir brauchen Dich noch länger und nicht vergessen, rufe mich an, wenn Du Hilfe brauchst ..., haucht sie noch schnell in die Leitung. Aus der weinroten Muschel erklingt leise nur noch das gleichmäßig monotone ... tüt, tüt, tüt.

„Helmut", er ist schon seit gut zwei Jahren mit meiner Tochter „Monika" verheiratet. Soweit verstehen sie sich ganz gut. Er hat so seine Eigenheiten, doch ehrlich ..., wer hat diese nicht. Man sollte ihm zuhören können und man muss ihn reden lassen, so nehmen wie er nun einmal ist. Beruflich ..., ja, da ist er bei einem der größten Energiekonzerne Deutschlands beschäftigt. Er chauffiert den Vorstandsvorsitzenden und das oft auch im privaten Bereich, was auch dessen Ehefrau betrifft. Dieser Job gönnt ihm zwar vielerlei Freiheiten, aber er muss wiederum zu den unmöglichsten Zeiten und das auch an den Sonntagen, seinen wirklich großzügigen, sehr toleranten Chef nicht nur in ganz Deutschland, sondern sehr oft auch im Ausland, zu wichtigen Gesprächen der großen Industriebosse, der politischen Größen fahren. So darf oder besser gesagt, muss er des Öfteren auch auf weiterbildende Schulungen und zu Seminaren, zum Sicherheitstraining und das nicht selten auch an Wochenenden. Bestimmt, das ist nicht jedermanns Sache, denn auch der Lebenspartner muss sich erst einmal mit diesen Gegebenheiten abfinden und akzeptieren.

Endlich erledige ich, für mich ungewohnt, spät, etwas hastiger, etwas flüchtiger als sonst, meine unbedingt notwendige, morgendliche Toilette. Noch immer rieche ich an mir den mich jetzt stark störenden Zigarettenrauch. Nach dem Ankleiden frühstücke ich eine Kleinigkeit ..., zwei dünne Knäckebrote mit fettarmen Streichkäse sehr dünn bestrichen. Dazu in der Regel, täglich zwei größere Tassen schwarzen Tee mit reichlich Zitrone pur.

Mir unerklärlich ..., aber ich bin so was von nervös und aufgeregt. Da passiert es ..., diese dritte Tasse, sie ist mir nicht mehr vergönnt. Den eben frisch aufgebrühten heißen Tee, den schütte ich mir über meine beiden Beine, über meine erst gestern frischgebügelte tiefschwarze Hose ..., *au, verflixt ..., nimm Dir doch etwas mehr Zeit. Heute hast Du wirklich nur zwei linke Hände* ..., schelte ich mich selber.

Mein Lieblingsgetränk Tee ..., ein Kapitel für sich. Seit meiner Scheidung ist er mein liebstes Getränk. Tee ..., trinke, ja genieße ich in allen geschmacklichen Variationen. Vor allem dann, wenn es dieser so aromatische grüne oder gar schwarze Tee ist. Verständlich ..., wenn ich ihn dann noch dazu so persönlich, so liebevoll verpackt bekomme. In einem kleinen Geschäft, im Herzen Münchens, direkt in der Fußgängerzone und nur wenige Schritte von der Münchener Liebfrauenkirche. Ja, ja ..., dort werde ich fast immer, mir schmeichelt dies gewaltig, sehr persönlich und zuvorkommend, von einer überaus hübschen, schlankgewachsenen, liebenswerten dunkelhaarigen Verkäuferin, so um die fünfundvierzig, mit großen, wunderschönen dunkelbraunen Mandelaugen, überaus ausführlich beraten und bedient.

Diese exklusive Beratung hat es in sich ..., sie zieht und zieht sich ..., oft auch wesentlich länger, aber mindestens über eine halbe Stunde hin ..., was natürlich fast immer einen kleinen Flirt inklusive, beinhaltet. Mit dieser so hübschen Verkäuferin, konnte ich mich in schon vielen Gesprächen, bislang über jedes Tagesthema unterhalten. Immer hatten wir ausreichend interessanten Gesprächsstoff. Eigenartig, doch noch nie redeten wir über private Dinge und außerdem ..., ja, ja ..., ich kenne sie leider nur unter Frau „Pantonella". Sagenhaft ..., und das jetzt schon seit mehr als zwei Jahren.

Doch ..., ja, doch ..., bei meinem bislang letzten Einkauf, da war alles ein bisschen anders. Mitte August ..., es war schon der Elfte, ein Mittwoch, ein schwülwarmer, sehr sonniger Sommertag. Nach einem halbtäglichen Bummel durch die Münchener Innenstadt, beim anschließenden Einkauf in diesem für mich immer sehenswerten, kleinen Teeladen, da schaffte ich es. Da konnte ich dieses liebe, so gesprächige, reizvolle Geschöpf, zum ersten Mal in ihrer Mittagspause zu zwei Cappuccino, in ein unmittelbar angrenzendes Café überreden.

Diesen Tag habe ich auch deshalb noch in so deutlicher Erinnerung, weil ich um 14.30 Uhr einen dringenden Termin bei meinem Freund, einem Arzt „Dr. Schreiber" hatte. In dieser viel zu kurzen halben Stunde redete nur sie. Anstrahlen ..., ich durfte sie nur anschauen ..., ansehen. Völlig geblendet ..., ich konnte meinen Blick nicht von diesem so schönen Bild lassen. So begnügte ich mich lediglich mit zwei oder waren es sogar drei, vielleicht auch vier kurzen Gegenfragen, die ich in ihre sehr knappen Rede- und Verschnaufpausen einschieben konnte.

Das war wirklich das erste Mal, dass ich mir hinreichend Zeit für die genauere Betrachtung dieses wunderschönen Bildes „Pantonella", nahm. Was für ein Genuss! Ein sehr ansprechendes Äußeres ..., mit einer fraulich betonten Figur ..., sehr gepflegt, dezent und geschmackvoll, nach neuester Mode gekleidet. So um die fünfundvierzig bis fünfzig Jahre jung. Ihr schönes Gesicht ..., schmal geschnitten, leicht oval, von Wind und Wetter, von der Sonne leicht gebräunt. Mit einer bestimmt weichen, feinen Haut, ein wenig Make-up, die tiefschwarzen, langen Augenwimpern ganz leicht und gekonnt nachgezogen und wie schon von mir geschwärmt ..., „Pantonella", sie hat sagenhafte, dunkelbraune Mandelaugen, sinnliche, volle Lippen und eine wirklich optimal geformte Nase. Ihr Haar dunkelbraun, halblang, sehr modern geschnitten ..., rundum ein Anblick ..! „Pantonella" eine Frau zum schwärmen, zum verlieben, eine Frau für's ganze Leben.

Mit einem leicht südländischem Akzent erzählte sie mir, dass sie schon seit nun mehr fünf vollen Jahren, im ach so wunderschönen München lebe. Sie selber käme aus einem kleinen Bergdorf, aus Scanno hoch über der Schlucht des Sagittario, in den Abruzzen, dem so weltfremden Gebirge Italiens. Einem Dorf, in dem die Stille wohnt, wie sie sich so schön formulierte. Eine Gegend in der es nur sehr arme Bauern, Schafe und Wölfe gibt und die Hoffnung, dass alles für immer so bliebe. Scanno sei ein Ort, in dem die Zeit stehen geblieben war.

Ihre Eltern, die früher in Deutschland beruflich viel unterwegs waren, aber leider vor ungefähr einem Jahr bei einem Flug in die Staaten tödlich verunglückten, nahmen sie damals nach Abschluss ihrer Schul- und Lehrzeit, oft auf ihren Reisen mit. So konnte sie sich ein fast perfektes Deutsch aneignen, was ihr bei ihrer jetzigen beruflichen Tätigkeit in München, von Vorteil ist. Auch zuhause, also auch im Privaten, redete sie mit ihren Eltern in deutscher Sprache. Sie hat sich außerdem zwischenzeitlich mit Hilfe einer nicht unerheblichen Erbschaft von seitens ihrer tödlich verunglückten Eltern ..., so ganz ohne Schulden, eine gemütliche Zweizimmer-Eigentumswohnung mit 63 qm, kaufen können. Und das ..., nobel, nobel, im Münchner Stadtteil Bogenhausen. Wie sagte sie am Schluss unseres Gespräches noch ..., in München lässt es sich gut leben!

Zwei Mal war sie schon so gut wie ..., aber nur so gut wie verheiratet. Irgendwie hat sie immer rechtzeitig den Absprung geschafft. Komischerweise kam ihr immer dann etwas Unerwartetes dazwischen und jetzt wartet sie, wie sie sich formulierte, noch immer und auf ewig, auf ihren Froschkönig, auf ihren Prinzen, auf ihren Rosenkavalier!

Großzügigerweise erzählte sie mir ganz frei und locker, und das ohne dabei rot zu werden, dass sie schon sehr viele Männer, alte und auch jüngere, viel jüngere ..., aus- und durchprobiert hätte. Aber das war auch schon alles, es wurde nie was Bleibendes, es wurde nie mehr aus diesen Bekanntschaften. So waren die meisten dieser Kontakte, aber auch ihre Beziehungen, nur von kurzer, meist sehr kurzer Dauer. Wie sagte sie hier wieder so treffend ..., es war für sie nichts Bewegendes darunter. Am Schluss fehlte immer der entscheidende, letztendlich zündende Funke.

Dieses, für mich so kurze Treffen, war viel zu schnell vorbei. Wie schon gesagt, außer einigen kurzen Zwischenfragen, kam ich kaum zu Wort. Doch etwas war dieses Mal, das letzte Mal ganz anders ..! Beim Verabschieden nahm sie meine beiden Hände in die ihrigen und zog mich zu sich heran, umschlang mich mit beiden Armen und drückte sich einige Male ganz fest an mich. Sehr deutlich konnte ich ihren Körper, ihre Erregung fühlen ..., ihren immer kürzer werdenden Atem sehr deutlich am Halse spüren. Der dann folgende Kuss war dann leider nur sehr flüchtig auf die Wange gehaucht. Ihre plötzliche körperliche Zuwendung überraschte mich und so reagierte ich kaum ..., so blieb es leider nur bei dieser Flüchtigkeit. Sie sagte noch, dass sie sich liebend gern mit mir wieder treffen wolle, vielleicht würde sogar mehr daraus. Dann, ein sehr knappes Tschüss, ein flüchtiger Handkuss und schon lief sie hurtig, viel zu flott durch die gläserne Flügeltüre des Geschäftes und entzog sich so meinen Blicken. War dies nun alles oder haben wir eine gemeinsame Zukunft? Die dann folgende Woche benötigte ich, um meine Gefühle wieder in den Griff zu bekommen. Ihre körperliche Nähe hatte etwas, hatte in mir ein Feuer entfacht, das ich so schon einige Jahre nicht mehr in mir verspürte, das ich so sehr vermisste.

Ach, was soll´s ..., immer diese meine gedanklichen Abschweifungen. Mittlerweile ist es fast schon 11.00 Uhr und nun blättere ich wieder in der vorhin gefundenen Broschüre, auf der Suche nach der erhofften Rufnummer vom Tourismusverbund Tux im Tuxertal. Nur dort will ich mir für eine Woche eine passende noch bezahlbare Bleibe suchen. Und von dort aus will ich meine Wanderungen koordinieren. Aber jetzt muss ich erst einmal Glück haben und siehe da, auf der vorletzten Seite, eine kleine einfarbige Anzeige, die ich in Gedanken, in der Eile schon mehrmals überblättert haben muss. Endlich der erwünschte Hinweis und sogar mit Telefon-/Fax-Nummer! Mein Herz was willst du mehr. Es wurde aber auch allerhöchste Zeit.

Hastig, mit feuchten und übernervösen Fingern, wähle ich nun die gefundene Telefon-Nummer und siehe da ..., *Tourismusverbund Tux, Frau „Gutholz"*, höre ich eine angenehm weiche, weibliche

Stimme aus der Leitung. *Mein Herr, was können wir hier alles für Sie tun?* Gott sei Dank, die Nummer stimmt noch ..., das beruhigt mich und jetzt muss ich erst einmal tief durchatmen. Einen wunderschönen guten Morgen, mein Name ist Beyer. Ich möchte mich wenn möglich, nur für eine Woche, also vom 4. bis zum 10. Oktober in Ihrer so schönen Gemeinde erholen ..., sprudelt es aus mir heraus. Haben Sie für diese Zeit für mich, also für eine Person, ein preisgünstiges Angebot mit Halbpension in Hintertux im Hotel Vierjahreszeiten? Sagen Sie bitte dem Eigentümer einen schönen Gruß. Ich war vor Jahren des Öfteren, das letzte Mal allerdings vor nun schon dreizehn Jahren, in dieser so schönen und reizvollen Ecke Österreichs und möchte mir, wenn auch nur für wenige Tage, diese, für mich unvergessene Zeit noch einmal zurückholen.

Herr Beyer, haben Sie einen eigenen Faxanschluss oder gar eine E-mail? kommt sofort die Gegenfrage ..., *dann kann ich Ihnen im Laufe des Tages einige Möglichkeiten zusammenstellen und zuschicken. Sie können sich dann in aller Ruhe das für Sie günstigste Angebot herauspflücken. Geben Sie mir aber bitte rechtzeitig Bescheid. Sie wissen schon, wegen der Reservierung. Wir möchten doch, dass Sie sich bei uns wieder so wohl fühlen; so wie damals vor zick Jahren. So formulierten Sie sich doch ..? Sie sind ja noch ein richtiger Romantiker.*

Nun höre ich Frau „Gutholz" ganz leise durch die Strippe lachen und ..., *garantiert finden wir für Sie etwas Geeignetes. Ich möchte Ihnen gerne dabei behilflich sein. Doch jetzt benötige ich zu Anfang noch ihre persönlichen Daten* ..., schließt sie nun ihrem höflichen Wortschwall. Nun, das mit meinen privaten Daten ist schnell erledigt und abschließend ..., vielen Dank Frau „Gutholz" für Ihre Bemühungen. Nun kann ich Ihnen nur noch einen sonnigen, wunderschönen Tag wünschen. Jetzt erwarte ich ganz aufgeregt Ihre Nachricht und freue mich schon auf erholsame Tage bei Ihnen im schönen Tuxertal. Sie sind eine wirklich sehr freundliche und liebe Person. Aus der Hörmuschel nun wieder ihr leises Lachen. *Vielleicht sehen wir uns ja bald persönlich, dann können Sie in Natura feststellen, inwieweit ich wirklich* ..., jetzt lacht sie lauthals in die Muschel ..., *ich freue mich wirklich* ..., ehrlich, ich freue mich schon *auf Ihre ganz persönliche Erscheinung. Sie, Sie ..., Sie Romantiker ...,* und schon hat sie aufgelegt.

Nur zwei kurze Telefonate und doch ..., ich fühle mich jetzt plötzlich so richtig erschöpft und hundeelend. Und das, trotz dieser so lieben Gespräche. Da ist sie plötzlich, ich spüre sie wieder diese Erregung, diese innere Unruhe. Mich juckt es am ganzen Körper. Überall könnte ich mich jetzt kratzen ..., unterdrücke aber dieses Verlangen. Es ist Zeit, dass ich mir die Beine vertrete, um meine Gedankenströme wieder zu entwirren. Aus dem Sideboard im Wohnzimmer hole ich mir meinen dunkelblauen warmen Wollpullover. Diesen hatte ich mir vor einigen Jahren in Italien, in San Vincenzo, kurz vor Piombino gelegen, an der Ligurgischen Mittelmeerküste, damals auf einem großen Bauernmarkt gekauft.

Es war dies in den letzten Oktoberwochen bei einem großen Tennisturnier. Die Nächte waren in dieser doch schon späten Jahreszeit, auch in der Toscana empfindlich kühl. Damals spielte ich noch in meiner knapp bemessenen Freizeit, regelmäßig wöchentlich einmal und das dann immer an den Donnerstagen von 19 bis 21 Uhr, im Westen von München, in einer Tennisschule. So kam es, dass wir in Sachen Tennis, jedes Jahr ein verlängertes Wochenende zu einem Turnier, meist in Italien, unterwegs waren.

Mich friert es plötzlich so intensiv ..., ich zittere am ganzen Körper. Doch trotz meiner nun extrem starken Kopf- und Bauchschmerzen, verlasse ich kurzentschlossen meine am Heubachweg in der Menterschwaige, einem kleinen Stadtteil im Süden von München gelegene Zweizimmerwohnung. Diese zwar beengte, für diesen Teil Münchens jedoch sehr preisgünstige und gemütliche Bleibe, haben mir meine Kinder vor einem Jahr vermittelt. Sie befindet sich in einem kleinen Dreifamilienhaus aus den frühen Fünfzigerjahren. Dieses Häuschen mit seinen vier Erkern, dem schön angelegten sehr gepflegten Garten, mit seinen vor allem in den Frühlings- und Sommermonaten intensiv blühenden Rosen und den vielerlei bunten Blumen, hat schon des öfteren so manchem neutralen Betrachter, mehr als nur ein bewunderndes, erstauntes *Oh ...,* entlockt. Das Haus, mit seinem leichten Ockertonanstrich, steht inmitten eines Gärtchens mit zwei riesigen Apfelbäumen und einem knorrigen, uralten Zwetschgenbaum, mit im Spätsommer sehr köstlich schmeckenden, saftigen Früchten. Und ..., ja im Frühling blühen diese drei Prachtexemplare, Jahr für Jahr so richtig um die Wette. Jedes Mal ein echter Genuss für ein sehendes Auge ..., ein Blütenzauber in weiß und rosa.

Rund um das Haus, das im Zentrum des 1.200 qm großen Grundstückes steht, sind von mir vielerlei gelbe und rote Rosen und mindestens zwanzig kleinwachsende Sträucher auf einem bis zu drei Meter breitem relativ unregelmäßig verlaufenden Randstreifen gepflanzt worden. Allesamt darf ich, wenn mir die Zeit und die Muse dies lässt, hegen, pflegen, zuschneiden und in den Frühlings- und Sommermonaten auch des öfteren fleißig begießen. Vom Hauseingang weg führt zur Straße hin, ein mit Natursteinen natürlich angelegter Weg und auch die Einfahrt, die zu den rechts vom Haus stehenden, drei Garagen führt, ist ebenso kunstvoll gepflastert. An den beiden langen Straßenseiten, ist das Grundstück mit einem schwarzen, kunstvoll sehr aufwendig gearbeiteten etwa zwei Meter hohen schmiedeeisernen Gartenzaun gezäunt. Das Gartentor und auch die mächtige Toreinfahrt, sind ebenso gearbeitet. Zusätzlich hat man goldfarben in den beiden Torflügeln, links die Kreuzigung Christi und rechts die Mutter Gottes meisterlich eingearbeitet. Eine wirklich sehenswerte, bestimmt arbeitsintensive Meisterleistung eines stadtweit bekannten Kunstschmiedes. Ein 120 cm hoher grüner Drahtgeflechtzaun, grenzt die beiden Nachbargrundstücke ab.

Und ja ..., mein kleines Refugium, es befindet sich unmittelbar unter dem nicht zu steilen Dach; also mit spitzzulaufenden Decken. Was bedeutet, dass sämtliche Zimmer relativ hoch sind, denn im gesamten Haus gibt es weder Speicher noch Dachboden. Dafür aber haben wir großzügig gehaltene Kellerräume ..., eine geräumige Waschküche, einen Wäschetrocken- und einen geräumigen Fahrradraum.

Mein Vormieter, der dieses Domizil zwanzig lange Jahre bewohnte, hat wirklich sehr viel Fleiß, Arbeit, Zeit und vor allem auch viel

Geld in mein Zuhause investiert. So hat er sämtliche Zimmerdecken mit weißen Deckenpaneelen, Nut und Feder, aus Polystyrol-Hartschaum, ausgestaltet und wärmeisoliert, auch das kleine Bad. Bei diesem und in der Küche, ist der Fußboden mit kleinen kieselgrauen Klinkersteinen gefliest, während die anderen Wohnräume mit einem sandfarbenen Teppichboden, in erstklassiger Schlingenqualität ausgelegt worden sind.

Insgesamt hat mein Paradies so runde 67 qm. Das sind ein Wohn-Schlafraum von 28 qm, meine Küche mit runden 12 qm, das Bad/WC hat 8 qm, der Flur 6 qm und das Arbeitszimmer 13 qm. Völlig ausreichend und irgendwie habe ich mich ganz gut eingelebt.

Von meinem Arbeitszimmer aus kann ich gut auf die riesigen, hochgewachsenen Baumwipfel des nur wenige hundert Meter entfernten Perlacher Forstes blicken. Dieses Drumherum, das viele Grün um mein Zuhause, sind für einen Naturliebhaber die ideale Ergänzung und für mich immer wieder Einladung zu langen ausgedehnten Spaziergängen. In nur wenigen Minuten kann ich gemütlich den Perlacher Forst, ein großflächiges Waldstück erreichen. Er grenzt im Süden unmittelbar an den Grünwalder Forst, der sich südwärts bis zu den Ortschaften Straßlach und Deisenhofen ausdehnt. An diese meine Wünsche, haben meine lieben Kinder gedacht, als sie mir vor einem guten Jahr, diese neue, so wunderschöne Bleibe gesucht haben.

Die anderen Mitbewohner des Hauses, alle schon gute Siebziger, interessieren sich nicht für das, was im Gärtchen so wächst und gedeiht. Sie legen sich vielleicht so hin und wieder an sonnigwarmen Tagen, für wenige Stunden faul zum Entspannen auf ihre fahrbaren weißen Holzliegen. Dann ..., ja nur dann loben sie gelegentlich auch einmal meine kräftig duftenden gelben Teehybriden (Polyantha), meine prachtvoll, so reichblühenden schönen roten Rosen (Floribunda) und meine zauberhafte apricot- bis rosa-farbene gefüllte Abraham Darby, eine englische Rosenart. Ansonsten sind meine Mitbewohner die meiste Zeit des Jahres auf Achse. Das bedeutet aber auch, dass ich dann ganz alleine das Häuschen hüte und besiedele.

Alle Rosensträucher und auch die andere Vielfalt an Pflanzen, habe ich damals kurz nach meinem Einzug vor einem Jahr neu eingepflanzt, nachdem ich das gesamte ziemlich verwahrloste Grundstück von Unrat gesäubert, umgegraben, entwurzelt und auch sonst noch optisch schön gestaltet, also neu angelegt hatte. Ein guter Freund aus meiner früheren Selbständigkeit, hat mir hierbei sehr kompetent und fachkundig die besten Tipps gegeben, mich bestens beraten.

Alle Mieter haben großes Vertrauen und überlassen mir mittlerweile sogar alle ihre Wohnungs- und Briefkastenschlüssel. So darf ich bei deren längerer Abwesenheit die Zimmerpflanzen begießen, pflegen und außerdem jeden Tag die gesamte Post und Werbung sammeln. Zusätzlich kann ich wenn notwendig, die Rasenflächen mähen, im Winter Schneeräumen und bei Glatteis sämtliche Gehwege bestreuen. Ist Not am Manne, und das kommt bei diesem schon etwas betagtem Häuschen des öfteren vor, bin ich, so meine Kenntnisse ausreichen, sogar für die sanitären und elektrischen Reparaturen zuständig. Und neuerdings, da reinige ich ..., fleißig, fleißig ..., das Treppenhaus, die Waschküche, den Trockenraum, die gesamten Kellerräume, auch die der anderen Mieter. Ebenso obliegt mir die Sauberkeit, die Klarsicht der gesamten Fenster.

Die gewendelte Treppe, komplett massiv aus hellem Eichenholz gearbeitet ..., bei sperrigen Teilen hatten wir, die anderen Mieter und ich, auch Lieferanten, schon so manch kleineres aber auch größeres Problem ..., ist mit terrafarbenen Stufenmatten beklebt. Auch die zwei sehr stabilen Eingangs- und die Wohnungs-, Haus- und Kellertüren sind massiv und aus dem gleichen Holz gefertigt.

Als Gegenleistung für meine Tätigkeiten hat mir meine Vermieterin, eine Frau „Janowski", eine günstige Miete eingeräumt, auch eine Mietkaution ist für sie kein Thema. Sie kommt sehr selten zum Nachschauen und verlässt sich auf meine ..., wie sie so schön sagte, hundertprozentige Zuverlässigkeit. Wenn ich sie wirklich einmal zu Gesicht bekomme, besucht sie mich in meinem Paradies zu einem Teeplausch und beschenkt mich großzügig mit verschiedenen Weinen. Je nachdem sind es auch Sekt-, vielleicht auch Champagner-Flaschen und so hin und wieder, ein oder zwei Flaschen Calvados, ein köstlich schmeckender französischer Apfelbranntwein, den sie meist von einer ihrer vielen Reisen aus Frankreich, aus der Provence, mitbringt. Sie hat dort weitschichtige, sehr gute Bekannte und allem Anschein nach viele liebe Freunde. Ja ..., und wie bereits erwähnt, sie hat mir erst kürzlich sehr großzügig fast die gesamten Elektrogeräte der Küche neu beschafft. Beklagen ..., nein, dies kam mir noch nie in den Sinn.

Frau „Janowski" ist eine liebenswerte, redselige, zwar etwas schrullige ältere Dame, aber sie hat ein großes, goldenes Herz. So erzählt sie mir oft stundenlang und ausführlich von ihren vielen, vielen Fahrten und Reisen fast um den ganzen Globus und aus ihrer nicht allzuschönen Jugendzeit. Verständlich ist es da, dass sie sich so ab und zu bei mir verplaudert ..., dass es spät, sehr spät wird, ehe sie sich wieder ihre Schuhe schnürt und dann mit ihrer Luxuskarosse heimwärts fährt.

Sie bewohnt momentan allein ein riesiges Anwesen in Tutzing am Starnberger See, das sie von ihrem Mann, nach seinem unerwarteten Herzinfarkt, vor gut 15 Jahren geerbt hatte. Schon ein paar Mal hat sie mich zu einem Gegenbesuch eingeladen. Doch meist war entweder sie wieder einmal auf Achse oder mir kam leider etwas mit meiner Gesundheit dazwischen.

Besonders viel ist sie in Übersee, in Amerika unterwegs. Dort wohnt ihr einziger Sohn mit seiner Familie. Er hat in Chicago in den frühen achtziger Jahren Medizin studiert und ist dort seit drei Jahren in einer großen Unfallklinik als Chefarzt beruflich tätig. Bei unseren gelegentlich oft sehr langen Gesprächen schwärmt sie immer wieder von ihm und lobt ihn in allen Tönen. Bedauert allerdings, dass er, seine Frau und seine drei Kinder in Amerika leben und im Jahr höchstens einmal zu Besuch kommen und das dann meist auch nur im Herbst, so Anfang Oktober zur Wies´nzeit. Heuer war dies leider nicht der Fall, weil eins von ihren Enkelkindern an Keuchhusten erkrankt war.

Seit 2001 ..., nach meiner so plötzlichen Trennung von „Irene", meiner letzten, innig geliebten Lebenspartnerin, habe ich mich ein wenig abgekapselt. Danach hatte ich nur zwei unbedeutende kürzere Damenbekanntschaften. So kommt es, dass ich auch heute, wie schon so oft in den letzten Tagen, Wochen, Monaten, wieder einmal solo, also allein spazieren gehen muss. Und gerade jetzt und heute, in meiner sehr schlechten gesundheitlichen Verfassung, wünsche ich mir eine liebe Schulter zum anlehnen, einen Kommunikationspartner.

Wie meist in letzter Zeit, gehe ich gleich rechterhand den Hochleitenweg, um dann an dessen Ende die vielen, vielen Treppen zur Marienklause, den Isarhang hinabzusteigen. Mein Ziel ist der so harmonisch im Hinterbrühler Park gelegene kleine See. Dort, in einer immer gutbesuchten Gaststätte, habe ich mir schon des öfteren bei einer meiner oft auch längeren Verschnaufpausen, eine kleine Brotzeit bestellt und ein, aber auch mehrere frische Pils vom Fass einschenken lassen. Es kam aber auch vor, dass ich nach der Marienklausenbrücke rechterhand nach Maria Einsiedel pilgerte und gleich bei den Tennisplätzen in dem kleinen Pils-Pub einkehrte. Zu weit für mich ..., dazu verspüre ich heute absolut keine Lust.

Irgendwie ..., ja heute ist alles ganz anders, denn schon nach einigen hundert Metern wird mir plötzlich siedend heiß. Nun ..., ich ziehe mir meinen jetzt zu warmen Pullover über den Kopf und nehme ihn in die linke Hand. Auch das noch ..., mir ist nun auch noch so was von speiübel und ich krümme mich jetzt - in der Kniebeuge - wie ein Wurm. Da sind sie allesamt wieder, meine lieben Freunde, meine immer im Magen-Darmbereich auftretenden, so extrem tobenden, so starken Schmerzen. Schade, schade ..., da sind sie meine gesundheitlichen Probleme. Sie beschäftigen mich jetzt und sie quälen mich nun schon sehr intensiv. Und wieder kann ich keinen klaren Gedanken fassen ..., habe keinen Blick für diesen wunderschönen Tag, für diese so farbenprächtige Natur. Dabei bin ich erst seit höchstens fünfzehn Minuten unterwegs und doch ..., ja, mir ist ..., ja mir ist so, als wenn mir meine Beine nun den Dienst versagen wollen. Unruhig, hastig suchen meine Blicke nach einer möglichst nahen Sitzgelegenheit und werden ..., mein Gott, wie bin ich froh ..., schnell fündig.

In der Menterschwaige gibt es einige gute Wohnstifte und Altersheime. In dieser wunderschönen Ecke wohnen außergewöhnlich viele ältere Leute. So kommt es, dass fast alle hundert, zweihundert Meter Bänke stehen, die zum Sitzen, zum Plaudern und wie in meinem Falle, zum Erholen und zum Ausruhen einladen. Ich möchte sagen, „Gott sei gedankt".

Die schnell gefundene Möglichkeit, eine etwas abseits stehende, bestimmt ältere Holzbank, ist allerdings mit einer dicken Moosschicht, mit einer Vielzahl von feuchtem Laub bedeckt ..., also extrem stark verschmutzt. Mein völlig verwirrter Kopf möchte mir erklären, dass ich mich hier unmöglich zum ausruhen hinsetzen kann und das trotz meiner immer weicher werdenden Beine. Nun ..., ich versuche die Bank also mit vielen Papiertaschentüchern zu reinigen, was mir erst nach sehr vielen Versuchen so einigermaßen gelingt. Die jetzt extrem stinkenden, schwarzgrünen und völlig durchnässten Tücher, werfe ich in einen seitlich schief an einem Eisenstab hängenden, fast gänzlich verrosteten Abfallkorb.

Nach dieser für mich extrem anstrengenden Prozedur, lege ich nun trotz alledem mehrere saubere Tücher zum Schutz meiner fast neuen schwarzen Hose auf die Bank. Dann greife ich in die rechte Seitentasche meiner Hose ..., nun ich suche verzweifelt zwischen meinem etwas sperrigen Schlüsselbund, den restlichen Papiertüchern, die ich in meine Hosentasche gesteckt habe, nach einem kleinen Plastikschächtelchen. Endlich habe ich es gefunden. Darin hebe ich mir vorsorglich immer einige weiße Kapseln zur Linderung meiner immer widerkehrenden Schmerzen auf. Zwei davon entnehme ich, stecke sie mir in den Mund und versuche einige Sekunden krampfhaft, diese mit etwas Speichel hinunterzuwürgen. Wahnsinnig ..., gar nicht so einfach. Endlich, nach einigen Versuchen gelingt mir dies auch. Ist es wirklich mein Erschöpfungszustand oder der inzwischen schwülwarme Tag? Erschöpft schlafe ich auf der Bank ein.

Habe ich wirklich so tief, so fest geschlafen? Verspüre ich da nicht einen leichten Druck auf meinem rechten Oberarm ..? Ich schrecke aus meinem Tiefschlaf auf. *Fehlt Ihnen etwas ..?* höre ich weit, sehr weit weg eine weibliche Stimme besorgt fragen. Mir ist im ersten Augenblick so richtig schwarz vor den Augen. Nun ..., ich muss mich erst wieder in meine Umgebung finden. Nur schwer ..., sehr schwer lassen sich meine, wie mir scheint, bleischweren Augen öffnen. Jetzt erst bemerke ich, dass rechts neben mir auf der Bank eine Frau Platz genommen hat und sich ein wenig über mich beugt. Vorsichtig, sehr langsam mustere ich sie ..., auffallend lang ..., zu lang. Immer noch ein wenig benommen, kann ich feststellen, dass sie so um die Fünfzig sein dürfte, bestimmt einmal sehr hübsch gewesen war. Ihr Gesicht ..., ja und auch ihre Augen zeigen mir, dass sie das Leben nicht nur von seiner sonnigen Seite her kennen gelernt, dass sie schon so einiges Negatives erlebt hat.

Mein Mustern ist anscheinend zu augenfällig, denn sie legt jetzt nach ..., *aber hören Sie!* Sie begutachtet mich nun ihrerseits genauer. Mir aber fehlt noch immer die Sprache, ich finde noch immer keine Worte. *Sie haben ja den ganzen Wald abgesägt. So richtig intensiv und für jedermann gut hörbar. Ist Ihnen schlecht? Sie sind ja ganz blass um die Nase, ganz fahl im Gesicht. Ich mache mir echt Sorgen um Sie ..., soll ich Ihnen nicht doch besser einen Arzt kommen lassen?*

Ver ..., ver ..., verzeihen Sie vielmals, das ist mir jetzt wirklich peinlich. Unsicher geworden, fange ich zu stottern an. Diese Frau macht mich ganz verlegen. *Bitte verstehen Sie mich nicht falsch. Es ist bestimmt nicht meine Art, wie ein Penner auf Bänken zu schlafen, so zu schnarchen und darüber hinaus Frauen so aufdringlich zu mustern. Glauben Sie mir bitte, momentan habe ich ernsthafte Schwierigkeiten, über die ich jetzt nicht ..., nein! Verstehen Sie mich nicht falsch, aber momentan möchte ich darüber nicht reden.*

Doch ..., ja doch ..., ja bestimmt ..., bin ich bei meinem Gestottere richtig rot, purpurrot geworden, denn mir wird siedend heiß im Gesicht und das bis hinter beide Ohren. *Aber, aber ..., habe ich Sie jetzt in Verlegenheit gebracht? Sie können ruhig mit mir über alles reden und wenn ich sage alles, dann meine ich es auch so. Wenn es Sie vielleicht erleichtert, wenn Sie größere Probleme haben, reden Sie sich diese von der Seele. Bestimmt ..., ja sicher habe ich schon so einiges im Leben durchgestanden und durchlebt. Auch ich fühle mich in meiner jetzigen Aufmachung, in meinem heutigen Outfit, in meiner momentanen Situation nicht wohl. So hat jeder mit seinen Problemen, mit seinem eigenen Schicksal zu kämpfen ...,* plaudert sie munter weiter.

Jetzt erst mustere ich sie genauer und kann feststellen, dass sie wirklich nicht nach der neuesten Mode gekleidet ist. Doch ihre Kleidung, auch ihre flachen, hellbraunen, festen Wanderschuhe, sind sauber und gepflegt. Nun schaue ich ihr das erste Mal so richtig voll ins Gesicht und unsere Blicke, sie treffen sich. Sie hat trotz alledem, immer noch herrlich schöne blaue Augen und wahrscheinlich gefärbte halblange, frisch auftupierte blonde Haare. An den kleinen, aber zum Gesamteindruck passenden Ohren, trägt sie zierliche, goldfarbene Ohrringe mit hellblauen Steinen.

Sie muss lächeln, weil ich jetzt auch noch ..., zu auffällig ..., ihre gepflegten schmalen Hände mustere, an denen mich am Ringfinger der rechten Hand, ein schmaler goldener Ring mit einem blauen Stein anfunkelt. So, als könne sie meine Gedanken lesen, dreht sie mir den Handrücken der rechten Hand gut sichtbar zu. Unsere Blicke treffen sich wieder und ich kann deutlich erkennen, wie ihr eine tiefe Röte ins Gesicht schießt.

Nach einer für mich ewig langen Pause des Schweigens und des Musterns, beginnt aber wieder sie ..., *mein Mann ist leider vor gut fünf Jahren, tödlich mit dem Auto auf der Autobahn Richtung München, von Salzburg kommend, bei Prien am Chiemsee, verunglückt. Er fuhr damals ungebremst auf ein mit Benzin vollbeladenes Tankfahrzeug auf, als dieses plötzlich wegen einem über die Fahrbahn springenden Hirsch, voll abbremsen musste. Der Tanker fing sofort Feuer, ebenso das Auto meines geliebten Mannes und beide Autos explodierten schon nach wenigen Minuten, ohne dass irgendeine Hilfe möglich gewesen wäre. Und auch der Fahrer des nachfolgenden Wagens, eines schweren weinroten Mercedes, Manager einer weltbekannten sehr großen Kapitalgesellschaft, kam bei* dem Unfall ums Leben. Er und mein Mann verbrannten bis zur völligen Unkenntlichkeit und waren hinterher nur sehr schwer zu identifizieren. Der Fahrer des Tanklastzuges konnte sich noch rechtzeitig aus dem Führerhaus retten und blieb bis auf ein paar kleine Schrammen unverletzt. Er erlitt aber einen so schweren Schock, dass er sich für einige, ich glaube es waren volle sieben Wochen, zur Beobachtung und zur Behandlung in eine Psychiatrische Klinik begeben musste.

Man sieht es ihr an ..., sie hat große Schwierigkeiten bei der Schilderung dieser so tragischen Geschichte. Sie muss nun einige Male tief Luft holen ..., blödsinnigerweise ..., ja, leider musste „Walter", mein über alles geliebter Mann, seinen Unfall selber verantworten. Er kam von der Betriebsfeier einer Filiale in Salzburg, für die er damals auch zuständig war und hatte, wie mir seine Kollegen nach der Beisetzung erzählten, erhebliche Mengen an Sekt und Schnaps getrunken. Er war also bei seiner Abfahrt von der Filiale in bester Feierlaune, mit einem beträchtlichen Alkoholspiegel unterwegs. Er ließ sich aber trotz intensivem Zuredens seiner Kollegen und anderer Gäste nicht davon abbringen, die Heimfahrt mit dem eigenen Auto kurzfristig anzutreten. Er sagte noch bei seiner Abfahrt aus vollem Halse lachend zu den anderen Gästen, er könne doch seine liebenswerte Frau „Maria" nicht so lange warten lassen. Über drei Jahre, musste ich mich damals mit diesem Nachlass meines Mannes und mit der Versicherung auseinandersetzen. Doch ist es glaube ich besser, wenn wir das Thema wechseln. Übrigens, ich heiße „Maria" ..., wir reden uns alle im Sanatorium, in dem ich momentan schon seit über vier Wochen unter ärztlicher Beobachtung bin, mit dem Vornamen an. Und so habe ich mich zwischenzeitlich an dieses vertraulichere Du und an „Maria" gewöhnen können. Also bitte, bleiben wir bei diesem Du.

"Maria", sie hat jetzt Tränen in ihren blauen Augen, holt tief Luft und stockend erzählt sie nun doch wieder von ihrem Mann ..., *drei arbeitslose, arbeitsscheue Kinder und nur eine minimal kleine Rente von einigen hunderten Euros, hat er mir hinterlassen. Er war fünfzehn Jahre lang als freier Handelsvertreter für einen großen Nürnberger Süßwaren- und Lebkuchenfabrikanten selbständig tätig und hat in den letzten Jahren seiner Selbständigkeit, leider keine Beiträge mehr an die Rentenversicherung weiterbezahlt.* Wieder ein sehr tiefes Luftholen ..., *und dies nach so vielen gemeinsamen guten und bestimmt ebenso vielen schwierigen Jahren ..., nach summarum sechsundzwanzig Ehejahren.*

Ihre Geschichte geht mir wirklich unter die Haut und ich habe Mitleid mit dieser mir völlig fremden Frau. Doch so fremd ist sie mir ja gar nicht mehr. Sie erzählt mir ohne Fremdsein ihr bestimmt auch nicht leichtes Schicksal ..., sie vertraut sich mir voll an ..., ihre Sorgen und Probleme. Sie öffnet mir ihren tiefsten Seelenschmerz. Jetzt holt sie ein weißes, an den Rändern hellblau und rot besticktes, kleines Taschentüchlein aus ihrer etwas abgegriffenen schwarzen Krokodillederhandtasche, die sie links neben sich auf die Bank gestellt hat. Nun wischt sie sich die Tränen aus ihren blauen Augen und verschmiert dabei leicht ihr dezent aufgetragenes Make-up und schon plaudert sie munter weiter ..., *Du siehst, jeder hat so seine ureigene, seine intime Schublade. Du brauchst Dich also nicht wegen Deiner Sorgen und Probleme vor mir zu schämen. Wenn Du Lust hast, kannst Du über alles mit mir reden. Rede Dir ruhig den Schmerz, Deinen Ärger, Deine Sorgen von der Seele. Du wirst es bemerken, ich bin Dir eine geduldige Zuhörerin und außerdem ..., ich bin selber froh, wenn ich endlich eine liebe Seele gefunden habe, mit der ich über alles reden kann.*

„Maria", „Maria" ..., sie hat mich vollkommen mit ihrer offenen Art überrascht. Viel rede ich in der Regel nie, aber so wenig bin ich selten zu Wort gekommen. Sie sagt zu mir, sie ist froh, dass sie endlich einen Menschen zum Reden gefunden hat, dabei sieht sie mich vollkommen sprachlos ..., mir hat es wortwörtlich die Sprache verschlagen und ich suche immer noch nach dem richtigen Einstieg, um mich nun endlich auch bei ihr mit meinem Namen vorzustellen. Dabei bin ich mir aber so was von unschlüssig. Soll ich dieses Gespräch so fortführen ..., kann ich meine intimsten, meine privatesten Dinge an eine mir völlig fremde, aber wiederum doch nicht ganz so fremde Frau weitergeben? Ist es nicht besser, wenn ich es bei dem bisher Gesagten belasse, mich verabschiede ..., meinen Spaziergang alleine fortsetze? Ein dafür passendes Argument lässt sich doch allemal finden. Verlegen, etwas unschlüssig muss ich mich am Hinterkopf kratzen ..., oder doch nicht? Denn irgend etwas macht mir Mut, vielleicht ist es aber auch nur diese innere Stimme, die mir immer und immer wieder zuflüstert, nun endlich irgend etwas gegen mein Alleinsein zu tun. Daher bin ich nun selber von mir überrascht, als ich mich reden höre ..., *Du würdest mir eine riesige Freude bereiten, wenn Du mich bis zur Gaststätte am Hinterbrühler See begleiten könntest. Viel weiter schaffe ich es leider unter meinen momentanen Gegebenheiten sowieso nicht. Aber bevor Du mir nun wieder so ausführlich antwortest, möchte ich mich doch auch vorstellen, damit wir es bei dem persönlicheren Du belassen können. Marcus hat man mich einst getauft. Also, Du siehst, eins haben wir schon hundertprozentig gemeinsam, wir haben den gleichen Anfangsbuchstaben beim Vornamen.*

Plötzlich lacht sie aus vollem Halse und zeigt mir ihre immer noch schönen, strahlend superweißen Zähne ..., *siehst Du, gemeinsam lässt sich´s besser reden. Aber warum sagtest Du eben, unter Deinen momentanen Gegebenheiten? Bist Du vielleicht krank? Das würde mir wirklich leid tun. Du machst mir zwar jetzt einen etwas abgeschlafften, einen sehr müden Eindruck ..., hoffentlich täusche ich mich da bei Dir?*

Nun muss ich dann doch wirklich tief Luft holen, soviel Anteilnahme habe ich nicht erwartet ..., *nein, nein, es gibt sich schon wieder ...,* versuche ich sie zu beschwichtigen. *Es geht mir schon wieder viel, viel besser, noch dazu mit einer so lieben Gesprächspartnerin an meiner Seite. Dies war bestimmt nur ein winzigkleiner Schwächeanfall ..., eigentlich verständlich bei meinem hohen Alter.* „Maria", sie zeigt wieder ihr so strahlendes Lächeln. *Schau, schau, Du sprichst vom hohen Alter. Dass ich nicht lache ..., Du bist doch im allerbesten Mannesalter.* Nun überrasche ich mich aber wirklich, denn auch ich muss richtig lauthals lachen. Lang, lang ist es her, obwohl mir momentan gar nicht zum Lachen zumute ist, wegen meiner sich nun wieder voll bemerkbar machenden extrem starken Schmerzen. An diese habe ich mich in den letzten Monaten so gewöhnen müssen, soweit man hier von gewöhnen sprechen kann. Also, es ist Zeit, dass ich mich endlich zusammenreiße, mich nicht so augenscheinig gehen lasse.

Sie ..., bitte verzeih, natürlich Du ..., meine Banknachbarin „Maria" geht gewohntermaßen so leicht mit dem Du um. Für mich ist dies eine gewaltige Umstellung. Obwohl es mir, wenn ich ehrlich sein soll, von der Psyche her wirklich gut tut, denn mir ist jetzt so angenehm warm ums Herz. *Du bist doch erst so um die Fünfzig. Du hast also erst die Hälfte Deines Lebens gelebt ...,* versuche ich scherzhaft zu kontern. Wieder ihr Lachen und schon ..., *es ist schön, dass Dich mein Alter so interessiert. Bestimmt ..., ja ich mache da keine großen Geheimnisse. Und Gott sei gedankt, ich bin ein Nachkriegskind und an einem 17. im April 1952 auf diese schöne Welt gekommen. Dieses ereignete sich übrigens in einer so wunderschönen Stadt wie München, im Schwabinger Krankenhaus. Auch meine Eltern, Großeltern und sogar meine Urgroßeltern, sie erblickten allesamt in dieser herrlichen, so sehenswerten Weltmetropole, das Licht der Welt. Schon allein diese Tatsache macht mich so überaus, stolz.*

Man sieht es ihr an. „Maria", sie ist bei dieser Feststellung um einige Zentimeter in die Höhe geschossen. Nun bin ich wieder an der Reihe. Soll ich wirklich auch ins Private gehen? Soll ich mich wirklich auch so transparent zeigen? Nun ..., mein Ego lässt mich nicht lange überlegen und schon sprudele ich förmlich über ..., *ja, so kristallklar wie bei Dir, ist meine Geschichte leider nicht. Ich wurde zwar in Hamburg geboren, weil mein Vater damals beruflich in München und Hamburg zu tun hatte. Meine jetzt in Dillingen an der Donau wohnende ältere Schwester „Elisabeth", sie erblickte auch in München und mein Bruder „Ernst", der in Neuburg an der Donau wohnt, in der Heimatgemeinde meiner leider schon sehr früh, meiner 1952 verstorbenen Mutter, also in Donaueschingen, das Licht der Welt. Dagegen ist meine jüngere Schwester „Erika", mit ihrem Mann jetzt in der Toscana in Italien lebend, wieder in der Hansestadt Hamburg auf diese Welt gekommen. Eine Ahnenforschung, für die sich mein Bruder „Ernst" viel Zeit genommen hatte, ergab, dass wir väterlicherseits aus dem Schwäbischen stammen. Doch leider konnte diese sehr aufwendige Geschichte nur bis zum Jahre 1635 zurückverfolgt werden, da die gesamten Daten und alle diesbezüglichen Aufzeichnungen früherer Jahre, in den Wirren des Dreißigjährigen*

Krieges 1616 bis 1646, höchstwahrscheinlich ein Opfer der Flammen geworden waren.

Mir ist plötzlich heiß geworden, zu sehr habe ich mich in Rage geredet. Sollte ich mich nicht endlich wieder bewegen? Etwas verstohlen schaue ich auf meine Armbanduhr und erschrecke ..., es ist schon fast 14.00 Uhr ..., dabei bin ich doch so neugierig auf die Nachricht aus Tux. Was soll ich nun tun? Schon bin ich wieder so was von unschlüssig.

Was soll´s ..., ich brauche nicht lange zu überlegen, denn sie, „Maria" fährt plötzlich wie von einer Tarantel gestochen ruckartig von der Bank hoch und baut sich vor mir auf ..., *packen wir es jetzt? Sagtest Du eben nicht etwas vom Hinterbrühler See ..., auch ich muss abends wieder rechtzeitig, also wenn möglich noch vor 17.30 Uhr im Sanatorium, zum Abendessen zurück sein. Kennst Du es nicht? Doch ..., bestimmt, es ist die Klinik für Dynamische Psychiatrie. Also nur wenige Schritte über die Geiselgasteig Straße, also wirklich ..., vielleicht fünfzehn Minuten ..., also nur einige hundert Meter von hier.*

Wo wohnst Du eigentlich? Mit dieser direkten Frage habe ich nicht gerechnet und muss wohl so richtig verduzt aus der Wäsche schauen, denn „Maria", sie frägt ..., *ist Dir diese Frage unangenehm? Wohnst Du vielleicht sehr weit weg? Bist Du etwa gar verheiratet? Du brauchst mir keine meiner Fragen zu beantworten, wenn Du nicht willst. Aber Du hörst es ja, ich bin nun einmal von Geburt an neugierig ..., sehr, sehr neugierig und mein Mund spricht meistens das aus, was mein Hirn noch gar nicht richtig realisiert hat. So sagte schon mein verstorbener Mann früher einmal schon etwas bösartig zu mir: Schalte doch bitte immer vor Inbetriebnahme Deines so großen Mundwerks, zu allererst Dein so kleines Hirn ein.*

Sehr langsam und vorsichtig erhebe auch ich mich nun von der Bank ..., meine weichen Beine ..., so ganz hundertprozentig funktioniert mein Gleichgewicht noch nicht. „Maria", die nun unmittelbar vor mir steht, reicht mir nur knapp bis an die Schulter. Dabei ist sie gertenschlank, wie ich deutlich an ihrem enganliegenden, sehr knapp geschnittenen hellbraunen Tweedkostüm feststelle. Der seitlich geschlitzte Rock geht nicht ganz bis zu den Knien und gönnt mir einen großzügigen Blick auf ihre schönen, schlanken Beine.

Verzeih, wenn ich mir zur Beantwortung Deiner Fragen Zeit lasse, aber irgendwie stehe ich heute auf einer langen, langen Leitung. Wenn Du jetzt eine Kehrtwendung um Deine eigene Achse machst, ja dann kannst Du sogar mein Zuhause von hier aus, von Deinem jetzigen Standplatz aus gut erkennen. Es ist gleich linkerhand das ockertonfarbige Haus mit den vier kleinen Erkern, gleich nach dem gelben großen Postbriefkasten, den Du von hier aus auch deutlich siehst. Mein Paradies, es ist gleich am Heubachweg. Dort das Eckhaus ..., von hier aus, die zweite, die dritte, die vierte ..., nein ..., es ist die fünfte Straßenabzweigung links. Und wie Du nun unschwer feststellen kannst, nun ..., wir sind sozusagen fast Nachbarn, momentan meine ich natürlich. Was Deine zweite Frage anbelangt ..., ich bin schon seit geraumer Zeit, genau gesagt, seit dem Jahre 1997 geschieden und zum jetzigen Zeitpunkt ..., nun was bin ich eigentlich? Bin ich ein Junggeselle? Nein ..., ich glaube vielmehr ..., ja doch ..., ich bin ein ungewollter Junggeselle. Doch meine Geschichte ist eine ewiglange, eine sehr lange. Und man könnte fast sagen, sie ist einen Roman wert.

Täusche ich mich oder kann ich bei „Maria" jetzt wirklich ein tiefes Durchatmen beobachten ..., ein leichtes Heben und Senken ihrer nicht allzu großen Brüste, die sich aber trotzdem durch ihre, vielleicht ein wenig zu enge, hellgelbe, hauchdünne Bluse und ihren knapp anliegenden gleichfarbigen Büstenhalter, deutlich abzeichnen. Fast bin ich versucht ..., möchte ich sie wirklich streicheln?

Darf ich bitten ..., endlich ist mir wieder wohler in meiner Haut und mit einem leisen Lachen reiche ich ihr meinen rechten Arm ..., wir sind ja fast schon wie Partner, zum mindesten, was unsere Sorgen und Probleme anbelangt. Mir scheint, dass wir uns diesbezüglich so einiges zu erzählen haben.

Sie steckt nun ihre kleine zarte Hand durch die Beuge meines ihr dargebotenen rechtes Armes und legt sie dann ganz behutsam und zart auf denselben. Mich durchströmt ein angenehm wärmendes Gefühl und ich schaue nun, als ich meinen Kopf zu ihr nach rechts wende, in ein paar strahlende, blaue Augen, denn sie blickt just wie verabredet, auch in meine Richtung. *Du glaubst gar nicht, wie gut mir Deine Begleitung tut. Ehrlich ..., Du glaubst gar nicht, wie sehr ich mir schon lange wieder einen lieben und herzensguten Partner wünsche. Aber dies sind meine Probleme und mit diesen meinen Sorgen und Nöten möchte ich Dich jetzt wirklich nicht konfrontieren. Oder sollte ich doch ..? Du hast ein so ehrliches Gesicht ...,* plaudert sie munter weiter und kommt mit ihrem Gesicht dem meinen schon sehr nahe. Deutlich kann ich ihren erregten Atem spüren. *Wenn Du möchtest ..., vielleicht können wir uns wiedersehen?*

Sie unterbricht sich kurz und kratzt sich verlegen mehrere Male mit ihrer rechten Hand hinter dem rechten Ohr. Und lächelnd sagt sie *..., übrigens, wolltest Du mir nicht auch Dein Geburtsjahr sagen? Aber sag nichts ..., lasse mich raten, achtundvierzig, fünfzig, fünfundfünfzig. Sprich ..., ehrlich, habe ich richtig geraten?* „Maria", ja, ja sie hat eine angenehm warme Stimme, nicht aufdringlich, nicht schrill, mit einer deutlich klaren Aussprache. Doch wenn man genauer hinhört ..., ja doch ..., ein wenig münchnerisch, ein wenig Dialektik könnte dabei sein.

Was möchtest Du denn jetzt am Liebsten von mir hören ..., stelle ich die Gegenfrage und lachend schaue auch ich ihr nun ein wenig tiefer in die Augen. Sie steht unmittelbar, nur eine handbreit vor mir. *Mal bin ich oben und mal unten. Momentan meist unten ..., also ein im Zeichen der Waage Geborener und das an einem Dreizehnten Anno 1947. Das heißt aber auch, dass ich von der Zahl vier und vom unberechenbaren, so explosiven Uranus bestimmt werde. Mein Element ist die Luft und mein Planetenherrscher ist die Venus. Waagegeborene sind intensiv und erfolgsorientiert und vielleicht auch ein wenig professionell. Können mitunter aber auch leicht gestresst, fordernd und vor allem überkritisch sein. Wie Du siehst, ein nicht immer angenehmer, vielleicht auch etwas schwieriger Partner. Doch spielen hier nicht noch so vielerlei andere Dinge ..., Du weißt schon ..., vielleicht auch die Gene, eine gewichtige Rolle? Nun und was sagst Du zu meinen astrologischen Kenntnissen? Sagenhaft was ich alles weiß ...,* muss ich lachend noch anfügen, während ich mir mehrmals mit der linken Hand wie belobigend auf die rechte Schulter klopfe. *Es kommt noch besser ..., auch über Dich, über Dein Tierkreiszeichen kann ich Dir ein wenig erzählen.* Unbeirrt rede ich weiter *..., Du bist ja im Zeichen des Widders geboren, wirst also von der Zahl acht und vom Planeten Saturn beeinflusst. Dein Element ist das Feuer und Dein Planetenherrscher der Mars. Widdergeborene gelten in der Regel als willensstark, als gewissenhaft. Sie können aber auch überkritisch und leicht verurteilend sein.*

Das ist mir schon seit Ewigkeiten nicht mehr passiert. Welch ein Schwall von Wörtern ..., ich überrasche mich selber und das trotz meiner nun wieder wahnsinnigen Schmerzen. *Nun ..., und bin ich Dir etwa schon zu alt ...,* muss ich noch schnell fragend anfügen.

Nein, nein ..., keinesfalls. Dir lieber Marcus sieht man diese noch sechsundfünfzig Jährchen keinesfalls an. Du hast ja bald Deinen Geburtstag. Wenn ich richtig rechne ..., ja es ist Dein Siebenundfünfzigster. Nein, nein ..., also wirklich, das ist für mich nicht der unbedingt alles entscheidende Punkt. Na, ja ..., ein wenig schon. Das Alter, es kann mitunter schon eine gewichtige, eine sehr gravierende Rolle spielen. Du weißt schon, diesen vielleicht einen Grund brauche ich Dir bestimmt nicht weiter zu erklären.

Nun ..., schon allein wegen ihrer eindeutigen Anmerkung, muss ich ihr ins Gesicht schauen und siehe ..., da ist es wieder ..., dieses leichte Erröten und auch dieses spitzbübisch liebe Lachen. *Ja, ja ..., das Allerwichtigste an einem Partner ist für mich schon dessen Charakter, der Gesamteindruck ..., doch, doch, schon ein bisschen ..., ja wenn ich ganz ehrlich ...,* unterbricht sie sich, drückt mir nun mit ihren Fingern fester auf meinen Arm ..., sie hat wieder ihr verschmitztes Lächeln in den Mundwinkeln ..., *ja, wenn ich ganz ehrlich, wirklich ehrlich sein soll ..., nein nicht das, was Du jetzt denkst!* Nun bin ich derjenige, der jetzt schmunzeln muss und „Maria" schon tief ..., sehr tief in die blauen Augen schaue und siehe da, sie errötet schon wieder. Sie verfärbt sich schnell wie eine tiefrote, überreife Tomate und das bis hinter beide Ohren. Trotzdem ..., sie ist unbeeindruckt und ..., *doch das Äußere ist für mich, sagen wir zu vierzig Prozent bei der Partnerwahl mitentscheidend. Also, ich würde sagen ..., das komplette Erscheinungsbild. Unter anderem sollte er zum mindesten einen Teil meiner Interessen teilen und man sollte mit ihm über alles reden können. Dies alles spielt natürlich für mich eine sehr tragende Rolle. Er sollte jemand sein, mit dem man durch Dick und Dünn gehen kann oder wie man vielleicht besser sagt ..., es sollte ein Freund, ein Partner sein, mit dem man sogar Pferde stehlen kann. Bist Du vielleicht dieser Jemand ..?* Bei ihrer letzten Feststellung geht sie schon auf Tuchfühlung. Sehr nah sind sich nun unsere Gesichter. Sehr deutlich kann ich ihren heftigen, ihren schnellen Atem in meinem Gesicht fühlen. „Maria", sie blickt mir, nun wieder schmunzelnd, tief in die Augen und jetzt bin ich derjenige, dem die Röte ins Gesicht schießt. Fast glaube ich ..., ja doch, ich spüre es sehr deutlich, dass ich verglühe!

Ja, ja ..., sie bemerkt in welche Verlegenheit sie mich mit ihrer letzten Frage gebracht hat, denn gekonnt wechselt sie nun sprunghaft in ein anderes Thema. *Mir scheint, Du bist hier ein richtiger Astronom. Allem Anschein nach hast Du Dich sehr intensiv und bestimmt sehr ausführlich mit dieser, meines Erachtens überaus schwierigen, bestimmt höchst interessanten Wissenschaft beschäftigt. Auf diesem Gebiet bin ich vollkommener Laie und wenn überhaupt, vielleicht nur ein interessierter Zuhörer. Darum kann ich mir auch kein diesbezügliches Urteil erlauben. Aber was anderes ..., ist es auch in Deinem Sinne, wenn wir jetzt endlich unseren geplanten Spaziergang beginnen. Wir stehen uns jetzt schon geraume Zeit, regelrecht unsere Beine in den Bauch.*

Du hast recht ..., gebe ich noch zur Antwort und wollte schon meine Hand um ihre schmale Taille legen. Wir drehen uns nun, wie auf Absprache fast gemeinsam in die entgegengesetzte Richtung. Dabei kommen sich unsere Körper; von mir keinesfalls beabsichtigt, schon sehr, sehr nahe ..., ein wenig zu nahe. Jetzt kann ich wieder beobachten, wie „Maria" tief errötet. Dabei empfinde ich dieses Gefühl, wenn ich ehrlich sein soll, dieses massive, doch feste Aneinanderstoßen unserer Breitseiten und vor allem, das sich intensive Berühren unserer Körper, unserer beider Oberschenkel, erregend und als überaus angenehm.

Hoppla ..., sagt auch sie vor sich hinschmunzelnd und streichelt sich dann mit ihrer linken Hand ganz langsam über ihren Oberschenkel. Jetzt steckt sie ihre kleine Hand in die von mir dargebotene rechte Armbeuge und wir setzen uns nun endlich in Richtung Marienklause in Bewegung. Recht flott und guten Schrittes, Arm in Arm, fast schon wie ein richtig verliebtes Paar, schießt es mir durch den Kopf. Nun ..., ich wundere mich über meine rege Fantasie.

Schnell erreichen wir den Abstieg zur Klause und auch das Hinabsteigen der vielen, vielen Holztritte, schaffen wir gemeinsam ohne ein weiteres Wort. Erst als wir die letzten Treppen auch gemeinsam, so richtig sportlich und übermütig hinabspringen, sagt sie doch schon ein wenig außer Puste, tiefdurchatmend ..., *jetzt bin ich fast vierzehn Tage hier in der Menterschweige, aber bis hierher habe ich es noch nicht geschafft. In unserer Klinik befinden sich allem Anschein nach nur Langweiler und Fußkranke. Du siehst, dass man miteinander fast alles viel leichter schaffen kann und es macht auch viel mehr Spass. Mich würde es wirklich freuen, wenn dies nicht der einzige gemeinsame Spaziergang bleibt. Noch bin ich aller Voraussicht über zwei Wochen hier in der Klinik und was dann weiter geschieht, wird sich, so Gott will, noch zeigen. Wer weiß, wer weiß ..?*

Ich wohne ja Gott sei Dank auch in dieser wunderschönen Stadt und residiere in einem der ältesten Stadtteile Münchens, in Haidhausen, gleich am Weißenburger Platz. Also nur einen Katzensprung zum Ostbahnhof. Es ist eine gemütliche, warme Zweizimmerwohnung im dritten Stock, eines bereits 1923 im Jugendstil erbauten sehr alten, aber noch bestens erhaltenen Gebäudes. Für Dich wäre ich relativ leicht mit der Straßen- und U-Bahn zu erreichen. Kennst Du diese Ecke in München?

Und ob ..., kontere ich sofort ..., *in dieser Ecke verbrachte ich fast meine ganze Schul- und Ausbildungszeit. So war ich von 1957 bis 1963 in einem streng katholischen Internat in der Orleansstraße. Dieses Heim wurde damals noch von den ehrwürdigen Klosterschwestern aus dem Orden der Niederbronner, vom Allerheiligsten Heiland, mit Stammsitz in Oberbronn im Elsass betreut. Anschließend, also von 1963 bis 1968, war ich in einem Jugendheim der Salesianer Don Bosco, mit Stammsitz*

Turin in Italien, dem sogenannten Salesianum, in der Auerfeldstraße, untergebracht. Also elf lange, teils lebhafte Jahre, über die es bestimmt einiges zu erzählen gibt und über die ich locker einen dicken Roman schreiben könnte. Vielleicht treffen wir uns noch öfters und das auch nach Deinem Klinikaufenthalt. Dann kann ich dieses Thema besser aufarbeiten ..., dann kann ich Dir bestimmt so einiges und auch etwas ausführlicher, über diese nicht einfache Zeit aus meinem Leben berichten.

Mittlerweile sind wir schon an der Marienklausenbrücke angekommen. Beide schauen wir nun, immer noch Arm in Arm nebeneinander auf der Brücke stehend ..., einige Minuten ..., vielleicht auch eine Viertelstunde, verträumt und ganz in Gedanken, in die schäumenden, stark verschmutzten, bräunlichen Fluten der Isar. Durch das miese Wetter der letzten Wochen, führt sie jetzt viel Wasser und massig abgebrochenes Astwerk, vereinzelt auch leere Flaschen aus Glas und Plastik, auch offene Blechdosen mit sich fort. An den Stützpfeilern der Brücke aus Beton, hat sich schon so einiges an morschem Holzwerk und Müll angestaut. Nur ab und zu nimmt die reisende Flut, einige Teile wieder mit sich fort.

„Maria", sie drückt jetzt mehrmals leicht mit den Fingern ihrer linken Hand auf meinen Arm, was ich sehr deutlich auf der Haut spüren kann. Heute habe ich mir ein ärmelloses, ein leichtes, weißes Leinenhemd angezogen. Den Pullover halte ich noch immer in meiner linken Hand. Und wieder ..., ja, jetzt kann ich es mehrmals sehr deutlich spüren, verstärkt sie diesen Druck. Nun blicke ich seitlich auf ihre kleine zarte linke Hand und beobachte wie sie dazu ihre Finger leicht anwinkelt, um diesen Druck deutlich zu verstärken. Da kann ich nicht anders ..., ich muss nun mit meiner linken Hand, mit den Fingern, mehrmals ganz zart, sehr behutsam über ihren Handrücken streicheln. Dabei kann ich erfühlen, dass sie eine weiche, eine zarte, eine sehr gepflegte Haut hat. Jetzt umschließe ich ihre kleine, so zierliche Hand ganz mit der meinigen, was sie sich ganz ruhig gefallen lässt. Sie wendet mir jetzt ihr Gesicht zu und schaut mir wie fragend tief in meine Augen. Siedend heiß wird mir dabei ..., dieser so innigwarme Blick. Etwas verlegen lächele ich nun zurück.

Marcus, Marcus ..., was treibst Du nur mit mir? So etwas ist mir noch nie ..., hörst Du, wirklich noch nie passiert. Du lässt mein Herz laut und wild schlagen ..., ich kann es richtig hören und Du machst mir hier so richtig Schmerzen ..., dabei streicht sie mit ihrer rechten Hand über ihre linke Brust. Jetzt streckt sie ihren linken Arm senkrecht nach oben und streichelt mit ihrer rechten Hand auch noch unter ihre linke Achselhöhle. *Ehrlich ..., ich weiß nicht was mit mir geschieht. Bitte fühle meinen heftigen, meinen kräftigen Puls und Du kannst deutlich spüren, wie wild, wie erregt mein Herz klopft. Glaubst Du mir nicht ..., möchtest Du es hören?* Gut erzogen und folgsam möchte ich mich gleich vergewissern und ..., *aber liebend gern ...,* schon drehe ich mich zu ihr hin und will meinen Kopf an die besagte Stelle legen. *Nein, nein ..., Marcus, Marcus ..., was treibst Du ..., das geht doch nicht. So wortwörtlich habe ich das jetzt auch wieder nicht gemeint!* Doch lachend ..., *aber hast Du mich nicht gefragt?* Schon habe ich trotz ihres Einwands, meinen Kopf an ihre Brust, an ihr Herz gelegt. Doch als erstes fühle ich an meiner linken Wange sehr deutlich ihre harte Brustspitze. Dann ..., bum, bum, bum ..., kann ich auch das laute, sehr heftige und erregte Pochen ihres Herzens hören. Ihr Atem ..., er wird dabei immer schneller und heftiger.

Bin ich jetzt vielleicht zuweit gegangen ..., ist sie, ist „Maria" mir nun böse? Dies und noch viele andere ganz wirre Gedanken schießen mir in diesem schönen Augenblick, rasend schnell durch meinen Kopf. Allem Anschein nach ist sie mir keineswegs kram, denn sie streichelt mir mit ihrer rechten Hand, immer und immer wieder, ganz zärtlich, liebevoll über meinen Kopf, durch meine Haare, über meine Wange. Hierbei drückt sie meinen Kopf mit ihrer linken Hand, wieder und wieder ..., fester und fester an ihre Brust. Jetzt küsst sie mich ganz zart auf mein linkes Ohr ..., sie flüstert ganz leise ..., *ich möchte Dich jetzt und hier ..., ich möchte Dich am liebsten ganz innig küssen. Dabei weiß ich doch, dass dies nun wirklich nicht geht. Kennen wir uns doch erst seit gut zwei Stunden und trotzdem ..., sind wir uns nicht schon so vertraut? Kennen wir uns nicht schon eine Ewigkeit lang? Bitte, bitte, sei mir wegen meiner Worte nicht gleich böse. Weiß ich doch, dass ich dies nicht sagen sollte. Doch gerade jetzt in diesem so schönen Augenblick, habe ich ein so inniges ..., ich habe ein so starkes Verlangen nach Dir ..., nach Deiner körperlichen Nähe.*

Nun nehme ich meinen Kopf von ihrer Brust, richte mich wieder auf und blicke, immer noch auf Tuchfühlung, tief in zwei Augen, die mich nun ganz feucht und innig warm anstrahlen. „Maria" runzelt leicht ihre Stirn und frägt nun etwas verunsichert ..., *sage mir bitte ehrlich Deine Meinung. Du glaubst doch bestimmt auch, dass ich total verrückt sein muss? Selber bin ich schon fest davon überzeugt, dass ich nicht mehr ganz normal denken und fühlen kann, dass ich nicht mehr richtig ticke. Dabei war ich in meiner Schulzeit, und das waren immerhin sechzehn volle Jahre, fast immer unter den Klassenbesten.* Wieder ihr so tiefes durchatmen. *Immer öfter frage ich mich, inwieweit mir die vielen negativen Schicksalsschläge der letzten Jahre geschadet, mich verändert, vielleicht sogar wirklich verrückt gemacht haben. In meinem Kopf ist ganz offensichtlich einiges nicht mehr so, wie es früher einmal war. Gerade dies ..., ja dies hat mir auch mein Hausarzt, der beste und intimste langjährige Freund meines leider viel zu früh verstorbenen Mannes, „Dr. Kunstmann", zwar nur im Scherz, wie er sich lachend entschuldigte, vor meiner Einweisung in das Sanatorium diagnostiziert. Er war übrigens der einzige Mann, dessen langem Werben ich nach dem Unfall von „Walter" fast nachgegeben hätte. Vielleicht war ich damals, zwei Jahre nach diesem grausamen Ereignis, noch nicht so weit, um mich wieder in eine neue Beziehung zu stürzen. Mittlerweile ist er seit fast einem Jahr, mit meiner besten Freundin „Irene", einer rassigen, schwarzhaarigen, sehr hübschen, immer modischelegant gekleideten Frau, Mitte Vierzig, bestens verheiratet. Ihr erster Mann ist schon vor fünf ..., ja mittlerweile fast sechs Jahren, an Lungenkrebs gestorben. Er hat ihr eine Firma mit fast vierzig Mitarbeitern, eine bestens gehende Wellpappenfabrik bei Lenggries hinterlassen. Finanziell ist sie also bestens saniert. Kinder hat sie leider keine bekommen, obwohl sie sich immer so sehr welche gewünscht hatte.*

Ihr so geliebter "Fredy", war seit seinem achtzehnten Lebensjahr, also schon seit seiner Lehrzeit, ein sehr starker Kettenraucher, mit oftmals sage und schreibe, täglich sechs bis acht Schachteln Zigaretten ..., und die auch noch ohne Filter. Vielleicht sagt Dir der Name "Mokri" noch etwas?

"Irene", sie war die wirklich einzige Person, die mich auch nach dem so plötzlichen Tod von "Walter", physisch wieder auf die Beine stellte, mich aufbaute und mir in dieser für mich so schwierigen Zeit, auch finanziell unter die Arme griff. Bezahlte sie mir doch auch die Beerdigungskosten, das Grab und auch den Grabstein von "Walter". Mittlerweile konnte ich ihr Gott sei Dank, ich weiß nicht mehr wie ich das alles geschafft habe und obwohl sie mir deswegen fast unsere schon so lange Freundschaft aufkündigte, ihre diesbezügliche Gutherzigkeit finanziell wieder ausgleichen. Dafür überhäuft sie mich jetzt immer wieder mit schönen Geschenken aller Art oder sie überlässt mir ihre oft nur einmal getragenen, aber für mich viel zu teuren Schuhe und Kleidungsstücke. Denn wir haben glücklicherweise die gleiche Konfektionsgröße und sogar alle ihre Schuhe passen mir wie angegossen.

Sie streichelt mir jetzt mit der rechten Hand über das Haar, über das Gesicht und berührt dann mit ihrem Zeigefinger ganz leicht meine Lippen und ich gebe ihr einen sanften Kuss auf die Fingerkuppen. Dabei bemerke ich jetzt, dass sie ihre sehr gepflegten Fingernägel, mit einem leicht rosaperlmutfarbenen Nagellack angestrichen hat.

Während ihrer ausführlichen Schilderung, hat sich "Marias" so gesunde Gesichtsfarbe, schnell zunehmend, von einem leicht bräunlichen Teint in ein schon mittleres Rot verfärbt. Man kann ihre innere Erregung auch äußerlich gut beobachten. Es scheint ihr aber gut zu tun, dieses freie Reden, dieses aus sich herausgehen. Irgendwie habe ich das Verlangen, ich muss sie nun in die Arme nehmen, ich muss sie streicheln. Danken möchte ich ihr für ihr Vertrauen, das sie mir durch die Offenlegung ihrer intimsten Gefühle zeigt. Zeigen möchte ich ihr,, dass ich mit ihr fühle, dass ich mittlerweile mehr für sie empfinde und lege meinen Kopf wieder an die für mich so angenehme Stelle ihres Körpers und ..., ich umarme sie fest, so dass ich ihren immer fester werdenden Atem und ihren Herzschlag ganz deutlich spüren kann. Bum, bum, bum ..., höre ich es schlagen. „Maria", auch sie hat nun ihre Arme fest um mich gelegt. So verharren wir in Gedanken ..., eine kleine Ewigkeit.

Nach diesen himmlischen Augenblicken, löse ich meine so innige Umarmung und nehme meinen Kopf wieder von ihrem immer noch so heftig pochendem Herzen. Richte mich auf und muss plötzlich schmunzeln. Dabei ergreife ich ihre linke Hand, die sich feucht und heiß anfühlt und drücke sie jetzt ein wenig intensiver, als sie nun meinen Druck auch noch erwidert. Und lachend ..., *„Maria", ich glaube fast, dass ich träume, dass dies hier zwischen uns beiden, nur ein Märchen, eine Fata Morgana sein muss. So etwas ist mir wirklich noch nie passiert. Denn auch mir schlägt mein Herz bis zum Halse. Es pumpert heftiger, schneller, so schnell, dass es mir schon echt wehtut. Wahrscheinlich ein Zeichen, dass ich schon viel zu lange allein bin oder ist es mein mieser gesundheitlicher Allgemeinzustand, der mich so empfänglich für jedes liebe Wort, für jede liebe Zuwendung macht?*

Fast habe ich mich nun versprochen. Hoffentlich hat sie nichts ..., doch doch ..., ich glaube, mein schlechter gesundheitlicher Zustand ist kaum zu übersehen. Doch ist es nicht besser, ich rede nicht so viel über dieses Thema? Sind dies nicht nur meine eigenen Probleme? Nun und „Maria" ..., ja sie schaut mir lächelnd, ganz verträumt ins Gesicht und ich bin froh, dass sie mir jetzt Zeit, eine kleine Pause zum Nachdenken und zum Gedankenentwirren schenkt. Sie hakt sich nun wieder bei mir ein und so setzen wir stillschweigend, beide nach vorne auf den Weg blickend, eiligen Schrittes unseren unterbrochenen Spaziergang auf einem nun breiteren, bereits festgetretenen, harten hellen Sand-Kieselweg wieder fort. Links vorbei am Wasserkraftwerk, bis hin zum Hinterbrühler Park und bis hin zum in der Sonne glänzenden See.

Trotz meines guten Vorsatzes, bin ich jetzt derjenige, der dieses langes Nachdenken, dieses für mich so endlose Schweigen bricht ..., *„Maria" ..., Du ..., wenn ich mich mit Deinen Augen sehe, dann müsste auch ich nicht mehr ganz normal sein ..., ja, dann müsste auch ich verrückt sein. Anders kann ich mir meine Gefühle für Dich nicht mehr erklären. Zu* *oft und zu lange war ich nur vernünftig. Auch ich habe das innige Verlangen, Dich zu umarmen ..., Dich zu küssen ..., Dich zu lieben und zu spüren.* Jetzt gehe ich aber wirklich zu weit, schießt es mir durch den Kopf. Bin ich denn von allen guten Geistern verlassen. Tief, sehr tief hole ich nun Luft, denn ich glaube fast, dass mir bei meinen letzten Worten die tiefste Röte ins Gesicht geschossen ist. Trotzdem, ich schaffe es ..., jetzt da ich mich schon so verplaudert habe und ..., *„Maria" Du lässt mich gedanklich nicht mehr los und so wünsche ich mir jetzt nichts sehnlicher und wirklich dies von ganzem Herzen, dass wir uns wiedersehen. Aber glaubst Du nicht auch, dass wir uns jetzt erst einmal für einen guten Cappuccino entschließen sollten oder hättest Du lieber etwas anderes, vielleicht auch einen warmen Apfelstrudel mit Vanilleeis dazu? Bislang schmeckte es mir hier immer köstlich, ganz gleich was ich mir hier auch bei meinen vielen Spaziergängen zum Essen bestellte. Besonders dann, wenn Du ein Feinschmecker und ein Liebhaber der vielen bayerischen Spezialitäten und Köstlichkeiten bist, findest Du hier eine ausgezeichnete, eine wirklich sehr empfehlenswerte Küche.* So versuche ich „Maria" von meinem vorhin so mutig Gesagtem abzulenken.

Sie dreht sich plötzlich frontal zu mir und gibt mir einen flüchtigen Kuss auf die rechte Wange. *Bestelle was Du Dir selber wünscht, ich nehme das gleiche. Das, was Du da vorhin gesagt hast ...,* sie wischt sich ein paar Tränen, die ihr über die Wangen kullern, aus ihren schönen Gesicht und ihre schwarze Wimperntusche hinterlässt dünne, ungleich verlaufende Spuren auf ihren geröteten Wangen und ganz leise ..., *das mit dem Umarmen, dem Küssen und Spüren ..., ja, an die Liebe, an eine echte, an eine innige Liebe, an die glaube ich schon lange nicht mehr. Empfindest Du wirklich so ..? Das wäre für mich endlich wieder ein Lichtblick, ein Sonnenschein in meiner sonst so trüben Welt. Es würde mich freuen, wenn Du alles auch so meinst, wie Du es sagst. Persönlich empfinde ich wirklich so für Dich. Bitte belüge mich nie, verstehst Du ..., bitte versprich mir ..., bitte belüge mich niemals!*

Beide bleiben wir nun stehen und ich angele mir aus meiner rechten Hosentasche ein weißes, völlig zerknittertes Taschentuch und reiche es „Maria" zum abwischen ihrer Wangen. Sie nimmt es lächelnd und holt sich einen kleinen runden Spiegel und ein winziges Schminktäschchen aus ihrer Handtasche, um ihr Gesicht zu reinigen, um das Make-up wieder in Ordnung zu bringen.

Jetzt hat sie alle Spuren beseitigt ..., *nun, und gefalle ich Dir wieder ..?* „Maria" sie steht jetzt unmittelbar vor mir und schaut mir verliebt ..., doch es sind verliebte Blicke, die ich spüren kann, die mir durch und durch gehen. *Was heißt hier wieder ...,* „Maria" *Du bist eine wirklich schöne, eine begehrenswerte Frau* ..., ich umarme sie jetzt mit beiden Armen und drücke sie kurz ganz fest an mich ..., *bitte lasse uns jetzt nach einem freien Tisch suchen.*

Kein Problem ..., diesen haben wir schnell gefunden. Ein ruhiges Plätzchen, unmittelbar am See, unter zwei riesigen alten roten Kastanienbäumen, zwischen mehreren, noch intensiv rotblühenden Weigelia florida Sträuchern, einer ostasiatischen Gattung von Geißblattgewächsen. „Maria", sie schiebt nun beim Platznehmen, ihren etwas zu engen Rock mit beiden Händen etwas nach oben, ein gutes Stück ..., schon sehr weit über die Knie ..., schaut mir, da sie meine Neugierde spürt, dabei tief in meine Augen. Dabei hat sie ihr spitzbübisches Lächeln wieder in den Mundwinkeln, so als wolle sie sagen, da schau her. Sie sitzt jetzt unmittelbar, fast auf Tuchfühlung, neben mir, auf einem, frontal dem See zugewandten dunkelgrünlackierten stabilen Gartenstuhl aus Holz und Metall. Vier solcher Stühle gruppieren sich immer um einen gut dazu passenden runden, ebenfalls dunkelgrünlackierten Gartentisch. Auf diesem, wie auch auf den anderen achtzehn Tischen, schnell habe sie durchgezählt, außerdem sind die Tische zur Kennung für das Bedienungspersonal, mit einem kleinen weißen Zahlenschild fortlaufend gekennzeichnet, steht jeweils, ja sagen wir, fast in der Mitte auf einem gelben Plastikdeckchen, eine kleine, etwas zu bauchig geratene dunkelrotlackierte, glänzende Keramikvase. Wirklich angenehm duften die fünf frischen gelben Teerosen. Die gesamte Anlage ist farblich gut abgestimmt. Der gesamte Boden des bewirtschafteten Biergartens, ist mit braunroten Fliesen in verschiedenen Größen, zu einem imposanten Meisterwerk zusammengefügt. Zur besseren Abgrenzung der einzelnen Sitzgruppen, hat man so an die zehn kleinere, immer im Frühjahr kräftig rotblühende Kastanienbäume gepflanzt. Die in Größe und Art sehr verschiedenartig gestalteten Blumenbeete, sind allesamt in der Hauptsache, mit auch um diese Jahreszeit noch sehr intensiv blühenden Rosen bepflanzt. Sie runden den für jeden Naturfreund angenehm freundlichen Eindruck dieser schönen Gastronomie ab. Mir persönlich, gefällt es hier immer wieder.

Die im Münchner Raum bestens bekannte Ausflugsgaststätte am Hinterbrühler See, ist auch heute am Dienstag, dem siebten September, sehr gut besucht. Dies bemerke ich allerdings erst jetzt, so sehr beschäftigt mich gedanklich die Frage, wie sich die Geschichte mit „Maria" weiterentwickeln wird und auch meine lieben Schmerzen ..., ja, sie melden sich wieder sehr intensiv zurück. Sie kommen immer öfter, immer schmerzhafter, immer bohrender und tobender. Meist aber zu den ungelegensten Zeiten. Es ist allerhöchste Zeit, dass ich meine Pillen einnehme.

Meine allerliebste „Maria", ich überrasche mich mit dieser Anrede ..., ich bestelle uns also zwei Cappuccino mit aufgeschäumter Milch und zwei heiße Apfelstrudel mit Vanilleeis. Jetzt darfst Du einen kurzen Augenblick auf meine Gesellschaft verzichten. Gleich bin ich wieder bei Dir ..., gleich bin ich wieder zurück. Genieße einstweilen diesen herrlichen, diesen frühherbstlichen, so sonnigen Tag. Schau auf den See, diese vielen, vielen Enten und Schwäne.

Jetzt muss ich mich schon zu einem Lächeln zwingen. „Maria", ihr schicke ich noch schnell einen flüchtigen Handkuss. Nun habe ich es sehr eilig und hoppla, hopp geht es Richtung Gaststätte. Doch scheinbar haben just in diesem Augenblick viele der Gäste das gleiche Bedürfnis. So kommt es, dass ich mich regelrecht zum Eingang des Gasthofes, schon mehr als artistisch hindurchschlängeln, durchzwängen muss.

Endlich befinde ich mich in dem vollkommen überfüllten Gastraum und möchte meine Wünsche am Tresen äußern. Dieser, aus dunkelbraunem Edelholz, ragt einige Meter in den stark verqualmten, geräumigen Raum hinein. In der Mitte dieses Tresens befinden sich aus Messing fünf golden glänzende Zapfhähne. Ich nehme an für Weißbier, für Pils, für helles Bier sowie für Orangen- und Zitronenlimonade. Seitlich vom Tresen stehen fünf kleinere Glasvitrinen, angefüllt mit Süßigkeiten, allerlei Gebäck und vielerlei Salaten. Ganz links, also noch vor der Tür, steht ganz aus Glas, eine riesige, wirklich für jeden Gaumen, noch gut gefüllte Kuchen- und Tortentheke. An der ebenfalls aus dunkelbraunen Edelholz gefertigten, stark verräucherten und schon etwas speckigen Holzdecke, hängen so an die zwölf überaus wuchtige mehrflammige, höhenverstellbare Leuchten, mit aufgesetzten, stark verschmutzten, dadurch sehr matten Kupferschirmen.

Nun ..., der erste Eindruck für einen neuen Gast ist bestimmt drückend und düster. Zusätzlich wird dieses erste, negative Bild, durch den extrem starken Zigaretten- und Zigarrenqualm noch bestärkt. Die dicke Luft ist zum schneiden und kaum zu atmen. Für mich völlig unverständlich, dass sich hier so viele Leute in dieser Räucherkammer und das an diesem so herrlich warmen Herbsttag wohlfühlen. Bestimmt ..., das ist nicht mein Ding ..., bevorzuge ich doch lieber die Natur pur und vor allem frische, gesunde Luft.

Bei meinem Eintreten, führen die meisten der hier anwesenden Gäste, an den etwa zwanzig massiven Holztischen, ebenfalls aus dunklem Holz, überaus erregte, sehr hitzige Debatten und Gespräche. Dies bewirkt, dass man sein eigenes Wort erst ab einem gewissen Dezibel, also erst ab einer gewissen Lautstärke verstehen kann. Das wiederum dazu führt, dass sich die meisten nur schreiend unterhalten können. Nachdem ich mich ein wenig im Raum umgesehen, mich ein wenig an den beißend starken Qualm gewöhnt habe, trete ich nun zum bestellen an den Tresen. *Bitte bringen Sie mir zwei große Cappuccino mit aufgeschäumter Milch und Zucker, zwei heiße Apfelstrudel ..., aber wirklich zwei heiße Apfelstrudel mit Vanilleeis*, bestärke ich noch einmal meinen geäußerten Wunsch. *Das Ganze auf Tisch 16. Das ist der Tisch ganz links vorne, fast schon Seeufer.*

Ein bisschen wird es wohl dauern. Sehen Sie selbst ..., dieser wahnsinnige Andrang und das an einem gewöhnlichen Wochentag wie heute. Viele Menschen mit anscheinend zu viel Geld und Zeit. Leute, die sich daheim nur langweilen, die sich nicht wie unsereins, tagtäglich volle acht Stunden für ein paar Groschen abstrampeln ..., vertröstet mich eine vollbusige, stark geschminkte und vollkommen in schwarz gekleidete Blondine, so um die Fünfzig. Sie ist nicht besonders groß, gut proportioniert mit einem runden, freundlich lachenden Gesicht. Ihre halblangen Haare hat sie mit einem Kamm am Hinterkopf hochgesteckt. Jetzt, da ich ihr über den Schanktisch hinweg bei der Arbeit zusehe, bemerke ich, dass sie große grünblaue Augen und einen etwas zu breitgeratenen Mund mit vollen Lippen hat.

Momentan steht die Frau ganz allein hinter dem Tresen. Ganz links von ihr ist ein riesiger, sehr massiver roter Kühlschrank installiert. Und ..., ja direkt hinter ihr befindet sich die breite Durchreiche einer geräumigen und wie mir scheint, völlig neu eingerichteten, ganz modernen Küche. In dieser kann ich zwei etwas massive Frauen, so um die vierzig und als Gegenstück, drei noch relativ junge gertenschlanke Köche, alle in weißer Berufskleidung ausmachen. Rechterhand hinter dem Schanktisch, an der bis unter die Decke mit kleinen hellgrauen Fliesen gekachelten Wand, befinden sich vier nach vorne offene Regalschränke, ebenfalls aus dem schon bezeichneten dunklen Edelholz. In diesen befinden sich gut und fein säuberlich sortiert ..., Masskrüge aus Glas, zusätzlich eine Vielzahl von Weisbier-, Bier-, Pils-, Limonaden-, Wasser-, Wein-, Aperitif- und Schnapsgläsern.

Bitte haben Sie vorab für mich ein Glas Wasser zum Einnehmen meiner Medizin ..? frage ich die mich immer noch anstrahlende, freundliche Bedienung. *Selbstverständlich ..., doch sagen Sie, ist Ihnen nicht gut oder sind Sie gar krank? Sie machen mir einen so gesunden Eindruck. Nun, wenn ich Sie mir etwas genauer betrachte ..., Sie haben doch eine so gesunde, tiefgebräunte Gesichtsfarbe ..., vielleicht täuscht mich auch der erste Eindruck?* Hastig öffnet Sie nun den riesigen amerikanischen Kühlschrank und entnimmt diesem eine kleine grüne Flasche, öffnet diese mit einem urig aussehenden Flaschenöffner aus dunkelbraun lackiertem Wurzelholz. Nun gießt sie mir das noch spritzig schäumende Mineralwasser in ein kleines, einfaches, glattes Wasserglas und stellt es mir mit der noch halbvollen grünen Flasche auf den Tresen.

Vielen, vielen Dank ..., sage ich noch ..., es ist nur eine hoffentlich wieder vorübergehende Schwäche. Sagten Sie eben nicht selbst ..., ich schaue so gesund aus. Doch, doch ..., glauben Sie, es geht mir schon wieder blendend. Schnell bezahle ich das Wasser, stelle mich ganz nach links an den vielleicht vier Meter langen Schanktisch, greife in meine rechte Hosentasche und suche nach meinem kleinen Plastikschächtelchen ..., zwischen all ´ dem Wirrwarr ..., dem sperrigen Schlüsselbund und den schon stark zerknüllten Papiertaschentüchern. Endlich ..., ich habe es gefunden und entnehme zwei Pillen, stecke sie mir in den Mund und trinke vorsichtig, das noch eiskalte, mir in der Nase kitzelnde Mineralwasser in kleinen Schlucken. Nun, dieses Mal ging das Hinabwürgen schon viel leichter.

Diese mir vor vierzehn Tagen im Krankenhaus, von dem mich behandelnden Arzt „Dr. Schreiber", verschriebenen weißen Filmkapseln, sollen laut dessen Aussage, meine fast schon unerträglichen Schmerzen ein wenig lindern. Sie sollen mir leichter über die noch verbleibenden Tage, vielleicht Monate hinweghelfen. Wie lange kann ich dieses bohrende, wahnsinnig tobende Problem im Magen-Darmbereich noch aushalten? In der Regel soll ich in dieser Dosierung, alle vier Stunden, also viermal am Tage, diese Kapseln mit reichlich Flüssigkeit zu mir nehmen. Für die, für mich oft ewiglangen, zu langen Nachtstunden, verordnete mir „Dr. Schreiber" ein wesentlich stärkeres Präparat. Dieses soll bewirken, dass sich mein stark geschwächter Körper, in diesen wenigen Stunden wenigstens ein bisschen erholt. Trotz alledem, das ist so gut wie nie der Fall.

Nach dem unbedingt notwendigen Aufsuchen der übelriechenden, stark verschmutzten, für diese große Lokalität viel zu kleinen

Toiletten, habe ich es nun eilig und sehr tief Luft holend, verlasse ich eiligen Schrittes diese Gaststätte.

Voller Erwartung suchen nun meine Blicke eifrig nach „Maria", nach meiner neuen lieben Bekannten. Doch ..., ach wie schade ..., sie sitzt nicht mehr an unserem Tisch, was ich schon beim Durchschreiten der sehr breiten, voll verglasten großen Flügeltüren feststellen kann. Wie wild beginnt jetzt mein Herz zu schlagen, denn ich glaube ..., „Maria", ja sie hat allem Anschein nach, allein den Heimweg zurück ins Sanatorium angetreten.

Doch, siehe da ..., ich wische mir mit dem Handrücken über meine schon feuchten Augen. Auf unseren Tisch am See, erblicke ich jetzt ihre schwarze Handtasche und auch meinen blauen Pullover, den ich ihr vor meinem Gang in die Gaststätte überlassen habe ..., ja und auf die Stuhllehne hat sie ihre Kostümjacke gehängt. Offensichtlich hat „Maria" all´ dies, leichtsinnigerweise, gutgläubig dort abgelegt. Sie ist also noch hier ..., mir fällt ein Stein vom Herzen. Und schon ist die Welt für mich fast wieder in Ordnung.

Nun muss ich mich doch an meinen verwirrten Kopf fassen. Was ist eigentlich mit mir los? Kann ich nicht mehr logisch denken ..., kann ich mich nicht mehr so richtig konzentrieren? Was funktioniert denn momentan überhaupt noch bei mir? Oder sind es wirklich diese vielen negativen Eindrücke und Erkenntnisse der letzten Wochen und Monate. Vielleicht bin ich einfach auch nur hungrig nach einigen, lieben Worten ..., nach Gesten und ein paar Streicheleinheiten. Was ist nur mit meinem Kopf und mit meinen völlig verwirrten Gedanken? Alles dreht sich bei mir Tag für Tag, wieder und wieder nur noch um dieses eine Thema: „Wie lange habe ich noch zu leben?"

Verständlich ..., ich habe mich noch nicht ganz aufgegeben. Noch greife ich nach jedem auch noch so kleinen Strohhalm. Noch kann und will ich es nicht glauben, dass meine Tage schon gezählt sind, dass alles bald vorbei sein soll. Vielleicht ist gerade „Maria" ..., ist sie für mich die letzte Chance nach einem bisschen Zärtlichkeit?

Vielleicht kann sie mir mit ihrer Liebe, beim Durchstehen dieser bestimmt schwierigen Zeit ein wenig helfen.

Andererseits sind meine diesbezüglichen, vielleicht zu großen Erwartungen an „Maria", nicht sehr unfair? Denn gerade jetzt ..., mit meiner gesundheitlich so schlechten Perspektive, sollte ich mich ihr gegenüber ehrlicher verhalten. Doch dann frage ich mich wieder ..., soll ich mir, wenn überhaupt, mein so tödliches Problem überhaupt anmerken lassen, ganz gleich wie intensiv meine Schmerzen auch sein werden? Wahnsinn ..., dieses Grübeln ..., dies wird mir im jetzigen, schon so weit fortgeschrittenen Stadium kaum mehr möglich sein. Mein so blöder Kopf, er beschäftigt mich, er quält mich wieder einmal. Was ..., ja was soll ich nun tun? Alles wieder vergessen, vielleicht ist auch „Maria" nur ein Traum?

Was bin ich nur für ein großer Trottel. So mache ich mich selber nur noch schneller fix und fertig ..., so werde ich noch vollkommen verrückt und das wegen einer Frau, die ich erst vor wenigen Stunden rein zufällig kennen gelernt habe und von der ich so gut wie nichts weiß. Doch wie heißt es so schön ..., der Mensch denkt und unser Schöpfer lenkt. Nur ganz so einfach, kann ich es mir wiederum auch nicht machen.

Doch siehe da ..., es gibt sie noch. „Maria", ich habe sie wieder entdeckt. Sie kniet in der Hocke, direkt am Ufer des flach auslaufenden Hinterbrühler Sees. Sie füttert mit kleinen Semmelstücken eine Vielzahl von bunten Enten und weißen Schwänen, die teils schon aus dem Wasser gekommen, sich im kleinen Halbkreis um sie geschart haben und um die größten Stücke zanken. Was einzelne so frech werden lässt, ihr die besten Happen gierig aus der Hand zu schnappen. Schau, schau ..., ein ausgewachsener männlicher Schwan, ein stattliches, schönes, schneeweißes Tier, der gleich linker Hand neben ihr, immer wieder vergeblich versucht, einen von ihr dargebotenen Leckerbissen zu erhaschen, zwickt sie plötzlich ganz erbost und wild pfauchend in die linke Wade. Dies veranlasst „Maria" zu einem kurzen, halblauten Aufschrei ..., *au, verdammt*.

Unter den vielen gutgenährten, teils schon zu fetten Enten, befinden sich eine ganz weiß- und zwei schwarzweißgefiederte Prachtexemplare, die höchstwahrscheinlich einem Landwirt aus der näheren Umgebung, noch rechtzeitig von der Pfanne geflattert sind und sich hier eine neue Bleibe, ein besonders schönes Plätzchen, ein Paradies gesucht und auch gefunden haben.

Tief, sehr tief muss ich Luft holen. Für mich ist dies ein wirklich schöner, ein einmalig schöner Anblick. Wirklich schade ..., ich habe meine Digitalkamera in der Eile zuhause vergessen. Diese Erinnerung ..., was für ein herrliches Bild! Mir wird jetzt so richtig, ganz warm ..., heiß ums Herz ..., „Maria", für mich wie ein schönes Gemälde. Der Saum ihres beigen Kostümrockes hat sich durch ihre Hocke weit ..., sehr weit nach oben verschoben. So gönnt sie mir einen wirklich großzügigen Blick auf ihre sehr schlanken schönen Beine und auf ihre gutproportionierten Oberschenkel ..., dazu ihre hellen Seidenstrümpfe, die jetzt voll in der Nachmittagssonne ..., fast blendend glänzen. Ihre blonden halblangen Haare, durch die ganz sanft, ein mittlerweile leichter Wind bläst, scheinen aus purem Gold zu sein und träume ich da nicht fast von einem Engel. Meine ..., ja, ja, meine schon wieder völlig verwirrten Gedanken, meine überaus rege Fantasie. Da frage ich ..., habe ich denn beide noch unter Kontrolle?

Langsam ..., vorsichtig pirsche ich mich rückwärts an „Maria" heran und siehe, meine beiden Hände, meine Finger streicheln, wie von Geisterhand geführt; nicht einmal, nicht zweimal, nein ..., gleich mehrmals ganz zart, ganz leicht durch ihr blondes seidigweich anfühlendes gepflegtes Haar. Für mich ein kaum beschreibbares, ein so einmalig schönes Glücksgefühl.

Habe ich sie nun erschreckt? Sie zuckt ganz leicht zusammen ..., *verzeih mir bitte. Aber die Verlockung Dich zu streicheln ..., Du verstehst, sie war einfach zu groß. Ich war so geblendet von Dir, von Deinem so herrlichen Körper und ..., von Allem was so dazu gehört. Du, ich bin so froh, dass es Dich gibt, dass wir uns heute kennengelernt haben.*

„Maria" ..., immer noch in der Hocke ..., sie strahlt mich an wie ein Engel ..., meine wirren Gedanken, meine Fantasie. *Marcus, Du ..., ich liebe fast alle Tiere und besonders Schwäne und Enten haben es mir angetan. Du musst wissen, ich habe bei mir zuhause eine riesige Sammlung von diesen Gattungen, alle aus Porzellan. Diese habe ich allesamt in einer riesigen Glasvitrine untergebracht. Ganz liebe Erinnerungsstücke aus längst vergangenen, aus schöneren Zeiten. Ich hatte es mir angewöhnt, dass ich von überall, von allen schönen Orten, die wir ..., mein Mann und ich besuchten, Andenken mitnahm. So erzählt mir jedes dieser edlen, längst liebgewonnenen Stücke, immer wieder beim Betrachten, bei meinen vielen Träumereien, eine eigene Geschichte ..., einen eigenen Roman aus diesen vielen glücklichen Jahren. Es sind viele, so viele, die ich liebend gern auch Dir lieber Marcus, einmal allesamt erzählen möchte. Immer vorausgesetzt, dass es auch unser Herrgott will ..., dass wir vielleicht eine gemeinsame Zukunft haben, dass wir vielleicht sogar für immer und ewig zusammenbleiben sollten.*

Dieses, mein so wunderschönes Hobby, es hat auch einen riesigen Nachteil ..., das Reinigen und Polieren. Pflege und sortiere Du einmal Woche für Woche so an die einhundertfünfzig solcher Porzellanfiguren. Dabei kommt es so hin und wieder schon vor, dass ich mich dabei ertappe, wie ich diesen anscheinend kalten Figuren, wie ich diesen vielen Enten und Schwänen, das warme und noch so lebendige Leben der Erinnerung einhauche und mit ihnen spreche. Mit ihnen rede ich dann über Erlebtes, über unvergessene so wunderschöne Stunden und Tage. Wunderschöne Stunden und Tage, die ich, so Gott will, auch mit Dir leben und erleben möchte. Dieses wünsche ich mir jetzt ..., ja, jetzt in diesem so schönen Augenblick, von ganzem Herzen. Vielleicht erhört er mir mein Gebet.

Während „Maria" mir ihre liebe, kleine, so zu Herzen gehende, rührende Geschichte erzählt, füttert sie weiter ihre Lieblinge, bis sie ihre ganzen Vorräte an das mittlerweile komplett versammelte Federvieh verteilt hat. Sie hatte sich fünf alte Semmeln während meiner Abwesenheit in der Gaststätte gekauft, ohne dass wir uns in der Lokalität begegnet sind oder gesehen haben.

Sie wendet mir jetzt ihren Kopf zu und lächelt mich, immer noch in der Hocke sitzend, von unten herauf, sehr sexy, sehr verführerisch an. Nun reiche ich ihr meine beiden Hände und helfe ihr wieder auf ihre schönen Beine. Doch sie hat, vielleicht beabsichtigt, viel ..., viel zu viel Schwung in ihr Hochkommen gelegt. Und ..., ja, wir prallen heftig aneinander. „Maria", sie lacht mich an und legt ihre beiden Arme um mich und schmiegt ihren Kopf fest an meine Brust. Nun umarme auch ich sie ..., wir drücken unsere Körper fest aneinander und spüren uns und unsere Erregung. Dabei kann ich fühlen, dass sie sich auf ihre Zehenspitzen stellt und so kommen sich unsere Gesichter näher und näher. Wir blicken uns lange ..., sehr lange in die Augen. Plötzlich lässt sie mich los, löst ihre feste Umklammerung und ergreift mit beiden Händen meinen Kopf und zieht in zu sich hinab. Sie öffnet mir ihre weichen, warmen Lippen, ihren Mund zu einem langen, zu einem ewig langen ..., innigen, himmlischen Kuss und erst unsere Zungen! Mir schwinden die Sinne, mein Herz pocht wie wild ..., es schlägt mir bis zum Halse. Beide schließen wir nun unsere Augen und spüren sehr intensiv und deutlich nur noch unsere nach viel mehr verlangenden Körper und vergessen für winzige Augenblicke die Welt um uns herum.

Marcus bist Du mir jetzt böse? Sagt sie langsam, ganz außer Atem, nach einer für mich ewiglangen, für mich so wunderschönen Ewigkeit. Sie gibt meinen Kopf wieder frei und umarmt mich nun fest mit ihren zarten Armen. „Maria", sie drückt ihren schlanken, warmen, geschmeidigen Körper nun noch fester an mich. Mit einem Kopfzurseitenicken verneine ich, denn zu viele Gedanken rasen mit einem schier unmöglichen Tempo, durch meinen verwirrten Kopf. Meine Fantasie ..., ja, ja ..., meine Fantasie, sie lässt mich fliegen und ich schwebe, ich träume und träume! Mein Hirn, es hat Pause, es hat völlig abgeschaltet. Kein Wort, keine einzige Silbe, kommt über meine Lippen.

Gut, dass unser Tisch etwas abseits und von Sträuchern gut abgeschirmt unter zwei riesigen Kastanienbäumen steht. So kann unser Treiben von den anderen Gästen kaum und wenn schon, dann nur schemenhaft beachtet werden. Ganz langsam, sehr vorsichtig, schiebe ich nun meine rechte Hand, meine Finger seitlich durch ihre feste

Umklammerung und streichele ganz leicht, sehr zärtlich über ihre Brüste. Sie lässt es sich gefallen und verschließt wieder ihre Augen. Deutlich kann ich jetzt ihr wie wild pochendes Herz fühlen ..., im Gesicht verspüre ich ihren immer heftiger, kürzer werdenden Atem. Nach einer halben Ewigkeit, will ich meine Hand nach oben schieben, um ihr Gesicht zu streicheln. Doch sie löst kurz ihre Umarmung und nimmt mit ihrer linken Hand die meinige und schiebt diese wieder unter ihre Bluse. Ganz leise ..., *liebster Marcus, nur noch ein bisschen, es tut mir so gut. Lasse mich Dich und Dein Verlangen nur noch einen kurzen, einen winzigen Augenblick spüren.* Nun lässt sie meine Hand, meine Finger wieder gewähren und umarmt mich mit beiden Armen. Stellt sich nun wieder auf ihre Zehenspitzen und drückt mich sehr, sehr fest an sich, verschließt wieder ihre Augen. „Maria", sie atmet tief, sehr tief ..., immer heftiger, erregter wird ihr Atem. Langsam, ganz zärtlich möchte ich ihr über ihre Brüste, über ihre Brustspitzen streicheln und drücke sie, drücke „Maria" fester und inniger an mich. Der Himmel, er hängt für mich wieder einmal voller Geigen.

Hallo, ja hallo ..., endlich ...,, ja endlich bringe ich Euch Euren gewünschten Cappuccino und Euren heißen Apfelstrudel mit Vanilleeis ..., werden wir jäh aus unseren so fantasieübervollen, so wunderschönen Träumen gerissen. „Maria" und ich ..., beide brauchen wir nun einige ..., viele Sekunden, zu viele Sekunden, um mit der Realität fertig zu werden. Nur sehr langsam löst sich auch unsere innere Verbindung. „Maria", sie nestelt hastig und nervös an der halboffenen, gelben Bluse, schließt die oberen zwei Knöpfe und rückt nun hastig, noch in Gedanken, ihren Rock, ihr doch stark verschobenes Tweedkostüm zurecht ..., während ich mir verlegen, wahrscheinlich stark errötend, mit der linken Hand ein paar Mal übernervös durch meine zwar relativ kurzen, aber doch jetzt stark zersausten Haare fahre. Völlig verwirrt, habe ich so meine lieben Schwierigkeiten mit den vielen Knöpfen meines Hemdes.

Während ich „Maria" jetzt in ihre fragenden Augen blicke, lege ich ihr meinen rechten Arm um ihre schlanke Taille und drücke sie ganz leicht an mich. Nun gehen wir stillschweigend zu unserem Tisch zurück. Dabei schaut sie mich lächelnd ..., wie fragend, seitlich an. Und siehe da, unsere, mir bereits bekannte Bedienung, sie hatte alles wie bestellt ..., zwei bauchig große Tassen Cappuccino mit aufgeschäumter Milch und zwei riesiggroße Portionen, delikat duftenden Apfelstrudel mit Vanilleeis, auf unserem Tisch abgestellt. Wir nehmen nun nicht gegenüber, sondern ganz nah, auf engste Tuchfühlung bedacht, wie selbstverständlich nebeneinander auf unseren Stühlen Platz.

Leider, leider ..., ich habe Euch lange warten lassen. Aber wie ich sehen kann, habt Ihr die Zeit bestens genützt. Ich hoffe doch sehr, dass es Euch nun auch so gut schmeckt ..., sagt sie lachend und bevor wir Danke sagen können, schaukelt sie eilig schon zum nächsten Tisch, an dem seit geraumer Zeit, ein lauthals schimpfender älterer, fast kahlköpfiger Mann, über den so schlechten Service wettert. Doch sie ist die Ruhe in Person und lässt sich auch durch seine stark aus dem Rahmen fallenden Beleidigungen, durch seine Beschimpfungen nicht beirren. Lachend kassiert sie den schrulligen älteren Herrn ab. Worauf dieser übernervös agierende Mann, seinen schon stark abgestoßenen braunen Spazierstock, seinen einst bestimmt grauen, abgetragenen, schlimm zerknautschten Hut vom Stuhl nimmt und sich, immer noch schimpfend, endlich von dannen drollt.

So ein armer Mann ..., „Maria", sie hat trotz alledem, Mitleid mit dem älteren Herrn. Sorgenvoll runzelt sie ihre Stirn ..., ich nehme an, dass sie jetzt auch an ihre eigenen Probleme und Schwierigkeiten, an ihre letzten Monate und Jahre, denken muss. Gedanklich ..., mit dem Kopf, ist sie momentan bestimmt ganz woanders,, nicht hier bei mir am Hinterbrühler See.

Doch was soll diese runzelige Stirn ..., sie passt nicht so recht zu diesem Tag, zu ihrem schönen Gesicht. *Welch ein schöner, so ein herrlicher Tag und was sehe ich da in Deinem schönen Gesicht, was sehe ich auf Deiner Stirn ..., nur noch Falten, tiefe Sorgenfalten. Unser guter Cappuccino und auch der ehedem heiße Apfelstrudel werden schon kalt und kälter, wenn wir uns nicht bald mit ihnen beschäftigen.*

„Maria" und ich ..., wir nehmen fast gemeinsam und wie abgesprochen, die sehr großen Cappuccinotassen in die jeweils rechte Hand und kosten den zwar nicht mehr ganz heißen, doch echt vorzüglich schmeckenden Kaffee. Dann ..., wieder fast gleichzeitig, greifen wir nach den goldfarbenen Kuchengabeln, um auch dem Apfelstrudel zu Leibe zu rücken. Wie auf Kommando blicken wir uns nun an. Ja, ja, die aufgeschäumte Milch des Cappuccinos, sie hat bei uns einen kräftigweißen, schönen Schnauzer hinterlassen. Beide müssen wir jetzt lauthals über uns lachen.

Sie hat sich wieder schneller beruhigt und ..., *es ist schön, wie gut wir schon gemeinsam funktionieren* ..., und muss dabei schelmisch schmunzeln. *Wieso, weshalb? Das verstehe ich jetzt nicht ganz* ..., antworte ich ein wenig verdutzt und beobachte wie sie weiter lacht und mit dem Kopf zu ihrer rechten Hand nickt, in der sie noch immer ihre Kuchengabel hält. Erst jetzt, da ich auch auf meine rechte Hand schiele, fällt bei mir der bekannte Groschen und nun muss ich mich ihrem Lachen anschließen. Jetzt stechen wir wieder fast gemeinsam, ein Stück des Strudels ab und schieben uns dieses gegenseitig in den Mund, immer noch schmunzelnd. *Mmmmh, einfach köstlich, wirklich ein Gedicht* ..., meint sie mit fast vollem Munde. *Du hast wirklich ein gutes Händchen gehabt mit Deiner delikaten Auswahl. Das sind garantiert wieder viel, zu viele Kalorien.*

Jetzt erst widmen wir uns intensiver unseren Köstlichkeiten. Nur hin und wieder werfen wir uns noch verliebte Blicke zu. Komisch ..., habe ich doch meine Schmerzen fast vergessen und bin ..., ich muss mich über meinen so guten Appetit wundern ..., am schnellsten mit den riesigen Portionen fertig. *Mit diesen vielen Kalorien habe ich hinterher schon immer meine liebe Not. Sie füllen meinen kleinen Magen und bewirken meist, dass ich dann faul, träge und schläfrig wirke. Wie soll ich da noch nach Hause kommen? Da muss ich mich wohl oder übel auf Deine handfeste Unterstützung verlassen.*

Verstohlen blicke ich auf meine Armbanduhr. Ein wenig erschrocken ..., was „Maria", um Gotteswillen, schon so spät. *Du wirst es nicht für möglich halten ..., es ist schon 16.20 Uhr. Sagtest Du nicht vor einer Ewigkeit, etwas von 17.30 Uhr?* Lachend kontert sie und *..., musst Du mich gerade jetzt so erschrecken ..., war ich doch so in Gedanken ..., bist Du meiner schon so überdrüssig ..?* „Maria", sie streichelt mir mit ihrer linken Hand über meinen rechten Oberschenkel. Gefährlich weit nach oben ..., schon seit Minuten, hat sie sich wahrscheinlich ganz in Gedanken, dieser Aufgabe hingegeben und massiert mich dort ganz zärtlich! *Du hast ja leider so recht. Aber kannst Du nicht diesen Augenblick um eine Stunde ..., noch besser, um einen ganzen Nachmittag zurückdrehen? Wir müssen uns jetzt wirklich tummeln, denn im Sanatorium verstehen sie in der Küche diesbezüglich keinen Spass, noch dazu ich mich nicht abgemeldet habe. Konnte ich doch nicht wissen, dass sich gerade heute unsere Weg kreuzen.*

Mein Blickkontakt mit der netten Bedienung hat mittlerweile auch Erfolg, denn schon kommt sie eiligen Schrittes herangeschaukelt. *Habt Ihr ..., hat das verliebte Pärchen noch einen Wunsch oder möchtet Ihr nur bezahlen?* strahlt sie uns an. *Letzteres ist leider der Fall, aber wie kommen Sie auf verliebtes Pärchen?* Ein wenig dumm meine Frage und prompt werde ich aufgeklärt *..., ich konnte Euch ja hinreichend und lange genug beobachten. Eure verliebten Blicke, Eure intimen so engen körperlichen Kontakte, Eure gegenseitigen Streicheleinheiten, jetzt diese tiefe Röte in Euren Gesichtern. Dies alles gibt mir Recht. Mittlerweile, glauben Sie mir, habe ich einen sicheren Blick dafür. Von ganzem Herzen vergönne ich Euch dieses Glück und wünsche Euch Ausdauer und für die gemeinsame Zukunft alles, alles Liebe und alles Gute.*

Ich fingere mir meine dunkelbraune, schon stark zerschlissene Geldbörse aus echtem dunkelbraunen Krokodilleder, aus meiner rechten Gesäßtasche und bezahle gerne und mit reichlich Trinkgeld. Diese Börse, ein altes Erinnerungsstück von „Christine", meiner geschiedenen, einst so geliebten Ehefrau. Damals, ich erinnere mich ..., ja es war an Weihnachten 1965, damals war die Welt für uns noch in Ordnung und wir hatten beide Schmetterlinge im Bauch. *Ein herzliches Vergelts Gott! Euch muss es ja gut gehen. Viel Glück ..., bis bald ...,* schon hat sie es eilig. Immer dieser Stress ..., immer diese Hetzerei!

Vielen Dank für Deine so liebe Einladung. Jetzt müssen wir uns leider etwas sputen ..., mahnt auch „Maria" zur Eile, während sie sich zu mir seitlich herbeugt und mir wieder einen innigen, einen ewiglangen Kuss schenkt ..., und erst unsere Zungen. Dabei habe ich mich wohl mit meiner rechten Hand, auf ihrem linken Oberschenkel abgestützt. Nun da ich es bemerke, will ich meine Hand wieder zurückziehen. Doch was tut sie ..., sie drückt mir diese mit ihrer rechten Hand nur noch fester auf ihre so weiche Haut, über die ich mich nun einige Male ganz zart, ganz weit nach oben streichele. Nun träume ich mit offenen Augen und blicke dabei in zwei liebe Augensterne, die mich feucht anstrahlen. Doch was hat „Maria" nun vor? Sie schiebt mir meine Hand immer höher ..., schon zu weit? Den Saum ihrer Strümpfe habe ich mit meinen Fingern schon hinter mir gelassen. Bestimmt ..., ganz sicher ..., mir wird heiß ..., nein mir wird siedend heiß. Deutlich kann ich jetzt ihr zittern fühlen. Es zieht durch ihren ganzen Körper, wird immer intensiver und erst ihr jetzt heftiges atmen ..., es wird kürzer und kürzer, immer erregter. Dabei kann ich ihren heftigen Atem in meinem Gesicht fühlen, als ich mit meiner Hand mit meinen Fingern, die Mitte ihres Schrittes erreiche und sie ganz zärtlich ..., sehr vorsichtig streichele.

Doch, was ist jetzt mit „Maria"? Täusche ich mich, denn ganz plötzlich verfinstern sich ihre vordem freundlichen Gesichtszüge. Sie lockert ihren festen Griff um mein Handgelenk. Erschrocken über ihre sich verändernde Gesichtsmimik, nehme ich meine Hand wie elektrisiert aus ihrer Tabuzone. Etwas irritiert, kratze ich mich nun mit den Fingern meiner rechten Hand am Hinterkopf. *Mein lieber Marcus, fast glaube ich, dass es mich heute so richtig ..., ach nichts ...,* unterbricht sie ihren bereits angefangenen Dialog und ich sehe, dass ihr nun einige dicke Tränen über ihre intensiv geröteten Wangen rollen. Verlegen blickt sie nun zur Seite. *Jetzt müssen wir aber wirklich gehen. Alles Schöne findet immer viel zu schnell ein Ende. Ich finde dies wirklich sehr schade. Leider weiß ich nicht, wie Du jetzt empfindest und was Du in Deinem Herzen für mich fühlst? Ich glaube, dass ich langsam aber sicher verrückt werde. Meine Gefühle ..., das kann doch alles so nicht normal sein.*

Ruckartig erhebt sie sich plötzlich von ihrem Stuhl, so dass dieser fast umfällt und packt mich bei der Hand *..., komm schon, ich muss zurück. Ansonsten bekomme ich nur noch größere Schwierigkeiten, auch mit meinem Arzt.*

Nun zieht mich „Maria" förmlich vom Stuhl hoch und flott geht es nun eiligen Schrittes Richtung Wasserkraftwerk und Marienklausebrücke. *Meine allerliebste „Maria", möchtest Du nicht wissen, wie es um mich, was mit meinen Gefühlen ist? Sagtest Du vorhin nicht, Du glaubst, Du hast Dich so richtig ..., warum sprichst Du diesen Satz nicht zu Ende? Mir geht es doch höchstwahrscheinlich ebenso. Weiß ich denn, was mit mir, was mit meinem Herz geschieht? Denn so plötzlich, so schnell habe ich mich noch nie in einen Menschen verliebt, der mir vor wenigen Stunden noch völlig fremd war.*

„Maria", sie hat sich wieder bei mir eingehakt und ich spüre nun ihre so angenehme Körperwärme beim eiligen gehen. Auch das auf und ab ihres Busens kann ich beobachten, wenn ich meinen Kopf so hin und wieder nach rechts zu ihr drehe. Schon möchte ich sie wieder liebevoll streicheln. Was wäre ich im Augenblick für ein glücklicher, für ein zufriedener Mensch, wenn sie mir wenigstens eine kurze Antwort, einen kleinen Hinweis auf meine Fragen geben würde. Meine Sorgen und auch meine Schmerzen habe ich in der letzten Stunde fast vergessen. Doch ..., ja, jetzt haben sie mich wieder voll im Griff. Nun beschäftigen und quälen sie mich dafür umso intensiver.

Schnell sind wir wieder an der Brücke über die Isar, an der Marienklause und schon wird es anstrengender ..., es geht die vielen Holztreppen aufwärts, zum Hochleiteweg. Und nicht nur ich ..., nein beide haben wir zu tun und müssen dabei mächtig pusten. Aufwärts geht es um ein Vielfaches anstrengender. Zusätzlich plagen mich meine Probleme, zu denen sich jetzt auch noch kräftige Rückenschmerzen gesellen, die mich seit einigen Monaten, leider immer öfter sehr intensiv beschäftigen. So prophezeite mir mein Arzt „Dr. Schreiber" erst vor einer Woche, dass diese zu meinem Krankheitsbild gehören und aller Voraussicht in den nächsten Tagen und Wochen zunehmend schmerzhafter würden. Wie sagte er dabei so schön ..., zusätzlich! Was für tröstende Worte ..., sagenhaft ..., damit bereitete er mir eine wirklich große Freude!

Endlich ..., ja endlich haben wir diese vielen, vielen Treppen und Kehren tief atmend und völlig außer Puste geschafft. Wir müssen uns eine Pause gönnen und bleiben so zum Verschnaufen, zum Luftholen, einige Augenblicke, immer noch eingehakt, nebeneinander stehen. Dabei sind es doch gar nicht so viele Stufen und Kehren ..., vor meiner Krankheit schaffte ich diese im Dauerlauf. Nun stelle ich mich vor „Maria" und betrachte neugierig ihr Gesicht. Durch die hier sehr dicht gewachsenen Laubbäume, fällt jetzt um diese Zeit, um 16.45 Uhr, fast kein Sonnenstrahl. Trotzdem kann ich deutlich beobachten, wie ihr über beide Wangen wieder dicke Tränen kullern und ihr erst vorhin frisch aufgetragenes Make-up verwischen. Dicke, schwarze, ungleich verlaufende Spuren hinterlassen diese nun in ihrem schönen Gesicht.

Hallo ..., Du musst sie jetzt küssen ..., Du musst sie jetzt ganz einfach liebevoll in die Arme nehmen. Du musst sie ganz einfach lieben ..., schießt es mir augenblicklich durch meinen immer noch völlig verwirrten Kopf und schon drücke ich sie mit beiden Armen fest an mich und küsse sie innig, sehr, sehr lang auf ihre feuchten, halboffenen, doch so warmen Lippen. *Meine „Maria", meine allerliebste „Maria", mir zerreißt es fast das Herz, wenn ich Dich so weinen sehe.* Sie schaut mich nun fragend an und versucht mit ihrem schon ganz verschmutzten Taschentuch, sich die Tränen von ihren nun gänzlich schwarz verschmierten Wangen zu wischen.

Lieber Marcus, kann ich mich bei Dir wieder salonfähig herrichten? Du kennst doch das blöde Gerede der anderen Patienten. Bitte nicht böse sein, wenn ich Dir vorhin nicht gleich antwortete. Mir ist als ob ich träume. Gerade jetzt ..., jetzt habe ich wieder diese gleichen Probleme, wegen denen ich eigentlich hier in ärztlicher, in psychiatrischer Behandlung bin. Ich möchte so gerne an das glauben, was ich denke und jetzt für Dich empfinde und fühle. Doch da sind sie wieder, diese langen, ewig langen, so dunklen Schatten, meine inneren und so intensiven Zweifel, die mich immer so verunsichern, die mich immer so alleine lassen mit all´ meinen vielen ..., ja, ja; massig vielen Problemen und Sorgen.

Ja, ja ..., der heutige Nachmittag, er war nach vielen, vielen Monaten Finsternis, für mich wieder Lichtblick und Hoffnung, dass sich das Glück wieder mit mir verbrüdern könnte. Ich möchte mich dafür herzlich bei Dir bedanken und hoffe, ja ich wünsche es mir so sehnlichst, dass es noch viele, viele solcher Tage werden. Vielleicht finden wir beide diesen Weg ..., diesen Weg zu einem gemeinsamen Glück. „Maria", sie hakt sich nun wieder bei mir ein und wir eilen die restlichen Schritte bis zu meinem zuhause am Heubachweg. Vor der schmiedeeisernen Gartentüre verringern wir unseren Eilmarsch ..., ja wir bleiben sogar kurz stehen und „Maria" mustert bewundernd das voll von der Sonne angestrahlte kleine Häuschen, den noch so wunderschön blühenden Garten. *Schön, einfach wunderschön ...,* beginnt sie nun endlich wieder strahlend, nach einigen Minuten des Staunens. *Ein wirklich kleines Paradies hast Du Dir da geschaffen. Eine Pracht, diese vielen, vielen so schön und kräftig blühenden gelben, hell-, mittel- bis tiefroten Rosen. Du hast Dir wirklich einen grünen Daumen verdient. Wirklich ..., was für eine Blütenpracht. Wenn Du schon zu Deinen vielen schönen Blumen so zärtlich sein kannst, um wieviel mehr bist Du es dann bei Deinen schon sehr vielen schönen Frauen ...,* plaudert sie munter weiter, während wir gemeinsam, immer noch eingehakt, auf dem kunstvoll gefliesten Gartenweg zur Haustüre schreiten.

Meine Mitbewohner sind allesamt schon wieder unterwegs in der Karibik. Ich glaube sie sagten irgendetwas von Havanna. Jedes Jahr um diese Zeit, unternehmen Sie miteinander eine längere Urlaubsreise. Wir beide haben also heute und auch an den nächsten Tagen, eine sturmfreies Haus ..., muss ich lachend noch anfügen. Und siehe da, auch „Maria" kann hierüber lachen. *Eine ..., warum nicht gleich mehrere Nächte mit Dir ..., schön wäre dies bestimmt. Wie gerne würde ich jetzt mit Dir schlafen. Aber, aber ..., es ist nun einmal so ..., Du weißt schon. Die Zeit ...,* schmunzelt sie spitzbübisch. Doch so richtig schlau werde ich nicht aus ihrem „aber" und aus ihren letzten Bemerkungen. Führe aber ihren so plötzlichen Sinneswandel, auf ihre anscheinend großen physischen Probleme zurück.

Ja, ja ..., die Zeit ..., Du sagst es. Doch, doch ..., wir müssen uns wirklich beeilen, es ist schon 17.05 Uhr, obwohl wir bestimmt viel, viel Zeit hätten. Während ich sie nun lachend, schon etwas zweideutig zur Eile dränge, öffne ich die Eingangstüre und schiebe, dränge sie leicht, ganz sanft die hölzerne gewendelte Treppe hinauf. Nun ..., ich öffne ihr die Wohnungstüre und ..., *fühle Dich hier wohl, fühle Dich hier wie zu Hause. Am liebsten wäre es mir, Du könntest heute bei mir wirklich über Nacht bleiben. Liebend gern möchte ich Dich verwöhnen. Liebste „Maria", ehrlich ..., ich liebe Dich ...,* dabei deute ich ihr den Weg, ganz rechts zur Bad/WC-Türe.

Schön wäre dies schon ..! Marcus, Marcus, Du machst es mir wirklich schwer, denn auch ich möchte mit Dir liebend gern schlafen und nicht nur das, denn auch mein Körper ..., ach was. Verzeih mir bitte meine unüberlegten Worte, meine schon völlig verwirrten Gedanken. Ich kenne mich selber nicht mehr. Doch was für ein schönes und vor allem gepflegtes Bad. So aufgeräumt und ordentlich. Ja, ja ..., sieh dies wirklich als Lob. So sauber ist es nicht einmal bei mir, und das, obwohl ich unangemeldet bei Dir hereingeplatzt bin. Alles so schön und picobello geordnet, alles hat seinen Platz. Einfach alles super bei Dir!

„Maria", sie betritt nun mein ganz in hellgrau und perlweiß gehaltenes Bad/WC und am Waschbecken reiche ich ihr einen dunkelblauen Waschlappen und ein dazu passendes Frottee-handtuch. Neugierig probiert sie noch schnell meine viererlei flüssigen Seifen durch ..., *nobel, nobel ...,* dann reinigt sie sich ihr Gesicht und blickt mehrmals seitwärts auf meine Badewannen-Duschkombination und schmunzelnd ..., *am liebsten würde ich jetzt mit Dir in dieser so herrlich bequemen Wanne ein Bad nehmen und mir von Dir ..., ehrlich ..., nicht nur den Rücken massieren lassen. Marcus ..., was rede ich nur für wirres Zeug. Jetzt, da Du so unmittelbar und auf Tuchfühlung neben mir stehst ..., Du bringst mich vollkommen aus der Fassung und um meinen wenigen Verstand.*

„Maria" rufe doch kurz im Sanatorium an und erzähle, dass Du jemanden ..., dass Du einen Bekannten getroffen hättest und heute gern über Nacht bleiben willst. Eine Zahnbürste mit Becher und einen ganz neuen Pyjama habe ich allemal für Dich. Wir könnten uns einen schönen Abend gönnen und ich koche Dir etwas Italienisches. Ja und dann, ja dann ..., könnten wir uns unsere Liebe zeigen! Das ist frech ..., wie kann ich mich so unmöglich formulieren und dabei annehmen, dass auch sie, dass auch „Maria" diesen gleichen Wunschgedanken hat. Habe ich ganz vergessen, dass ich diese Frau erst einen Nachmittag lang kenne ..., rede ich mir jetzt ins Gewissen. Aber mein irrer, mein verwirrter Kopf ..., ein riesiger Bienenschwarm ..., es summt und brummt ..., und wie!

„Maria", sie hat sich jetzt ihr Gesicht abgetrocknet und zieht sich eben ihre Augenlider und Wimpern mit einem schwarzen Stift nach. Und mein Spiegel ..., er zeigt mir nun ihr schönes Gesicht, das sich bei meinen letzten so frechen Andeutungen tiefrot, tomatenrot verfärbt. Nun und was hat sie jetzt vor? Sie knöpft sich völlig ungeniert ihre gelbe Bluse auf, zieht diese aus und rückt ihren doch etwas unplazierten Büstenhalter zurecht. Dabei beobachtet sie mich neugierig aus ihren Augenwinkeln. Nachdem sie ihre Bluse auf einem bereitgestellten Hocker feinsäuberlich abgelegt hat, öffnet sie ganz langsam auch noch den seitlichen Reisverschluss ihres Kostümrockes und lässt diesen plötzlich auf den gefliesten Fußboden rutschen. So steht sie nun ..., sehr, sehr sexy ..., nur mit einem wirklich sehr knapp geschnittenen Stringtanga, ganz aus gelber Spitze, mit Büstenhalter und mit ihren Seidenstrümpfen bekleidet, unmittelbar neben mir und lächelnd ..., *Marcus, vergiss nicht Deinen Mund zu schließen. Jetzt muss ich noch für kleine Mädchen, dann heißt es wirklich sputen.*

Ist das jetzt nicht eine verflixte, eine höchst verzwickte Situation? Mein Blut ..., es kocht, es kocht mir über! Überdeutlich pocht es mir im Kopf, in meinem Herzen. Trotzdem ..., ich schaffe es wegen meiner wahnsinnigen Schmerzen und schließe die Bad/WC-Türe von außen. Schnell bin ich in der Küche und hole mir aus meinem Küchenschrank ein Glas, fülle es mit Wasser, nehme mir zwei Tabletten aus meinem Döschen und würge diese eilig mit großen Schlucken hinunter. „Maria", sie soll ja nichts bemerken. Nur ein wenig ausruhen ..., ich setze mich also kurz auf den Rand meiner Eckbank.

Jetzt kann ich wieder unter die Menschen gehen. Gefalle ich Dir jetzt wieder? „Maria, sie" tritt lachend in den Türrahmen, streift sich noch mit beiden Händen ihren Rock glatt und ..., *Du hast ja fast alle Türen aus den Angeln gehoben. Bist Du mir böse ..., ich war neugierig und habe kurz in Dein Wohnzimmer und in Dein,, ich nehme an, Arbeitszimmer geschaut. Blitzsauber! Respekt ..., alles blitzsauber und wirklich geschmackvoll eingerichtet. Du machst es mir wirklich schwer zu gehen, aber ich muss, es ist ja schon fünf Minuten vor halb sechs. Wegen der geringfügigen Verspätung werden die mir wohl kaum eine Ausgangssperre verordnen.* Bei ihren letzten Worten hat sie wieder ihr Schmunzeln in den Mundwinkeln ..., dreht sich schnell um ihre halbe Achse und schon hat sie die schwere Wohnungstüre geöffnet.

„Maria", bitte warte ..., ich ziehe mir nur noch schnell einen *Pullover über, es wird mir sonst zu schattig.* Eilig streife ich mir den dunkelblauen Pullover über, folge ihr hurtig, hurtig ..., die Treppe hinab, den Weg zur Straße, überquere die Harthauser Straße ..., erst Mitte Prößlstraße hole ich sie ein. In Gedanken, so gehen wir nun stillschweigend gemeinsam Arm in Arm. „Maria", sie hat sich wieder bei mir eingehakt, über die Gabriel-Max-Straße, immer noch in der Prößlstraße bis zur Geiselgasteig Straße. Um diese Zeit bewegt sich in beiden Richtungen, Tag für Tag reger Berufsverkehr und so dauert es bestimmt drei, wenn nicht fünf Minuten, bis wir endlich eine passende Möglichkeit finden, um zwischen den vielen kleinen und großen Autos hindurch, schnell über die Straße zu huschen. Doch halt, halt ..., wir müssen noch einmal warten ..., die Ampel, das Signal, es zeigt uns rot und eine Straßenbahn rauscht klappernd, stadteinwärts eilig an uns vorbei. Endlich haben wir diesen Lärm hinter uns, denn die Einfahrt zum Sanatorium, eine gerade, etwa fünfhundert Meter lange, geteerte Straße, ist eine Sackgasse an deren Ende sich ein kleiner Parkplatz, eine enge Kehre befindet. *Jetzt heißt es wirklich Abschied nehmen. Hoffentlich nicht für immer ...*, erlöst mich „Maria" endlich aus dem langen, für mich ewiglangen Schweigen. Wir haben uns etwas abseits hinter eine große, dicke uralte Eiche gestellt ..., drücken unsere Körper nun fest aneinander. *Habe ich Dich zuerst ..., Du weist schon, vorhin im Bad ..., mit meinem Anblick etwas in Verlegenheit gebracht? Du hast Dich sehr fair aus der Situation gezogen. Ja ..., ja doch ..., Du kannst es ruhig glauben, wirklich für ein paar Sekunden lang wünschte ich mir intensiv Deine Nähe ..., ganz ehrlich ..., Du hättest mich nur berühren, mich nur gänzlich ausziehen müssen. Wer weiß, wer weiß ..! Ich erhoffte, ja ich wünschte mir für einen winzigen Augenblick so sehr Deine Schwäche ..., ein bisschen war ich im nachhinein vielleicht auch enttäuscht.*

„Maria", sie blickt mir nun verliebt tief in die Augen ..., *Marcus es war schon richtig, dass Du mir diese heikle Entscheidung abgenommen hast. Ich weiß nicht so recht ..., ich bin mir da nicht mehr so sicher ..., ich glaube sogar fest, dass ich wirklich schwach geworden wäre. Ich wünsche mir so sehr ..., ja, ja, ganz ehrlich ..., ich wünsche mir noch einmal eine solche Gelegenheit. Und ich, dessen kannst Du Dir sicher sein, ich würde diese garantiert besser nützen. Aber nun müssen wir vernünftig ..., müssen wir stark sein.* „Maria", sie nimmt nun meinen Kopf in beide Hände und wir küssen uns noch einmal intensiv, so innig ..., doch leider keine Ewigkeit mehr.

Plötzlich löst sie sich aus der Umklammerung und gibt mir noch eine kleine Möglichkeit ..., *und wie geht es weiter mit uns beiden? Hast Du einen Namen oder eine Telefonnummer für mich?* Nun, ich greife jetzt in meine rechte Gesäßtasche und entnehme ihr meine alte Geldbörse. Aus einem Scheckkartenfach zupfe ich übernervös eine schon stark zerknitterte Visitenkarte ..., *Du kannst mich jederzeit anbimmeln, auch anfaxen oder mir eine liebe E-mail schicken. Hier auf der Karte findest Du auch meinen kompletten Namen: Marcus Beyer. Wie geht es jetzt mit uns weiter?* frage ich nun auch sie voller Ungeduld.

Mein lieber Marcus, ich werde Dich anrufen. Am Mittwoch und Donnerstag haben wir immer unsere Gespräche bei der Psychologin und so einige therapeutische Anwendungen. Zum Wochenende, also ab Freitag nachmittags, können wir immer um Urlaub übers Wochenende eingeben. Wir werden ja sehen ..., es kann aber auch sein, dass ich schon morgen oder übermorgen Sehnsucht nach Dir verspüre und Dich abends gleich nach dem Abendessen kurz anrufe. Nun entzieht sie mir ihre linke Hand, die ich noch immer ganz fest drücke und will schon weglaufen ..., halt, halt ..., meine allerliebste „Maria", bitte, bitte, Deinen Namen ..., rufe ich ihr noch hastig hinterher. *Marcus, Marcus, Du bringst mich noch in Schwierigkeiten. Ich heiße ganz schlicht und einfach ..., „Maria Horn". Und noch einmal ..., vielen, vielen Dank für diesen schönen, so wunderschönen Tag und nun mein allerliebster Marcus. Tschüss ..., tschüss!* Aus der hohlen Hand haucht sie mir noch einen flüchtigen Kuss zu und schon schließt sich, leicht knarrend, hinter ihr die Eingangstüre des Sanatoriums.

Jetzt, da „Maria" so schnell verschwunden ist, mustere ich in Gedanken, das schon etwas aus der Zeit gekommene alte Gebäude. Das Hauptgebäude bedarf nicht nur dringend eines neuen Farbanstrichs, sondern der gesamte Putz müsste abgeklopft und neu gespritzt werden. Luxus sieht anders aus und wird hier bestimmt nicht geboten. Doch die Nähe oder besser gesagt, das viele Grün, also das unmittelbare Drum-Herum ..., Natur pur ..., entschädigt hier ein wenig diese äußerlichen Mängel. Und ..., wenn ich mir recht überlege ..., mit „Maria" tauschen möchte ich, wenn ich ehrlich sein soll, auch nicht.

Nur langsam ..., ganz langsam finde ich mich wieder in die Normalität zurück. Meine nun schon einige Monate andauernden sehr schmerzhaften Probleme, sie beschäftigen mich jetzt wieder sehr intensiv. Diese und auch mein momentan sehr labiler Allgemeinzustand, sind vielleicht immer wieder der Grund, dass mich schon wenige gut gemeinte Worte, innige Blicke und liebevolle Zuwendungen, so durcheinander wirbeln, so völlig aus dem Gleichgewicht werfen können. Doch wie oft schon habe ich mir dies zum Vorsatz gemacht ..., in Zukunft werde ich mir die Sache besser durch den Kopf gehen lassen ..., werde ich nicht so schnell, nicht zu überstürzt reagieren. Und siehe da, was war auch heute das Ende vom Lied? Wieder wurde ich und auch meine guten Vorsätze ..., von meinen Gefühlen übermannt und überrollt.

Diese unerwartete Begegnung, der lange Spaziergang, der ganze Nachmittag mit „Maria", er hat mich vollkommen verwirrt und meine ganze Gefühlswelt auf den Kopf gestellt, mich komplett durcheinander gewirbelt. In meinem Kopf herrscht, wie schon so oft in den letzten Monaten und Jahren, nun wieder ein totales Chaos. Er brummt und summt mir ..! Was war das nun heute Nachmittag? War es vielleicht ein neuer Anfang oder eben nur eine flüchtige Liebelei? Mit meinen Gefühlen kenne ich mich ohnehin nicht mehr aus. Zu schnell verliere ich immer wieder meinen Kopf, meinen dann so wenigen Verstand. Und ..., ja erst wenn mich meine extrem tobenden Schmerzen wieder in die Realität zurückholen, ja, erst dann mache ich mir Gedanken über das weitere „Wenn und Aber". So auch jetzt ..., bin ich mir denn wirklich nicht im klaren, dass ich auf alles gefasst sein sollte. Und ..., dass ich sogar, und das kurzfristig, mit dem Allerschlimmsten rechnen muss!

Irgendwie finde ich trotz alledem, den relativ kurzen Weg zu mir nach Hause. Und echt ..., für einen winzigen Augenblick gelingt es mir sogar, wieder ein paar klare Gedanken zu fassen. Trotzdem ..., ja, ja, da ist doch noch etwas? Morgen, schon in aller Herrgottsfrühe ..., ist da nicht der so wichtige Untersuchungstermin bei meinem Freund, bei „Dr. Schreiber"? Und ..., ist da nicht ..., ist da morgen nicht noch etwas, noch etwas viel ..., was sehr „Wichtiges", vielleicht etwas sehr „Angenehmes"???

Zwei Schicksale

Völlig orientierungslos laufe ..., ja gehe ich nun schon volle drei Stunden kreuz und quer durch München ..., jetzt durch die Fußgängerzone der Münchener Innenstadt. Es gelingt mir nur schwer meinen Kopf, mein Gedankenwirrwarr zu ordnen. Unbewusst habe ich schon mehrere Passanten angerempelt ..., mit einigen bin ich regelrecht zusammengestoßen. So schnell konnten sie mir gar nicht ausweichen. *Schau, schau ..., schon wieder so ein Besoffener ..., so ein Nichtsnutz und Chaot, so ein arbeitsscheues Element, so ein Penner, so ein Tagedieb ...*, das sind noch die höflichsten Beschimpfungen, die ich aber nur im Unterbewusstsein wahrnehme und registriere.

Katastrophal ..., besonders das Überqueren von Plätzen, Straßen, Kreuzungen und Straßenbahngleisen ..., eine regelrechte Tourtour. Immer und immer wieder werde ich durch das übernervöse Hupen von Motorrad- und Autofahrern, durch das so hektische Gebimmele der vielen Fahrradglocken, das überlaute und schrille Quietschen von plötzlich bremsenden Straßenbahnen ..., aus meinen Albträumen geschreckt.

Endlich muss ich einen Menschen finden, mit dem ich reden, mit dem ich mich aussprechen, eine Person mit dem ich meine Probleme und Sorgen bereden kann. Ja doch ..., ja, ja ..., wenn ich in Ruhe in mich hineinhöre ..., ist da nicht, ganz tief in mir, eine geheimnisvolle, eine freundlich warme Stimme? Sie gibt mir wieder und wieder zu verstehen, dass dies wohl der einzig vernünftige Weg sei, um meinen Kopf endlich völlig zu entwirren.

Als ich nun gehorsam, wie auf Befehl meinen Kopf hebe um mich zu orientieren, bin ich dann doch ein wenig überrascht. Befinde ich mich doch keine zwanzig Meter, fast unmittelbar vor dem mir so gut bekannten „Teeladen", gleich hinter dem Dom, der Münchner Liebfrauenkirche.

Ist dies nun Zufall, vielleicht ein Wink des Schicksals ..? Nun, ich sehe es als solchen, denn allem Anschein nach habe ich heute, trotz meiner momentan so vielen Schwierigkeiten, einen sehr, sehr lieben Schutzengel, der mich so sicher ..., so zielgenau bis hierher geleitet hat. Für mich ist dies ein überdeutlicher Hinweis. Und siehe da ..., schon öffne ich wie automatisch, völlig willenlos die rechte der beiden großen Glasschwingtüren. Sofort fühle ich mich heimisch, inmitten dieser mir so wohlbekannten aromatischen Düfte, inmitten dieser riesiggroßen Auswahl an Teesorten aus aller Herren Länder. Und eigenartig, mein Riechorgan, die Nase ..., ja, ja ..., sie ist anscheinend das Einzige, das momentan bei mir noch so einigermaßen funktioniert.

Nur langsam, ganz langsam kommt bei mir wirklich wieder so etwas wie Konzentration ins Spiel. So allmählich registriere ich, dass sich mein von mir erhoffter Lichtblick, Frau „Pantonella", meine heimliche Liebe, leider nicht im Laden befindet. Wahnsinnig groß ist meine Enttäuschung. Zu sehr habe ich mich auf diesen Augenblick, auf ein Wiedersehen gefreut. Zu sehr habe ich mich punktgenau auf sie konzentriert. Trotz massiver Sonneneinstrahlung durch die beiden Glastüren und der beiden großflächigen Schaufenster, verdunkelt sich nun wieder meine Denke. Zu schnell schwinden meine in diesen Augenblick gesetzten Erwartungen.

Der nicht gerade großflächige Teeladen, so im Quadrat sechs mal sechs Meter, hat links und rechts der Eingangstüre, zwei Schaufenster, über denen zur Straßenseite hin in elegantgeschwungener englischer Schreibschrift, in sehr intensiv, in kräftigbunter Neon-Leuchtschrift, „Münchens Oase der Sinne" zu lesen steht.

An der rückwärtigen Wand des Geschäftes erblicke ich nun ..., erst nach mehrmaligem Hinsehen, im Schatten mit dem Rücken zu mir stehend, die Eigentümerin, eine Frau „Adamschick". Sie ist in ein sehr reges Gespräch mit einer jungen Kundin vertieft, denn beide gestikulieren sehr aufgeregt mit den Armen. Sie hat mein Eintreten nicht bemerkt und zuckt erschrocken zusammen, als sie sich jetzt in meine Richtung dreht. *Herr Beyer ..., mein Gott ..., haben Sie mich erschreckt, ich habe Sie gar nicht eintreten gehört. Stehen Sie schon lange, so hell erleuchtet wie der Erzengel Gabriel, so sonnenüberflutet im Laden? Bitte entschuldigen Sie mich nur für einen kurzen Augenblick, ich bin gleich wieder bei Ihnen ...*, entschuldigt sie sich nun bei ihrer Kundin und schon steht sie, über das ganze Gesicht strahlend, neben mir und ..., *bestimmt erwarten Sie nun wieder Ihre so spezielle, Ihren so ausführlichen, lieben Tee-Service? Aber leider, leider ..., ja, ich muss Sie enttäuschen. „Vanessa", sie ist heute aus gesundheitlichen Gründen nicht in der Lage ..., sie ist nicht im Geschäft. Sie ist ..., Sie müssten es eigentlich besser wissen. Leider hat Sie heute nachmittags einen sehr wichtigen Termin beim Arzt. Sie sollte eigentlich ihren ärztlichen Befund in der Klinik abholen.* Frau „Adamschick" runzelt nun ihre Stirn und sorgenvoll verfinstern sich ihre Gesichtszüge.

Entschuldigen Sie vielmals. Herr Beyer, jetzt hätte ich Sie bald in die Wüste geschickt. Ja doch, "Vanessa" ..., ja, sie sitzt immer noch bei mir in meinem kleinen Büro, gleich da hinten. Sie wartet dort auf mich und möchte sich noch wegen ihrem Kranksein und wegen der nächsten Wochen mit mir besprechen. Peinlich, peinlich ..., ich habe sie nun wirklich ganz vergessen. Dabei nickt sie mit dem Kopf mehrmals nach rückwärts. *Ja doch ..., ja dort gleich in der Mitte des Raumes,* befindet sich als Schranktüre getarnt, in einem hellbraunen, massiven Einbauschrank, der die ganze Breite des Raumes und auch die beiden Seiten links und rechts des Geschäftes in voller Höhe füllt, eine schmale Holztüre ..., wahrscheinlich eine Schiebe- oder Falttüre; im Schatten kaum deutlich zu erkennen.

Verzeihen Sie, ich bin noch ganz verwirrt und in Gedanken. Nun, ich weiß nicht recht, inwieweit ich Ihnen Bescheid geben soll ..., besser gesagt ..., darf. Ich meine natürlich über „Vanessas" Krankheit. Übernervös ..., sehr aufgeregt zupft und nestelt Frau „Adamschick" mit den Fingern ihrer rechten Hand, mehrmals am zweiten Knopf ihres hellgrauen Kostüms. Nur sehr zögerlich, kaum hörbar, kamen ihr die letzten Worte über ihre zusammenpressten Lippen.

Wieso ist etwas ..., was ist mit „Vanessa? Ich kenne nur Sie und eine Frau" Pantonella"..., ist sie vielleicht „Vanessa"? Sie erwähnten schon vorhin diesen Namen. Aber, aber ..., was sind das für große Geheimnisse, für Hiobsbotschaften, über die Sie mir nichts erzählen möchten oder dürfen? Sie können sich mir ruhig anvertrauen. Mich persönlich kann heute sowieso nichts mehr ..., schon wirklich überhaupt nichts mehr aus meinen Schuhen heben, bei dem was ich heute schon so alles Negative über mich,

über mein weiteres Leben erfahren habe. Antworte ich hastig, schon ein wenig zu sarkastisch, auf meine Person bezogen.
Herr Beyer ..., ich glaube, so heißen Sie doch? frägt mich nun Frau „Adamschick" und schaut mich von der Seite mit sorgenvoller Miene an. *Herr Beyer ich habe mich schon vorhin, also vor vielleicht gut zwanzig Minuten, sehr ausführlich mit ihr, mit „Vanessa" unterhalten, denn sie ist mir in all´ den vielen, vielen Jahren, die sie nun schon bei mir beschäftigt ist, so richtig ans Herz gewachsen. Für mich ist sie wie eine eigene Tochter. Sie werden es ja vielleicht schon wissen, sie ...,* ich kann es sehen ..., dicke, sehr große Tränen kullern ihr über die sich stark rötenden Wangen. Mit beiden Händen verdeckt sie nun ihr schmales Gesicht und ihr Schluchzen rüttelt und schüttelt intensiv ihren kleinen, sehr schmächtigen Körper. *„Vanessa", Sie ist schwer ..., leider sehr krank und das schon im fortgeschrittenen Stadium. So ist sie viel ..., ja viel zu spät zu einem Facharzt gegangen. Dies alles kann und soll sie Ihnen aber am besten selber erzählen ...,* sagt sie noch und wischt sich mit einem weißen Taschentuch, das sie sich aus der rechten Tasche ihrer schwarzen Hose zupft, die letzten Tränen aus ihrem inzwischen tief geröteten und mit Make-up stark verschmiertem Gesicht. Gedankenverloren betrachtet sie nun ihr verschmutztes Tuch, steckt es zerknüllt in die linke Hosentasche und geht gleich linkerhand hinter die Kassentheke. Dort entnimmt sie aus einer winzigkleinen Schublade einen runden Handspiegel, dreht sich etwas seitlich und reinigt sich mit einem quadratischen weißen Tüchlein, ihr nun total verschmiertes Gesicht. Bis zu mir her kann ich das aufdringlich duftende Parfüm wahrnehmen und außerdem feststellen, dass das Taschentuch an den Rändern sehr kunstvoll rot eingehäkelt ist.
Frau „Adamschick", ihr Alter ist schlecht einzuschätzen. Vielleicht so um die fünfundsechzig bis siebzig Jahre jung. Persönlich finde ich sie sehr vital und außerdem konnte ich schon des öfteren feststellen, dass sie viel Paprika und Temperament im Blut hat. Rundherum, eine angenehme Erscheinung und alles harmoniert bestens ..., ihr immer noch schönes, gepflegtes, jung gebliebenes Gesicht, ihre weiblich betonte, schlanke Figur, ihre Körpergröße ganze

einhundertfünfundsechzig geschätzte Zentimeter, ebenso wie ihre leicht nachgefärbten brünetten, modern geschnittenen Haare, ihre graugrünen, sehr lebhaften Augen, die neugierig und interessiert in die Welt blicken.

Das ist vielleicht ein Schlag, ein sehr tiefer Schlag, der bei mir wirklich unter die Gürtellinie geht. Ich wollte mir Zuspruch holen ..., nun bin ich derjenige, der Trost spenden soll. Was ist das doch für eine Welt, was ist das noch für ein Leben. Nun trete ich rechts an sie heran und lege ihr meinen rechten Arm ganz sanft auf die Schulter und drücke sie ganz zart an mich. *Was ist das doch für eine verrückte, für eine Welt voll von Sorgen und voll von Problemen? Leider hat „Vanessa" zu mir noch nie ein Wort, über ihren doch so schlechten gesundheitlichen Zustand verlauten lassen. Allerdings, mein letzter Besuch in Ihrem Teeladen, liegt mittlerweile schon wieder einige Monate zurück.*

Wir haben uns doch nur sporadisch, also nur bei meinen sehr gesprächigen Teeeinkäufen, so alle zwei bis drei Monate, sehen und sprechen können. Sie werden es nicht glauben, aber wir sind uns in den gut zwei Jahren, die wir uns jetzt schon kennen, privat leider nie näher gekommen. Dabei ging es um Gott und die große weite Welt, um Sport, um Politik, über dies und das, aber niemals über irgend etwas Persönliches. Bestens haben wir uns verstanden; aber das war es dann auch schon.

Doch halt ..., ja doch es war erst heuer, ich glaube es war an einem Dienstag, es dürfte der neunte ..., nein es war schon der zehnte August, in einer für mich viel zu kurzen Mittagspause mit „Vanessa". Ja, damals hat sie mir bei einem Cappuccino, gleich nebenan im Café, ein wenig von sich, ein bisschen über ihren Geburtsort und auch von ihren Eltern, die leider viel zu früh tödlich verunglückten und ganz kurz, auch über ihre Erbschaft erzählt.

Tief, sehr tief muss ich jetzt Luft holen, denn zu sehr beschäftigt mich dieses Ungewisse, quält mich nun der Gedanke, sie könnte vielleicht so wie ich ..? Nein, nein, was wäre das für ein Schicksal! Ach Quatsch, das kann, aber es muss nicht so sein. Mach dich jetzt nicht noch ganz verrückt. *Na, ja ..., es wird nicht gleich so schlimm sein ...,* versuche ich mich zu trösten, um mich abzulenken. Nun muss ich sogar über mich, über meine doch so voreiligen Gedanken schmunzeln.

Und ja ..., ja, sie erzählte mir damals in der Kürze unseres Gespräches, dass sie in jungen Jahren viele, ja so manche Männerbekanntschaft hatte, aber nie so richtig bereit war, sich in einer Ehe fest zu binden. Sie hatte sich immer wieder vor einer solchen, einer endgültigen Entscheidung rechtzeitig retten können. Ja, ja ..., auch von ihrer kleinen und gemütlichen Eigentumswohnung im ach so wunderschönen Stadtteil Bogenhausen, schwärmte sie mir noch mit wenigen Worten vor. Dann war sie auch schon vorbei, unsere kurze, leider viel zu knappe Mittagspause, in der ich aber selbst bis auf ein, zwei, vielleicht auch drei Gegenfragen, leider nicht so richtig zu Wort gekommen bin.

Nun ..., wieder muss ich einige Male ..., tief, sehr tief durchatmen, denn zu schön ist sie noch, diese leider zu kleine Erinnerung. Was mir letztendlich dann blieb, sind nur diese wenigen Augenblicke, dieses schöne Andenken an einen flüchtigen Kuss, den sie mir zum Abschied in Eile schon mehr hauchte als wirklich schenkte und das überschnelle Versprechen auf ein vielleicht baldiges Wiedersehen. Das war´s dann gewesen. Also wenn ich nicht heute, und das rein zufällig ..., ich unterbreche mich plötzlich, weil ich nun an diese unglaubliche, an diese so schrecklich grausamechte Wirklichkeit denken muss.

Ich habe mich mit „Vanessa" immer bestens unterhalten. Wir haben uns wirklich sehr gut verstanden, aber ich habe mir nie ernsthafte Gedanken oder gar Illusionen über eine eventuelle Bindung gemacht und das obwohl ich in meinem Innersten so etwas wie eine tiefe Liebe für sie empfinde. Vielleicht habe ich sie auch aus Angst, sie könnte nein sagen, nie gefragt, ob sie wie ich fühle, ob sie wie ich denke. Ich wollte wenigstens unsere geistige Beziehung nicht zerstören ..., vielleicht war ich aber auch viel zu feige. So blieb dies dann immer nur ein unerfüllter Traum, den ich mir immer und immer wieder, nur in meiner Fantasie erträumte. Mit einer solchen Entwicklung habe ich mich nur gedanklich auseinandergesetzt und so die vielleicht alles entscheidende Frage, immer wieder vor mir hergeschoben. Eigentlich schade, wenn man bedenkt, wieviel Zeit um zu lieben, wir verschenkt haben.

Frau „Adamschick" sie schaut mir nun den Tränen nah, tief, sehr tief in die Augen und erzählt ..., Herr Beyer, Herr Beyer ..., wenn Sie wüssten. „Vanessa", ja sie hat immer nur von Ihnen geschwärmt, wirklich nur von Ihnen geredet. Sie hat immer wieder bedauert, dass Sie aus ..., und wirklich nur aus gesundheitlichen Gründen, diesen privaten Schritt nicht gehen möchte. Des Öfteren versuchte ich ..., ja ich wollte sie überreden, sie solle doch den ersten Schritt tun. Doch leider ..., ich persönlich bedauere dies. Alle meine so gut gemeinten Versuche waren leider immer vergeblich.

Nur einmal ..., vor zick Jahren ..., doch ich glaube es sind mittlerweile nun schon fünf Jahre her, hat sie von ihrer, wie sie damals traurig meinte, ersten, so großen Liebe mit mir gesprochen, von der sie dann leider so bitter enttäuscht worden war. Aber das, was sie vorhin kurz angeschnitten haben, ich meine diese Geschichte mit den vielen, sehr vielen Männerbekanntschaften, dem Heiraten, das ist, so sehe ich das heute ..., so sehe ich das heute und jetzt ..., das war von ihr nur eine sehr dumme Schutzbehauptung. „Vanessa", sie erzählte mir ..., ja sie erzählte mir immer jede Kleinigkeit und auch, dass man sich so gut mit Ihnen über alles, über eigentlich alles unterhalten kann und dass sie dieses, wenn auch zu seltene Beisammensein jedes Mal genieße. Und sie sagte außerdem, dass Sie dies immer als so angenehm empfinde ..., dass es sie immer so glücklich mache und dass sie im innersten ihres Herzens eine echte, sehr große Liebe für Sie fühle. Ja, ja, sie wünsche sich schon immer so viel mehr von Ihnen. Auch über eine feste Bindung hat sie des öfteren mit mir gesprochen. Das ist mit ein Grund, warum ich Eure wirklich langen Gespräche nie missbilligte und dies auch niemals tun werde. So erzählte sie mir erst vor gut zwei Wochen, dass Sie ..., so sehe ich das ..., ja nur Sie Herr Beyer, ihre einzige, ihre wirklich ganz große Liebe seien, dass sie nur Sie alleine innig liebt. So ist sie ganz unglücklich darüber, dass sie ..., dass sie letztendlich mit ihrem süßbitteren Geheimnis, schon bald ganz alleine sterben muss.

Nach diesem überlangen Redeschwall, muss nun auch Frau „Adamschick" tief ..., sehr tief durchatmen. Sie ist völlig außer Atem. Aber bitte ..., bitte sagen Sie nichts von alledem, nichts von diesem heutigen Gespräch zu „Vanessa". Bitte versprechen Sie mir dies hoch *und heilig! Aber andererseits bin ich froh, dass Sie nun endlich über sie Bescheid wissen. Tun Sie etwas, doch tun Sie es bald. Herr Beyer, gehen Sie diesen ersten Schritt, denn viel Zeit, so glaube ich, verbleibt Euch beiden nicht mehr.*

Jetzt rollen auch mir dicke Tränen über die Wangen. Es schüttelt mich ..., mich friert ..., und plötzlich ist mir siedend heiß. Jetzt drückt sich Frau „Adamschick" noch fester an mich und nun ist sie es, die mir mit ihrer rechten Hand, mit ihren Fingern ganz sanft die Tränen aus dem Gesicht streichelt. Wenn Sie jetzt mit ihr, mit Ihrer „Vanessa" sprechen wollen, dann können Sie selbstverständlich mein Büro benützen. Sie dürfen sich nur nicht an meinem wilden Durcheinander stören. Lassen Sie sich dabei ruhig Zeit. Ja ..., ja, was sage ich denn schon wieder für einen Blödsinn. Sie müssen sich nun schon etwas sputen, „Vanessa" hat doch einen dringenden Termin.

Aber was anderes ..., haben Sie Zeit ..., haben Sie heute noch genügend Zeit? Dann können Sie ja mit ihr, mit Frau „Pantonella", ich meine natürlich „Vanessa", zu ihrem Arzt und dann vielleicht danach, mit zu ihr in ihre liebe Wohnung nach Hause, nach Bogenhausen fahren. Verstehen Sie mich bitte nicht falsch ..., natürlich nur, wenn auch sie ..., wenn Ihr beide dies wirklich wollt. Sie macht mir nicht nur heute, sondern schon seit geraumer, seit langer Zeit, einen physisch angeschlagenen, sehr verzweifelten Eindruck. Ich weiß nicht ..., ich weiß nicht so recht? Nein, wirklich nein ..., daran kann und möchte ich gar nicht denken. Auf alle Fälle, mir wäre wohler und sie würden mir damit einen großen, einen sehr großen Gefallen tun. Vielleicht können wir uns bei Gelegenheit einmal gemeinsam ..., ich meine wir drei ..., natürlich wenn es ihr, wenn es „Vanessa" wieder besser geht, zu einem guten Abendessen, zu einem oder mehreren Gläschen Wein, bei einem guten „Italiener" treffen?

Doch etwas ..., ja das muss ich unbedingt noch los werden. „Vanessa", sie sagte mir erst letzte Woche, dass sie noch einen großen ..., einen sehr großen Traum habe. Sie wünsche sich nichts sehnlicher in ihrem nicht mehr langen Leben ..., sie wünsche sich nur noch ein paar gemeinsame Urlaubstage mit Ihnen. Sie möchte jetzt nur noch ein einziges Mal so richtig glücklich sein.

Frau „Adamschick" streichelt mir nun noch schnell ganz zart, ein-, zweimal durch meine Haare und gibt mir einen kleinen Klaps auf die Schulter ..., *na machen Sie schon und gehen Sie nun endlich nach hinten zu Ihrer lieben „Vanessa". Sie wird sich bestimmt über Ihre Hilfe und über Ihren lieben Besuch freuen und bitte, Sie wissen schon. Nun und vielleicht wird doch noch etwas ..., verzeihen Sie, ich rede schon wieder viel zuviel, aber es ist auch mein inniger Wunsch. Seien Sie lieb, wirklich sehr ..., ich meine das wirklich so, ganz lieb zu ihr. Vielleicht können Sie ihr den allerletzten Wunsch, ihren und auch meinen Traum endlich erfüllen. Schlafen Sie mit ihr ..., lieben und machen Sie sie glücklich.*

Liebe Frau „Adamschick", Sie sind eine sehr, sehr liebe ..., wirklich herzensgute Frau. Nur ..., ich muss Ihnen leider gestehen, dass ich heute ausnahmsweise mit der Straßen- und U-Bahn unterwegs bin. Auch ich musste heute schon in aller Herrgottsfrühe, meinen Hausarzt aufsuchen. Doch gerne nehme ich Ihr so gut gemeintes, so freundliches Angebot an. Ich hoffe doch sehr, dass mir unser Herrgott noch die Zeit und eine passendere Möglichkeit schenkt, um mich bei Ihnen wenigstens ein bisschen erkenntlich zu zeigen. Es tut mir leid, dass ich Sie nun schon so lange, ich glaube eine gute halbe Stunde, von Ihren Aufgaben, von Ihren geschäftlichen Pflichten abgehalten habe. Ergriffen von so viel Gefühl ..., von so viel Mitgefühl, nehme ich nun ganz in Gedanken mit meinen beiden Händen ihre linke Hand und streichele diese ganz zärtlich mit meinen Fingern.

Frau „Adamschick", ja sie weint nun wieder ..., sie schluchzt ganz leise vor sich hin und ihre verwässerten, grüngrauen Augen blicken mich fragend an. Nun bin ich so ergriffen, dass ich sie ganz impulsiv wieder in meine Arme schließen muss. So stehen wir dann einige Augenblicke ganz still und in uns gekehrt. Auch sie hat ihre Arme um mich gelegt und drückt sich nun ..., ihren Körper fest ..., ganz fest an mich.

Ganz langsam ..., ganz behutsam löse ich diese enge Bande. Drehe mich etwas seitlich zu ihrer Kundin, die sich mittlerweile gleich rechterhand, also unmittelbar neben uns beide gestellt hat. Sie hat den gesamten Dialog mit ernster, mit nachdenklicher Miene mitverfolgt. Ein adrettes Persönchen mit einem hübschen, vollen, freundlichen Gesicht, aus dem mich zwei große dunkelbraune Mandelaugen anstrahlen. Ihre Haare sehr flott, halblang geschnitten, passen gut zu ihrem Typ Frau. Das sehr modern zugeschnittene Sommerkostüm, ihre oben leicht geöffnete Seidenbluse ebenso in schwarz, wie die eleganten Lackschuhe, zeigen mir, dass sie wahrscheinlich in frischer Trauer ist. Doch irgendwie ..., ich finde, sie schaut blendend aus, in diesem eleganten Schwarz.

Wie unhöflich von mir ..., bitte entschuldigen Sie. Jetzt habe ich Frau „Adamschick" so lange mit meinen privaten Problemen blockiert. Nun wende ich mich voll dieser Schönheit zu. Ihr Anblick macht mich ganz verlegen, denn nun öffnet sie leicht ihre vollen Lippen, ihren schöngeformten Mund, sie lacht ..., ja sie strahlt, sie strahlt mich mit ihren blendend weißen Zähnen an und so ..., *bei Ihnen hat sich unser Herrgott sehr großzügig gezeigt. Sie sind eine so wunderschöne, junge Frau. Leider kenne ich nicht einmal Ihren Namen. Doch bestimmt haben Sie eigene, vielleicht noch größere Sorgen. Und da komme ich mit meinen Problemen und stehle Ihnen Ihre vielleicht knapp bemessene Zeit. Aber Sie sehen ja selbst: Der Mensch denkt und unser Herrgott, er lenkt. Wir Menschen begreifen so Vieles nicht, dazu haben wir winzigen Geschöpfe einen zu geringen ..., oh entschuldigen Sie vielmals ..., ich meine natürlich nur meinen so eingeschränkten Horizont.*

Nein, nein ..., Sie ..., nein Sie haben mir bestimmt keine Minute gestohlen ..., und wenn schon. Ich habe jetzt so viel davon, zuviel von dieser Zeit. Denn unser Herrgott, er hat mir das Liebste, das Wertvollste ..., er hat mir das genommen, für das ich gelebt, gearbeitet und geatmet habe. Mein über alles geliebter Mann, ist mit erst zweiunddreißig Jahren vor drei Tagen und für alle unerwartet, an einem Schlaganfall gestorben. Können Sie mich verstehen, wenn ich behaupte, dass ich die Welt ..., ja, dass ich die Entscheidungen meines Schöpfers nicht mehr ganz begreifen kann. Auch mein kleiner Horizont hat diese Beschränktheit, um dies ..., um dies alles noch begreifen zu können. Ganz energisch wirft sie mir nun meinen gutgemeinten Schneeball wieder zurück. Und mein Kopf, mein völlig verwirrtes Hirn, es flüstert mir zu ..., *heute ist ein sehr trauriger, ein wirklich saudummer Tag.* So viele, viele wirre Gedanken jagen im Sauseschritt durch meinen Kopf, während ich die mir völlig fremde Frau zu trösten versuche. Doch was ist ..., auch das noch. O Schreck ..., warum gerade jetzt? Mit schmerzverzerrtem Gesicht muss ich mir ein, zwei ..., jetzt immer und immer wieder, während ich mich ein wenig abwende ..., meinen Bauch massieren ..., ihn fest mit beiden Händen drücken. Jetzt, gerade in diesen Augenblicken, verspüre ich diesen wahnsinnig in mir wie wild bohrenden, tobenden, stechenden Schmerz. Mein Kreuz, meine Wirbelsäule ..., kurzum alles schmerzt mich ..., so urplötzlich ..., schier nicht mehr zum aushalten!

Frau „Adamschick", sie beobachtet mich und mein Tun, neugierig geworden aus den Augenwinkeln und frägt mich mit leiser, etwas brüchiger Stimme ..., *Herr Beyer, Herr Beyer ...,was ist mit Ihnen? Jetzt mache ich mir aber wirklich Sorgen. Haben Sie Schmerzen ..., ist Ihnen schlecht? Vielleicht brauchen sie gar einen Arzt?* Nun bücke ich mich ein, zwei, drei ..., mehrere Male nach vorne und gehe in die Hocke, drücke mir wieder dabei mit meinen beiden Händen fest gegen den Bauch. Es ist mir kaum noch möglich ..., ich kann mich nicht mehr auf den Beinen halten. Warum gerade ..., echt ..., aber warum muss mir dies jetzt, gerade hier passieren? Dabei ist mir diese Geschichte so was von peinlich ..., wirklich unangenehm.

Da ist es nun mein Problem, das mich jetzt, das mich heute ..., nun schon seit mehr als eineinhalb Jahren sehr intensiv und so überaus schmerzhaft quält ..., mich mehr als mir lieb ist, beschäftigt ..., und ja, mir sehr anhänglich, überallhin folgt und mich überaus treu begleitet. Und wie es momentan aussieht ..., ja, ja ..., allem Anschein nach, werde ich dieses Problem auch so schnell nicht mehr los.

Bestimmt ist dies nur eine leichte vorübergehende Kreislaufschwäche. Ja, ja ..., nur gelegentlich habe ich dieses Aufblähen, einen leider oft sehr schmerzhaften Druck im Magen-Darmbereich. Wirklich nichts Bewegendes, nichts Aufregendes. Habe ich doch erst heute von meinem mich schon lange behandelnden Arzt, ein wirklich gutes und schnellwirkendes Medikament verschrieben bekommen; es mir erst vor wenigen Stunden aus der Apotheke abgeholt. Frau „Adamschick", sie steht nun unmittelbar neben mir und schüttelt einige Male verneinend ihren Kopf und so versuche ich nun ..., wegen dieser bestimmt nicht glaubwürdigen Notlüge tief errötend, sie zu beschwichtigen ..., ein wenig vom Thema abzulenken. *Ihr Mitgefühl tut mir gut. Doch bitte, hätten Sie für mich zum Einnehmen dieser großen Filmkapseln einen Schluck Wasser, ein bisschen Flüssigkeit?*

Na, na ..., ich weiß nicht so recht. Ihre Geschichte, sie schaut mir nicht so ungefährlich aus. Das sind schon zwei Paar Stiefel, so schmerzverzerrt, so eingekrümmt wie Sie jetzt mit weichen Knien vor mir stehen und so wie Sie es mir darzustellen versuchen. Frau „Adamschick, nun sie habe ich keineswegs überzeugen können. Aus ihrem weißen Minikühlschrank, der rechts in einem Einbauschrank integriert ist, entnimmt sie eine kleine grüne Flasche Mineralwasser. Sie öffnet und gießt mir das frischschäumende Wasser in ein wunderschönes, goldgelbes Kristallglas. Dieses entnahm sie dem gleichen Schrank, aus einer schwach beleuchteten, dort eingebauten geräumigen Glasvitrine. Schnell greife ich mir zwei dieser Filmkapseln aus meinem kleinen Blechdöschen, das ich mir mit zittrigen Fingern aus der linken Innentasche meines hellbeigen Jacketts angele. Stecke sie mir in den Mund und schwups mit zwei hektischen Zügen leere ich schnell das Glas und erhoffe mir so eine schnelle, zum mindesten eine Linderung meiner mich quälenden Schmerzen. Mein Mund war vom ungewohnt vielen Reden, völlig ausgetrocknet.

Vielen, vielen Dank, bestimmt haben Sie mir soeben das Leben gerettet ..., versuche ich lachend zu scherzen, obwohl mir im Augenblick nicht dazu zu Mute ist. Das leergetrunkene Glas und auch die grüne Flasche, stelle ich auf einen links an der Wand stehenden kleinen runden Glastisch ab, um den sich drei superbequeme braunbespannte Swing-Stühle gruppieren.

Meine Krankheit ..., ja, ja ..., sie ist anscheinend schon augenscheinig und kaum noch zu verbergen. So kann und darf dies nicht weitergehen. Das heißt für mich ..., ich muss meine Schmerzen besser unter Kontrolle, besser in den Griff bekommen. Das heißt aber auch, dass ich meine schmerzlindernden Kapseln zeitiger einnehmen sollte. Doch leider sind da auch noch diese sogenannten, diese vielerlei Nebenwirkungen ..., in der Regel, immer eine mittelschwere Benebelung, verbunden mit den dann folgenden extremen Kopfschmerzen. Die Kapseln lindern zwar das „Eine", schaffen aber dann das „Andere", mitunter die noch schlimmeren Nebenwirkungen. Doch sie schaffen mir kurzfristig Linderung, sie machen mir meine Schmerzen im Magen-Darmbereich erträglicher ..., wenn man hier noch von erträglicher sprechen kann. Und überhaupt ..., kann man sich jemals an solche wahnsinnigen Schmerzen gewöhnen? Wohl kaum ..!

Frau „Adamschick", sie lässt mir kaum Raum zum Erholen, zum Nachdenken. *Hallo, hallo ..., Herr Beyer, ich glaube, es ist nun wirklich an der Zeit, dass Sie sich endlich um Ihre herzliebe „Vanessa" kümmern. Ja, ja ..., es ist mittlerweile schon 14.10 Uhr. Meines Wissens hat sie so um 15.30 Uhr einen sehr wichtigen Termin ..., ihren Besprechungstermin. Dazu muss Sie in ein Krankenhaus ..., ich glaube zu einem guten Spezialisten ..., zu einem „Dr. Schreiber".*

Auch das noch ..., das kann doch nicht wahr sein. Doch nicht etwa der gleiche „Dr. Schreiber", bei dem ich schon heute ..., das lässt sich bestimmt noch abklären. Bleibt nur zu hoffen, dass sie nicht das gleiche Problem, vielleicht sogar die gleiche Krankheit ..., und ist es überhaupt der gleiche Arzt? Ich sage mir, das ist einfach unmöglich ..., fast schon unglaublich. Das kann und das darf so nicht wahr sein. Das Schicksal kann es mit uns beiden doch nicht so schlecht meinen.

Wir können uns bestimmt ein anderes Mal, wenn Sie mehr Zeit, mehr Muse dazu haben, über diese Ihre Blähungen unterhalten ..., sagt sie jetzt abschließend schon etwas zweideutig, sehr sarkastisch und dabei zwinkert sie mir mit ihrem rechten Auge ein paar Mal zu. Schau, schau ..., sie kann ja noch lachen.

Ihnen möchte ich noch alles, alles Liebe wünschen und dass diese momentan so dunklen Schatten in ihrem Leben, kleiner und kleiner werden, möglichst bald ganz verschwinden und dem hellsten Sonnenschein, dem Glück, dem großen Glück wieder Platz machen ..., mit diesen Worten wende ich mich nun wieder an meine schöne Nachbarin, die sich bei meinem letzten Dialog mit Frau „Adamschick", fast schon auf Tuchfühlung, links neben mich gestellt hat und unserem Dialog scheinbar mit großer Anteilnahme folgte. *Sie sind zum Trübsal blasen noch viel zu jung. Für Sie gibt es bestimmt schon sehr bald wieder viele Tage, voll von Glück und voll von Sonnenschein. Meine liebe Frau, Sie sind doch eine wirklich sehr hübsche, so sympathische, noch so junge Frau. Sie sollten ..., ja Sie sollten jetzt nicht gleich ihren wunderschönen Kopf in den Sand stecken. Nun ...,* ich will ihr Mut zusprechen, denn bestimmt hat es das Schicksal mit ihr auch nicht gerade gut gemeint.

Jetzt tritt sie vollends auf mich zu, nimmt meinen Kopf mit beiden Händen und drückt mir tief errötend einen festen Kuss auf meine rechte Wange. *Das ist sehr lieb von Ihnen; das sind Worte die mich wieder froh stimmen, die mir Mut geben und die mich aufbauen. Auch ich wünsche Ihnen von ganzem Herzen alles Liebe und Schöne und ich hoffe, dass sich Ihre Geschichte ..., ich habe doch richtig verstanden ..., ich meine natürlich Ihre Geschichte mit Frau „Vanessa" ..., Ihrer so großen Liebe ...,* jetzt muss sie sogar richtig fest und intensiv lachen. Sie steht auf Tuchfühlung vor mir, so dass ich tief ..., schon sehr tief in ihre, ja sie hat dunkelbraune, wunderschöne, jetzt nassglänzende Augen. *Ich hoffe doch sehr ..., dass dies so ist, vieles liegt nun an Ihnen ...,* korrigiert sie sich sofort.

Sie haben ja in den letzten Minuten so einiges mitanhören können, also wissen Sie auch, dass ich mir dieser Liebe noch nicht hundertprozentig sicher bin. Aber trotz alledem, vielen Dank für Ihre so gut gemeinten Wünsche. Ich hoffe ..., ja vielleicht ..., ja bestimmt wir sehen uns irgendwie, irgendwann einmal wieder. Dann können wir uns vielleicht schon über Ihr neues großes Glück und auch über „Vanessas" und mein weiteres Schicksal ausführlicher unterhalten.

Nun ..., ich reiche ihr jetzt meine rechte Hand zum Abschied. Sie nimmt diese ebenfalls mit ihrer rechten Hand und zieht mich plötzlich ..., ich stolpere fast, zu sich heran. Wir umarmen uns und sie fährt mir mit ihrer rechten Hand ganz sanft ein, zwei, drei ..., ja, des öfteren durch meine Haare. Dann nimmt sie wieder meinen Kopf in beide Hände und gibt mir, wie zum Abschied, dieses Mal einen festen ..., einen sehr, sehr innigen ..., einen sehr langen Kuss auf meine Lippen! Und ..., was ist das denn ..., ich bin völlig perplex. Sie hat mich mit ihrem Tun vollkommen überrumpelt und ..., na, na ..., ich lasse dies alles bereitwillig mit mir geschehen. Und ..., unsere Zungen ..., ein Wahnsinn. Sie treffen sich immer und immer wieder. Jetzt presst sie sich ..., ihren jungen, so geschmeidigen Körper sehr eng an mich. Umfasst meine Hüfte und drückt sich noch fester an mich. Sehr deutlich ..., überdeutlich kann ich jetzt ihre körperliche Erregung, ihr tiefes Atmen, ihren überschnellen Herzschlag spüren. Was für ein sagenhaftes Gefühl ..., was für ein wunderschöner, viel zu kurzer Traum. Erst nach langer, nach sehr langer Zeit ..., einer für mich kleinen Ewigkeit ..., entlässt sie mich wieder ...,, nun vollkommen außer Atem, aus ihrer für mich so angenehm vertrauten Umklammerung.

Tschüss ..., und alles, alles Liebe, alles Gute ..., sage ich lächelnd und bis hinter beide Ohren errötend. Nun vollkommen außer Puste, schüttele, ja drücke ich nun kräftig ihre beiden kleinen, zarten, heißen Hände, die sie mir entgegenstreckt, während wir uns tief ..., tiefer und tiefer ..., ja schon bald zu tief in die verwässerten Augen blicken.

Über die linke Schulter der Kundin hinweg, beobachte ich schon seit einigen Minuten ..., ich beeile mich ja schon, Frau „Adamschick". Mit ihrer rechten Hand gibt sie mir immer und immer wieder durch heftiges winken zu verstehen, dass ich mich endlich sputen, dass ich endlich auch reagieren solle. Diese ihre Handbewegungen ..., ja sie werden von Sekunde zu Sekunde schneller, hektischer und immer nervöser. Ja, ja ..., dieses Temperament.

Endlich ..., ja endlich schaffe ich es ..., lösen sich unsere Blicke, gebe ich die Hände dieser Schönen frei und dabei hauche ihr noch schnell einen flüchtigen Kuss auf ihre tief geröteten Wangen. *Schade, schade, alles Liebe ...,* flüstere ich in ihr linkes Ohr, streichele sie ganz zärtlich über ihr so weiches Haar ..., schon eile ich mit großen Schritten zu Frau Adamschick.

Na endlich ..., was war denn das? sagt sie nun tief durchatmend und wir begeben uns zu der bereits angedeuteten Bürotüre, die sie nun, wie ich richtig vermutete, zusammenschiebt. Fest umklammert sie nun mit ihrer rechten Hand mein linkes Armgelenk. Sie schiebt mich förmlich, nun schon etwas mürrisch, sehr energisch über die Türschwelle. *Bitte geben Sie mir möglichst zeitig Bescheid, wenn Ihr beide, Sie und „Vanessa", gehen wollt. Aber jetzt husch, husch und vergessen Sie nicht ..., na, na, Sie wissen schon, Sie Don Juan, Sie Schwerenöter!* Jetzt macht sie mit ihrer rechten Hand eine Bewegung zu ihrem Herzen ..., *Herr Beyer, Sie wissen schon ...,* lacht sie nun voller Schalk und schnalzt noch mit den Fingern der rechten Hand. Eiligen Schrittes verlässt sie nun den Nebenraum und schließt die Falttüre ganz vorsichtig ..., sehr behutsam und leise hinter sich.

Jetzt heißt es erst einmal ..., Orientierung. Der etwa vier mal fünf Meter, leicht rechteckige, fensterlose Raum, wird durch eine weiße Postamentleuchte aus Keramik, die rechterhand auf einer ganz an der Wand stehenden Phonokommode ihren Platz gefunden hat und einer Tischleuchte in edler Wurzelholzoptik mit goldfarbenem Fuß, die auf dem halbschräg, mitten im Raum plaziertem Schreibtisch befestigt ist, sehr gemütlich, leicht dämmerig beleuchtet. Die rechterhand genau in der Mitte der Wand aufgestellte, gut drei Meter breite Vitrine mit drei großen Glasflügeltüren, das rechts neben mir, gleich nach der Schiebetüre abgestellte dreitürige Sideboard, sind wie das übrige Mobiliar mit vielen dekorativen, kunstvollen Schnitzereien, allem Anschein aus massiven Nussbaum und sehr aufwendig gearbeitet.

Bis auf das Ticken einer Pendel-Wanduhr, ein zeitloses Schmuckstück aus Holz und Messing, die exakt auf Mitte der Phonokommode an der Wand befestigt ist, herrscht im Raum Stille. Doch hör ..., psst, ganz leise, sehr leise, höre ich ..., ja, wirklich, jetzt höre ich es deutlicher ..., das sehr schwache glucksen von Wasser. Ja, ja ..., fast ganz links hinten in der Ecke, dort im Winkel, in einem sehr verspielt romantischen Zimmerbrunnen. Und ja ..., jetzt sehe ich auch noch das sehr schummrige Licht einer eingebauten Leuchte aus bunt satiniertem Glas, das eine aufrechtstehende Frau inmitten eines traumhaft wunderschönen Gartens aus Kunstharz, Eisen und vielen ..., sehr vielen Dekorsteinen bestrahlt.

Ganz rechts in der rückwärtigen, in der mir gegenüberliegenden Wand, sehe ich nun eine kleine Türe, ich nehme an, dass diese vielleicht zu einem Wasch-WC-Raum führt. Gleich links davon, ganz knapp neben dieser Türe, steht noch ein kleines, rundes Metalltischlein und darauf ein schon älteres Telefon-Fax-Kopier-Druck-Gerät. Das sehr intensiv, nervös grün blinkende Lämpchen signalisiert mir, dass es momentan eingeschaltet ist.

Hinter dem wuchtigbreiten, massiven Schreibtisch, also nach rückwärts versetzt, steht ein mächtiger, ein schwarzer Lederclubsessel, in dem sich eine Frau „Adamschick" mit ihrer so zarten Figur - ich muss bei dieser Vorstellung ein wenig schmunzeln - so richtig zusammenrollen kann. Rechts, von mir aus gesehen, liegt auf dem Arbeitstisch zusammengeklappt ein kleineres Notebooks und linkerhand, ja gleich ..., da ist es ..., das bereits von Frau „Adamschick" angekündigte große Durcheinander. Das Chaos aus vielen losen Blättern und Rechnungen, aus Preislisten, Katalogen, Prospekten, Flyern, von Blei- und Buntstiften, aus bunten großen und kleinen Büroklammern, auch aus Metall, aus verschiedenartigen Kugelschreibern, Filzstiften, Füllern, aus massig durchsichtigen, mehrfarbigen Plastikhüllen und wild dazwischen verstreut, kunterbunt gemischt, noch zick Bleistiftspitzer ..., ja, und da sind sie auch noch, wie bunte Farbtupfer, zwischen all´ diesem großen Wirrwarr ..., viele, sehr viele große und kleine, dicke und dünne Radiergummi, in allen nur möglichen Farben und Größen.

Die vier Raumwände, terrafarben gestrichen, sind an den noch freien Stellen, mit vielen ..., ja, ich zähle, neunzehn ..., nein, mit zwanzig kleinen und größeren Bildern, in der Hauptsache Bleistiftradierungen aus Alt-München, fast komplett zugehängt. An der Stuckdecke, die mir, soweit in diesem dämmrigen Licht erkennbar, in bestimmt reinstem Weiß erstrahlt, hängt ein riesiger zwölfflammiger schwerer Lüster. Ein Gedicht aus Kristall, aus geschliffenen Glas und Messing. Der gesamte Raum ist durchgehend mit einem weichen, einem sandfarbenen Veloursteppich ausgelegt, auf dem noch zwei ..., drei ..., ja vier ..., nein sogar fünf kleinere, ich nehme an, Echte aus dem Orient, höchstwahrscheinlich aus dem fernen Anatolien, einen wirklich repräsentativen Platz gefunden haben.

Eingehend und intensiv habe ich mich jetzt mit der Musterung des Raumes beschäftigt, aber wo ..., ja wo befindet sich meine liebe „Vanessa"? Ich kann sie nicht erblicken. Wahrscheinlich hält sie sich in den rückwärtigen Räumen auf. Ich könnte es mir ja einstweilen auf einem der zwei übergroßen, superbreiten Ledersessel bequem machen ..., wenn auch nur für wenige Augenblicke ein bisschen entspannen, das würde mir bestimmt gut tun, schießt es mir blitzartig durch den verwirrten Kopf.

Doch da ..., ja doch ..., gleich vor dem Schreibtisch, also mit der Rückseite zu mir, sind diese zwei bequem breiten, wuchtig hohen tiefschwarzen Ledersessel positioniert. Ja ..., hier im ersten ..., im linken Sessel, von mir aus gesehen, sitzt ..., na ja ..., liegt sie ..., schnurrt sie eng zusammengerollt und ganz ruhig atmend wie ein junges Kätzchen. „Vanessa", ja sie hat ihre langen, sehr schlanken Beine angewinkelt, ganz an den Körper gezogen und die kleinen Füße auf den Sessel gestellt. Ihren tiefblauen Kostümrock hat sie dabei ganz nach oben, weit, zu weit ..., über die Knie geschoben und ihre beiden Arme ganz um diese geschlungen, so als ob sie sich daran festhalten wolle. Sie hat ihren Kopf auf die Knie gelegt und atmet tief, ruhig und gleichmäßig. Nur ab und zu geht ein nervöses Zucken, ein leichtes Beben durch ihren, mir scheint schon sehr zarten, stark abgemagerten Körper, so als ob sie einen angenehm erregten Traum hat. Ihre beiden tiefschwarzen, blitzsauber glänzenden, mit einem halbhohen Stöckel versehenen kleinen Schühchen, stehen unmittelbar, schön brav nebeneinander abgestellt, vor dem rechten Sessel. Feinsäuberlich zusammengefaltet hat sie auch ihre dunkelblaue Kostümjacke auf diesem, auf der Sitzfläche abgelegt.

Eine blütenweiße, schön gearbeitete Bluse aus edler zarter Spitze, kleidet ihren so schönen, fraulich betonten Oberkörper.

Soll ich sie nun wirklich wecken? Ich schaue auf meine Armbanduhr und erschrecke. Zeit, wo bist du nur geblieben; es ist schon 14.45 Uhr. Also ..., „Vanessa", es tut mir leid. Doch wie soll ich sie nun wach bekommen? Doch siehe da, sie rekelt sich, sie streckt sich ..., sie dreht ..., sie wendet sich nun. Doch Gott sei Dank, sie dreht nun ihren schönen Kopf zu mir auf meine linke Seite. Wie friedlich, sie atmet tief, gleichmäßig tief und schläft ..., ja sie schläft wieder weiter. Habe ich da noch eine andere Wahl? Vielleicht? Ja doch ..., ich habe eine andere Wahl und eine bestimmt sehr gute. Und schon beuge ich mich zu ihr hinunter. Sie hat mir im Schlaf ihr so schön gezeichnetes Gesicht zugewandt und jetzt ..., ich muss es ..., ja ich muss es tun und ..., ich nehme ihren Kopf in meine beiden Hände und küsse sie ganz zart, ganz zärtlich! Das ist das wirklich erste Mal und ich schließe meine Augen und träume und träume. Ganz vorsichtig küsse ich sie ..., ganz zärtlich auf ihren nun halbgeöffneten weichen, warmen Mund. Langsam, sehr langsam öffnet sie ihre so herrlich großen Mandelaugen, während ich sie noch immer küsse. Nun noch inniger, noch intensiver ..., noch erregter und unsere Zungen berühren und finden sich. Sie hebt mir nun ihren Kopf entgegen, nimmt ihre beiden Arme von ihren Knien ..., umschließt mich nun, keinesfalls erschrocken, ganz mit ihren beiden, so zarten Armen und zieht nun meinen Kopf ..., zieht mich näher, näher, viel näher ..., noch näher zu sich herab auf den Sessel. Dabei muss ich mich immer und immer wieder nach hinten greifend, am Schreibtisch abstützen, um nicht gänzlich in Schieflage zu geraden, um nicht auf ihr zum Liegen zu kommen. Noch will ich unseren so innigen Kuss nicht unterbrechen und ich möchte auch „Vanessa" nicht aus ihren bestimmt so wunderschönen Träumen wecken. Obwohl ich mir nicht so ganz sicher bin ..., schläft sie oder überhaupt noch?

Noch im Unterbewusstsein, wird ihr jetzt meine schiefe, meine missliche Lage bewusst, denn sie dehnt und reckt sich. Sie streckt dabei ihre wunderschön gewachsenen langen Beine, nun bis zum Schritt ganz sichtbar, ein wenig unter den gewaltigen Schreibtisch. Welch herrlicher ..., welch sinnlich erotischer Anblick. Im Halbschlaf rekelt sich „Vanessa" bequem in diesem massiven Sessel. Sie streckt nun ihre Arme ganz nach oben und ich komme nun doch gänzlich ..., nicht ganz unerwünscht ..., doch sehr plötzlich ..., welch glücklicher Zufall, vollends auf ihr zu liegen; was meine bislang missliche Lage um ein vielfaches verbessert. Und ..., wir küssen uns so innig, so intensiv, so bewegt, eine Ewigkeit ..., noch eine Ewigkeit!

Träume ich ..., träume ich dies alles nur ..., doch plötzlich gibt sie, nun tief ..., sehr tief Luft holend, meinen Mund, meinen Kopf frei. Sie betrachtet mich ungläubig, sie schaut mich dabei, immer noch gedanklich abwesend, mit ihren großen, tiefbraunen, so wunderschönen Augen, wie einen Geist, nun doch etwas erschrocken an. *Was Sie, Herr Beyer, Sie? Das kann doch alles so nicht Wirklichkeit, nicht wahr sein? Wie ..., wo kommen Sie denn so plötzlich her? Ehrlich, sagen Sie ganz ehrlich! Eben gerade habe ich ..., ich habe ...,* kommt sie leicht ins Stottern ..., *ja ich habe gerade von Ihnen ..., ja von Ihnen so schön, so wunderschön geträumt. War ich jetzt wirklich schon im Himmel? Denn dies alles war so himmlisch schön und ich konnte Sie sehr deutlich, überdeutlich spüren. Doch das, was ich geträumt ..., was ich von Ihnen geträumt habe ..., über das was wir beide eben so intensiv getrieben haben. Nein, nein ..., unmöglich ..., das kann ..., nein ..., das darf ich Ihnen jetzt wirklich nicht erzählen.*

„Vanessa", sie blickt mir nun ganz verliebt mit ihren braunen Mandelaugen ganz, ganz tief in meine Augen. Und siehe da ..., sie wird rot ..., röter. Sie errötet so intensiv und das bis weit hinter ihre beiden zierlichen, gut zu ihrem zarten Gesicht passenden kleinen Ohren. An diesen kann ich jetzt zwei goldene Ohrringe, mit winzig kleinen klaren Glitzersteinen erkennen.

Ja, ja ..., viel zu blass ..., ihr Gesicht so mager und so schmächtig ..., so zerbrechlich habe ich sie ..., nein so habe ich „Vanessa", so habe ich sie nicht in Erinnerung. Deutlich ..., überdeutlich zeichnet sie ihre schwere Krankheit, über die ich leider noch nicht viel weiß. Jetzt da wir uns auch privat vielleicht näher kommen, jetzt trifft uns beide dieses so harte Schicksal. Ich sollte nicht immer daran denken. Mein sowieso schon ganz wirrer Kopf, er findet heute sowieso keine Erklärung, keine Ruhe und bestimmt auch keinen Frieden.

Mein Gott wie bin ich froh ..., jetzt erlöst mich „Vanessa" aus diesem wirren Gedankenspiel. *Herr Beyer, habe ich das eben nur geträumt oder haben Sie mich wirklich eine Ewigkeit ..., ja ich glaube, es war eine lange, eine sehr lange Ewigkeit, so innig, so herzlich geküsst?* Sie schaut mich zwar noch immer etwas ungläubig an, doch jetzt ..., ja, sie strahlt mich an und zeigt mir ihre makellos schönen ..., ihre gepflegt weißen, kleinen Zähnchen. Sie nimmt nun meinen Kopf mit ihren beiden Händen und berührt meine Lippen mit ihren so weichen, warmen feuchten Lippen und unsere Zungen ..., sie finden sich ..., sie berühren sich immer und immer wieder! Unser so inniger Kuss, er schenkt uns eine so wunderschöne Ewigkeit. Wir beide fühlen ..., ja, wir ..., ja wir spüren überdeutlich unsere nach mehr verlangenden Körper. Jetzt haben wir ..., nun haben wir alles um uns herum, alles Negative und auch unsere großen Schmerzen, bestimmt auch unser gemeinsames, so hartes Schicksal, für einige Minuten vergessen.

Doch irgendwann wäre uns beiden wohl die Luft ausgegangen, wenn nicht ..., ja, wenn nicht just in diesem Augenblick – wir zucken beide erschrocken hoch – Frau „Adamschick" bestimmt ungewollt, uns aus unseren so wunderschönen Träumen schreckt. Ganz leise und sehr langsam ..., sehr behutsam öffnet sie die Schiebetüre und verharrt so einige Augenblicke im von der Sonne hellerleuchteten Türrahmen. *Schau, schau ..., was für ein herrliches Bild. So etwas habe ich mir schon gedacht ...,* spricht sie nach einer kleinen Gedankenpause, mit warmer, samtigweicher Stimme nun ganz leise, fast schon flüsternd. Dabei kann ich in ihrem so lieben Gesicht, ein verschmitztes Lächeln beobachten. Und ..., ja es dauert geraume Zeit, bis sie sich uns nähert und eiligen Fußes bis zu unserem Sessel kommt. *Genau diese so vertraute Situation, habe ich mir von Euch bei-*

den schon so lange gewünscht. „Vanessa" es ist Zeit, Du weißt doch, Du musst zum Arzt. Ich habe Euch beiden schon ein Taxi kommen lassen, das seit fünf Minuten vor dem Laden auf Euch wartet. Ihr habt ja allem Anschein alles um Euch herum total vergessen. Jetzt beeilt Euch schon ..., ich wünsche Euch beiden einen sehr schönen, einen wunderschönen, hoffentlich gemeinsamen Abend. Endlich ..., ja endlich! Mein Gott ..., mein Gott, wie mich das im innersten meines Herzens für Euch beide freut.

Frau „Adamschick", sie muss bei ihren letzten Worten heftig und intensiv lachen, weil wir, „Vanessa" und ich, uns gegenseitig mit den Händen die wirren und zersausten Haare aus dem Gesicht streicheln und uns gegenseitig zurechtrichten. Ich stecke mir mein etwas zerknittertes hellblaues Hemd wieder in meine dunkelbraune Hose und streife mir das beige Sakko an den Ärmeln und vorne am Revers mit den Händen, soweit machbar, wieder glatt und ..., „Vanessa" schließt mit leicht zitternden Fingern ihre noch halboffene Bluse und versucht nun ihren bis zum Gesäß hochgeschobenen Rock wieder Stück für Stück über die Hüfte ..., jetzt bis zu den Knien zu zupfen. Während sie mich liebevoll, sehr verliebt anlächelt, helfe ich ihr, noch ziemlich wackelig und weich in den Knien, in ihre dunkelblaue Kostümjacke, die ich mir aus dem linken Sessel angele. Dann verlassen ..., ja laufen ..., rennen wir sehr sportlich ..., Hand in Hand aus dem Raum unseres glücklichen Findens und durch den immer noch intensiv sonnendurchfluteten Teeladen. Frau „Adamschick" hält uns schon, mit beiden Armen wie wild fuchtelnd und winkend, die Flügeltüren zur Straße hin, auf.

Doch, was ist nun schon wieder? Meine kleine „Vanessa", ja, ja ..., in Eile und vielleicht auch ein bisschen verwirrt, hat sie allem Anschein nach, ihre schwarze Umhängetasche liegen gelassen. So laufen wir beide ..., eilen ..., ja hasten wir nun ..., uns immer noch an den Händen haltend, zurück und richtig ..., dort, gleich rechterhand neben dem massiven Sessel, hat sie ihre kleine Handtasche abgelegt. Während sie sich bückt, schaut sie wie zufällig auf ihre kleinen Füße. Ja, wo ..., ja, wo sind sie denn? „Vanessa", sie muss lauthals lachen, denn sie blickt nun auf ihre kleinen, zarten Füße ..., sie steht nur in ihren leichten, hauchdünnen Seidenstrümpfen vor mir. Ebenfalls lachend, bewundere ich nun ihre sehr gepflegten, gleichmäßig gewachsenen Füße, ihre kleinen Zehen ..., ihre leicht rot angemalten Zehennägel.

Flott, sehr schnell knie ..., krieche ich nun auf allen Vieren unter den massiven Schreibtisch, denn dort haben wir mit unseren Füßen ..., in unserer Erregung, ihre kleinen Schuhe geschoben. Mit meiner rechten Hand greife ich mir diese und wende auf meinem Bauch liegend. Nun erhebe ich mich vor „Vanessa" in die Hocke. Federleicht sind sie, diese leichten Schühchen. „Vanessa, sie steht nun in voller Größe neben ..., vor mir. Nun hebt sie mir ..., sehr anmutig, zuerst ihren rechten, dann ihren linken Fuß zum Anziehen ihrer Italiener entgegen, während sie mich sehr keck, vielleicht auch ein bisschen herausfordernd, anlächelt und ich an ihren schönen, geraden ..., schlanken Beinen ..., langsam, sehr langsam ..., von unten ..., ja bis zum Schritt ..., hinaufblicken darf ..., ihren winzigkleinen, sehr eng ansitzenden hellblauen, mit feiner Spitze besetzten Tangaslip, schon sehr erregt, betrachten kann. Zart ..., ganz zärtlich ..., sehr vorsichtig streichele ich noch ein, zwei Mal über ihre so schlanken Fesseln ..., taste mich an ihren Beinen ..., fühle ihre weiche Haut ..., ganz weit ..., schon zu weit nach oben! Dabei schaue ich nach oben in „Vanessas" Gesicht. In ihren schönen Augen kann ich ein leichtes Flackern ..., an ihrem Körper ein leichtes Zittern spüren. Mit meinen Fingern kann ich ihre immer stärker werdende Erregung fühlen, während ich ganz zärtlich über ihren Slip, über ihren Schritt streichele.

Doch urplötzlich ..., ganz plötzlich ist alles, ist mein träumen vorbei. „Vanessa", sie reicht mir nun ihre beiden Hände als Aufstehhilfe und zieht mich temperamentvoll, übermütig und voller Elan aus meiner Hocke hoch. Und wieder nehmen wir uns wie selbstverständlich bei der Hand und laufen ..., ja wir rennen ..., uns verliebte Blicke zuwerfend, durch den Laden zum Taxi. Nun, diese Zärtlichkeit dauerte vielleicht nur wenige Minuten und trotzdem waren es für mich so überaus schöne Augenblicke, voller Glückseligkeit.

Und was macht Frau „Adamschick", sie plaudert noch immer sehr intensiv mit dem Taxifahrer, während wir es uns schon auf dem Rücksitz bequem machen. Jetzt kurbele ich schnell das Autofenster auf meiner Seite herunter, weil ich bemerke, dass sie jetzt in meine Richtung kommt. *Herzlichen Dank Frau „Adamschick". Schade, aber jetzt ist es wirklich fünf vor Zwölf und es ist höchste Eile geboten. Doch, ja doch ..., wir werden uns auf alle Fälle wiedersehen. Gleich morgen, ja gleich morgen vormittags werden wir miteinander telefonieren ..., ich werde Sie anrufen ..., ich bin zu neugierig. Sie wissen schon warum. Vielen, vielen herzlichen Dank für Ihre so uneigennützige Hilfe. Wir wünschen Ihnen, „Vanessa" und ich, noch einen angenehmen, einen wunderschönen Abend.* Weiter komme ich nicht mit meinen Wünschen, denn schon gibt mir Frau „Adamschick" ihre beiden Hände zum Abschied durch das halboffene Autofenster. Nun heftig winkend ..., *jetzt müsst Ihr beide Euch aber heftig sputen, ansonsten platzt noch der Arzttermin. Meldet Euch morgen ..., viel Glück und denkt daran ..., Ihr beide ..., Ihr wisst schon was ich meine. Habt Euch lieb ..., wirklich sehr, sehr lieb. Tschüss, tschüss ...,* ruft sie uns herzerfrischend lachend und noch wild, sehr temperamentvoll mit beiden Armen gestikulierend, nach.

Schnell kurbele ich mit der rechten Hand das Fenster wieder hoch, während ich und „Vanessa" mit unseren linken Händen noch lange und heftig zurückwinken. So lange bis wir um die nächste Straßenecke biegen. Jetzt erst bemerke ich, dass wir von einer Frau, einer noch sehr jungen, blonden, so um die dreißig, chauffiert werden.

Liebe schöne Frau, beginne ich, da ich sehen kann, dass sie uns sehr aufmerksam und schmunzelnd, schon seit unserem Einsteigen, durch ihren großen Rückspiegel mustert. *Liebe schöne Frau, wohin möchten sie uns denn fahren? Wir haben Ihnen doch noch keinerlei diesbezüglichen Anweisungen zukommen lassen. Sind Sie in etwa eine Gedankenleserin?* Jetzt zeigt sie uns ihre blendend weißen Zähne und lacht lauthals, uns auch weiterhin neugierig im Rückspiegel beobachtend. *Nein, nein ..., keineswegs ..., dem ist leider nicht so. Aber Euer guter Geist, Euer guter, lieber Engel ..., Eure so herzensgute Fee, Frau „Adamschick" ..., wir kennen uns schon seit vielen, vielen Jahren. Sie ist mir eine sehr liebe Freundin. Ja, sie hat mir schon alles erklärt und bereits auch das Finanzielle für Euch geregelt. So hat Sie schon beim telefonieren durchblicken lassen, dass Ihr beide Euch sehr, sehr innig liebt und es Euch aus mir unerklärlichen Gründen nur noch nicht gesagt und gezeigt habt. Und außerdem, dass Ihr beide leider ein schlimmes ..., ein sehr schweres ..., das gleiche so tragische Schicksal teilt. Hoffentlich, ja hoffentlich ..., ich wünsche es Euch wirklich von ganzem Herzen, wendet sich alles noch zum Besten. Übrigens, für Euch beide bin ich die „Maria" ..., ja, so nennen mich alle meine guten Freunde.*

Während unsere Chauffeuse Maria", wie sie sich nennt, so lieb und freundlich unser stilles Geheimnis ausplaudert, hat „Vanessa" ihren Kopf an meine linke Schulter gelehnt und ihre Augen geschlossen. Sie hat sich halb zu mir hergedreht und streichelt mir mit ihrer linken Hand unentwegt, ganz zart ..., zu zärtlich, über meinen linken Oberschenkel. Sie erregt mich und damit meine völlig verwirrte Fantasie. Ganz vorsichtig und zart küsse ich ihre Stirn und streichele mich nun mit meiner linken Hand, mit meinen Fingern, ganz vorsichtig und zart ebenfalls über ihren rechten Oberschenkel. Langsam, sehr langsam ..., schon zu weit, nach oben. Deutlich ..., überdeutlich kann ich jetzt schon ihren immer heftiger, erregter werdenden Atem an meinem Hals fühlen. Aber auch ihre immer intensiver, immer schneller werdenden Streicheleinheiten auf meinem linken Oberschenkel zeigen mir, dass sie sehr erregt ist und mir zwischenzeitlich gefährlich weit ..., zu nahe an mein so überaus erregtes Gefühl kommt. Das wird mir langsam denn doch zu heiß.

Ihr seit ja so schweigsam ..., nun, ich möchte Euch keinesfalls in Euren Träumereien stören. Im vorderen Rückspiegel kann ich erkennen, dass uns „Maria" fest im Blick hat und bei ihren letzten Worten lächeln muss. Nun muss auch ich schmunzeln, weil mir „Vanessa" nun doch sehr ..., sehr intensiv über meinen Schenkel streichelnd, nun schon zu gefährlich ..., oh, oh ..., das sind Gefühle. „Vanessa" ..., ja, sie zupft und zupft mit nervöszittrigen Fingern, ganz fest, kurz atmend. Wie gut, dass mein Reisverschluss ..., ja, ja, wie gut, dass er klemmt! Wie soll ich mich verhalten, denn mir ist so was von heiß ..., ich verglühe.

Liebe "Maria", wenn ich Dich so nennen darf, Du siehst ja selbst, dass bei uns mehr als nur ein Blitz eingeschlagen hat. Und das leider erst heute, obwohl wir uns schon seit gut zwei Jahren kennen. Vielen Dank für Dein Mitgefühl und für Dein uns so herzlich angebotenes Du. Auf das eben von Dir angesprochene Schicksal, möchte ich aus Dir vielleicht verständlichen Gründen, nicht näher eingehen. Ich glaube schon ..., doch bestimmt ergibt sich schon in naher Zukunft eine andere, eine bessere Möglichkeit für ein ausführlicheres Gespräch. Schau nur, Du siehst ..., Du siehst ja selbst ..., dabei deute ich ein, zwei Mal mit meiner rechten Hand, mit meinen Fingern auf „Vanessa", auf ihren Kopf. *Ich möchte Sie nur ungern aus Ihren so intensiven Träumereien wecken.*

Du fährst uns ja so überaus flott und wirklich gekonnt sicher und wie es ausschaut, haben wir unser Ziel gleich erreicht. Viel, ja viel zu kurz war diese Fahrt, dieser Augenblick, so nah neben „Vanessa", die mich immer noch intensiv und mit geschlossenen Augen streichelt, sich innig und hauteng an mich schmiegt. Ich kann ihren so warmen, leicht zitternden, weichen Körper, selbst durch mein Jackett, durch mein Hemd, durch meine Hose überdeutlich spüren. Ja, ja, und was ihre Hände und ihre überaktiven Finger ..., was diese und ihre Erregung bei mir alles so anstellen. *Liebe „Maria" ..., hallo schöne "Maria", hat Dir Frau "Adamschick" wirklich schon die ganze Fahrt bezahlt?* Beende ich nun meinen kurzen Dialog, auf den ich mich nur schwer konzentrieren kann. Diese vielen, sehr vielen Streicheleinheiten, diese sehr intensiven, überaus zärtlichen Zuwendungen, diese vielen Liebkosungen von „Vanessa" sind schuld, dass ich gedanklich und gefühlsmäßig schon ganz wo anders bin. Meine liebe „Vanessa", sie fährt mir zusätzlich und das schon seit einigen Minuten, mit ihrer noch freien, der rechten Hand, unentwegt durch mein Haar, über meinen Nacken, über meine Schulter. Dabei drückt sie mir ihren Kopf fest an meine Brust, an mein so aufgeregtes Herz. Sie muss es hören ..., ja sie muss es deutlich, überdeutlich spüren und hören ..., dieses so heftige bum, bum! Was wird das heute noch, mit mir und „Vanessa"?

Herr Beyer, wenn man Euch zwei so im Rückspiegel beobachten kann ..., wenn man Euch zwei so verliebt turteln sieht und das sehe ich mir jetzt schon fast zwanzig Minuten an ..., ja, dann wird man richtig neidig auf Eure so große Liebe, auf Eure so vielen Gefühle, die Ihr Euch so augenfällig gegenseitig zeigt. Persönlich würde ich mich glücklich schätzen, einen so lieben, einen Partner mit so viel Gefühl neben mir zu haben. Und gerade da, herrscht bei mir schon seit langer, viel zu langer Zeit, große Flaute.

Ihr Rückspiegel zeigt mir, dass sie bei ihren letzten Worten tief durchatmen muss und dass sich dabei ihre bislang so sonnige Miene etwas verfinstert. Ich empfinde Mitleid und streichele ihr mit meiner freien Hand mehrmals über ihren Nacken ..., über ihre so samtigweiche, so warm anfühlende Haut. „Maria", „Maria" ..., *das ändert sich bei Dir bestimmt auch wieder, vielleicht schon sehr bald. Du bist doch eine so wunderschöne, eine so herrliche Frau. Du hast eine wirklich angenehme, eine sehr persönliche, warmherzige Ausstrahlung.* Da ist sie schon wieder ..., diese Röte, diese wahnsinnige Hitze, die mir urplötzlich ins Gesicht schießt. *Von ganzem Herzen wünsche ich Dir wieder einen lieben Partner mit viel Gefühl und sehr, sehr viel Zärtlichkeit.* Das muss ich nun lachend, unbedingt noch anfügen, während ich ihr ganz zärtlich über ihren Nacken streichele.

Das ist sehr, sehr lieb von Dir, dass Du mir solche lieben Komplimente machst. Das baut mich wirklich auf ..., das lässt mich um einige Zentimeter größer werden. Deine so gutgemeinten Worte geben mir wieder Hoffnung. Dafür würde ich Dich am liebsten umarmen und Dir einen innigen, sehr innigen Kuss schenken. Danke ..., vielen, vielen Dank! Aber was anderes, wir sind schon da. Um auf Deine Frage von vorhin zurückzukommen ..., ja, alles ist bereits bezahlt und sogar an Eure Heimfahrt nach Bogenhausen zu „Vanessa", auch daran hat Frau „Adamschick" gedacht. Sie sagte zu mir zudem, ich solle mir in der Wartezeit gleich um die Ecke beim „Italiener", auf Kosten des Hauses, etwas Vernünftiges zum Essen und Trinken kaufen. Frau "Adamschick", sie ist eine großzügige Frau mit wirklich viel Wärme und einem sehr großen Herzen. Schon des öfteren durfte ich sie chauffieren.

„Maria", ja sie kam genau vor dem Eingang des mir so gut bekannten Krankenhausen zum stehen. Sie steigt flink und sehr sportlich aus ihrem Taxi und öffnet „Vanessa" schnell die Wagentüre, die sich nun hastig ihre Haare kämmt und dann aus dem Wagen steigt. Dabei kann ich leider feststellen, welch große Probleme „Vanessa" nun mit der Realität hat. Es dauert und dauert, ehe sie sich ihr stark zerknittertes blaues Kostüm mit beiden Händen wieder zurechtstreift. Erst dann geht sie unsicheren Schrittes auf „Maria" zu und ..., *vielen Dank für Dein chauffieren und für Deine so lieben Worte. Sei mir bitte nicht böse, dass ich heute so wortkarg gewesen bin. Aber Du weißt ja ..., Du hast uns ja beobachten können. Und außerdem konntest Du Dich ja ein wenig mit ihm ...,* dabei nickt sie mit dem Kopf mehrmals in meine Richtung ..., *so lieb mit ihm unterhalten. Alles habe ich mitbekommen, auch Euer so eindeutiges, so liebes Turteln. Ja, ja ..., wenn ich auch meine Augen geschlossen und wirklich von einer schönen, von einer so wunder ..., wirklich wunderschönen Zeit ..., ja schon von einer gemeinsamen Zukunft mit ihm ..., ach was ..., die gibt es ja sowieso leider nicht mehr für uns.* Schließt sie tief enttäuscht und jetzt gut sichtbar, mit Tränen in den Augen, ihren Dialog. „Vanessa", sie nimmt nun „Marias" Kopf mit beiden Händen und gibt ihr einen inniglangen, intensiven Kuss auf die linke Wange. Dann umarmen sie sich, „Maria" und „Vanessa".

Mittlerweile habe auch ich das Taxi verlassen und hurtig, hurtig bin auch ich bei „Maria" und ..., ja, auch ich umarme wie vorhin „Vanessa", „Maria", und ..., ja, ich gebe ihr auch einen Kuss. Doch was für einen! „Maria", sie dreht noch kurz vorher ihren Kopf, so dass ich sie nun voll auf ihren schönen, warmen Mund, auf ihre vollen Lippen küssen darf. Doch was geschieht nun? Dieser Kuss ..., er dauert und dauert lang ..., länger ..., sehr, sehr lang. Weil sie meinen Kopf mit beiden Händen intensiv festhält und sich körperlich an mich presst, sich förmlich an meinem Mund festsaugt. Ja und ..., weil ..., ja, weil es auch mir wieder einmal nicht gerade unangenehm ist und ..., ja, ja, mein Hirn Pause macht.

Als „Maria" endlich nach einer halben Ewigkeit meinen Kopf ..., meinen Mund wieder freigibt, muss sich mein Gesicht tiefrot verfärbt haben. Verständlich ..., bei dem schlechten Gewissen. Mir wird nun glühend heiß und mein Blick geht, ein wenig verunsichert, wie automatisch in Richtung „Vanessa". Mit beiden Händen wild gestikulierend, steht sie am Straßenrand ..., Begeisterung sieht anders aus. Und hört, hört ..., da kommt es auch schon lautstark ..., *„Maria", was soll das, was fängst Du mit ihm an?* Dabei nickt sie mit dem Kopf zu mir her. *Das steht doch nur mir zu.* Doch plötzlich beginnt sie lauthals zu lachen und fügt noch an ..., *natürlich kann ich Dir deswegen nie und nimmer böse sein. Ich bin doch nicht so kindisch und außerdem glaube ich doch, dass ...,* jetzt schaut mich „Vanessa" wie fragend an: *Das ist ja gut ..., wir mögen uns, wir haben uns doch auch lieb. Wir küssen uns so innig und fast noch mehr und ..., ich weiß nicht einmal Deinen lieben Vornamen. Du bist doch für mich noch immer nur der "Herr Beyer".*

Jetzt müssen wir alle „Drei" lauthals lachen und ich, ja ich verschlucke mich, als ich noch immer lauthals lachend hervorstottere ..., *da ..., da ..., das ist mir aber nun wirklich mehr als peinlich.* Auch jetzt bemerke ich, dass ich bei meiner letzten Feststellung, zum x-ten Male tiefrot angelaufen bin. *Marcus, ja Marcus darfst Du mich rufen. Aber wir müssen uns jetzt wirklich sehr beeilen, denn es ist mittlerweile leider schon 15.42 Uhr. Also ..., wir haben uns schon mehr als zehn Minuten verspätet.* Beim Umarmen von „Maria" hat sich der linke Ärmel meiner Jacke ein wenig nach oben verschoben und rein zufällig blicke ich jetzt erschrocken auf meine goldene Armbanduhr. Diese, eine Tissot, ein schon sehr altes Stück. Ein liebes Geschenk, eine Erinnerung an meine einst so innig geliebte „Christina", an meine Exfrau. Es war damals zu meinem Fünfunddreißigsten. Das waren noch Zeiten ..., sehr lang ist´s her.

Meine liebe „Maria" ..., Dir wünschen wir einen herzhaften, einen guten Appetit. Wir kommen dann vorbei. Damit möchte ich sagen, dass wir nach dem Arzttermin, hoffentlich nicht zu spät, zu Dir, zum „Italiener" kommen. Vielleicht essen oder trinken wir beide dann auch gleich eine Kleinigkeit, wenn Du dann noch Zeit ..., wir werden ja sehen. Jetzt gebe ich ihr vorsichtig geworden, nur einen flüchtigen Kuss auf die Wange, drücke zum Abschied mit meiner rechten Hand fest ihre rechte Hand. Vielleicht ein wenig zu intensiv, denn ..., *Du erdrückst mir ja meine kleine zarte Hand,* meint sie lächelnd und zieht ihre Hand schnell aus der Umklammerung. Dabei schaut sie mir nun doch wieder tief in die Augen. Wieder wird mir ganz warm ums Herz, denn ich blicke in zwei herrliche, in zwei tiefbraunglänzende große Augen, die mir viel Temperament und ein gutes Herz vermuten lassen. „Maria", sie dürfte so um die 165 cm groß sein, mit einer ausgezeichneten, sehr fraulich betonten Figur und einem offenen, ehrlichen, freundlichen Gesicht.

Zu einer gründlicheren Begutachtung komme ich jetzt leider nicht mehr, denn „Vanessa" ist schon in der großen Eingangstüre des Krankenhauses verschwunden und so muss ich mich beeilen. *Tschüss, bis später ...,* und schon laufe ..., ja renne ich, „Maria" noch mit der rechten Hand zuwinkend, sehr flott die wenigen Treppen hinauf, dann durch die Eingangstüre, zum gleich linkerhand befindlichen Personenaufzug. „Vanessa", sie hält mir bereits die Aufzugstüre auf und schnell bin ich bei ihr im jetzt leeren, sehr geräumigen Aufzug. Wie automatisiert und im Unterbewusstsein drücke ich auf 1. Stock und schon liegen wir uns in den Armen ..., uns verbindet ein inniger Kuss ..., ja, und unsere Zungen ..., sie finden sich immer und immer wieder. Wir brauchen keine Worte. Fest, ganz fest umklammert „Vanessa" nun mit ihren beiden Händen mein Becken und presst sich, drückt sich ganz ..., mit aller Kraft an mich. Wir fühlen und spüren uns und unser Verlangen deutlich ..., wir spüren unsere so hitzigen Körper.

Doch die Zeit ..., diese Zeit bis zum ersten Stock, sie ist uns beiden viel, ja viel zu kurz. Ein winziger Augenblick, denn schon öffnet sie sich, diese dumme Schiebetüre. Sofort hasten, drängen, ja zwängen sich viele Frauen und Männer, junge und ältere, in weißen Kitteln, in Anzügen und Kleidern, in den nun wieder viel zu engen Aufzug. Nur mit größter Mühe können wir uns diesem Hasten, diesem Drängen, diesem Schupsen entziehen. Und wieder, ohne „Vanessa" zu fragen, steuere ich eiligen Schrittes geradewegs auf die zweite Türe, gleich rechts neben dem Aufzug, auf die Nummer 138 zu.

Ja, ja ..., mein mir stark brummender und summender, wieder völlig verwirrter Kopf. Er spielt nun gänzlich verrückt. Immer dieser gleiche Weg ..., er ist mir in den letzten Wochen und Monaten oder sind es gar schon viele Jahre? so zur Gewohnheit und leider auch so zum „Muss" geworden.

Gleich rechterhand neben dem grauen Türrahmen, steht in dunkelblauer Groteskschrift auf einem kleinen hellgrauen Türschild, der für mich schon zum Albtraum gewordene Name „Dr. Schreiber". Ganz leicht, sehr vorsichtig drücke ich auf den vollautomatischen Türöffner und dann, gleich nach dem Summton, etwas energischer, mit meinem seitlich gestellten Körper, gegen die in weiß lackierte Eingangstüre. „Vanessas" linke Hand, diese halte ich dabei fest umschlossen in meiner rechten und so betreten wir gemeinsam einen sehr großflächigen Raum von so sieben mal sechs Metern. Und gleich linkerhand, mir schon so bekannt, steht maßgeschneidert eine etwa vier Meter lange Theke, ebenfalls aus weißlackiertem Holz, die zu fast zweidrittel die linke Seite des Raumes abgrenzt. Dahinter sitzen hinter ihren Computern, in schneeweißen Kitteln zwei Arzthelferinnen, zwei nicht mehr ganz so junge, doch sehr hübsche weibliche Wesen. Die mir nicht nur aus meinen sehr vielen Arztbesuchen sehr gut bekannten Frau „Irene" und Frau „Hiltrud". Unmittelbar danach führt eine Türe in das erste und gleich mir gegenüber eine andere in das zweite, ebenfalls sehr geräumige Behandlungszimmer. An dieser rückwärtigen Wand befinden sich außerdem noch drei weitere, etwas schmälere Türen, die zum einen in ein praxiseigenes, großes gutsortiertes Labor und in ein kleineres, zweites Untersuchungszimmer, zum anderen in einen überaus geräumigen Röntgenraum und zum dritten ganz rechts, in ein sehr großzügig und komfortabel, modern eingerichtetes Wartezimmer führen. Und rechterhand, ganz links hinten, fast im Winkel, kommt man durch zwei schmälere Türen zu den WC- und Waschräumen und danach zu „Privat". Der Rest der Wandfläche, ist bis in die rechte Ecke, mit einem auch in weiß gehaltenen, bis an die Decke reichenden, maßgeschreinerten Einbauschrank bedeckt. Die Mitte des Raumes beleben mehrere …, ich zähle vier kleine dekorative Vitrinen, etwa im Quadrat 150 cm. Sie sind allesamt aus dicken, massiven, durchsichtigem Acrylglas und dienen teils als Ablage von Flyern, Prospekten, informativen Handzetteln und andererseits zur Präsentierung einer sehenswerten, bestimmt wertvollen, sehr umfangreichen Sammlung antiker, altgriechischer Vasen und Krüge.

Übrigens, der gesamte Fußboden ist hier, wie auch in den anderen mir bestens bekannten Räumlichkeiten, mit einem hellblaugrauen, immer fein säuberlich gepflegten, sehr dicken Velourteppich ausgelegt. Während in sämtlichen Nasszellen, im großen Labor und auch im geräumigen Röntgenraum unterschiedlich kleine, silbergraublau glänzende Mosaikfliesen von einem Meister seines Handwerks, zu einem echten Kunstwerk zusammengefügt worden sind. Erwähnt sei auch noch, dass das Besprechungs- und das Behandlungszimmer, wie auch das Labor, das Büro von Hochvolt-Halogen-Leuchten, gut und maximal hell ausgeleuchtet werden.

Diese Rückholung meiner Erinnerungen …, die wenige Zeit nütze ich wieder einmal zum ordnen meiner völlig verwirrten Gedanken. Nun muss ich mich erst einmal mit dieser neuen Realität vertraut machen; auf dieses schwere Schicksal von „Vanessa", auf diese so schreckliche Wahrheit einstellen. „Vanessa", ja, ja …, sie hat also wie ich, auch mit dieser …, vielleicht aber auch mit einer ähnlich gearteten Krankheit zu kämpfen.

Und ich persönlich ..? Ja, ja …, ich habe noch eine reele Hoffnung …, noch glaube ich, ja noch halte ich mich an einem winzigen Strohhalm fest. Diesen hat mir heute um 9.30 Uhr, also schon in aller Herrgottsfrühe, eben dieser besagte „Dr. Schreiber", mein Hausarzt, hingehalten. Aber eben auch …, nur einen sehr, sehr winzig kleinen Versuchsballon ..., wie er sich ..., wie sich „Dr. Schreiber" unter anderem, nicht gerade tröstend formulierte.

Marcus, Marcus ..., Du träumst doch nicht etwa mit offenen Augen, reißt mich nun „Vanessa" aus meiner Rückblende. Energisch greift sie nun nach meiner rechten Hand und zieht mich förmlich zur Anmeldung, denn schon habe ich wieder meine Probleme ..., richtig Probleme, mit diesen meinem, eben kurz durchdachten Schicksal.

Grüß Gott ..., schon spricht sie die ganz links sitzende mir bestens bekannte Arzthelferin „Irene" an. *Bereits um 15.30 Uhr hatte ich bei „Dr. Schreiber" einen Besprechungstermin. Entschuldigen Sie bitte vielmals, ich ..., wir haben uns leider um eine Viertelstunde ..., es tut mir leid ..., ich habe mich leicht verspätet.* Verlegen, etwas nervös kratzt sie sich nun mehrere Male mit ihrer rechten Hand hinter ihrem rechten Ohr ..., *mein Name ist „Vanessa Pantonella". Geboren bin ich am 24. Mai 1952 in Anversa d`Abruzzi in Italien.*

„Irene" schaut zuerst auf „Vanessa" und tippt dann die angegebenen Daten in den neben ihr stehenden Computer, dabei treffen sich, „rein zufällig ..?" ganz sicher hat sie mich schon beim Eintreten bemerkt, unsere Blicke. Ihr ganzes Gesicht strahlt. *Marcus, was treibt Dich ...,* aber weiter lasse ich sie nicht sprechen, denn ich habe mir den Zeigefinger auf meine Lippen gelegt. Gott sei Dank, sie schaltet schnell und reagiert richtig. Geistesgegenwärtig kommt ihre Frage ..., *und was wünschen Sie? Haben Sie auch einen Termin?* Stotternd ..., *nein, nein ...,* nun, mich irritiert ihr so direktes „Michanstrahlen". Gedanklich bin ich schon bei meinen schönen Erinnerungen an „Irene". *Ich bin nur die Begleitung von „Vanessa" und möchte hier auf sie warten, wenn sie mir dies freundlicherweise erlauben.*

Ihr müsst Euch leider noch etwas gedulden, denn unser lieber Herr Doktor hatte zwischenzeitlich einen nicht aufschiebbaren wichtigen Termin im OP. Also eine dreiviertel bis eine Stunde wird es schon noch dauern. „Irene", sie blickt mir nun schon zu intensiv ..., zu lange ..., oh Schreck ..., viel zu lange in meine Augen. Blinzelt mir mit dem rechten Auge zu und lächelt mich ..., garantiert absichtlich ..., nun

auch noch recht treuherzig an. Kein Wunder, dass mich meine innere Hitze erröten lässt. Wieder dieses glühen und wieder dieses verglühen! *Na denn, einstweilen viel Spass. Du weißt schon ..., oh, verzeih, ich meine ..., ach was. Das Wartezimmer findet Ihr gleich dahinten.*
„Irene", „Irene" ..! Sie nickt mit dem Kopf nach links und deutet auch mit der rechten Hand in die angegebene Richtung. *Wenn Ihr einen Kaffee wünscht, gebt uns kurz Bescheid. Bis später ...,* sagt sie noch und schenkt mir ihr schönstes Anstrahlen. Auch beim eiligen Vorbeigehen an Arzthelferin „Hiltrud", blicke ich in zwei lachende ..., zwei mich anfunkelnde, fragende, tiefblaue Augen. So ein Lächeln ..., da kann ich ja gar nicht anders ..., das muss erwidert werden. Schmunzelnd ..., *dann bis später. Euch beiden Hübschen wünsche ich einstweilen einen angenehmen, einen ruhigen, wunderschönen, sonnigen Nachmittag.*

Nun nehme ich „Vanessa", die immer noch wie erstarrt neben „Irene" steht und mich mit offenen Munde ganz erstaunt anblickt, bei der Hand und gemeinsam gehen wir nun um die vier Vitrinen herum, Richtung Wartezimmer. *Kennst Du diese beiden Frauen ...,* kommt nun prompt auch die schon erwartete Frage. Trotzdem verkneife ich mir jetzt eine Antwort und klopfe ganz zaghaft an der Türe zum Wartezimmer. Nach einem leisen ..., *herein ...,* öffne ich die weiß lackierte Türe und wir betreten einen fast quadratischen Raum von so 30 Quadratmetern. An der Stirnseite, zur Straße hin, befindet sich eine fast durchgehend breite Front aus großflächigen Fenstern. Links und rechts an den weißgestrichenen Wänden, stehen zwölf ..., ja es sind sogar vierzehn moderne, bequeme Swingstühle aus superweichen tiefschwarzem Leder und silberglänzendem Aluminium. Über den Stühlen und links und rechts der Türe, hat man alte Tiefdrucke, hochwertige Farbillustrationen von Carl Spitzweg, sehr dekorativ und geschmackvoll gerahmt, an die Wände gehängt. In den Ecken, links und rechts der Fenster, stehen zwei mächtige, gutgepflegte prächtig gewachsene Topfpflanzen. Der wuchtigen Fächerpalme und auch dem großblättrigen Philodendron mit seinen vielen langen Wurzeln, wird es in ihren jetzigen Positionen, bestimmt schon sehr bald zu eng werden.

Für mich überraschend, befinden sich nur zwei schon ältere Männer, gute Siebziger und eine Frau ..., schlecht zu schätzen ..., vielleicht vierzig, vielleicht fünfzig oder auch dazwischen, im Wartezimmer. Bei unserem vorsichtigen Eintreten, können wir nur ein leis gemurmeltes ..., *Grüß Gott* ..., vernehmen. Niemand blickt aus seiner bestimmt spannenden Lektüre hoch. Allen Anschein sind wir für diese Patienten völlig uninteressant. Das kann uns beiden nur recht sein.

„Vanessa" und ich, wir nehmen gleich rechts vorne, sie rechts von mir, also unmittelbar neben dem halbgekippten Fenster, ganz eng nebeneinander Platz. Behutsam schieben wir unsere Stühle möglichst zusammen. Unabsichtlich berühre ich hierbei leicht mit meinem rechten ihren linken Fuß. Wie elktrisiert rückt „Vanessa" noch näher, auf engste Tuchfühlung bedacht, an mich heran und presst ihren Fuß ganz fest an den meinen. Dabei legt sie ihre linke warme Hand völlig ungeniert auf meinen rechten Oberschenkel und beginnt mich wieder, wie schon im Taxi, langsam, nun intensiver ..., erregter ..., zu streicheln.

Verständlich ..., dies ist mir normalerweise nicht gerade unangenehm. Doch meine sehr intensiven Bauchschmerzen, dieses wahnsinnige Toben und Bohren, es wird immer dominanter. Schon seit gut einer Stunde, müsste ich die mir heute von „Dr. Schreiber" verschriebenen Pillen zu mir nehmen. Meine Probleme, sie haben mich jetzt voll im Griff, was man allem Anschein auch meinem Gesicht überdeutlich ansehen muss, denn plötzlich frägt mich meine liebe „Vanessa" ..., *Marcus, Marcus was ist los mit Dir? Ist Dir nicht gut? Ich beobachte Dich nun schon seit geraumer Zeit. Fast glaube ich, Du hast starke Schmerzen. Dein Verhalten ist mir sowieso nicht ganz erklärlich. Glaube mir ..., Du bist mir heute wirklich ein großes Rätsel. Woher weißt Du eigentlich, dass ich genau hier in diesem riesigen Krankenhaus ..., hier in dieser ersten Etage ..., noch dazu auf dieses Zimmer 138 ..? Und ..., das ist doch wirklich das Höchste ..., Du weißt sogar, dass ich jetzt zu diesem „Dr. Schreiber" muss. Ja, ja ..., Du siehst mich erstaunt ..., ich bin höchst verwundert.* „Vanessa", sie rückt ein bisschen ab von mir, rutscht ihren Stuhl ein bisschen seitlich und schaut mich nun ganz verwundert mit ihren großen Mandelaugen an. *Und ..., ja, woher kennst Du diese beiden überaus hübschen Vorzimmerdamen? Jetzt schau mich bitte nicht so entgeistert an ..., Du weißt schon, diese beiden Arzthelferinnen? Und ja ..., heißen diese nicht „Irene" und „Hiltrud"? Und besonders diese ..., ja diese „Irene" ..., Wahnsinn ..., die verschlang Dich ja förmlich mit ihren wunderschönen Augen. Oder meinst Du wirklich, ich habe Eure doch so innigen ..., oder waren es gar verliebte Blicke, nicht bemerkt? Und was ist mit Deinem Namen, den sie auch zu kennen scheinen, ja kennen müssen ..., dem vertrautem Du? Ich hoffe doch, dass Du mir hierfür eine vernünftige Erklärung geben kannst? Aber bitte nicht diese ..., die mir so langsam Angst macht? Oder hast Du gar ...,* sie schaut mich jetzt von der Seite mit sehr sorgenvoller Miene an, während ich mich jetzt nicht mehr in der Hand habe, mich nicht mehr beherrschen kann ..., mich nun wie ein Wurm zusammenkrümme. *Was für ein Wahnsinn ..., was sind das doch für irre, so bohrende, intensiv tobenden Schmerzen?*

Jetzt beuge ich meinen Kopf nach vorne ..., fast bis zu meinen Knien ..., ziehe diese nach oben, um den Schmerz ein wenig wegzupressen. Doch es geht nicht ..., all´ dies hilft nichts mehr ..., ich habe mich nicht mehr in der Hand, nicht mehr unter Kontrolle. Dicke Tränen kullern mir nun über mein bestimmt tiefrotes, schmerzverzerrtes Gesicht. Zu allem Überfluss quälen mich nun auch noch meine neuen Freunde ..., diese Rückenschmerzen. *Muss das nun ..., muss das gerade jetzt sein? Willst Du Dich vor dieser so tapferen „Vanessa" blamieren? Du musst Dich ..., Du solltest Dich, Deine Schmerzen besser unter Kontrolle haben.* Rede ich mir ein ..., aber wie ..., bei diesem doch so wahnsinnigen Bohren und Toben in meinem Bauch ..., ach was ..., nun im ganzen Körper.

Verzeih, liebe „Vanessa" ich komme gleich wieder. Nur für ein paar Minuten muss ich Dich alleine lassen. Ich wische mir mit dem Handrücken die Tränen aus den Augen ..., von den Wangen ..., stehe auf und gehe ..., ja ich renne ohne mich noch einmal nach „Vanessa" umzublicken aus dem Raum ..., gleich linkerhand in die WC- und

Waschräume. Hastig wasche ich mir das Gesicht mit dem kalten, mit dem sehr kalten Wasser ..., halte meinen Kopf unter das fließende, abkühlende Nass und versuche so meine Schmerzen, meine wirren Gedanken ein wenig zu ordnen. Dann trockene ich mir mein Gesicht, meine Hände mit den auf einem Mauersims bereit liegenden grünen, weichen Papiertüchern. Hastig, nervös und mit zittrigen Fingern, suche ich in meiner rechten Hosentasche ..., in meinem Jackett ..., in der linken, in der rechten Innentasche nach dem roten Schächtelchen. Endlich halte ich meine Kapseln in den Fingern und schlucke diese gierig mit viel, viel kalten Wasser, das ich jetzt mit der hohlen Hand in mich hineinschaufele.

Soll oder soll ich nicht ..., muss ich nun „Vanessa" meine gesundheitliche Situation beichten? Mein so wirrer Kopf, meine Gedanken, sie lassen mir keine Ruhe. Ein paar Minuten muss sie nun ohne mich klar kommen, meine Schmerzen, sie sollen sich erst wieder beruhigen. Es wird Zeit, dass ich mich wieder in den Griff bekomme und dazu benötige ich zu allererst einen klaren Kopf ..., ich muss wieder normal sehen und denken. Wie soll dies denn sonst weitergehen ..., wohin soll dies denn führen? Doch erst seit heute früh bin ich mir fast ..., ja sagen wir zu 98 Prozent sicher, dass es für mich aller Voraussicht kein nächstes Jahr ..., kein 2005 mehr geben kann. Soll ich ihr dies etwa alles so brühwarm erzählen, jetzt da wir uns endlich gefunden haben und uns auch zeigen können, was wir für einander fühlen und empfinden? Was nun ..., ja was nun, wenn „Vanessa" auch so schwer ..., wenn sie auch Krebs hat? Was bringt, was treibt sie denn sonst zu diesem „Dr. Schreiber"?

Langsam ..., nur ganz langsam lassen sie, lassen meine Schmerzen ein bisschen nach. Es verringert sich dieses so Tobende, dieses so Bohrende, dieses so Fressende. Die letzten Minuten habe ich mich in eine WC-Zelle eingeschlossen, auf den Toilettendeckel gesetzt und meinen Kopf ganz nach unten gepresst ..., in meine Hände gedrückt. Nun und was bringt mir dieses ewige Sinnieren, dieses ständige Grübeln? Es muss gehen, es muss ganz einfach wieder funktionieren ..., es muss so oder so ein „Weiter" geben. Reiße Dich endlich zusammen! Auch andere Menschen müssen mit solch wahnsinnigen Schmerzen, mit diesem so Unmenschlichen, mit diesen Problemen fertig werden. Also auf und durch! Hurra, hurra ..., es geht mir jetzt schon wieder viel, viel besser ..., rede ich mir ein, obwohl mir nun wirklich nicht danach ist.

Schnell verlasse ich meine Zelle, die Waschräume und betrete nun wieder das Wartezimmer. Doch dieses Mal sind, wenn auch nur für einen kurzen Augenblick, alle Blicke neugierig auf mich gerichtet. Dann wieder dieses monotone Bild, diese Gleichgültigkeit. Nur "Vanessa", sie beobachtet mich sorgenvoll, als ich auf sie zugehe, mich zu ihr beuge, ihren Kopf nehme und ihren, sich nun mir öffnenden Mund, mit einem innigen Kuss verschließe. Sie lässt mich lange, sehr lange gewähren und umfasst nun ihrerseits meinen Kopf mit beiden Händen. So stehe ich einige Zeit und genieße diese sagenhaften Augenblicke, bis mich das mehrmalige intensive und überlaute Räuspern meines Gegenüber, eines silberweißhaarigen älteren Mannes, aus meinen Träumen weckt. Er dürfte während meiner kurzen Auszeit gekommen sein. Jetzt, da ich mich um meine Achse drehe, schaue ich in zwei lachende Augen. Er schüttelt mehrmals seinen Kopf und meint ..., *muss Liebe schön sein. Ich wünsche Euch noch viele, viele schöne Jahre zu zweit. Doch bitte sagt mir, was treibt Euch beide zu diesem „Totengräber"? Hoffentlich ist es bei Euch beiden nicht so schlimm? Das wäre echt schade.* Wie kommt dieser Mann zu diesem Vergleich „Totengräber ..., *vielleicht die gleichen gesundheitlichen Probleme ..., noch hoffen wir ..., ja doch ..., wir hoffen ..., dieser Kelch möge an uns vorübergehen. Wir werden ja sehen, was das Schicksal noch alles für uns bereithält, was es mit uns vorhat. Ob nun gut oder schlecht, es wird sich zeigen. Wir müssen es so nehmen, so wie es kommt. Nur unser Schöpfer, er weiß, was uns noch alles erwartet.* Meine Pillen sie wirken und nun voller Elan drehe ich mich wieder voll zu „Vanessa". Sie nimmt mich übermütig bei der Hand und zieht mich fast ..., sie zieht mich ganz zu sich herab auf ihren Stuhl und so komme ich ganz plötzlich auf ihrem weichen, warmen Schoß zu sitzen.

Geht es Dir wieder besser? Hast Du keine Tabletten gegen Deine Schmerzen? Das war ja eben schlimm mit Dir. Du ..., Du machst mir Angst. Jetzt kennen wir uns schon über zwei Jahre und trotzdem kennen wir uns überhaupt nicht. Keiner weiß über den anderen Bescheid. Aber, dass das Schicksal uns so übel mitspielt? Wahrscheinlich die gleiche Krankheit, das gleiche Krankenhaus, den selben Doktor. Schon ein bisschen viele ..., viel zu viele Zufälle. Warum bist Du eigentlich gerade heute und so plötzlich bei mir im Geschäft aufgekreuzt?

So viele Fragen? Wie, wo und wann soll ich für diese alle eine passende Erklärung finden? *Meine allerliebste „Vanessa", wie und wo soll ich mit meinen Erklärungen anfangen? Zu vieles, ja zu viel Negatives stürzt jetzt auf mich ein, bedrückt mich und hat mich heute schon in aller Herrgottsfrühe zu Dir getrieben. Nur ..., ich habe nicht gleich den richtigen Weg zu Dir gefunden. Stattdessen bin ich den ganzen lieben Vormittag wie ein Irrer in der Innenstadt umhergeirrt. Also erst in den Mittagsstunden fand ich dann endlich den Weg zu Frau „Adamschick", zu Dir. Vielleicht erwartete und erhoffte ich mir gerade bei Dir Trost und vor allem einen Lichtblick. Mit Dir wollte ich über uns, über dies und das und auch über meine Krankheit reden. Endlich wollte ich mir über uns, über unsere Gefühle Klarheit verschaffen. Als mir dann aber auch noch Frau „Adamschick" ein klein wenig von Deinem schlechten Befinden erzählte, wusste ich leider noch nicht viel von der Schwere Deiner Krankheit. Das Reden tut mir gut und auch meine Schmerzen sind momentan erträglich. Sehr glücklich war ich, als wir uns in einem so inniglangen Kusse fanden und ich hoffte ..., ja ich hoffte wieder, dass sich Deine Schwierigkeiten nicht mit den meinigen decken würden. Aber jetzt, bei unserem Wissen, was wird jetzt aus uns, aus unserer Liebe? Schon allein die Tatsache, dass Du jetzt und hier ..., ja hier neben mir bei „Dr. Schreiber" im Wartezimmer sitzt, zeigt mir ja überdeutlich, dass Du mit dem gleichen Schicksal zu kämpfen hast. „Vanessa", ich weiß nicht wie oder was Du für mich empfindest? Für mich bist Du meine letzte, meine wirklich allerletzte Hoffnung. Ich liebe Dich so sehr, dass es mir hier ..., ich deute auf meine Herzgegend ..., dass es mir hier drinnen schon so richtig weh tut. Wir hätten schon viel früher über uns und unsere*

Gefühle miteinander reden sollen. Immer war ich zu feige, Dir diese für mich so entscheidende Frage zu stellen.

Tief, sehr tief ist mein atmen ..., ich sollte mir ein paar Minuten des Nachdenkens gönnen. Doch mein Mund ..., *hast Du niemals das so heftige Klopfen meines Herzens gespürt? Nach jedem Besuch bei Dir im Geschäft, war ich hinterher so richtig deprimiert und halb krank. So viele Stunden, Wochen und Monate an Glück, an Liebe und an Gemeinsamem haben wir verloren, haben wir großzügig verschenkt, nur weil es uns immer an Mut gefehlt hat. Erst nach meinem letzten Gespräch mit Dir, Du weißt schon ..., in Deiner für mich leider viel zu kurzen Mittagspause, bei einem Cappuccino, glaubte ich das erste Mal, dass auch bei Dir noch mehr ist. Und so erhoffte ich mir auch von Dir ein deutlicheres Signal, ein kleines liebes Wort, eine Berührung, einen Kuss. Ich wollte daran glauben, aber mir fehlte letztendlich immer der Mut und zu Letzt auch der Glaube.*

Jetzt, in diesem Augenblick des beichtens, sind mir alle anderen Patienten völlig egal. Jetzt, nach meinem überlangen Dialog muss ich „Vanessa" umarmen und küssen. Und siehe da ..., auch sie hat das gleiche Verlangen, den gleichen Wunsch, denn sie lehnt ihren Kopf an meine Schulter und schaut mir lang, sehr lang, so richtig verliebt in meine Augen. Sie beantwortet mir so liebevoll, all´ meine so ungeschickt gestellten Fragen. Jetzt ..., ja nun muss ich sie ..., ja ich muss sie küssen und ich werde ..., ich werde es ..., ich muss es sofort und immer wieder tun. Und schon beuge ich mich seitlich zu ihr hinab, umarme sie fest und innig und küsse „Vanessa" auf ihren schon halbgeöffneten, warmen Mund, auf ihre feuchten Lippen. Unsere Zungen finden sich in einem innigen, so schönen, ewiglangen Kuss.

Doch es darf nicht sein, denn plötzlich öffnet sich, leicht knarrend, wie von Geisterhand die Türe und die Arzthelferin, Frau „Hiltrud", steht lachend im Türrahmen. *Endlich ist unser lieber Herr Doktor für sie wieder da. Frau „Niedermaier" bitte.* Die ganz links von mir Sitzende, eine kleine Frau, dunkelhaarig, so um die Fünfzig, mit einer Rubensfigur, erhebt sich langsam, ja schon sehr mühsam von ihrem Swingsessel und verlässt, den linken Fuß leicht nachziehend, ein wenig hinkend, jetzt mit Frau „Hiltrud" das Wartezimmer. *Gott sei Dank, es wird auch höchste Zeit!* Das gleiche schießt mir auch durch den Kopf. *Es ist ja schon 16.20 Uhr. Das wird heute bestimmt eine sehr lange Geschichte.* Unser Gegenüber, dieser ergraute Herr erspart mir somit den Blick auf meinen Regulator.

Marcus ..., hoffentlich wird es „Maria" nicht zu spät. Ich meine, das Warten auf uns. Wenn es Dir nichts ausmacht, könntest Du ja so in einer Viertelstunde einmal beim „Italiener" nach ihr sehen. „Vanessa" hat nun wieder ihren Kopf an meine Schulter gelehnt und strahlt mich mit leuchtenden Augen an. Mit beiden Händen hält, ja stützt sie sich auf meinen rechten Oberschenkel. Nun beuge ich mich wieder zu ihr und wieder finden sich unsere Lippen ..., unsere Zungen, zu einem innigen, sehr, sehr langen Kuss. Schau, schau ..., sofort beginnt sie, beginnt meine „Vanessa" wieder mit ihrer sehr intensiven Massage meines Fußes, meines Oberschenkels. Wieder weit, zu weit ..., gefährlich weit oben. Was ist das für ein Gefühl. Ja, ja ich habe Gefühle ..., wahnsinnig mein Gefühl für „Vanessa". Sie muss es mit ihren Fingern fühlen!

Unser „älterer Herr", unser Gegenüber ist mittlerweile des Lesens überdrüssig und beobachtet nun schon sehr eingehend unser intensives Treiben. So kommt auch bald seine Kommentierung. *Ihr kennt Euch bestimmt noch nicht lange, so lieb wie Ihr mit Euch umgeht. Lasst Euch durch mich, durch meine dummen Bemerkungen bitte nicht stören ..., ich bin ab sofort bestimmt ganz leise. Ohnehin dürfte ich schon der Nächste sein.* Ach so ..., er bemerkt, dass ich ihn ganz ungläubig anschaue und er klärt mich sofort auf. *Entschuldigt ..., ich bin schon lange vor Euch da. Ich musste mich nur vorher im Labor eine ewig lange Zeit schinden lassen.*

Mich kannst du bestimmt nicht stören, denke ich mir im Stillen. In meinen Augenwinkeln kann ich beobachten, dass er vor sich hinschmunzelt, verschmitzt sich intensiv beide Hände reibt. Das mittlerweile immer intensiver werdende Streicheln, dieser innige, so herzliche Kuss von „Vanessa". Wahnsinn ..., sie erregt ..., sie erregt mich nun schon sehr stark. Meine vorhin heftigen Magen-Darmschmerzen registriere ich im Augenblick kaum noch. Wie automatisch streiche und streichele ..., streichele ich jetzt ganz zart über ihre doch so weiche ..., über ihre sich so zartanfühlende Haut ..., ihre Schenkel! Vielleicht ein wenig ..., nein schon viel zu hoch ..., denn „Vanessa", sie beginnt ganz erregt zu atmen. Nur schwer, nur mühsam kann ich mich ..., kann ich meine innere Erregung ..., kann ich meine Gefühle, mein Verlangen und den Vulkan in mir unterdrücken.

Als „Vanessa" nun meinen Mund nach einem ewiglangen Kuss wieder freigibt und tief, ganz tief durchatmet, möchte ich mich ..., meine rechte Hand wieder aus dieser gefährlichen Zone zurückziehen. Doch sie haucht ..., sie flüstert mir ganz leise in mein Ohr ..., *Marcus ..., mein allerliebster Marcus ..., bitte streichele mich weiter. Bitte ..., bitte, nur noch ein bisschen, es ist so was von schön!* Und was tue ich? Ich streichele ihr wieder und wieder ..., ganz zart, sehr zärtlich über ihre Schenkel. Das ist ihr anscheinend dann doch zu wenig, denn sie flüstert mir nun schon ganz kurzatmig und erregt, ganz leise ins Ohr ..., *Marcus, bitte, bitte höher. Bitte streichele mich fester, berühre mich. Ich halte es nicht mehr lange so aus und kann es kaum noch erwarten, dass Du endlich in mir bist ..., ich möchte Dich endlich in mir fühlen, Dich spüren. So sehr wünsche ich mir jetzt, dass Du heute Nacht mit mir schläfst. Lange habe ich darauf verzichten müssen. Zu lange musste ich auf Deine Liebe warten, auf Dich verzichten müssen.*

Ein, zwei, drei Mal streichele ich sie jetzt ganz zärtlich über ihre Oberschenkel. Mir wird dabei so was von heiß, siedend heiß und jetzt ..., ja, ja ..., vor Erregung zittere ich am ganzen Körper. Mein armer, so verwirrter Kopf.

Muss ich mich jetzt ...? ja ich muss mich wirklich zusammenreißen. Das geht doch nicht, nicht hier und nicht jetzt. Langsam ziehe ich meine Hand wieder zurück, doch „Vanessa" ergreift diese nun ganz erregt und tiefatmend, möchte ..., doch mein Verstand er funktioniert noch, wenn auch nur ein bisschen. *„Vanessa", das geht doch jetzt ..., das geht doch jetzt und hier wirklich nicht. Dafür haben* wir doch hinterher bei Dir viel, so viel Zeit ..., eine kleine Ewigkeit. Dies alles können wir uns doch für heute Nacht, für später, für daheim bei Dir aufheben, flüstere ich ihr nun in ihr linkes Ohr und küsse sie ganz zärtlich auf die Stirn.

Nur langsam ..., ganz langsam schwindet, verfliegt diese wahnsinnige Hitze ..., legt sich diese innere Erregung. „Vanessa", sie hat noch immer ihre Augen fest verschlossen. So kann ich ihren sehr dezent aufgetragenen, im zarten hellblau gezogenen Lidschatten deutlich erkennen. „Vanessa", Du bist so was von schön! Man kann gar nicht anders, man muss Dich lieben, man muss diesen Engel immer lieb haben. Schießt es mir durch meinen mir summenden, extrem stark brummenden, ganz verwirrten Kopf.

Noch drücke ich „Vanessa" mit der linken Hand fest an mich. Behutsam, ganz vorsichtig löse ich diese Bindung. Erschrocken öffnet sie ..., öffnet „Vanessa" nun ihre so herrlich schönen dunkelbraunen Mandelaugen. Sie blickt mich jetzt besorgt an ..., *was ist ..., was ist los?* Wie geistesabwesend frägt sie mich und erhebt sich so halb von ihrem Stuhl, dabei rückt und zupft sie sich ihren doch weit nach oben verschobenen Rocksaum zurecht. Dann schiebt sie sich den linken Ärmel ihrer Kostümjacke ein klein wenig nach oben und ganz erschrocken flüstert sie, nachdem sie auf ihre kleine, modische silberfarbene Armbanduhr blickt ..., *was, so spät ist es schon! Mein allerliebster Marcus ..., Marcus ich liebe Dich so innig. Mich verlangt es so sehr, Dir meine Liebe zu zeigen. Warum ..., ja warum? Ich habe mich nie getraut, es Dir zu sagen. Du glaubst gar nicht, wie sehr ich Dich gerade jetzt, jetzt in meiner so auswegslosen Situation brauche. Du musst mich festhalten. Du darfst mich nie, hörst Du nie ..., nie wieder loslassen. Bitte ..., bitte begleite mich auch nachher zum Arzt. Es soll nun keine Geheimnisse mehr zwischen uns geben.*

Wieder atmet sie tief und schwer und flüstert ..., *Du kannst ja wenn Du möchtest, und es hier aller Voraussicht noch lange dauern wird, zwischenzeitlich kurz bei „Maria" vorbeischauen. Bitte frage sie, wie lange sie noch auf uns warten kann und will. Sage ihr bitte auch, dass ich ihr einen eventuellen Kostenausfall gerne ersetzen möchte. Mittlerweile ist es schon 16.43 Uhr. Also, es wird bestimmt später ..., ja sehr viel später als 18.00 Uhr. Wir beide können doch auch, sportlich wie wir sind, notfalls auf Schusters Rappen, zu Fuß heim gehen. Von hier aus sind es höchstens 20 ..., na, sagen wir 30 Minuten.*

Mit beiden Händen erfasse ich nun den Kopf von „Vanessa" und schon küsse ich ihren halbgeöffneten Mund ..., küsse ich ihre noch feuchten, weichen Lippen. *Nun muss ich Dich schon wieder verlassen mein Liebstes ...,* und schon stehe ich neben ihr und lache sie überglücklich an. *Du verstehst doch wie ich das meine. Jetzt kannst Du Dich beim Lesen einer Zeitschrift ein wenig entspannen und vielleicht von etwas Schönem träumen. Vielleicht ein bisschen von mir?* Muss ich noch lachend anfügen.

Schnell bin ich an der Türe ..., drehe mich noch einmal zu „Vanessa" um und schicke ihr aus der flachen rechten Hand einen gehauchten Kuss. *Einen schönen Abend ...,* sage ich noch zu dem älteren Herrn. *Kopf hoch und alles, alles Gute und vor allem gute, baldige Besserung ...,* und schon schließe ich die Türe leise hinter mir.

Im Vorzimmer erblicke ich hinter der langen weißen Holztheke nur noch Frau „Irene", die in ihre Arbeit vertieft, emsig und intensiv auf der schwarzen Tastatur ihres Computers herumklappert. *Hallo ..., liebe „Irene", ich bin gleich wieder zurück, vielleicht so in einer guten Viertelstunde. Unserer Chauffeuse „Maria", muss ich unbedingt Bescheid geben. Sie sitzt gleich um die Ecke beim „Italiener" und wartet bestimmt schon sehnsüchtig auf uns. Sie wird ja zwischenzeitlich etwas zu Abend gegessen haben. Die Geschichte hier, die ärztliche Untersuchung von „Vanessa", dürfte doch gut und gerne so bis 18.00 Uhr andauern?*

Und ..., wie geht es Dir? Da ist ja auch noch meine eigene Neugierde. Wir haben uns ja erst heute früh ausführlich unterhalten können. Leider hat mich heute Vormittag, der von mir zwar nicht ganz unerwartete, doch so „tödliche Befund" Eures lieben Doktors, ziemlich konfus und kopflos werden lassen. Danach bin ich über drei volle Stunden und wie geistesabwesend, wie in Trans, durch halb München getrampt und nur rein zufällig auf „Vanessa" gestoßen. Wir kennen uns nun schon seit gut zwei Jahren. Doch erst heute ..., ja erst heute hatten wir endlich den

Mut, von Liebe zu reden. Allem Anschein habe ich für meinen Teil, nach dieser heutigen chaotischen Diagnose, hierfür sowieso nicht mehr allzu viel Zeit.

„Irene", sie zieht nun ihre Stirn in Falten ..., vorhin habe ich mich fast versprochen. Aber, dass ihr Euch liebt, das bemerkt selbst ein Blinder, so verliebt wie ihr beide Euch anschaut, so verliebt wie Ihr mit Euch umgeht! Auf jeden Fall wünsche ich Euch beiden alles, alles Gute; weiß ich doch um Euer beider wirklich schweres Los. Ja auch ..., ja auch Frau „Pantonella" ist meines Wissens sehr schwer krank und das schon seit einigen Jahren. Ach so ..., ja bei uns hat sie heute erst ihren dritten Termin als Patientin. Die letzten Jahre wurde sie im Klinikum Großhadern in München, leider bislang erfolglos behandelt. Dies alles dürfte ja für Dich kein zu großes Geheimnis sein. Trotzdem, bitte sage nichts, dass Du diese Information von mir hast.

Wenn du wüsstest ..., aber dies behalte ich besser für mich liebe „Irene". Also bis später, wir sehen uns garantiert bald wieder. Du wirst mich bestimmt nicht so schnell los ..., versuche ich ein wenig zweideutig zu scherzen ..., dann können wir ja gemeinsam, auch mit Deinem lieben Doktor, einen guten Cappuccino oder einen Espresso beim „Italiener" trinken. Ich finde es schade, Du weißt schon diese Geschichte mit uns. Aber wer weiß ..? Und schon bin ich im Treppenhaus, und allehopp auf der Straße, um die Ecke und sehr schnell beim „Italiener".

„Guten Abend" ..., als erstes muss ich mich an den beißenden Qualm gewöhnen der mir schon beim öffnen der Eingangstüre entgegenströmt. Doch ..., ja ich habe Glück, denn ..., ja dort habe ich „Maria" schon ausgemacht. Sie sitzt ganz alleine, linkerhand ganz rückwärts an einem runden massiven Holztisch, nahe dem übergroßen Schaufenster, das den Raum in voller Breite ausfüllt. Von diesem Tisch aus hat man einem guten, direkten Blick auf den momentan hektisch vorbeifließenden Berufsverkehr.

Eiligen Schrittes schlängele ich mich sportlich gekonnt durch die um diese Tageszeit sehr gut besuchte Gaststätte, um die eng stehenden Tische. Dementsprechend laut sind auch die reihum heftigen, sehr hitzigen Debatten und die vielen aufgeregten Diskussionen.

Bestimmt kein Wunder, bei dem rasant schnell steigenden Alkoholspiegel.

Liebe „Maria" ..., na wie geht es Dir bei diesem Lärmpegel? Nun gehe ich rechts um den runden Kaffeehaustisch herum, bücke mich zu „Maria" hinunter und gebe ihr einen zarten, einen sehr vorsichtig gehauchten Kuss auf die linke Wange. Sie streichelt mir dabei ganz zärtlich mehrmals über meinen Kopf. *Hast Du Dich inzwischen ein wenig stärken können? Frühestens 18.00 Uhr ..., also eher später ..., so lange wird sich wohl oder übel die Geschichte, die Untersuchung von „Vanessa" bei „Dr. Schreiber" hinziehen. Kannst Du oder besser gesagt, möchtest Du so lange auf uns beide warten? Macht Dir dieses lange Sitzen wirklich nichts aus? Was hast Du eigentlich heute noch vor?*

Hallo, aber hallo ..., *mache hier nicht so viel Wind, nur keine Eile! Setze Dich doch wenigstens für ein paar Minuten zu mir und bestelle Dir zum entspannen einen guten Cappuccino oder einen starken Espresso. Diese lange Warterei, ich werde da meist immer so richtig kribbelig.* Natürlich ..., *ja wenn ich ganz ehrlich sein soll ..., mir ist es schon ein bisschen langweilig.*

„Maria" hat eine angetrunkene Tasse Cappuccino vor sich, gleich daneben einen leeren Kuchenteller und ein halbleeres Glas Wasser stehen. *Ich wollte gerade bezahlen, um nach Euch zu sehen. Glaubte ich doch schon, ihr hättet mich hier ganz vergessen.* Jetzt strahlt sie mich an und zeigt mir dabei ihre so gut gepflegten Zähne. *Rauchst Du ..., rauchst Du eigentlich?* frägt sie mich urplötzlich.

„Maria", ja, ja sie hat schon eine Lache. *Bei diesem lieben, herzlichen, mitreißenden Lachen, musst Du doch mitlachen. Du kannst doch nicht immer so ein ernstes, miesmutiges Gesicht machen ...*, schießt es mir durch den Kopf und so zwinge ich mich jetzt wenigstens zu einem Schmunzeln. Nein ..., *nein, um Gottes Willen, wo denkst Du hin. Dieses Laster habe ich noch nie ..., wirklich noch nie versucht. Du inhalierst ..., ja Du atmest diesen Gestank ja schon geraume Zeit in diesem engen Lokal in Dich hinein.* Bei meinen letzten Worten deute ich auf die umliegenden Tische, an denen überwiegend junge Menschen sitzen. Es sind in der Hauptsache junge Frauen, die durchwegs alle am

Klimmstängel ziehen oder einen solchen aus Nervosität zwischen ihren Fingern halten. Kein gerade gutes Argument für Statistiker.

Haben Sie einen Wunsch? Wie aus dem Nichts steht plötzlich eine noch sehr junge, hübsche Frau, mit einem roten Kugelschreiber und einem kleinen Schreibblock bewaffnet, unmittelbar neben mir. Sie lächelt mich freundlich an. Bestimmt studiert dieses hübsche Mädchen auf der Uni in München und jobbt hier nur, schießt es mir durch den Kopf. Sie wirkt sehr zierlich, ja fast schon zerbrechlich und ist mit ihren vielleicht 160 cm nicht groß gewachsen. Ihre tiefschwarzen, kurzen, modisch flott geschnittenen Haare harmonieren gut mit ihren dunkelbraunen, glänzenden, schönen Mandelaugen, mit ihrer Nase und passen gut zu ihrem leicht ovalen Gesicht. Bekleidet ist sie mit einer dunkelroten, um ihre schmale Hüfte ein wenig zu eng geschnürten Schürze, einer oben am Hals leicht geöffneten, blendend weißen Seidenbluse und einem echt, sehr enganliegenden, tiefschwarzen superkurzen Minirock, der ihren kleinen „Allerwertesten" nur ganz leicht bedeckt. Dazu trägt sie eine glatte schwarze Strumpfhose und leichte, etwas verstaubte, moderne schwarze Italiener.

Na, na ..., was wird das denn? Sind Sie jetzt endlich fertig mit meiner Musterung? strahlt sie mich jetzt keck und frech an. Das ist mir nun wirklich sehr peinlich und außerdem bemerke ich wieder diese Hitze in meinem Gesicht ..., ja bis hinter beide Ohren. Anscheinend schießt mir soeben die tiefste Röte ins Gesicht. *Bitte, bitte ..., nicht böse sein. Aber ich erschrak durch Ihr plötzliches Erscheinen. Ja und ...,* jetzt wird mir noch heißer ..., *und erst Ihre so wunderschöne Erscheinung ..., ich bin total geblendet. Bestimmt, das ist sonst nicht meine Art. Aber ...,* jetzt muss ich erst einmal den großen Knödel hinunter würgen, der mir im Halse steckt. Dabei fasse ich mich an den Hals und räuspere einige Male recht holbrig. Erst nach mehrmaligem schlucken, bin ich wieder Herr meiner Stimme ..., *wenn Sie mich schon so lieb, so freundlich fragen ..., bringen Sie mir bitte einen mit Milch aufgeschäumten großen Cappuccino und ein Glas stilles, möglichst kaltes Mineralwasser.*

Warum soll ich Ihnen denn böse sein? Mich freut es, wenn Sie oder auch andere Gefallen an meinem Äußeren finden. Na ja, Sie sind zwar nicht mehr meine Altersklasse, doch ich bin auch nicht blind ..., ja, ja ..., doch, doch ..., sie sehen wirklich blendend aus und sind garantiert im allerbesten, im gefährlichsten Mannesalter. Sie bückt sich plötzlich zu mir herunter und kommt mir mit ihrem Gesicht schon sehr nahe. *Trotzdem ..., so ein liebes, so ein nettes Kompliment hat mir wirklich noch niemand gemacht. Ich sage vielen, vielen Dank. Sollten Sie Lust verspüren, können Sie mich jetzt auch von meiner vielleicht weniger attraktiven Rückseite betrachten ...,* dabei strahlt sie mich wieder voll an und dreht sich gekonnt und sportlich sehr flott, zu meiner weiteren Begutachtung, zwei Mal voll um ihre ganze Achse und macht dann eine leichte Verneigung zu mir her. *Na und ..., gefällt Ihnen alles an mir?* Und schon dreht sie sich wieder um ihre Achse und schlängelt sich geschmeidig wie ein junges Kätzchen durch die sehr eng gestellten, aber fast alle voll besetzten Tische zum rechterhand stehenden Tresen aus schwarz lackiertem Holz. Schon sehr frech ..., sehr aufreizend schwänzelt, bewegt sie nun ihren kleinen Allerwertesten.

Jetzt wende ich mich wieder „Maria" zu, die mich heftig mit dem Kopfe schüttelnd, anlacht. *Du bist mir vielleicht einer ..., ein richtiger kleiner Schwerenöter. Aber wirklich ..., so ein Casanova. Du kommst anscheinend bei den Damen aller Altersklassen sehr gut an. Wenn ich ehrlich sein soll ..., ja wenn ich ganz ehrlich bin ..., auch mir könntest Du wirklich gefährlich werden. Ja wenn da nicht Deine „Vanessa" und Euer beider so schweres Schicksal wären. Du bist jetzt vielleicht in einem für uns Frauen so gefährlichem Alter.*

„Maria" ..., „Maria" *Du siehst mich jetzt tief erröten. Du machst mich echt verlegen. Bin ich denn wirklich so schlimm? Das ist bestimmt eine von meinen vielen, dummen Marotten. Ehrlich ..., es steht keine Absicht dahinter. Nun, ich muss mir immer alles ..., und das heißt wirklich alles Lebendige sehr genau, des Öfteren vielleicht ein wenig zu genau betrachten. Hier habe ich mir auch schon in der Vergangenheit, immer wieder durch mein augenscheinig extrem neugieriges Begaffen, so manche Schwierigkeiten und oft argen Zoff eingehandelt. Nicht jeder versteht* hierbei Spaß, hat für mein vielleicht dummes Verhalten auch Verständnis. Zick Mal habe ich mir schon Besserung geschworen, aber mein so schwacher Wille ...!

Beide blicken wir uns jetzt tief in die Augen und müssen plötzlich lauthals lachen. „Maria" jetzt muss ich Dich leider noch einmal fragen, denn Du hast mir auf meine vorhin gestellte Frage noch keine Antwort gegeben. Dabei wollte ich nur wissen, wie lange Du noch Zeit für mich ..., endschuldige ..., ich meine natürlich, für „Vanessa" und für mich, hast? Muss ich mich denn immer wieder verplappern und so zweideutig formulieren.

Was habe ich nur ..., was ist eigentlich mit meinem Ego los? Das war doch bestimmt nichts Schlimmes. Muss das denn sein ..., dieses dumme Berichtigen. Muss ich mich denn immer korrigieren ..., gerade jetzt ..., nur kritisieren?

„Maria" ..., ja, sie muss meinen inneren Disput spüren, denn sie hilft mir lieb aus dieser Schlinge. Marcus, mein lieber Marcus ..., bitte gönne mir doch diese kurze Zeit, diesen leider für mich viel zu kurzen Augenblick Deiner so liebenswerten Gesellschaft. Meine Freundin, Frau "Adamschick", sie hat mich für den heutigen ganzen Abend, finanziell meine ich, ja ohnehin fürstlich entschädigt. Du brauchst Dir also deswegen wirklich keine so unnötigen Gedanken machen. Und was das andere anbelangt ..., Du weißt schon ..., welche Person soll sich denn zu so später Stunde ..., wer soll denn am Abend oder in der Nacht auf mein Kommen warten, geschweige ..., sag´ mir, wer soll sich schon auf meine Gesellschaft wirklich freuen? Dies hat sich bei mir irgendwann von selber erledigt.

„Maria", ja, ja ..., ich fühle mit ihr und kann beobachten, wie sie jetzt einige Male tief durchatmet. Männer, Männer ..., mein nicht gerade geringer Männerverschleiß, ein Kapitel für sich. Meine Bekanntschaften endeten durchwegs alle glücklos und dies meist schon nach sehr kurzer Zeit. Vielleicht bin ich eine romantische Träumerin, vielleicht stelle ich persönlich zu hohe Ansprüche an das andere, an das so starke Geschlecht. Meinen, für mich idealen Mann, den gibt es offensichtlich nicht ..., ja, ja ..., den kann oder muss ich mir höchst-

wahrscheinlich irgendwann selber schnitzen. Und ..., vielleicht kann ich ihn mir auch irgendwann stricken. Du siehst ..., ich habe heute den ganzen Abend viel Zeit ..., unbegrenzt viel Zeit für Euch. Beantwortet dies nun Deine so neugierige Frage ..., gibst Du Dich jetzt endlich mit meiner Antwort zufrieden?

„Maria", sie legt nun ihre linke Hand auf meine rechte Hand, die ich auf die Tischplatte, auf die weinrote Tischdecke vor ihr gelegt habe und streichelt diese liebevoll und zart. Ein, zwei ..., drei Mal und lässt dann ihre warme, feuchtheiße Hand auf der meinigen ruhen. Sehr deutlich, sehr intensiv kann ich ihren erregt heftigen Pulsschlag spüren. Aber nur für einen kurzen Augenblick, denn schon streichelt sie mich wieder ..., ganz automatisch, während sie mit offenen Augen träumend, wie erstarrt in den verqualmten Raum blickt. Ihre gerunzelte Stirn zeigt mir, dass sie sich bestimmt über unser eben Gesprochenes Gedanken macht. Das konstant gleichmäßige Streicheln meiner Hand durch „Maria", weckt auch in mir verbotene Gefühle. Meine rege Fantasie, meine schon wieder völlig verwirrten Gedanken, sie lassen auch mich mit offenen Augen träumen.

Plötzlich schrecke ich aus meinen wirren Fantastereien hoch, denn das schöne Mädchen von vorhin, diese kecke Bedienung mit den wunderschönen Mandelaugen ..., ja, sie hat mein Gewünschtes auf dem Tisch gestellt. *Hier bringe ich Ihnen mit Milch aufgeschäumten Cappuccino und Ihr so stilles Wässerchen. Habe ich Sie jetzt aus ihren vielleicht schönen Träumereien geweckt ..., habe ich Sie aus Ihren Gedanken gerissen? Das tut mir aber wirklich leid. Dafür muss ich Sie nun ein klein wenig entschädigen.* Ehe mir bewusst wird wie mir geschieht, bevor ich reagieren kann, bückt sie sich zu mir herab und haucht mir einen sanften Kuss auf meine rechte Wange. *Das ist mein Dankeschön für das liebe Kompliment von vorhin, Sie stilles Wässerchen ...,* und schon wedelt sie wieder gekonnt mit ihrem Allerwertesten durch die sehr engen Stuhlreihen, zwischen den vielen Tischen hindurch, in Richtung Theke. Doch einmal, nein jetzt noch einmal ..., blickt sie über ihre Schulter zurück und ihr breites Strahlen zeigt mir ihre wunderschönen Zähne.

„Maria" ..., sie blickt mich nun völlig verstört an und zieht nun erschrocken ihre Hand zurück. Ganz verträumt und etwas verlegen schaut sie mich nun von der Seite an. *Marcus, lieber Marcus ..., bitte, bitte nicht böse sein. Verzeih, ich war mit meinen Gedanken ganz weit weg. Mir träumte ..., ja mir träumte ..., ach vergiss es! Das kann und darf ich Dir bestimmt nicht erzählen. Meine rege Fantasie und meine chaotisch irren Gedankenblitze, ja sie spielen mir immer wieder eine Fata Morgana vor.* Bei den letzten Worten verfärbt sich das schöne Gesicht von „Maria" tief rot und sie dreht jetzt ihren Kopf verlegen zur Seite. Vielleicht spürt sie meine Neugier, meinen fragenden Blick auf ihren nur teilweise gesprochenen Dialog.

Liebe „Maria" ..., Du weißt ja ..., Deine Gedanken, sie sind vogelfrei, wer kann sie schon erraten? Zwischen Deinen so innigen Wünschen und dem tatsächlichen Tun liegen vielleicht Welten. Aber Du kannst ..., ja Du hast ja alle Freiheiten ..., Du hast die Freiheit und kannst Dir ja Deine kühnsten, Deine schönsten Träume und Wünsche erträumen und vielleicht gehen diese sogar irgendwann in Erfüllung.

Was will ich mir nur mit diesem saudummen Geschwätz beweisen? Es wird Zeit, dass ich mich endlich um „Vanessa" kümmere. Jetzt schiebe ich mir den Ärmel meines Jacketts nach oben und schaue schon sehr auffällig auf meine Armbanduhr. Was bin ich nur für ein großer Trottel ..., es ist bereits 18.10 Uhr. „Maria", *was bin ich für ein großer Trottel. Nun darf ich mich aber ganz schön tummeln, denn es ist mittlerweile schon einiges nach 18.00 Uhr und dabei wollte ich eigentlich bis spätestens dreiviertel zurück sein. Könntest Du mir bitte meinen Cappuccino und auch mein Wasser mitbezahlen?* Hastig und sehr in Eile, trinke ich nun meinen Cappuccino aus und entnehme meinem Schächtelchen wieder zwei Pillen und schlucke diese noch schnell mit dem Rest meines stillen Wässerchens. Aus meiner Gesäßtasche angele ich mir die Geldbörse und aus dieser einen Zehneuroschein, den ich „Maria" nun in die rechte Hand drücken möchte.

Marcus, Marcus ..., mein lieber Marcus, habe ich Dich ein bisschen verwirrt, vielleicht auch ein wenig aus dem Gleichgewicht gebracht? Wenn Du wüsstest ..., ja wenn Du wüsstest was ich vorhin in meinem kurzen Träumereien mit Dir alles angestellt habe. Ja, ja ..., wenn da nicht schon Deine geliebte „Vanessa" wäre. Doch jetzt lauf schon! Das Bezahlen übernehme ich gerne für Dich. Du bist heute mein Gast, es freut mich, dass ich Dir etwas Gutes tun darf. Deinen Schein kannst Du wieder einstecken. Das ist Grund für ein Küsschen und ich beuge mich zu „Maria" und gebe ihr noch schnell einen flüchtigen Kuss auf die Wange, während ich ihr das Geld wieder in die Hand drücke. Vielen, vielen Dank. Hoffentlich komme ich noch rechtzeitig ..., wir sehen uns ja bald wieder. Das Geld kannst Du mir ja nachher geben. Tschüss, bis später. Und nun bin ich derjenige, der es plötzlich sehr eilig hat uns schon schlängele, kurve ich hastig, aber gekonnt durch die vielen Stühle, durch die vielen Menschen, bis hin zum Ausgang der Gaststätte.

Wie konnte ich mich so verspäten, wie konnte ich mich nur so verplaudern? Jetzt, da es so spät geworden ist, nun erst mache ich mir Vorwürfe und mich quälen Gewissensbisse. Hatte ich nicht „Vanessa" erst vor knapp einer Stunde etwas anderes versprochen? Gemeinsam wollten wir doch zum Arzt, zu diesem „Dr. Schreiber" gehen ..., und wollte ich sie nicht auch trösten? Tief, sehr tief Luft holend, ein wenig außer Puste vom schnellen Laufen, stehe ich nun vor dem besagten Zimmer 138. Hoffentlich ist sie mir jetzt nicht böse?

Vorsichtig, ganz vorsichtig und behutsam betätige ich nun den automatischen elektrischen Türöffner. Gott sei Dank, es ertönt der Summton und ich drücke mich schnell gegen die Türe. Sie öffnet sich und ..., ja, „Irene", sie thront noch hinter dem Tresen. Doch dieses Mal strahlt sie mich nicht wie gewohnt an ..., ja es folgt mit finsterer, ernster Miene die verdiente Schelte. *Marcus, Marcus ..., wo bleibst Du denn so lange, sag, wo hast Du Dich nun schon wieder herumgetrieben? Frau "Pantonella"..., ich meine natürlich Deine liebe „Vanessa", sie wollte unter keinen Umständen allein zum Arzt. Etwa zehn Minuten lang mussten wir, Dein Freund „Dr. Schreiber" und ich, auf sie einreden. Seit gut fünfzehn Minuten sitzt sie nun im Besprechungszimmer. Wenn Du noch willst, frage ich „Alfred" ..., ich meine, „Dr. Schreiber", denn ich glaube, es ist besser, wenn Du Deiner lieben „Vanessa" jetzt das Händchen hälst und ihr beistehst. Wenn Du informiert bist, weißt Du ja bestimmt wie es um Sie steht.*

„Irene", sie lässt mir keine Zeit zum Überlegen, zum Denken, denn schon öffnet sie die Türe. "Alfred" ..., Herr Beyer ..., ich meine Marcus ..., er ist vor wenigen Minuten, Du kennst ihn ja ..., wie immer verspätet bei uns eingetritschelt. Darf er bei der Besprechung mit dabei sein? Durch die jetzt ganz offene Türe kann ich beobachten, dass sich „Vanessa" und auch mein Freund „Alfred", fast gemeinsam aus den schwarzen Sesseln erheben, um mir entgegenzueilen. „Vanessa", sie läuft ..., nein sie fliegt mir regelrecht in meine ausgebreiteten Arme, umarmt mich mit ihren beiden Armen und drückt ihren heißen Körper ganz fest an mich. Jetzt gibt es auch noch einen innigen, einen inniglangen Kuss auf den Mund. Nun ..., ganz außer Atem ..., Marcus wir haben so lange auf Dich gewartet, wo warst Du denn? Ich machte mir schon Sorgen um Dich und um Deine Gesundheit. Und Dein Freund „Alfred", so darf ich ihn ..., so darf ich mittlerweile „Dr. Schreiber" wohl auch nennen, hat mir auf mein bestimmt nerviges, intensives Drängen hin, ein wenig über die Hintergründe, über das Ausmaß Deiner Krankheit erzählt. Schrecklich ..! Viel Zeit hatten wir ja nicht, denn Gott sei Dank, nun bist Du ja endlich da. Tief muss sie Luft holen, sehr unruhig ist ihr Atem. „Vanessa", ja sie hat sich wirklich Sorgen um mich gemacht.

Na, na ..., Frau „Pantonella", Sie sehen ja, auf Marcus ist immer Verlass. Jetzt haben Sie Ihren geliebten Schatz, Ihren Marcus wieder. „Alfred" ist links an „Vanessa" herangetreten und streichelt ihr ein wenig, sie beruhigend, durch die Haare. Dann wendet er sich an mich ..., habe ich es mir doch fast gedacht, dass Du dieser Übeltäter bist. Wir hatten doch erst heute, und das schon in aller Herrgottsfrühe, das Vergnügen. Aber wie ich sehen kann, hast Du Dich zwischenzeitlich mit Hilfe von „Vanessa" wieder einigermaßen gefangen und was sehr wichtig für mich ist ..., Du hast sie ..., ich meine Deine liebe „Vanessa" ..., Du hast endlich den Mut gehabt und Sie endlich angesprochen. Und ..., ihr habt Euch, wie ich sehr deutlich sehen kann, endlich auch gefunden. Seit ich „Vanessa" kenne, hat sie mir immer wieder von ihrer so unglücklichen Liebe erzählt und vorgeschwärmt. Da wusste ich ja noch nicht, dass Du hinter diesem Pseudonym stecken könntest. Warum, ja warum habt Ihr beide so viel von dieser schönen, so wunderschönen Zeit großzügig verschenkt, ja leichtfertig verschleudert? Aller Wahrscheinlichkeit werdet Ihr beide leider davon nicht mehr allzuviel verschenken können. Ich meine natürlich von Eurer Zeit ..., korrigiert er sich schnell und verlegen kratzt er sich mit seiner rechten Hand hinter dem rechten Ohr.

Es klingt hart ..., schon sehr hart ..., aber ich muss es Euch als Arzt und als guter Freund sagen. Es ist an der Zeit, dass Ihr Euch nun endlich ernsthafte Gedanken macht und kurzfristig überlegt, was Ihr mit den Euch noch verbleibenden Monaten, vielleicht auch nur noch Tagen ... - aber bitte, wenn irgendwie möglich, immer nur gemeinsam - anfangen wollt. Genehmigt Euch noch ein paar schöne Tage in den Bergen, fahrt in Urlaub. Natürlich erst nach Deinen noch unbedingt notwendigen Tests und der gründlichen Blutuntersuchung von „Vanessa". Zum mindesten vielleicht eine Woche, denn so lange wird die gesamte Auswertung allemal dauern.

Um eins möchte ich Euch dringend bitten: Hinterlasst mir bitte eine Telefon- oder Handy-Nummer oder eine Adresse unter der ich Euch, sagen wir, fast immer erreichen kann, falls ..., Ihr wisst schon. Mich persönlich, dürft Ihr immer, und das heißt wirklich immer ..., auch privat unter meiner Handy-Nummer anrufen. Marcus Du hast Dir bestimmt alle meine Rufnummern notiert, falls sich an Eurem gesundheitlichen Zustand und an Eurem Allgemeinbefinden, Gott behüte, zwischenzeitlich oder in Eurem Urlaub, etwas Gravierendes zum Nachteil verändern, verschlechtern sollte. So verschreibe ich Euch nun ..., ungefähr für diese Zeitspanne, also für, sagen wir, für mindestens vierzehn Tage, herzschonende, schmerzstillende Präparate und für die Nächte, leichte Schlaftabletten. Und ..., ja, noch einen ernstzunehmenden Wunsch hätte ich an Euch ..., ja an Euch beide. Übertreibt es nicht, überschätzt nicht Eure Reserven. Ihr wisst schon ..! Euer Allgemeinzustand erlaubt hier wirklich keine allzu großen Eskapaden. Ihr habt solange auf Euch warten müssen, jetzt nehmt Euch auch die Zeit ..., Ihr wisst schon ..! Geht sparsam mit Euren Kräften und mit Eurer Energie um.

Nun müssen wir alle drei lachen. „Vanessa" verfärbt sich zunehmend rot ..., purpurrot ..., dunkelrot. *Doch, doch, glaubt es mir. Diesen Vorschlag habe ich wirklich ernst gemeint. Ehrlich ..., ich vergönne es Euch von ganzem Herzen. Ja, ja ..., wirklich ich vergönne es Euch ...,* muss „Alfred" noch lauthals lachend, anfügen. *Jetzt hätte ich es bald vergessen. Wenn ich einmal nicht erreichbar sein sollte, könnt Ihr mir natürlich jederzeit in der Klinik oder auf meinem Anrufbeantworter eine Nachricht hinterlassen und ja doch ..., mein lieber Marcus Du hast doch bestimmt noch die Privatnummern ..., ich meine von Deiner „Irene".* „Alfred" ..., das „von Deiner Irene" musste das sein?

„Alfred", er nimmt sich jetzt eine Zigarette aus einer bereits offenen Schachtel Malboro, die er sich aus der linken Seitentasche seines hellbraunen Jacketts geholt hat. *Ihr erlaubt ...,* und schon zündet er sich diese mit einem goldenen Feuerzeug an, das ich ihm vor gut drei Jahren einmal zu Weihnachten geschenkt hatte. Nachdem er nun einige sehr tiefe Züge, zur Entspannung, wie er immer sagt, genossen hat, drückt er die kaum erglühte Zigarette im links vor ihm stehenden Aschenbecher schon wieder aus. Er wendet sich nun wieder lachend an uns. *Ich kann Euch und auch mich nicht noch restlos vergiften. Sehr gut, dass Ihr beide wenigstens dieses Laster nicht habt.*

Marcus, Deine nun schon lange, sehr lange Krankheitsgeschichte ..., „Alfred", er wendet sich nun an mich ..., *hat schon eine gewisse schicksalhafte Tragik. Aber Du musst auch mich verstehen. Habe ich doch Dir gegenüber stets ein schlechtes Gewissen. Aber ich hatte ..., ich möchte sagen ..., ja ich habe leider in diesem, nun schon so extrem weit, zu weit fortgeschrittenem Stadium, wirklich keine Chance, keine andere Möglichkeit. Ich muss Dich endlich als Arzt und auch als Freund, vor diese vollendete Tatsache stellen. Wir kennen uns nun schon seit vielen, vielen Jahren und ich schätze Dich als guten, als sehr guten Kameraden und Freund ..., als sehr tapferen Menschen. Du hast in dieser langen, sehr langen Zeit bestimmt schon so einiges an Problemen, an Schmerzen und an Leid durchstehen müssen. So kann ich bestimmt annehmen, dass Du*

Dich schon des Öfteren, also schon viele, viele Male vor unserem heutigen, morgendlichen Gespräch, mit diesem Deinen Leiden auseinandergesetzt hast. Also Du hast Dich bestimmt schon seit langem, mit dieser für Dich so schlimmen Tatsache, mit dieser so grausamen Realität vertraut gemacht ..., Dich also auch von der Psyche her, auf diese überaus schwierige Situation eingestellt.

Darum bin ich heilfroh, dass Ihr Euch, Du und Deine allerliebste „Vanessa" ..., nun dreht sich „Alfred" wieder zu „Vanessa" hin ..., *ich darf Sie doch so nennen? ..., dass Ihr beide Euch gegenseitig in dieser menschlich so schwierigen Phase helfen und beistehen könnt. Soweit es mir irgendwie möglich ist und sofern es in meiner Hand liegt, werde ich Euch mit allen mir zur Verfügung stehenden Mitteln voll unterstützen und helfen. Ihr könnt immer mit mir rechnen.* Nur selten habe ich „Alfred" menschlich so ergriffen, so sprechen gehört. Sehe ich da nicht auch ein paar Tränen in seinen dunkelbraunen, etwas tiefliegenden Augen, die sich ganz leicht in seiner goldfarben gefassten Brille, in seinen Brillengläsern spiegeln?

Marcus, Dich kenne ich nun schon sehr lange. Es sind mittlerweile schon über fünfzehn Jahre ..., also seit den frühen Neunziger Jahren. Ich kenne Dich nicht nur als sehr qualifizierten Fachmann, als zuverlässigen Lieferanten, sondern seit auch schon wieder fünf Jahren, als meinen so tapferen Patienten und guten Freund. „Alfred", er hat sich nun ein glattes, superweißes, sicher frischgebügeltes Taschentuch aus der rechten Hosentasche gezogen und putzt sich nun sehr intensiv seine feucht gewordene Brille. *Doch warum stehen wir eigentlich ..., nehmt doch bitte wieder auf Euren Stühlen Platz. Es lässt sich so viel besser plaudern und wir stehen uns nicht unnütz unsere Beine in den Bauch.*

Fast gemeinsam gehen wir nun zum Schreibtisch von „Alfred" zurück. Nur „Irene", die das gesamte Gespräch sehr interessiert mitverfolgt hat, verlässt nun wieder den Raum und schließt die Türe ganz leise, sehr behutsam hinter sich. „Vanessa" schiebt vorher noch schnell ihren Sessel unmittelbar neben den meinen und umschließt, nachdem sie sich rechts neben mich auf ihren schwarzen Sessel gesetzt hat, meine rechte Hand mit der ihrigen. Sie drückt diese fest, ganz fest und streichelt ..., streichelt diese jetzt gleichmäßig, sehr zärtlich und beruhigend.

„Alfred", Herr „Dr. Schreiber", er sagte zu mir einmal, dass er sich immer als junger Fünfziger fühle. In den nun schon vielen Jahren unserer Bekanntschaft, lernte ich ihn als einen zuverlässigen, ausgeglichenen Menschen kennen, der durch sein sehr gepflegtes Äußeres und sein sicheres Auftreten bei Frauen aller Altersklassen, meist der Hahn im Korbe ist und auch sein möchte. „Alfred" misst gute 180 cm und ist ein schlanker, athletischer, ein dunkler Typ mit dunkelbraunen Haaren und Augen, einem schlanken hageren Gesicht und seit etwa fünf Jahren Brillenträger. Früher, in den Neunziger Jahren, in der Zeit meiner Selbständigkeit, spielten wir so manches Tennismatch, damals noch am Georg-Brauchle-Ring, gleich bei der Olympia-Halle in München. Erst vor wenigen Wochen erzählte er mir so beiläufig, dass er sich neuerdings, wenn es seine sehr knappe Freizeit erlaube, mit Kollegen und mit so manchen Münchner Promis zum Golfspielen in Unterföhring, in Grünwald, in Oberstdorf, aber auch in Bad Wörishofen trifft und schon so manches Turnier mitgespielt hat. Mir gegenüber machte er niemals eine Andeutung, dass er verheiratet sei oder gar Kinder habe. Aber bei den mittlerweile schon vielen gemeinsamen Essen und Cappuccinos, hatte er stets eine andere, aber immer sehr attraktive, meist viel jüngere Frau an seiner Seite. Momentan, und dies ist unschwer zu erkennen, ist, die auch mir bestens bekannte „Irene", seine Arzthelferin, erste Wahl.

Und ..., mit seiner zweiten lieben Mitarbeiterin, mit „Hiltrud", gab es vor einigen Jahren, eine allerdings nur sehr, sehr kurze Liebelei. Frau „Hiltrud" ist mittlerweile, soviel ich weiß, mit einem schon etwas älteren Stationsarzt aus dem hiesigen Krankenhaus, bestens verheiratet. Kinder hat sie meines Wissens keine.

Marcus ..., „Alfred", er zeigt sich heute von seiner besseren, von seiner lachenden Seite ..., *mein lieber Freund Marcus ..., ja, jetzt bist Du einmal nicht die Hauptperson, nicht der Hahn im Korbe ...*, muss er schnell noch anfügen. *Jetzt geht es nur um Deine große Liebe. Ja, mit*

„Vanessa" möchte ich gerne das weitere Vorgehen in ihrer Krankengeschichte festlegen und aus dem vorangegangen Gespräch, kann ich entnehmen, dass sie Dich bei dieser Besprechung verständlicherweise unbedingt dabei haben möchte.

Da ist es vorrangig notwendig, dass Du ein wenig über ihr Krankheitsbild erfährst und auch darüber, welche Möglichkeiten uns überhaupt noch bleiben, um ihre Schmerzen wenigstens einigermaßen zu lindern, sie erträglicher zu machen. Von der Möglichkeit einer Heilung zu sprechen, ist wie auch in Deinem Fall, nur Wunschdenken. Ich will und muss hier ganz ehrlich zu Euch beiden sein, denn wirklich nur ein großes, wirklich sehr großes medizinisches Wunder, ein Wunder Gottes kann hier überhaupt noch helfen.

Bei diesen, seinen letzten Andeutungen, kann ich bei „Alfred" bemerken, dass er tief ..., sehr tief Luft holen muss, bevor er mit seinen weiteren Ausführungen fortfährt. Doch seien wir ehrlich, wann geschieht schon ein solches. Wieder dieses tiefe Luftholen ..., die erst vor ca. vierzehn Tagen bei uns in der Station durchgeführten, sehr gründlich durchgeführten Blutuntersuchungen ..., ja, ja. Diese erbrachten leider auch nur negative, sehr, sehr schlechte Werte, so dass von einer bereits von mir fest eingeplanten Rückenmarkstransplantation, zum jetzigen Zeitpunkt dringend abzuraten ist. Und das, obwohl wir den passenden Rückenmarksspender bereits gefunden haben. Wenn man weiß, wie lange wir nach einem solchen gesucht haben, dann muss man sich eine solche Entscheidung schon gut überlegen.

Doch möchte ich, denn die Zeit wird knapp, sie drängt ..., mir noch völlige Klarheit schaffen. Darum möchte ich „Vanessa" bitten, dass sie sich schon morgen mittags, also am Donnerstag, dem neunten September, für voraussichtlich vier Tage bei mir in der Klinik zu einer noch gründlicheren Untersuchung einfindet. Dies alles habe ich bereits vor Deinem Eintreffen, kurz mit ihr abgesprochen. Verständlich, dass sie nur sehr widerwillig und unter heftigem Protest, diesem morgigen Termin zugestimmt hat. Du weißt schon warum ..., aber leider, leider ..., mir tut es für Euch beide wirklich leid, wir haben nicht mehr die Zeit. Das heißt im Klartext ..., wir müssen schnell, sehr schnell handeln. Nur so haben wir vielleicht eine noch sehr winzige, ein reelle sehr kleine Chance. *Besuchen kannst Du Deine so innig geliebte „Vanessa" allerdings erst am Samstag, ansonsten störst Du nur die ganzen Prozeduren. Ja wirklich ..., Du störst dann nur diese ärztlichen Tests, diese verschiedenen Untersuchungsabläufe. Also, ich bitte Dich, berücksichtige ..., hier geht es um das Weiterleben ..., denke daran.*

Die Ausführungen von „Alfred", sie beschäftigen mich, meine Gedanken, sie laufen in meinem Kopf Amok. Wie soll dies nur weitergehen? Ist dies wirklich noch realistisch oder träume ich dies alles nur? Ganz verwirrt habe ich jetzt das zaghafte Anklopfen und das leise Eintreten von „Irene" gänzlich überhört. Doch als sie „Alfred" frägt ..., *„Alfred" es ist schon spät. Ich werde jetzt gehen. Wir treffen uns ja dann später zum Abendessen. Hast Du einen bestimmten Wunsch ..., soll ich Dir was Feines kochen?* schrecke ich hoch und schaue sie wie entgeistert an.

Ich brauche Dich hier nicht mehr. Das ist lieb von Dir, dass Du für mich kochen willst. Aber ich weiß nicht, bis wann ich hier fertig werde. Ich kann uns ja etwas beim „Italiener" mitnehmen. Ich freue mich schon auf Dich und auf den Abend. Mache es Dir daheim bis dahin gemütlich ..., Bussi, Bussi, bis später!

„Irene", sie tritt nun an „Vanessa" heran, beugt sich zu ihr und gibt ihr einen Kuss auf die Wange. *Passt gut auf Euch auf, Ihr habt Euch verdient. Genießt und nützt Eure Zeit – Ihr wisst schon wie ...,* jetzt lacht sie lauthals, ein wenig zu schrill und blinzelt mir mit dem linken Auge spitzbübisch zu. Dann schwänzelt sie um die beiden Sessel herum, beugt sich auch zu mir herunter, nimmt meinen Kopf in beide Hände und ..., ich verspüre, ja ich spüre ihre so weichen, ach so feuchtwarmen ..., auf meinen Lippen. Ihre so aktive ..., unsere Zungen, sie treffen sich. Sie hat mich voll überrascht ..., perplex bin ich. Doch jetzt ..., was ist mit mir ..., jetzt halte auch ich ihren glühend heißen Kopf mit meinen Händen fest. „Irene", ja sie hat schon ein Temperament, fast wie in unseren so glücklichen Jahren, schießt es mir ganz heiß durch meinen jetzt extrem brummenden Kopf. Erinnerungen an früher! *Na, na ..., und ich,* ertönt nun Widerspruch von „Alfred" und auch „Vanessa, sie staunt große, sehr gewaltige Bauklötze. Doch „Alfred", er versucht sie zu beruhigen ..., „Vanessa" ..., aber hallo „Vanessa" ..., keine Angst, nicht böse sein. Das ist alte, schon uralte Freundschaft. Schon hart ..., mit dieser Tatsache muss auch ich immer wieder klarkommen.

Leider entlässt mich „Irene" jetzt aus ihrer, aus dieser so angenehmen Umklammerung. Nun tief durchatmend sagt sie noch ..., das wollte ich schon lange wieder einmal mit Dir auskosten und ausprobieren. Gott weiß warum es damals bei uns nicht mehr klappte. Was hatten wir doch so viele Schmetterlinge im Bauch. War das nicht eine glückliche, eine wunderschöne Zeit? Wenn ich ganz ehrlich sein soll ..., ich finde es eigentlich schade ..., sehr, sehr schade. Seid mir bitte deswegen nicht böse. Aber immer diese alten Erinnerungen, so ganz habe ich mich davon noch nicht freischwimmen können. Du brauchst keine Angst um Deinen Marcus zu haben. Glaubt mir ..., ich leide mit Euch und außerdem, ich habe Euch beide lieb und wünsche Euch noch einen angenehmen wunderschönen Abend. Und ..., denkt daran ..! Nun wieder lauthals, schon sehr schrill lachend ..., heute möchte ich liebend gern ein kleines Mäuschen bei Euch sein ..., und mit einem etwas zu lauten tschau ..., wir sehen uns ja hoffentlich bald wieder ..., verlässt sie uns nun, gut gelaunt und leise vor sich hin trällernd.

Kopfschüttelnd sucht „Alfred" nun nach dem sogenannten roten Faden ..., ja, ja ..., so ist sie, unsere so geliebte „Irene". An diese sogenannten alten Erinnerungen kann ich mich, glaube ich, leider nie so richtig gewöhnen. Warum und weshalb habt ihr Euch damals, jetzt auch schon vor drei Jahren, eigentlich getrennt? Ach ja ..., ich weiß schon, eine blöde Geschichte ..., diese Eifersucht, ihre Eifersucht. So einige, heftige theaterreife Szenen, habe ich mit ihr auch schon des öfteren miterleben, durchleben dürfen. Da ging es ..., ja, ja ..., da ging es so richtig zur Sache. Nur, unsere Liebe ist noch jung, zu frisch. Seien wir ehrlich ..., „Irene", ja sie ist ein wirklich herzensguter und liebenswerter Mensch. So kann sie wie ein Engel sein, aber auch ein ..., doch lassen wir diese Geschichten, ich glaube, sie ändert sich sowieso nie. Nur, wie lange komme ich noch mit ihren Eigenheiten klar? Und wie lange habe ich noch die Nerven dafür?

„Alfred", er kratzt sich nun mehrere Male sehr intensiv am Hinterkopf. Etwas verlegen und nachdenklich blättert er nun die Stirn runzelnd in „Vanessas" langer, scheinbar umfangreicher Krankengeschichte. Diese dunkelbraune Mappe vor „Alfred" ...,, ja sie hat gut sichtbar, schon sehr bauchige Ausmaße und macht mich neugierig. *Ja, ja ..., Marcus um das Thema von vorhin wieder aufzugreifen, möchte ich Dir jetzt ein wenig ..., natürlich nur wenn „Vanessa" damit einverstanden ist ..., ein wenig von ihrem großen Pech, von ihrem gesundheitlichem Schicksal erzählen. Auch Ärzte und die Medizin können sich irren.*

Jetzt blickt „Alfred" ..., Gott sei Dank wieder lachend, voll in „Vanessas" Gesicht und als diese zwar stirnrunzelnd, mit dem Kopf nickt, erklärt er weiter ..., *„Vanessa" ist laut der mir hier vorliegenden ärztlichen Unterlagen, vor nun schon über zehn Jahren an einer Art chronischer lymphatischer Leukämie erkrankt. In der Regel kein zu großes Problem für uns Ärzte, für die heutige Medizin. Doch leider häuften sich hier vielerlei unglückliche Zufälle. Doch das Allerschlimmste an dieser Geschichte ist, dass diese heimtückische Krankheit erst in einem schon sehr weit fortgeschrittenen, in einem sehr späten Stadium richtig erkannt und analysiert wurde. Erst als es schon zu spät ..., wie es momentan aussieht, wirklich viel zu spät war. Die darum unbedingt notwendig gewordenen weiteren Behandlungen mit Nebennierenrindenhormonen und mit Zytostatika (Zellwachstum hemmende Substanz), dann mit Antimetaboliten, die die Vermehrung der weißen Blutkörperchen eigentlich eindämmen und hemmen sollten, wurden viel ..., ja viel zu spät eingeleitet. Die dann anschließend durchgeführten Bluttransfusionen, mehrere Bestrahlungen und auch eine extraportale Bestrahlung des Blutes, sowie die Einspritzung von Radionukliden in die Blutbahn, brachten nicht den erhofften, nicht den so gewünschten Erfolg. Vielmehr das Gegenteil trat ein. Ihr gesundheitlicher Zustand verschlechterte sich zusehends und ist momentan sehr ..., ehrlich ..., sehr kritisch. Jetzt bleibt uns nur noch ein allerletzter Hoffnungsschimmer, und bei allem Gottvertauen, der ist sehr minimal ..., wie vorhin schon angedeutet ..., eine Knochenmarktransplantation.*

Doch wie schon eingangs erwähnt, muss diese gerade jetzt, nachdem wir nach langem ..., sehr langem Suchen endlich einen geeigneten Spender gefunden hatten, erneut und dies nun schon zum dritten Male, verschoben werden. Zum jetzigen so kritischen Zeitpunkt, keine gerade günstige Ausgangsbasis. Doch fürs erste, müssen wir nun erst einmal die Ergebnisse dieser schon am Freitag, also übermorgen beginnenden neuerlichen Untersuchungen abwarten. Deswegen möchte, ja muss ich auch darauf drängen, dass „Vanessa" schon morgen, also am Donnerstag, bei uns auf der Matte steht. Wir müssen sie und ihren schon so stark geschwächten Körper, auf diese nicht immer angenehmen Untersuchungen und Tests, auch von der Psyche her, einstellen.

„Alfred", er schiebt nun seinen mächtigen, den schwarzen, bequemen Drehstuhl ein wenig rückwärts und öffnet seine Schreibtischschublade. Dort entnimmt er jetzt ein weißes Papiertaschentuch und nimmt sich seine schon stark verschmierte Brille zum Reinigen von der leicht geröteten Nase. „Vanessa", die noch immer meine Hand fest umschlossen hält, drückt diese nun ein, zwei Mal ..., mehrmals fest, so als wolle sie mir etwas Bestimmtes sagen. Neugierig geworden, blicke ich zu ihr und schaue jetzt in zwei sehr traurigfeuchte Augen. Sie dreht nun ihren Kopf und nickt nach unten ..., zu ihren kleinen Füßen. Ich folge ihrem Blick und kann beobachten, wie sie ihre linke Fußspitze in Richtung meines rechten Fußes bewegt. Nachdem sie jetzt ihren Schuh abgestreift hat, fährt sie mir mit ihren kleinen Zehen unter das Hosenbein und streichelt mir mehrmals ganz behutsam, ganz zart über mein Schienbein. Ehrlich ..., das geht mir durch und durch und ich blicke ihr jetzt wieder ins Gesicht, das sie mir wieder zuwendet. Hierbei bemerke ich dicke Tränen, die ihr über die Wangen kullern, um dort dicke schwarze Spuren zu hinterlassen. Nun rücke ich mit meinem Stuhl noch näher ..., viel näher ..., so richtig auf Tuchfühlung und wische ihr mit einem glatten, hellblauen sauberen Taschentuch, das ich mir mit zittrigen Fingern meiner rechten Hand aus meiner rechten Hosentasche geangelt habe, die Tränen ..., diese schwarzen Spuren aus ihrem schönen Gesicht.

Nun ..., was tut sie jetzt ..., sie nimmt meine Hand, die sie jetzt noch fester umschließt und legt sich diese nun auf ihren Oberschenkel, so als wolle sie mir damit sagen ..., *bitte, bitte streichele mich.* Und siehe ..., ich lasse mir dies nicht zwei Mal deuten und streichele ihr mit zittrigen Fingern leicht und sehr zärtlich über ihren Schenkel, über ihre Seidenstrümpfe. Taste mich ganz langsam und sehr vorsichtig unter ihrem Minirock weit nach oben ..., zu weit nach oben ..., bis ich ihre so weiche, feuchtheiße Haut fühlen kann. Bis mir fast mein Herz zerspringt und mir bis zum Halse schlägt ..., mir siedend heiß wird hinter den Ohren ..., am ganzen Körper.

Aus meinen Augenwinkeln kann ich beobachten, dass „Alfred" seine Putzstunde beendet hat und die vor sich liegende Akte, die Akte von „Vanessa", nun zusammenklappt. Doch ..., ja ein wenig schrecke ich nun doch hoch, als er nun wie abschließend zu mir sagt ..., *Marcus, vergiss bitte nicht, was ich Dir heute vormittags sagte. Gebe mir bitte Bescheid, was Du auch immer für eine Entscheidung treffen wirst, und ..., ja und denke immer daran ..., es gibt immer wieder große Wunder ..., sehr große Wunder. Also, warum nicht auch in Deiner Krankengeschichte, warum nicht auch in der Medizin. Du musst immer fest an eine ..., Du musst intensiv an Deine Chance glauben, auch wenn sie Dir gerade jetzt noch so unwahrscheinlich ..., jetzt noch so winzig klein erscheinen möge.*

Sich dehnend, wuchtet sich „Alfred", seine Arme und Beine mehrmals streckend, aus seinem überbreiten, bequemen schwarzen Ledersessel. Und ..., ja und ..., wir „Vanessa" und ich, wir haben zu tun. Sie sucht nach ihrem Schuh und ich ..., ja ich ..., ich ziehe verschreckt, verstohlen meine rechte Hand aus ihrem so angenehmen Versteck, ich suche meine Fassung. *Marcus, immer wenn's am Schönsten wird, immer dann ...,* flüstert mir „Vanessa" noch ganz leise ins Ohr, während sie sich jetzt sehr eng an mich schmiegt, an mich drückt. Ich bücke mich und schiebe ihr ihren Schuh ganz zärtlich über den kleinen Fuß, um dann noch ein paar Mal ganz zärtlich über ihre Fußfesseln zu streicheln.

„Alfred" dehnt sich noch einmal und streckt sich zu voller Größe ..., *für heute habe ich genug. Jetzt freue ich mich auf den wohlverdienten Feierabend, auf das Zuhause bei „Irene". Ich nehme doch an, dass Ihr es jetzt auch eilig haben werdet. Eure heimlichen körperlichen Kontakte zeigen mir dies sehr deutlich. Ich freue mich mit Euch auf Euer Glück. Mein lieber Marcus, Du musst sie festhalten, Deine „Vanessa" ..., Deine so liebe, so schöne Frau. Ja, wenn Du nicht mein Freund wärst, ja dann ..., dann müsstest Du mit mir rechnen.* Bei seinen letzten Worten muss „Alfred" lauthals lachen und auch uns, „Vanessa" und mich steckt diese natürliche Fröhlichkeit, diese lockere Lache an und wir haben es nun, verständlicherweise, sehr, sehr eilig und ganz flott und sportlich, übermütig und voller Erwartung ..., schon stehen wir auf der Straße.

Und was nun ...? kommt als erster „Alfred" wieder zu Luft. *Ich hole mir noch schnell was beim „Italiener", zum Ausgehen habe ich heute keine Lust mehr und hoffe, dass auch „Irene" meine Meinung teilt.* Dabei blickt uns „Alfred" ein wenig entgeistert an, als wir uns auch in seine Richtung bewegen. *Hallo, hallo ..., mich laust der Affe ..., dies ist doch meines Wissens nicht Eure Richtung. „Vanessa" Du wohnst doch ..., oder täusche ich mich? Du wohnst doch im schönen Bogenhausen und der Taxistand ist in der anderen Richtung ..., gleich da vorne.* „Alfred", er deutet mit seinem Daumen über seine Schulter. *Ja, ja ..., „Alfred", ja ein bisschen hängen wir schon noch an Deinen Hufen. Wir müssen auch noch zum „Italiener", denn dort erwartet uns unsere liebe "Maria", unsere Chauffeuse, unser lieber Schutzengel und außerdem möchten wir noch eine Kleinigkeit essen.*

Ihr macht mich neugierig, ist sie jung, wie schaut sie aus? Typisch ..., echt „Alfred" denke ich mir und *... na ..., wie alt wird sie sein? Wenn ich es mir recht überlege, ich denke so gute fünfzig dürfte sie schon auf ihrem krummen Buckel haben und außerdem hinkt sie mit dem linken Fuß. Ja, sie zieht ihren linken Fuß ein wenig nach. Und schön ..., na, na ..., doch wie sagt man so treffend: In der Nacht sind alle Kühe schwarz, sehen alle gleich aus. Lass Dich überraschen. Aber was ist mit Dir ..., täusche ich mich. Sagtest Du nicht vorhin, Du möchtest nach*

Hause zu Deiner „Irene"? Du bist doch garantiert auch froh, nach einem so arbeitsreichen Tag.

Jetzt zwickt mich „Vanessa", die rechterhand eingehakt, eng an mich gedrückt, geht, mit ihrer Hand in meinen Arm und lacht leise. Und jetzt ..., Herr „Dr. Schreiber" oder darf ich Sie auch „Alfred" nennen? *Am Besten Sie schauen sich dieses Märchenwesen in Natura selber an und setzen sich vielleicht noch zu einem kleinen Bierchen oder einem Glas guten Weins, kurz zu uns an den Tisch.* War dies eine Einladung? *Typisch ..., Ihr wollt mich wohl auf den Arm nehmen. Aber jetzt habt Ihr mich wirklich neugierig gemacht und für ein Viertelstündchen wird es schon noch reichen. Mal sehen ..!* Wir können nun kaum noch Schritt halten, denn deutlich werden nun die Schritte von „Alfred" länger und länger und das schelmische Schmunzeln in seinen Mundwinkeln ist kaum noch zu übersehen. Mich hätte es auch wirklich gewundert, wenn er jetzt kurzerhand heimgefahren wäre.

Und ..., schon steigen wir die wenigen Treppen zum „Italiener" hoch und „Alfred" hält uns wie ein Portier die Türe auf und verneigt sich mit der Bitte zum Eintreten. Sehr dichter Zigarettenqualm nimmt uns momentan die Sicht, den Atem und zwingt uns zu einem ..., *pfui ..., grausam, hier bekommt man ja keine Luft.* Doch schnell haben auch wir uns an diesen dichten Smog, an diesen Gestank gewöhnt und siehe da ..., wer kommt uns denn da, vor Freude strahlend, mit weit geöffneten Armen entgegen geflogen?

Habt Ihr noch alle? Ich glaubte schon nicht mehr an Eure Niederkunft. So viele attraktive Kavaliere, die sich um einen Platz an meiner Seite buhlten, habe ich zurückweisen müssen. Eigentlich schade ..., ich habe regelrecht, und das nur mit der tatkräftigen Mithilfe von „Giovanni", dem Wirt, den Tisch für Euch freihalten können. Doch schau, schau ..., was für einen wunderschönen und ich nehme an, lieben Mann, habt Ihr mir da mitgebracht? Es hat sich allem Anschein nach doch gelohnt, mein so langes Warten auf Euch! Das ist typisch „Maria", denke ich mir im Stillen und sage zu ihr ..., „Maria", dieser so wunderschöne, liebe Mann ..., ja, ja das ist unser lieber Herr Doktor Eisenbart. Das ist unser guter Freund „Dr. Schreiber". Bestimmt wird er sich Dir gleich als „Alfred" vorstellen.

Aber deswegen brauchst Du ihn doch nicht gleich mit Haut und Haaren, mit Deinen Augen, wie eine Schlange ihr Opfer verschlingen! „Maria", „Maria" ..., *Du bist mir vielleicht eine Untreue* ..., mein ganz wirrer, blöder Kopf ..., meine so rege Fantasie. So hin und wieder frage ich mich, ob mein Hirn noch richtig tickt.

Und wirklich schon höre ich meinen Freund, unseren Casanova „Alfred", gekonnt und sehr einschmeichelnd säuseln ..., „Maria", *ich darf Sie ..., nein ich muss Dich doch auch so nennen! Marcus hat mich ja schon charmant wie immer, sehr lieb, bei Dir als* „Alfred" *vorgestellt. Mit so viel Schönheit habe ich hier und zu so später Stunde, heute Abend wirklich nicht mehr gerechnet. Noch dazu mich meine so lieben Freunde, recht hinterhältig vorab schon auf eine alte, auf einem Bein hinkende alte Hexe, so um die Fünfzig, eingestellt haben.*

„Alfred" ..., ganz der Alte, der mir so gut bekannte Kavalier der alten Schule, küsst nun gekonnt den ihm von „Maria" elegant dargebotenen Handrücken, während er brav und elegant seinen langen Rücken vor ihr beugt und krumm macht. „Maria" nimmt ihn nun wie einen alten Bekannten bei der Hand und führt ihn zu ihrem, für uns so tapfer verteidigten runden Kaffeehaustisch, um den sich, wie von uns erhofft, vier moderne elegante Holzstühle gruppieren. Wir, „Vanessa" und ich, wir sind jetzt nicht mehr die Hauptpersonen. Denn siehe da, schon setzt sich „Maria", fast auf Tuchfühlung neben „Alfred", der schon Platz genommen hat.

„Vanessa" und ich, wir sind noch halb im Stehen, als sich „Giovanni" der Wirt, der eben noch den Nebentisch abkassiert hat, zu uns gesellt und zu Wort meldet. *Ihr habt ja eine tapfere Kämpferin an Eurem Tisch. Ihr hättet sie sehen müssen, mit wie viel Energie sie Eure Plätze mit Händen und Füßen, wie eine Löwin ihr Junges, aber vor allen Dingen mit ihrem doch so schönen, aber sehr flotten Mundwerk verteidigt hat. Ihr habt Euch viel Zeit gelassen. Sie tat mir leid und so habe ich mich zwischenzeitlich einige Momente zu ihr gesetzt und sie hat mir ein wenig über Euch ..., verzeiht ..., auch von Eurem Schicksal erzählt. Da musste ich Ihr wie selbstverständlich helfen. Um diese Zeit ist hier immer Gott sei Dank die Hölle los. Was kann ich jetzt für Euch tun? Ihr habt doch bestimmt zu dieser so späten Stunde einen riesigen, einen mächtigen Hunger ..., vom großen Durst ganz zu schweigen.*

Das geht uns allen wahrscheinlich nun doch ein wenig zu schnell, denn wir blicken uns alle noch etwas unschlüssig an. Doch warum müssen wir nun gemeinsam lachen? „Giovanni", er versteht unser kleines Problem und kontert sofort geistesgegenwärtig. *Vielleicht kann ich Euch aus dieser Verlegenheit helfen? Vielleicht kann ich Euch heute, wenn Ihr es eilig habt und etwas zum Essen und Trinken wünscht, eine Spezialität des Hauses, eine sehr delikate Lasagne und dazu einen köstlichen halbtrockenen Rotwein aus meiner Heimat, aus Scanno, einem kleinen Bergdorf in den Abruzzen in Italien, anbieten. Aber dieses Kaff, diesen winzigen, unscheinbaren Punkt auf der Landkarte, werdet Ihr wohl kaum kennen. Wenn ich später noch ein bisschen mehr Zeit habe, werde ich Euch vielleicht so einiges über meine so schöne Heimat, über mein zuhause vorschwärmen können.*

„Vanessa", sie nickt zustimmend mit dem Kopf und auch ich bin natürlich von dieser schnellen Lösung, wie „Giovanni" sagt, hellauf begeistert. Nur „Alfred" überlegt, ich weiß auch warum und erwartungsgemäß antwortet er nun ..., *ich wollte eigentlich zuhause, bei mir daheim, bei „Irene" essen. Ihr beide wisst schon warum. Nun ..., ich könnte sie doch auch anrufen, vielleicht hat sie doch Lust und schenkt uns Ihre Gesellschaft, ein wenig von Ihrer Zeit.*

Herr „Dr. Schreiber" ..., bitte benützen Sie doch meinen Apparat. Sie kennen sich hier ja schon bestens aus und sagen Sie Ihrer lieben „Irene" bitte, es würde mich wirklich freuen, wenn Sie mir wieder einmal die Ehre erweisen würde. Sagen Sie Ihr einen herzlichen, einen sehr lieben Gruß von „Giovanni". Nun, und „Alfred" ..., er kratzt sich nun mehrere Male verlegen an seinem Hinterkopf und blickt dabei „Maria", schon ein bisschen lang, ein wenig zu tief in ihre Augen. Doch auch „Maria", ja sie unterstützt den Vorschlag von „Giovanni" und meint ..., ja . . , *ja doch, rufe sie an, Deine „Irene"! Bestimmt wartet sie schon sehnlichst auf Dich und macht sich nur unnötige Sorgen um Dich. Du ..., ja Du ..., Du könntest uns noch ein wenig Gesellschaft leisten, ein bisschen an meiner Seite bleiben und mir ein wenig tiefer, vielleicht noch tiefer ..., aber bitte nicht zu tief ..., in meine Augen schauen.*

Schau, schau ..., schießt es mir durch den Kopf, so schnell springt sie von einem zum anderen. Wenn sie sich nur bei „Irene" nicht die Finger verbrennt, ich könnte ihr hier einiges erzählen. Nun, dies soll nicht mein Problem oder meine Sorge sein und „Alfred", er kennt sie ja ..., seine „Irene" und ihre Eifersucht. Aber schau, schau ..., es sieht so aus ..., ja er riskiert es ..., denn schon sagt er lachend ..., *sie wird mir nicht gleich einen Korb geben, ich versuche es!* Und schon springt er hurtig und fest entschlossen von seinem Stuhl hoch. Er schlängelt sich sportlich elegant, in den Hüften beweglich, zur rückwärtigen Seite des Lokals. Dort öffnet sich ein kleiner, schmaler Gang zu den Toiletten, zu den Wasch- und Vorratsräumen, zum Keller. Gleich zu Anfang hängt linkerhand ein schon vorsindflutig anmutendes Gerät an der gelbweißgetünchten, extrem verschmiert schmutzigen Wand, das kaum den Namen Telefon verdient.

Armer „Giovanni", er steht immer noch wartend vor unserem Tisch und ..., bestimmt hat er seine Probleme mit unserer Unschlüssigkeit. Bei mir fällt er schneller, der bekannte Groschen ..., *mit dem Essen können wir ja noch solange warten, bis „Alfred" unser lieber Herr Doktor, vom telefonieren zurück kommt. Ansonsten liegen wir glaube ich richtig, wenn Sie uns schon vorab eine große Karaffe von Ihrem so gelobten Wein aus ..., wie sagten sie vorhin doch gleich ..?* höre ich mich jetzt sprechen und schaue „Giovanni" nun fragend, erwartungsvoll an.

Verzeiht ..., habe ich mich wieder einmal nicht klar verständlich formuliert? Ich meinte vorhin einen wirklich sehr guten Tropfen, einen halbtrockenen Bauernwein aus dem kleinen Bergdorf Scanno, aus meinem Heimatdorf in den Abruzzen. Diesen so edlen Tropfen, ich trinke ihn fast täglich, kann ich Euch wirklich wärmstens empfehlen. Das kleine Dorf Scanno, mein schöner Geburtsort, hoch über der so romantischen Schlucht des Sagittari; es liegt fernab vom Weltgeschehen in den Abruzzen, einem Gebirge in der Mitte ..., ja es liegt im Herzen Italiens.

Urplötzlich ..., ja nach den erklärenden Worten von „Giovanni", ist auch „Vanessa" hellwach, wieder lebendig. Dabei glaubte ich schon, sie sei nun völlig eingeschlafen. Hielt sie doch, nachdem sie wie gewohnt ganz auf Tuchfühlung, links neben mir Platz genommen hat, wie im Tiefschlaf ihre schönen Augen fest verschlossen. Vermutlich ein Zeichen ihrer gesundheitsbedingten körperlichen Schwäche. Ganz plötzlich hebt sie ihre Arme ganz nach oben, dehnt und streckt sich, reibt sich nun wie verschlafen, ihre wunderschönen dunkelbraunen Mandelaugen. Wie ..., was ..., wo kommt dieser halbtrockene Bauernwein her? Nein, nein ..., ich möchte natürlich fragen ..., „Giovanni" wo sind Sie zuhause ..., wo ist Ihre Heimat?

„Vanessa" ..., meine liebe „Vanessa", was ist mit Dir? Ich glaubte schon, Du schwebst wieder einmal in den schönsten Träumen. „Giovanni" erzählte gerade ..., jetzt muss ich mich auch am Hinterkopf kratzen und wende mich wieder „Giovanni" zu ..., natürlich ..., ja, jetzt verstehe ich die Frage von „Vanessa". Ja, ja ..., Alzheimer lässt vielmals grüßen. „Giovanni", Du und unsere so liebe „Vanessa", ja, Ihr beide ..., Ihr beide seid fast Nachbarn, denn auch „Vanessa", sie kommt aus dieser wunderschönen Gegend in den Abruzzen. Allerdings dürfte dies ein Nachbarort oder gleich in der Nähe sein. Sie ist in Anversa d`Abruzzi geboren und heißt mit dem bürgerlichen Namen „Pantonella".

Was ..., „Pantonella"? Dann waren ..., ja wir sind zwar keine unmittelbaren Nachbarn, aber ich kenne diese Familien. Deine Großeltern, zwei herzensgute, liebe Menschen, sie leben ja beide noch. Doch sehr tragisch, die Geschichte mit Deinen Eltern. Kürzlich besuchte ich meine Tante, sie wohnt schon seit ihrer Geburt in Anversa d`Abruzzi, diesem malerischen Bergdorf, das sich so verträumt an einen Felsen schmiegt. Da gehe ich dann auch in eine von den Kirchen. Doch am meisten bewundere ich die Chiesa San Morello, mit ihrem spätgotischen Portal. Du musst mir mehr von Dir und daheim erzählen. Doch jetzt bringe ich Euch erst einmal diesen von mir so gelobten Tropfen ..., natürlich geht heute alles auf Kosten des Hauses. Das wäre ja noch schöner ..., eine so wunderschöne Frau ..., eine Bekannte von daheim, das muss gefeiert werden. Wie kann ich nur so blind sein und das bei dieser Ähnlichkeit. Endlich habe ich jemanden gefunden, mit dem ich über daheim, über mein so geliebtes Heimatland Italien reden kann.

„Giovanni, Giovanni"..., er ist so richtig aus dem Häuschen ..., er kann sich noch so richtig freuen. Vor Freude strahlend hüpft er wie „Rumpelstielzchen" von einem Bein auf das andere und wieder und wieder „Pantonella ..., meine Pantonella" ..., singend ..., rufend ..., durchfliegt er sein Lokal. Überlaut in allen Tonlagen, in allen Partituren singend und mit einer mächtigen Stimme ausgestattet, entschwindet er schließlich unseren staunenden Blicken hinter der Küchentüre, die sich nun mehrmals elegant nachschwingend, ..., auch von seiner natürlichen Fröhlichkeit angesteckt fühlt.

Diese Italiener ..., was sagt Ihr ..., was für ein Temperament? Diese so herzliche Natürlichkeit ..., davon könnten wir uns ..., wir so extrem kompliziert und meist über vier Ecken denkenden Deutschen, ein gutes Stück abschneiden. Diesen Dialog muss ich noch schnell anfügen, denn schon greift „Vanessa" wieder nach meiner Hand, nach meinem Arm und streichelt und streichelt ..., es wird langsam Zeit, dass wir nach Hause kommen, denn auch meine Schmerzen ..., fast habe ich diese für kurze Zeit vergessen.

Glaubt mir, das war ein hartes Stück Arbeit ..., meldet sich jetzt „Alfred" wieder vom Telefonieren zurück. Und sofort setzt er sich wie mir scheint, nun auf extrem engste Tuchfühlung bedacht, neben die ihn wieder voll anstrahlende „Maria".

Schau, schau ..., und auch „Maria" greift nun nach „Alfreds" Hand und streichelt einige Male ganz zärtlich darüber. „Alfred" scheint dies zu genießen, denn er legt nun seinerseits seine Hand auf die „Marias" und streichelt und streichelt und ... !

Ja, ich konnte „Irene" nach längerer Diskussion überreden ..., doch erst als ich ihr auch noch von Deiner Anwesenheit lieber Marcus erzählte, sagte sie mir endgültig zu. Ich weiß nicht ..., so hin und wieder habe ich fast den Eindruck, sie liebt Dich immer noch. Wenn ich es mir recht überlege ..., ihr ganzes Gerede, immer wieder ihre so ungerechten Vergleiche mit Dir. Mittlerweile ..., ja, ich bin felsenfest davon überzeugt, sie liebt wirklich immer nur noch Dich. Für sie bin ich scheinbar nur eine schlechte Alternative, so eine Art Notlösung. Ja, ja ..., fast glaube ich, sie braucht mich nur, um mit Dir weiter in Kontakt zu bleiben.

„Alfred" fährt sich nun verlegen mit den Fingern seiner rechten Hand, einige Male durch sein dichtes dunkelbraunes Haar. *Mein lieber Marcus ..., Frauen, Frauen ..., immer wieder diese Frauen ..., und erst ihre Liebe! Werde einer schlau aus beiden! Was machst Du mit Ihnen, dass diese ..., ach vergiss es bitte! Lass uns endlich beim Wirt diese von ihm so gepriesene Lasagne bestellen, „Irene" dürfte ja auch gleich da sein. So weit ist es ja nicht, bis zu mir nach Hause.*

Doch schau, schau ..., was wird das denn? Unser armer „Giovanni" ..., was schleppt er denn da alles an? Wahnsinn! Wir sind ..., ihn miteingerechnet, doch nur sechs Personen. Hat er doch einen Korb mit sechs ..., nein mit sogar sieben großen Einliterflaschen Rotwein, gleich neben uns auf dem Holzboden abgestellt. *„Giovanni", was soll dies alles werden ..?* fragt nun „Alfred" und schaut sichtlich erstaunt, sich hinten wieder mehrmals am Kopfe kratzend, in unsere lauthals lachende fröhliche Runde. Doch was macht „Giovanni" ..., er kommt schon mit der nächsten Fuhre. Mit sechs Weingläsern, zwei riesigen Weinkaraffen, mit allerlei Süßigkeiten, und ..., *wer hat denn hier einen so mächtigen Appetit?* ..., mit einem großen Korb, vollgefüllt mit feinstem Gebäck.

Möchtest Du uns vielleicht mästen ..? setzt „Alfred" seine Fragestunde fort ..., *das bringen wir ja auf diesem kleinen, so zerbrechlichen Tisch kaum unter und ich glaube ..., unsere Lasagne, die können wir uns doch bei dieser Menge, bei diesem Überangebot an Kalorien schenken und auch gesundheitlich allesamt bestimmt nicht leisten oder wie denkt Ihr darüber ..?* Wir nicken wie abgesprochen, alle zustimmend mit den Köpfen und erheben uns allesamt hurtig von unseren Plätzen, als „Giovanni" nun schon arg schwitzend, einen ganz zusammenklappbaren, längeren grünen Holztisch heranschleppt und mit der tatkräftigen Mithilfe von zwei stämmigen Frauen, wahrscheinlich Köchinnen, aufstellt. Vorneweg bettelte er aber bei seinen Gästen um genügend Platz und um sehr viel Verständnis für seinen allerliebsten Besuch aus seiner wunderschönen Heimat, für „Vanessa".

Auch eine schöne Tischdecke hat „Giovanni" in seinen Korb gepackt. Und siehe da ..., sind da nicht auch noch verdeckt, ganz unten, Feigen, Datteln, Äpfel, Orangen, Nüsse, etliche Mandarinen und ..., jetzt bringt er auch noch verschiedenartige Brotsorten und ein supergroßes Brett mit allen nur möglichen Käsesorten. Bei so viel Herzlichkeit und bei so viel Gastfreundlichkeit, können wir nur noch gemeinsam mithelfen, bei der Gestaltung, bei der optischen Dekoration dieser sehr großzügigen Tafel.

Super ..., einfach Bravissimo ..., Fantastico! Ihr seid Spitze! Wirklich wunder, wunderschön, habt Ihr dies alles gemacht. „Giovanni", er steht nun lachend, immer wieder in die Hände klatschend ..., tanzend sich drehend und hüpfend wie ein Harlekin, vor unserem gemeinsam geschaffenen Meisterwerk. Ehrlich ..., es muss wirklich super zum anschauen sein, denn auch von den übrigen Gästen erheben sich nun einige von ihren Stühlen, applaudieren und pfeifen auf ihren Fingern und singen mit Ramazotti, der eben wie passend, überlaut aus einem uralten Radio dröhnt. „Giovanni" ..., er freut sich italienisch ..., er ist in allerbester Laune und schmeißt eine, nein gleich mehrere schnapsige Lokalrunden.

Endlich, ich opfere mich und spiele den Schenkkellner. Da alle noch stehen, fällt uns das Anstoßen leicht, wir lassen uns hochleben und die Gläser erklingen. *Einfach köstlich ..., dieser Halbtrockene aus dem Herzen, aus der Mitte Italiens.* „Giovanni" hat alle Nicker auf seiner Seite und setzt sich jetzt als erster, nachdem wir uns alle um den Tisch gruppiert haben, gleich linkerhand, fast auf Tuchfühlung, unmittelbar neben „Vanessa". Mit ihr unterhält er sich ohnehin schon seit einigen Minuten sehr angeregt, und das meist in einem Kauderwelsch, einem Gemisch aus deutsch und italienisch. Unsere Holzstühle haben wir aus akutem Platzmangel enger zusammenrücken müssen und auch „Alfred" setzt sich, wen wunderts, nah ..., schon sehr nah, ganz auf Tuchfühlung, an „Marias" rechte Seite. Links, sehr knapp, jetzt mit dem Rücken zu mir, hat sich „Vanessa" platziert und rechterhand von mir ..., ja hier ist noch ein Plätzchen frei. Für wen wohl ..? Momentan nehme ich ja nur als Zuhörer, und das im Unterbewusstsein, an den lebhaften Gesprächen teil.

Auf meinen allerliebsten Gesprächspartner brauche ich nicht allzu lange warten. „Irene" ..., ja sie erscheint nun ganz plötzlich wie eine Fata Morgana, aus den schon sehr dichten Rauchschwaden, wie Phoenix aus der Asche ..., so steht sie jetzt in voller Größe und Schönheit vor mir. Nun blickt sie erwartungsvoll in die illustre, fröhliche, gesprächige, überlaute Runde. Doch schau, schau ..., außer mir beachtet sie keiner so richtig. Nur ich, ja ich bestaune sie bewundernd und kann meine Augen kaum mehr von ihrer Erscheinung lassen. Das ist sie ..., das ist sie wieder, meine so wunderschöne „Irene".

Alle ..., „Maria" mit „Alfred" und auch die gleich neben mir sitzende „Vanessa" und „Giovanni", sind in angeregte, sehr hitzige Gespräche vertieft. Sie haben sich ihrem Konterfei zugewandt. So haben diese das späte Kommen von „Irene", wenn überhaupt, dann höchstwahrscheinlich nur im Unterbewusstsein, registriert. Wunderschön herausgeputzt hat sie sich! Für wen wohl ..? Für „Alfred" ..., oder gar nur für mich ..? Man sieht es ihr an, sie hat sich viel, sehr viel Zeit zum Ankleiden gelassen. Ist sie nicht so richtig zum anbeißen und viel jünger aussehend? Oder sehe nur ich sie so, weil ich sie mir „so" wünsche? Ja, ja sie trägt ein modisch modernes, seitlich bis an die Hüfte geschlitztes tiefschwarzes Etwas. Eine Sünde aus feinster Seide, das nach unten hin knapp über den Knien endet. Helle fast weiße, seidig glänzende Netzstrümpfe, dazu hochhackige, schwarze, sehr spitze Lackschuhe, bestimmt von einem Italiener, zieren, ja kleiden ihre schlanken, langen Beine. Von früher weiß ich noch, dass sie hier einen sehr teuren Tick hat. Leistet sie sich doch den außergewöhnlichen Luxus ..., sie trägt Schuhe von Diego della Valle. In ihrer zarten rechten Hand hält sie ein schmales, ein kleines, gut dazu passendes schwarzes Täschlein, bestimmt aus echtem Krokodil und eine ebenfalls schwarze dünne Strickjacke. Ihre frisch gewaschenen, frisch geföhnten dunklen Haare, hat sie seitlich, ganz modern, etwas hochgesteckt. In ihrem schönen Gesicht hat sie nur ganz leicht Rouge, etwas Make-up aufgetragen. Und erst ihre jetzt mich voll anstrahlenden Augen ..., ich sehe in zwei funkelnde Sterne. Jetzt, da sie knapp neben mir, rechterhand Platz genommen hat, kann ich erfreut feststellen, dass sie immer noch dieses von mir damals so gewünschte, dieses extrem teure französische Parfüm verwendet, das echt angenehm, sehr erotisch, aber nicht aufdringlich duftet.

Marcus ..., hallo Marcus ..., was ist mit Dir? Du bringst Deinen Mund nicht mehr zu, möchtest Du mich jetzt gleich mit Haut und Haar verschlingen? Lachend, bückt sich „Irene" nun zu mir herab ..., gibt mir einen Kuss auf meine rechte Wange und mir wird schon wieder ganz wirr im Kopfe. Schon allein diese für mich so angenehme Berührung. Wie es scheint, bin ich ihr immer noch restlos verfallen. Es ist wirklich so, ich spüre es ..., mein armes, armes Herz, es sagt mir wo's lang geht!

Verzeih mir bitte, dass ich mich so unmöglich benehme, dass ich Dich so anstarre, Dir nicht einmal den Stuhl zurecht gestellt habe. Das ist ansonsten, Du kennst mich ja schon länger, nicht so meine Art. Aber versteh mich ..., ich bin noch immer von Deiner so angenehmen Erscheinung wie geblendet, völlig in Deinem Bann. Du verwirrst mich und meine Sinne. Was hast Du vor? Ich bin ganz betört von Deinem ..., Du weißt schon, so erotisch angenehmen Duft. Nur langsam, ganz langsam finde und beruhige ich mich. Aber was ist mit meinem Herzen? Mein armes, schon wieder so verliebtes Herz! Das ist bei mir wie damals – ein ewiges auf und ab – ein ewiges Achterbahnfahren.

Jetzt, da ich mich ein wenig gefangen habe, stehe ich auf und gieße auch in ihr noch leeres Glas, diesen süffigen, so feurigen Rotwein. Bei dieser Gelegenheit fülle ich auch die anderen vier Weingläser nach und bemerke, dass schon fünf Flachen entkorkt, bis auf den letzten Tropfen leer getrunken, linkerhand in einem großen Korb liegen. Schau, schau ..., ganz schön durstig ..., kein Wunder, dass die Gespräche, die Diskussionen in unserer so lauten illustren Runde, immer hitziger werden.

Nun zwänge ich mich wieder auf meinen Stuhl. Wegen der nun vorherrschenden Enge am, auf und unter dem Tisch, müssen auch wir, „Irene" und ich, ganz nah auf Tuchfühlung gehen. Ihr, und wie ich zugeben muss, auch mir, kommt diese Enge sehr gelegen, denn sie presst ihren linken Fuß und ..., ja ihren ganzen Körper seitlich fest an mich und schaut mir jetzt beim Zutrinken, beim zum Wohlsein, wirklich viel zu tief ..., erwartungsvoll mich anstrahlend, in meine Augen.

Du hast Dich aber für Deinen „Alfred" sehr sexy, sehr verführerisch, in Schale geworfen. Versuche ich mit „Irene" ins Gespräch zu kommen, nachdem sie und ich nur ganz vorsichtig an unseren Gläsern genippt und den Wein gekostet haben. Von früher weiß ich, dass sie auch nur in ganz seltenen Fällen, einmal über die Stränge haut und normalerweise sehr wenig Alkohol trinkt und wenn, dann nur in geringen Mengen ..., als „Genuss".

Bedingt, durch die zweidrittel Reduzierung meines Magens in den frühen sechziger Jahren, zeigt dieser wohlschmeckende Rotwein selbst in kleinen Mengen, bei mir schon bald seine so feurige Wirkung und dazu nun auch noch diese heißen, so begehrenden Blicke von „Irene"!

Lieber Marcus, Du glaubst also, dass ich mich nur für „Alfred" so hübsch gemacht habe? Jetzt holt sie tief, sehr tief Luft ..., *merkst Du den nicht, wie egal ich „Alfred" bin. Also, für wen habe ich mir denn sonst so viel Zeit gelassen? Du warst doch früher auch nicht so begriffsstutzig.* Sie beugt sich zu mir her und kommt meinem Gesicht, meinen Mund mit ihren Lippen ..., doch was ist jetzt?

Da sind sie wieder ..., ganz urplötzlich quälen mich diese wahnsinnigen, stechenden in mir nun so tobenden, bohrenden Schmerzen. Und wieder einmal habe ich diese Zeitspanne vergessen. Schnellstens muss ich meine Mittel einnehmen. Vielleicht kann ich hierbei meinen so verwirrten Kopf, meine plötzlich, schon heute Abend bei „Alfred" wieder entflammten, innig heißen, nach mehr verlangenden Gefühle für „Irene", etwas abkühlen. Es darf nicht sein ..., ich darf mich nicht so gehen lassen.

Langsam ..., überaus vorsichtig und behutsam, um die redselige Tischrunde nicht zu stören ..., ganz vorsichtig erhebe ich mich nun. Doch „Irene", ja sie durchschaut mein Vorhaben ..., sie fühlt mit mir ..., sie muss mein schmerzverzerrtes Gesicht beobachtet haben, denn ..., *hast Du wieder Deine Schmerzen ..?* schaut sie mich jetzt stirnrunzelnd mit ihren schönen Augen an. Sie erhebt sich ebenfalls sehr vorsichtig und folgt mir. Und schon schlängeln wir uns nun hintereinander, fast synchron, durch die immer noch Stuhl an Stuhl sitzenden Gäste zu den Toiletten, zu den Waschräumen. Noch bevor ich die Türklinge zum Waschraum drücken kann, steht sie vor mir und umarmt mich ..., drängt mich rückwärts zur Wand und drückt mich dagegen ..., presst sich ganz fest, immer fester an mich. Wir fühlen unsere Körper und unsere Lippen, unsere Zungen finden sich. Und wirklich ..., für einen kurzen Augenblick lässt sie mich meine Probleme vergessen. Wir küssen uns wieder und wieder ..., so wie in den Anfängen unserer einst so innigen Partnerschaft vor fast fünf Jahren, als wir uns noch von ewiger Liebe ..., ja, von ewiger Treue vorschwärmten und unsere Zungen ..., sie finden, sie suchen sich immer und immer wieder. Ja, sie sprechen ihre eigene Sprache und das trotz meiner wahnsinnig tobenden Schmerzen.

Ich kann mich nicht gegen sie ..., Wahnsinn ..., bin ich denn völlig willenlos gegen meine plötzlich wiederkehrenden, neu entflammten Gefühle für „Irene"? Zu lange habe ich darauf verzichten müssen, zu oft war ich in den letzten drei Jahren mit meinen Problemen, mit meinen Sorgen, mit meinen Wünschen, mit meinen Träumen allein. Überdeutlich verspüre ich jetzt wieder ihr und mein Verlangen, dieses mich völlig verzerrende Feuer ..! Sie macht mit mir jetzt was sie will und wieder bin ich ihr vollkommen willenlos ausgeliefert, so wie früher.

Doch nun ..., meine Schmerzen sie werden stärker und schlimmer. Sie gewinnen und verdrängen meine so heißen Gefühle ..., Wahnsinn ..., wie wird dies noch weitergehen? Momentan retten sie mich vor noch weiteren Dummheiten. Irgendwie schaffe ich es dann doch, mich aus ihrer so intensiven Umarmung, aus ihrer so engen Umklammerung zu lösen. „Irene", liebe „Irene", *was hast Du mit mir vor? Du weißt doch, wir wollten ..., ja wir sollten jetzt wirklich vernünftig sein. Bitte, bitte verzeih mir ..., diese wahnsinnigen Schmerzen. Ich muss endlich etwas dagegen tun.* Sorgenvoll, schaut sie mich jetzt an ..., ganz zart streichelt sie mir über meine Stirn, über mein Gesicht. *Bitte verzeih, mein lieber Marcus. Habe ich wieder einmal nur an mich und an meine so innigen Gefühle für Dich, an mein Verlangen gedacht? Aber bitte, verstehe auch mich ..., ich kann nicht anders ..., ich liebe Dich noch immer mit allen Phasen meines Körpers. Ich kann, wie Du schon heute nachmittags bemerkt hast, meine immer noch vorhandenen Gefühle und mein Verlangen nach Dir, nicht mehr verheimlichen. Vergessen ..., nein das schaffe ich niemals ..., ich brauche Dich um weiterleben zu können.* Sie hat Tränen in ihren schönen braunen Augen und streichelt mir während ihrer Worte, immer und immer wieder durch mein schon bestimmt ganz zersaustes Haar. Auch mein Kopf, er fühlt sich so verwirrt an.

Jetzt verschwinde ich schnell hinter dieser Türe, Du weißt schon ..., für kleine Mädchen und kühle mir ein wenig mein Gesicht, meinen Kopf mit kaltem Wasser ab. Bis nachher ..., und schon verschwindet sie hinter der besagten Dame und ich ..., ja auch ich suche das bestimmte Örtchen und dann den Waschraum auf. Ich brauche Zeit, viel Zeit zum Nachdenken ..., ich gönne mir sehr, sehr viel Raum und viele Augenblicke zum Einnehmen meiner Pillen, zum entwirren meiner Gedankenströme und um meine immer noch sehr heißen Gefühle für „Irene" ..., um meinen Kopf mit kaltem Wasser abzukühlen.

Was ist nur los mit mir? Liebe ich sie denn immer noch so innig? Anders kann ich mir mein schnelles Nachgeben nicht erklären. Andererseits, vergessen konnte ich beide nie ..., „Irene" und unsere so große Liebe. Und jetzt nach drei Jahren? Heute ..., ja heute nach ihrem, nach unserem so langen innigen Kuss bei „Alfred" ..! Jetzt ist alles wieder da ..., wirklich nie weg gewesen. Meine heißen Gefühle für sie, mein so innig intensives Verlangen nach ihr und nach ihrem so schönen Körper! Schwanke ich denn wirklich ..? Ja, oder nein ..? Ja, ich bin mir fast sicher! Wie sagte doch „Alfred" heute so treffend: „Irene", ja „Irene", sie liebt dich immer noch, sie liebt wirklich nur dich. Aber was wird dann aus „Vanessa"? Liebe ich nicht auch sie? Und ..., und was ist ..., ja, was wird aus diesen meinen Gefühlen für sie? Ja, was nun? Was will ich wirklich? Bin ich mir denn immer noch nicht im Klaren, dass mir meine ..., dass mir meine doch so tödliche Krankheit, gar keine Chance mehr gibt, mir keine Zeit mehr für solche Dinge lässt. Oder ist es gerade diese Gewissheit, die mich zu solch unüberlegten Eskapaden treibt, die mich glauben lässt, diese kurzen Momente noch einmal genießen und voll ausleben zu müssen ..., noch einmal so richtig aus dem Vollen schöpfen?

Jetzt werde ich mich erst einmal wieder an unseren Tisch setzen. Es wird sich wie immer eine Lösung finden lassen, verdränge ich meine immer noch ganz verwirrten Gedanken. Und erwarte, wie schon so oft in meinem nicht immer ganz einfachen Leben, die Abnahme meiner Probleme, doch vor allen Dingen, die Lösung wieder einmal von meinem Schöpfer. Unser Herrgott ..., ja und wieder einmal überlasse ich diese Entscheidung der Einfachheit halber dem Genossen Zufall, dem Schicksal und schau, schau ..., schon öffne ich die Türe zum Gang.

Doch ..., ja dort steht sie schon, lachend, nur auf mich wartend ..., meine so liebe Versuchung! Ein, zwei Schritte und schon verschließt sie mir wieder, ohne eine Frage, meinen Mund mit ihren weichen, so heißen Lippen. Sie umarmt mich mit beiden Armen und nun stehe ich regelrecht mit dem Rücken zur Wand. Sie drückt jetzt ihren heißen ..., wir können uns sehr deutlich spüren ..., ihren nach mehr begehrenden Körper fest an mich und ihre Hände sind überaktiv. Ihre Finger werden immer nervöser, denn sie versucht sich an meinem Hosenreißverschluss ..., möchte ihn öffnen. „Irene" ..., „Irene"..! Durch ihren Körper geht ein leichtes Zittern und ihre übernervösen Bewegungen werden immer hitziger ..., sie lässt mir wirklich keine Zeit zum lange überlegen.

Jetzt ..., ganz plötzlich werden wir in unserem Tun durch einen Gast gestört, der es schon sehr eilig zu haben scheint. Wer weiß ..., wer weiß wie weit wir jetzt gegangen wären? Ganz verwirrt ..., außer Atem ..., tief atmend stehen wir uns nun wie zwei ertappte Sünder gegenüber und Gott sei Dank, ich habe noch genügend Luft ..., *meine geliebte „Irene", lass uns vorsichtiger sein, lass uns jetzt bitte wieder zu unserem Tisch zurückgehen. Denn vielleicht ..., ja, vielleicht sind wir den anderen zwischenzeitlich schon abgegangen.* „Irene", sie strahlt mich voll an, während wir uns geschmeidig wieder unserem Tisch nähern und meint auf meine Andeutung ..., *das glaube ich kaum, denn schau, keiner beachtet uns.* Und ..., ja sie hat Recht, denn keiner, wirklich keiner ..., nicht einmal meine „Vanessa" ..., meine so geliebte „Vanessa", auch sie nimmt von unserem Zurückkommen keinerlei Notiz. Enttäuscht mich diese Tatsache ..., ich weiß nicht so recht?

Ich schiebe ..., rücke den Stuhl für „Irene" zurecht und wir trinken, prosten, nachdem wir beide auf Tuchfühlung wieder nebeneinander Platz genommen haben, uns verliebt tief in die Augen schauend, zu. Beide sitzen wir nun wieder so ..., beide berühren wir mit unseren Oberkörpern fast den Tisch und unsere Beine, ja, diese haben wir wegen der Enge voll unter dem Tisch verstaut. Etwas, doch etwas hat sich in unserem Verhalten, hat sich zwischen mir und „Irene" verändert. Wie zufällig, wie früher, wie gewohnt, ganz vertraut ..., oder doch beabsichtigt? Meine rechte Hand habe ich schon beim Platznehmen, auf den Saum ihres kurzen schwarzen Kleides, auf ihren linken Oberschenkel gelegt. Und ..., ja „Irene" ..., nun sie ist keinesfalls verstutzt, auch nicht überrascht. Nein ..., sie akzeptiert dies scheinbar als völlig normal und schaut mich nur fragend mit ihren großen Mandelaugen an. Jetzt, wie zufällig, bemerke ich mein absichtliches Vergehen und will mich ..., meine Hand, meine Finger zurücknehmen. Doch siehe da ..., „Irene", sie ergreift nun ihrerseits die Initiative und schiebt meine Hand und den Saum ihres sehr dünnen, seidig weich anfühlenden Kleides nach oben. Immer weiter ..., sehr weit nach oben, bis ich ihre weiche, so samtige Haut erfühlen, ertasten und streicheln kann. Verständlich, dass mir dabei immer heißer und heißer wird. Verlegen schaue ich nun zur Seite. Doch sie gibt meine Hand nun keinesfalls frei, sondern sie schiebt nun ihrerseits meine rechte Hand immer weiter ..., weiter nach oben. Und so streicheln wir gemeinsam! Nun streichele ich sie allein! Sie spreizt nun ein wenig ihre Beine und ich lege meinen unteren rechten Fuß über den ihrigen. Nun kann ich ihrem Drängen nicht länger wiederstehen. Dabei muss ich in ihr Gesicht schauen ..., sie hat ihre Augen geschlossen und ich streichele, streichele sie zart, ganz zärtlich und fühle sie echt heiß und sehr feucht. In meinem Gesicht spüre ich nun ihren heftigen, ihren immer erregter, heißer werdenden Atem. „Irene", sie hat ihren schönen Kopf an meine rechte Schulter gelehnt. *Marcus, Marcus, mein innigst geliebter Marcus ..., ich liebe Dich mehr als mein Leben. Ohne Dich kann und will ich nicht mehr leben.* Haucht sie mir noch in mein rechtes Ohr. Holt tief, sehr tief Luft und atmet schnell zunehmend, kürzer und heftiger! Meine mittlerweile immer schneller, heftiger werdenden Berührungen, meine intensiven Streicheleinheiten, haben sie nun völlig außer Puste gebracht. Ein Zittern geht durch ihren ganzen Körper.

Diese irre Geschichte, sie wird mir jetzt nun doch zu hitzig, zu gefährlich. Mein Hirn, es funktioniert und hat sogar einen vernünftigen Vorschlag. Gehe doch an die frische Luft, zum mindesten für eine halbe Stunde. Wer weiß, wie lange dieser so einseitig gewordene Abend noch andauern wird. Ein verstohlener Seitenblick auf meine Armbanduhr verrät mir, dass es schon 22.16 Uhr ist. Wahnsinnig, schon so spät. Meine Selbstgespräche ...! Und meine Fantasie, sie spielt wieder verrückt. Alles dreht sich bei mir im Kreise, immer schneller, wie bei einer Fahrt mit dem Karussell. Meine Gefühle, meine so innig heißen Gefühle für „Irene", sie haben mich wieder voll im Griff. Echt ich spüre diese Glut, diese wahnsinnige Hitze in mir. Nun ..., jetzt habe ich wirklich Angst, diese Flamme, sie könnte sich wieder zu einem uns verzerrenden Feuer, zu einem uns verzerrenden Feuersturm entfachen.

Und ganz plötzlich ..., über mein eben Gedachtes erschrocken, nehme ich meine Finger, meine rechte Hand aus ihrem Schritt. „Irene", sie öffnet nun ganz überrascht ihre schönen Augen. *Marcus, was ist, was hast Du plötzlich? Bitte nicht aufhören, es ist so schön. Du kannst mich doch gerade jetzt nicht mit meinen Gefühlen alleine lassen.* Sie hebt nun ihren Kopf und diese Möglichkeit nütze ich, um auf meinem Stuhl ein kleinwenig nach links zu rutschen ..., ich muss mir körperlich ein wenig Abstand schaffen. Diese Körperwärme von „Irene", diese wahnsinnige Hitze. Es ist Zeit ..., ich brauche Abkühlung für meine Gedanken ..., für meinen total verwirrten Kopf.

Der Tonlage am Tisch angepasst, möchte ich mich in der Tischrunde bemerkbar machen. *Ich werde mir für eine halbe Stunde frische Luft, etwas Sauerstoff verschreiben. Bei diesem Mief, bei diesem Gestank bekomme ich immer diese extrem starken Kopfschmerzen.* Komisch, keiner registriert so richtig meine Feststellung. Oder doch ..., ja, ja „Irene", sie nimmt ihr kleines Handtäschchen, sie nimmt ihr Strickjäckchen von der Stuhllehne ..., sie möchte mir anscheinend folgen. *Das finde ich nicht so gut, wenn gerade wir zwei so plötzlich verschwinden ...,* flüstere ich ganz zärtlich in ihr linkes Ohr, während ich voller Übermut an ihrem kleinen Ohrläppchen knappere. Sie lässt mich nicht weiterreden ..., *wir gehen denen doch gar nicht ab. Sieh doch selbst: Mein lieber „Alfred" hat nur noch Augen, und was für welche ..., Augen nur noch für „Maria". Ja und schau, schau ..., schau doch etwas genauer hin, wo er seine Hände überall hat, mit was er alles spielen muss. Diese, seine Spielchen habe ich mit ihm in der letzten Zeit, in den letzten Monaten immer öfter miterleben dürfen und das ganz ohne irgendwelche Tabus. Er versucht es schon gar nicht mehr. Warum auch ..., er glaubt, dass er mich nicht mehr braucht oder besser gesagt, mich nie gebraucht hat. Also warum sollte er vor mir noch irgendetwas verheimlichen? Du siehst es ja selbst. Überdeutlich lässt er mich dies spüren, dass er wieder einmal auf der Suche ist, dass er wieder Frischfleisch braucht.*

Und Deine „Vanessa" ..? Man versteht schon kaum mehr sein eigenes Wort, bei diesem überlauten Kauderwelsch, diesem Durcheinander aus Deutsch und Italienisch. Welche Sprache sprechen sie? Betrachte ..., ja betrachte Dir doch einmal diese tiefroten, so erhitzten, versoffenen Köpfe. Du siehst, wir beide sind momentan wirklich nicht mehr gefragt. Lasse mich mit Dir zum Sauerstoff tanken, lasse mich mit Dir an die frische Luft mitgehen. Bitte, bitte ..., ansonsten rufe ich mir ein Taxi und lasse mich gleich heimfahren. Das wird ohnehin heute Nacht daheim mit „Alfred" wieder ein riesiges Theater ..., ein richtiges, ein überlautes Tamtam geben. Und ..., ja bestimmt kann ich mir zum xten-Male an-

hören, dass ich doch möglichst bald wieder zu meiner großen Liebe, zu Dir zurückkehren solle. Es ist ohnehin fraglich, ob und wann er heute Nacht überhaupt heim kommt, veilleicht der Einfachheit halber, gleich bei seiner „Maria" bleibt, gleich dort übernachtet. Seien wir ehrlich, wie konnte ich ..., wie konnte ich mich nur nach unserer so großen Liebe, in einen so leichtfertigen Typen wie „Alfred" vergaffen? Ja, ja die Liebe ..., sag selbst ..., mitunter macht sie blind!

Komm schon ..., nun nehme ich „Irene" bei der Hand und muss noch anfügen ..., Du hast ja leider so recht ..., wir beide, ja wir sind hier so was von überflüssig. Eins möchte ich Dir dann doch sagen ..., ich möchte nur frische Luft schnappen. Und hoppla hopp ..., schon sind wir auf der Straße und pumpen ..., ja wir pumpen uns kühlen, frischen Sauerstoff in unsere völlig vergifteten Lungen. Wir atmen und genießen beide nun, die um diese späte Stunde schon sehr kühle Nachtluft.

Diese tut uns und unseren Lungen so gut, denn auch „Irene" ist, wie ich bestens weiß, eine leidenschaftliche Nichtraucherin. Sie steht jetzt unmittelbar neben mir und ich lege meinen rechten Arm um ihre so schlanke Taille und drücke sie wie früher, ganz fest an mich. Dabei fühle ich ihren heftigen unruhigen Pulsschlag ..., jetzt legt auch sie ihren Arm um meine Hüfte, presst sich noch fester an mich und schmiegt ihren Kopf ganz zart an meine rechte Schulter. Deutlich ..., sehr deutlich kann ich ihren aufgeregt schnellen Herzschlag, ihren heißen, immer noch so überhitzten Körper spüren.

Und ..., siehe da ..., sie führt ..., ja sie führt mich nun stillschweigend. Sie verstärkt nun den Druck ihrer Hand, ihres Armes. So eilen wir beide in unsere Gedanken vertieft ..., ich anscheinend noch intensiver, noch abwesender. Wie in unseren besten Tagen, schießt es mir durch meinen immer noch nicht abgekühlten Kopf. Wir spazieren ..., nein wir eilen nun schon flotten Schrittes um die nächste Ecke ..., wenige Schritte die Ismaninger Straße hinauf, die wir sehr sportlich uns anstrahlend, überqueren. Und schon biegen wir links in die Untere Feldstraße ein, dann gleich rechterhand in die Maria-Theresia-Straße. Aber hallo, hallo ..., meine liebe „Irene", was soll dies nun werden, wohin willst Du mich entführen? Was ist nur mit meinem völlig verwirrten Kopf los? Muss das denn sein? Muss ich da weiter mitgehen? Glücklicherweise kommt wieder ein bisschen Logik ins Spiel ..., mein Hirn es funktioniert wenigstens halbwegs. Doch leider, leider viel zu kurz. Das darf doch nicht sein? „Irene" ..., *meine liebste „Irene", was hast Du jetzt mit mir wieder vor?* Sagte nicht „Alfred" heute Nachmittag so beiläufig zu mir, dass Ihr beide, dass Ihr Euch, ja gerade hier in dieser Maria-Theresia-Straße eine Wohnung oder etwas ähnliches gekauft hättet? Wohnt ihr denn nicht ..., ja, doch Ihr seid hier zu Hause! Sagte ich nicht eben zu Dir, dass ich nur ..., ich komme nicht weiter mit meinen Ausführungen, denn sie verschließt mir mit einem langen ..., sehr, sehr langen, ewiglangen Kuss meine Lippen, meinen Mund. Und die Folge ..., mein Hirn schaltet sich vollautomatisch ab. Schon nimmt mich „Irene" wieder bei der Hand.

Lieber Marcus, da wir nun schon einmal hier, also ganz in der Nähe zum Essen waren, kann ich Dir doch gleich unsere neue Bleibe zeigen. Diese gehört uns, also „Alfred" und mir zu gleichen Teilen. Nur noch wenige Meter, einige Schritte ..., gleich da vorne linkerhand auf Elf. Meine geliebte „Irene", was hat sie sich da nun wieder ausgedacht ..., und das bestimmt auch noch ganz ohne irgendwelche Hintergedanken!

Ich will es nicht glauben, trotzdem ..., meine Füße überqueren mit ihr die Straße, wir öffnen nun gemeinsam das eiserne Gartentor, wir drücken uns jetzt gemeinsam durch die nicht zu breite schwere Eingangstüre, bestimmt aus massivem Edelholz, dieses optisch sehr schön gelungenen Achtfamilienhauses. Sämtliche Türschilder kann ich bei unserem forschen Eilschritt gerade noch alle zählen. Und schon laufen wir flott, übermütig und sportlich, uns gegenseitig anstrahlend, sehr fest an den Händen haltend und das bis zum dritten Stock. Habe ich denn nur noch Augen für „Irene"? Fast zu spät bemerken wir beide dort eine etwas ältere Dame, die sich nur mit Mühe und Not, sehr ängstlich in eine Mauernische zwängen kann. Schon sehr übermütig, vielleicht ein wenig zu verliebt, jeweils auf einem, auf dem rechten Bein hüpfend ..., tollen wir an ihr vorbei.

Was bin ich nun ..., was ist mit mir? Habe ich mich heute vielleicht sogar zweimal verliebt oder bin ich ganz einfach nur verwirrt und unschlüssig, was nun aus mir werden soll ..., aus mir und aus meinem so schlimmen Schicksal? Übernervös ..., ich beobachte sehr eingehend ihre Hände ..., übernervös und zittrig öffnet „Irene" ihre Wohnungstüre und schon ..., komisch ..., plötzlich ist sie gleich linkerhand verschwunden. „Irene", meine allerliebste „Irene" ..., *warum lässt Du mich jetzt hier allein im Dunkeln stehen? Was hast Du nun schon wieder vor?* Automatisch hat sich eben die Treppenhausbeleuchtung ausgeschaltet. Zu voreilig und wirklich nichtsahnend, habe ich die ganz in weiß lackierte Wohnungstüre hinter mir ins Schloss fallen lassen. Und so stehe ich nun völlig überrascht, ein wenig erschrocken, allein mit meinen nun gänzlich verwirrten Gedanken, im Dunkeln.

Ortsunkundig taste und suche ich jetzt im Finstern nach einem Lichtschalter. Doch ..., ja plötzlich ..., ich schrecke zusammen ..., streiche, streichele ich mit meiner rechten, mit den Fingern beider Hände über etwas sehr Warmes, etwas Heißes, sehr Weiches. Neugierig taste und taste ich mich nun weiter, ein wenig nach rechts ..., ja, es muss ..., es können nur die beiden völlig nackten Brüste ..., was für ein Wahnsinn ..., nur die Brustspitzen von „Irene" sein. Heiß und sehr nah, jetzt unmittelbar vor mir, fühle ich nun in meinem Gesicht, ihren immer erregter, immer heftiger und kürzer werdenden Atem. Und als ich ihr nun mit meinen Fingern ganz zart ..., ganz zärtlich, nun schon sehr intensiv und selber sehr erregt, über ihre Brüste, über ihre Brustspitzen streichele, höre ich ihr leises Stöhnen, ihr heftiges Atmen.

Sie streift mir nun mit ihrer Hand über mein Gesicht, greift tiefer und zieht mir stillschweigend mein Sakko aus, lässt es auf den Boden, ich nehme an, Teppichboden fallen. Dann öffnet sie mir die Knöpfe meines Hemdes, zieht es mir ebenfalls aus und ..., sie tastet sich ..., sie streichelt sich tiefer und tiefer. Ihre feuchtheißen Hände sie zittern, werden zunehmend nervöser ..! Nun ..., jetzt öffnet sie auch meinen Hosengürtel, dann nach einigen vergeblichen schon eher hektischen Versuchen, ganz langsam und übervorsichtig den Hosenreißverschluss.

Jetzt kann auch ich dieser Versuchung, dieser so unmittelbar vor mir stehenden Sünde, nicht mehr widerstehen. Meine Gefühle ..., ja, ja ..., sie tanzen mit mir jetzt alles gleichzeitig: Tango, Rumba, Walzer, Rock´n´Roll ..., und meine Gedanken ..., ja, meine Gedanken und mein Wille! Beide habe ich nun nicht mehr unter Kontrolle! Nun muss ich es tun ..., ich streiche ..., ich streichele mich tiefer ..., tiefer bis zum Nabel und weiter ..., über ihre sich zart, so weich anfühlenden Schenkel und ..., jetzt zwischen ihren Schritt. Echt ..., sie ist wirklich ganz nackt, splitternackt so wie Gott sie geschaffen hat. Nun streichele, taste ich mich mit den Fingern meiner rechten Hand in sie. Und ich fühle ..., sie ist heiß, sehr, sehr heiß ..., sehr feucht! Und ich streichele und streichele sie immer schneller heftiger. Und wir beide ..., ja wir sind so erregt ..., und unsere Köpfe sind wirr und werden immer heißer und hitziger. Unsere Lippen ..., unsere Zungen, sie sprechen nur noch von der ganz großen Liebe!

„Irene", sie schiebt nun mit beiden Händen meinen Slip nach unten ..., geht in die Hocke und küsst ..., sie küsst mich ..., überall und nicht nur das! Welch ein himmlisches Gefühl. Sie küsst sich nach oben ..., ja, bis sich unsere Lippen wieder zu einem mir ewig scheinenden Kuss treffen ..., unsere Zungen. Und unsere Zungen ..., und unsere Körper ...! „Irene", sie drückt sich ganz eng an mich und wir spüren uns jetzt und unser so inniges Verlangen! Ganz leise haucht sie mir nun in mein rechtes Ohr ..., *mein Allerliebster ..., mein lieber Marcus ..., Du, ich spüre Dich und Dein Verlangen, Dein so wahnsinniges Gefühl jetzt überdeutlich. Bitte, bitte ..., komm ..., ich möchte Dich jetzt ..., ich möchte Dich jetzt tief in mir fühlen und spüren. Ich liebe Dich über alles, ich liebe Dich mehr als mein Leben.* Mit beiden Armen nehme ich sie nun hoch ..., sofort kreuzt sie ihre beiden Beine auf meinem Rücken und ich drücke sie an die seitliche Wand ..! Endlich ..., ja endlich bin ich wieder in meiner so innig geliebten „Irene"! Ja, sie spürt mich ..., ihre und meine Bewegungen ..., unsere Bewegungen. Wir beide ..., ja, wir sind so was von erregt ..., ja wir funktionieren und werden immer und immer wieder eins. Unser beider Atem, er wird heftiger und kürzer ..., und lauter!

Doch ganz plötzlich trennen sich unsere Körper und ich küsse sie wieder und wieder, immer tiefer und tiefer. Sie erregt mich und ich küsse und koste sie ..., wieder und wieder! Und „Irene", sie fährt mir bei meinen nun schon sehr intensiven Liebkosungen ..., mit beiden Händen immer heftiger, erregter durch meine Haare, über mein Gesicht. Dabei spüre ich ihren immer kürzer werdenden Atem ..., ich höre ihr immer heftiger werdendes Stöhnen!

Marcus ..., mein über alles geliebter Marcus ..., ich halte es nicht mehr aus. Bitte ..., bitte nimm mich! Volle drei Jahre habe ich auf Dich verzichten, Dich so vermissen müssen. Du glaubst gar nicht, wie gut mir jetzt Deine Nähe, Deine Liebe, Deine Liebkosungen tun. Du bist der einzige Mann, den ich liebe, ja immer lieben werde. Sehr deutlich kann ich nun ihren so heftigen Herzschlag, ihre Erregung, ihr Zittern spüren, als ich sie auf meine beiden Arme nehme und die Türklinke gleich linkerhand mit dem Ellenbogen nach unten drücke, die Türe ganz öffne und in einen sehr geräumigen, nur dämmrig beleuchteten Raum trete. Nicht mehr bei Sinnen, nur noch im Unterbewusstsein registriere, erahne ich die Umrisse von verschieden großen, von sehr hellen, wahrscheinlich von weißen Möbeln und dass die Liegefläche des Bettes riesig, sehr breit und bequem weich sein muss.

„Irene" ..., nur für sie und ihren so edlen, so wunderschönen feuchten Körper habe ich jetzt noch Blicke. Jetzt, da ich sie wortwörtlich auch auf Händen trage, küsse ..., berühre ich immer und immer wieder, selber ganz erregt, mit meinem Mund ihre Oberschenkel ..., ihren mir weit geöffneten Schritt! Ihre immer kürzer werdende Atmung, ihr immer heftiger und kräftiger werdendes Stöhnen, verraten mir deutlich, ihre schnell zunehmende Erregung, ihren nahen Orgasmus. *Marcus, mein liebster Marcus ..., bitte beeile Dich ..., ich kann Dich nicht mehr länger erwarten! Mit allen Phasen meines Körpers erwarte ich Dich jetzt. Komme tief in mich, nimm mich endlich ..., nimm Dir alles ..., ich möchte Dir alles, wirklich alles schenken, denn ich liebe Dich so innig und bitte, bitte ..., bleibe in mir wenn Du kommst!*

Nun lege ich „Irene" ganz behutsam, wie eine zerbrechliche Porzellanpuppe auf das bereits aufgeschlagene so breite Bett und betrachte mir diese so schöne Sünde. Bewundere ich ihren für mich jetzt so offenen, makellosen Körper, denn für mich spreizt sie nun ihre Beine ganz weit, sehr weit ..., und gewährt mir so, wenn auch nur für sehr wenige Augenblicke, einen wunderschönen Blick auf ihren Schritt, auf ihre Spalte, so als wolle sie mir sagen, das ist alles für Dich. Doch schon zieht sie mich ..., zieht mich „Irene" mit beiden Händen zu sich ..., auf sich und uns verbindet endlich ein nie endenwollender, innig heißer Kuss. Nun erfülle ich ihr gleich ..., ja, gleich ..., jetzt bin ich in ihr ..., ja jetzt einen von ihr vorhin so lieb geäußerten Wunsch ..., auf den wir beide schon so heiß sind, den wir und auch unsere Körper so dringend notwendig haben ..., auf den wir beide allem Anschein nach über drei volle Jahre ..., ja eine so lange Zeit gewartet haben.

Und ..., diese unsere Körper? Ja, sie funktionieren und explodieren! Sie bewegen sich auf und ab ..., werden schnell und schneller ..., und unser atmen wird heftiger und kürzer! Wir drehen und wenden uns ..., liegen abwechselnd oben ..., dann wieder unten. Und das Feuer hat uns wieder. Das uns so verzerrende Feuer, der Feuersturm, der Vulkan ..., er wird heißer und heißer ..., es lodert in uns, es verzerrt uns, es verbrennt uns, es frisst uns vollkommen auf! *Marcus ..., Marcus, was treibst Du mit mir? Wahnsinn ..., Du machst mich wahnsinnig. Dir gehört mein Leben. Bitte lösche nie mehr dieses Feuer in mir, in uns ...,* flüstert „Irene" mir nun ganz leise in mein linkes Ohr, während ich wieder in sie dringe.

Nun ..., ich kenne mich selber nicht mehr, als auch ich mich säuseln höre, mein kleines Hirn nun vollkommen Pause macht ..., *„Irene" Du machst mich überglücklich und glaube mir, auch ich liebe Dich, ich habe Dich nie vergessen können.* Und schon verbindet uns wieder ein inniger, ein ewiglanger Kuss und unser atmen setzt fast aus. Beide schweben wir und unsere Bewegungen werden hektischer und nun erreichen wir jetzt ..., ja, jetzt ..., fast gleichzeitig unseren allerhöchsten Gipfel!

Marcus, ach mein so geliebter Marcus ..., unser atmen ist kurz und schwer ..., wir bekommen kaum noch ausreichend Luft. Marcus, mein lieber, lieber Marcus. Vielen Dank, Du glaubst gar nicht wie sehr ich Dich liebe. Es war so wunder, wunderschön als Du in mir kamst ...,ich habe es sehr deutlich gespürt, ganz heiß. Was für ein herrliches, ein so himmlisches Gefühl. Du glaubst gar nicht, wie sehr ich Dich brauche.

Tief ..., sehr tief atmend liegen wir beide nun auf dem seidig weichen Leinen. Beide haben wir uns nun unsere feuchten, jetzt so verschwitztheißen Körper zugewandt und blicken uns verliebt tief, sehr tief in die Augen. Das Brennen in uns wird flacher und flacher ..., der Feuersturm flaut ab ..., das Feuer wird kleiner und kleiner und diese wahnsinnige Hitze in uns kühlt ein wenig ab.

„Irene", sie schließt nun ihre so wunderschönen Augen und ich, ich kann nicht anders ..., ich bestaune ihren so makellosen, so wunderschönen Körper. Und mein ganz verwirrtes Hirn ..., Du musst sie streicheln ..., und schon beginne ich ganz zart, ganz zärtlich ..., sehr, sehr langsam vom Gesicht bis zum Schritt. Ganz liebevoll, sehr behutsam streichele und ertaste ich mit den Fingern meiner rechten Hand ihren nassen, überall noch feuchten, verschwitzten Körper. Nun ..., ja jetzt verweile ich mit meiner rechten Hand in ihrem Schritt ..., meine Finger ..., ich kann sie nicht beruhigen ..., sie gehorchen mir nicht! Sie streicheln, sie fühlen sich in ihr so süßes Geheimnis ..., und da ist es wieder dieses leichte Beben ..., jetzt dieses immer heftiger werdende Zittern ihres so wunderschönen Körpers. Deutlich spüre ich ihre stetig zunehmende Erregung und ich fühle in meinem Gesicht ihren immer kürzer und intensiver werdenden Atem.

Doch jetzt ..., ganz urplötzlich sind sie wieder da ..., und wie ..., meine so wahnsinnig, tobenden und bohrenden Freunde. Meine Hände und meine Finger, die eben noch so schön bei „Irene" spielten, drücke ich mir nun fest an meinen Bauch. Durch kreisendes Massieren versuche ich diese mich nun so arg schmerzenden Unannehmlichkeiten zu lindern. Doch Pustekuchen, kein Erfolg ..., was bleibt, ist dieser so anhängliche, dieser so wahnsinnige Schmerz.

Und ..., ja schon wälze, krümme, drehe ich mich um meine eigene Achse, versuche es in alle Richtungen. Auch das noch ..., welch ein Ungeschick. Plötzlich falle, ja poltere ich sehr ungeschickt aus dieser wunderschönen, so weichen Liegestatt.

„Irene", sie öffnet nun ganz erschrocken, durch mein überlautes Lärmen irritiert, ihre herrlichen Augen. *Marcus, mein liebster Marcus ..., was ist los mit Dir? Du bringst mich fast schon auf den Höhepunkt und lässt mich nun allein mit all meinen so sensiblen Gefühlen. Gerade jetzt ..., ja, gerade jetzt hörst Du plötzlich mit Deinen Liebkosungen, mit Deinen Streicheleinheiten auf. Es war so wunderschön ..., es war einfach himmlisch. Nun ..., schon rechnete ich fest damit, dass Du gleich zu mir kommst und mich noch einmal nimmst.*

Erst jetzt setzt sich „Irene" im Bett hoch ..., *und was ist jetzt ..? Was machst Du für einen Lärm?* Nun endlich registriert sie meine sehr missliche Lage und erschrickt, als sie mich vor Schmerzen wimmernd auf ihrer so weichen Bettumrandung sitzen sieht ..., mich krümme und mir beide Hände mit schmerzverzerrten Gesicht gegen meinen Bauch drücke. *Du machst mir Angst ..., sind es schon wieder diese Deine Schmerzen? Liebster Marcus, hast Du überhaupt Deine schmerzstillenden Pillen bei Dir? Vorhin habe ich mich ohnehin gewundert, dass bei Dir alles noch so Spitzenklasse, ganz so wie früher funktioniert.* Sie betrachtet mich nun ganz besorgt und möchte mir mit ihrer rechten Hand wieder auf die Beine helfen. *Deine Krankheit ..., Deine so verdammt grausame Krankheit. Deine Geschichte, ein Wahnsinn. Wirklich doof ..., wie konnte ich dies auch vergessen. Dabei kenne ich ja alle Details, vielleicht sogar besser als Du.*

Sie setzt sich nun auf die Bettkante und streichelt mir besorgt mit beiden Händen, mit ihren Fingern, immer und immer wieder über meinen Kopf, durch meine Haare. Und siehe da ..., ich kann ein leichtes Nachlassen meiner Schmerzen bemerken. „Irene", sie beugt sich nun zu mir herab auf den Boden und gibt mir einen innigen Kuss auf die Stirn ..., *Marcus, Du kannst Dich doch noch bestimmt daran erinnern, dass ich damals, vor nun auch schon fünf Jahren, meine mehrjährige Ausbildung zur Krankenpflegerin mit Erfolg, mit einem Di-*

plom abgeschlossen habe. Liebend gern möchte ich immer nur für Dich da sein, Dir helfen und Du kannst Dir hundertprozentig sicher sein, dass ich Dich wenn notwendig, bestens pflegen werde. Du darfst Dich nur nicht aufgeben, denn ehrlich, ich persönlich glaube fest an Deine Gesundung ..., ich möchte Dir dabei helfen. Bitte mache Dir dabei keine unnötigen Gedanken, keine Sorgen um mich. Mich wirst Du nun garantiert nicht wieder los. Eins möchte ich Dir schon vorneweg versprechen ..., ich gehe mit Dir durch Dick und Dünn, ganz gleich wie die Sache mit „Alfred" auch ausgehen wird. Jetzt weiß ich, dass ich Dich ..., nur Dich liebe ..., dass ich Dich noch immer so innig wie früher liebe. Wir zwei passen doch ideal zusammenpassen und ich bin fest davon überzeugt ..., wir zwei gehören für immer und ewig zusammen. Das musst Du doch auch vorhin bemerkt haben, wie gut wir zwei zusammenharmonieren. Mir ist schon klar, dass ich nun mit „Alfred" so allerhand abklären muss. Mit diesem Thema muss ich mich schon in den nächsten Tagen sehr gründlich auseinandersetzen. Diese Verbindung, sie hat wirklich keinen Sinn ..., fast jeden Tag nur Zoff und gemeinsam ..., zu unterschiedlich sind unsere Interessen. Kompromisse, mit so was brauche ich „Alfred" überhaupt nicht kommen und im Bett ..., es gibt keinen Vergleich mit Dir. Er soll mir meine Anteile an der Eigentumswohnung ausbezahlen. „Alfred", nun ..., er hat genügend Kohle und ich glaube, auf mich wird er ohnehin gerne verzichten. „Alfred" und ich ..., zwei Welten ..., zwei Pole die nie zusammenpassen, niemals zusammen harmonieren werden. Wenn ich Dir sage ..., unsere Partnerschaft ist ein tägliches Hacken, Beißen und Streiten.

Ein bisschen ..., doch sie haben sich beruhigt, meine wahnsinnigen Probleme und so erhebe ich mich ganz vorsichtig aus meiner unbequemen Lage, von dieser dunkelblauen, so flauschigweichen Bettumrandung. Trotz meiner Schmerzen ..., ja, ja, natürlich habe ich „Irene" und ihre mir gemachten Versprechen verstanden. Doch wie mein Glaube, ist anscheinend auch mein Blick etwas ungläubig, denn ..., Du darfst mir dies ruhig glauben. Drei lange Jahre ohne Dich, ohne Deine Liebe ..., ich habe viel dazu gelernt. Schon des öfteren wollte ich Dich bei Deinen inzwischen sehr vielen Arztbesuchen um eine Aussprache bitten. Dabei hatte ich es mir immer wieder so fest vorgenommen ..., ich wollte Dich anrufen. Und irgendwie habe ich immer noch ein schlechtes Gewissen. Du weißt schon, wegen meiner theaterreifen Eifersuchtsszenen und wegen unserer Trennung vor nunmehr auch schon drei Jahren. Seit Anbeginn, ja es ist schon so lange her. Also seit dem 12. Februar 2003, als Du das erste Mal bei „Alfred" auf der Matte gestanden bist, weiß ich doch um Dein schlimmes, gesundheitliches Schicksal. Seitdem leide ich mit Dir. Hierüber könnte Dir „Alfred" bestimmt einiges erzählen. Mehrmals versuchte er, allerdings erfolglos, Deine mittlerweile so umfangreiche Akte, Deine Krankheitsgeschichte vor mir zu verstecken. Was ihm aber Gott sei Dank nie gelang. Und so war und bin ich immer bestens, auch über Deine zwischenzeitlich sehr vielen räumlichen Veränderungen, informiert. Deine unruhige Phase besagt aber doch auch, dass Dir unsere damalige Trennung bestimmt sehr schwer gefallen ist.

Gott sei Dank, jetzt endlich kann ich mich mit Hilfe von „Irene" hochrappeln. So stehe ich nun mit meinen 180 cm vor ihr, völlig nackt im Adamskostüm. Mein liebe „Irene", wie soll es nun weitergehen? Ich glaube, wir sollten uns die Zeit nehmen, wir sollten uns endlich einmal gründlich aussprechen. Doch jetzt ..., ja jetzt drängt diese Zeit. Kann ich das Bad benützen? Und ja ..., meine Pillen ..., die habe ich in meiner Sakkotasche. Aber erst möchte ich mich bei einer kalten Dusche entspannen und ein wenig frisch machen. Glaubst Du nicht, dass ich mich sputen sollte? Doch ich muss beim „Italiener", bei „Giovanni", nach „Vanessa" schauen. Hast Du keine Lust ..., wir könnten doch auch gleich miteinander duschen und uns gegenseitig einseifen?

Eine ovale, reich verzierte goldfarbene alte Uhr, die auf einem links vom Bett stehenden breiten weißen Sideboard steht, zeigt mir die Uhrzeit, 23.18 Uhr. Stimmt dieser Regulator, ein wirklich schönes Stück, dann ist es allerhöchste Zeit für mich. Das wird ohnehin ein schönes Theater geben und hoffentlich treffe ich dort überhaupt noch jemanden an. Als erstes sollte ich mich wieder straßentauglich herrichten. Schade, dass ich nicht bei Dir über Nacht bleiben kann. Doch vorerst ist überhaupt noch nichts entschieden ..., nicht wie es mit uns beiden weitergehen soll und auch nicht, wo "Alfred" heute Nacht schlafen wird.

Bestimmt muss er doch auch morgens in aller Frühe in der Klinik sein. Auch „Vanessa" soll sich schon morgen mittags wegen verschiedener Tests und Untersuchungen dort einfinden. Aller Voraussicht werden diese bestimmt unangenehmen aber sicher notwendigen Prozeduren, einige Tage, wenn nicht gar mehr als eine ganze Woche inanspruchnehmen.

Mich wundert es wirklich ..., aber mit mir geht es wieder aufwärts, denn langsam, ganz langsam meldet sich mein oft so beschränktes, kleines Hirn, als tauglich zurück. Und so frage ich mich schon vorneweg ..., wie soll diese rührige Geschichte nun im Detail, in Wirklichkeit weitergehen? Der heutige Tag, er hat meine Gefühle, meine Gefühlswelt mehrmals völlig auf den Kopf gestellt und vor allen Dingen, gründlich durcheinandergewirbelt. Doch einen klaren, einen realistischen Gedanken, kann ich von meinem Hirn noch immer nicht verlangen.

Marcus, mein allerliebster Marcus ..., wo bist Du schon wieder mit Deinen Gedanken? Schon dreimal sprach ich Dich wegen dem Bad an, doch Du reagierst nicht. Du wolltest Dich doch duschen? Gleich dort, durch diese Glastüre ..., dort findest Du alles Gewünschte. Fühle Dich bei mir wie zu Hause.

Mein Kopf ..., ich merke es, es funktioniert doch noch nicht allzuviel. Danke! Bitte verzeih ..., doch Du, meine allerliebste „Irene", Du allein bist schuld an meinen völlig verwirrten Gedanken. Du hast meine komplette Gefühlswelt neu programmiert und auf den Kopf gestellt ..., mein kleines Leben heute ganz schön durcheinander gewirbelt. Schon öffne ich die aus matten Glas gefertigte Schiebetüre zum Bad und bin perplex. So ein Luxus ..., dieser viele weiße Marmor ..., so viel in Gold. So ein Bad ..., nein, so was habe ich in meinen kleinen Kreisen, höchstens in kitschigen Filmen, vielleicht in Katalogen ..., aber noch nie in echt bewundern können. Diese Dimensionen ..., ja, das sind doch großzügige dreißig ..., wenn nicht lockere vierzig Quadratmeter reines Badevergnügen.

Nun die Zeit, sie drängt ..., schon kühle ich mir in der sehr geräumigen Duschkabine mit kaltem Wasser meinen völlig verwirrten Kopf, meinen ganzen Body. Dieses französische Duschgel ..., ein

Gedicht, ein sagenhafter Duft. Zum abtrocknen angele ich mir ein dunkelblaues, ein flauschigweiches Handtuch und stelle fest, dass dunkelblau, weiß und gold, die dominanten Farben in diesem so überaus prachtvoll ausgestatteten Raum sind. Das Badetuch wickele ich mir nun ..., sehr sexy ..., um meine Hüfte. Meine Kleidung, also meine gesamten Utensilien, inklusive meiner Schuhe ..., sie alle dürften noch sehr großzügig verteilt, ich nehme an, allesamt im Flur auf dem Teppichboden umherliegen, auch meine Pillen.

Die Badtüre, diese habe ich beim Bestaunen vorhin offen stehen gelassen, und schon erinnert mich der Zuruf von „Irene" daran, dass ich mich tunlichst tummeln sollte und sie sehnsüchtig auf meinen neuerlichen Auftritt wartet ..., *Marcus, bist Du schon fertig ..., lass Dich anschauen ..., ich warte schon voller Sehnsucht auf Dich.* Und prompt, gehorsam wie ich bin, stehe ich nichtsahnend vor ihr, vor ihrem Bett ..., nur mit diesem besagten Etwas bekleidet. *Wie fein, wie gut, wie verführerisch Du duftest. Dieses französische Badegel habe ich „Alfred" heuer zum Fest geschenkt. Doch leider, er benützt es so gut wie nie. Er erklärte mir so beiläufig, dass er wesentlich herbere Düfte liebe.*

Jetzt da ich „Irene" so vor mir ..., vor mir auf dem Rücken liegen sehe, immer noch unbedeckt und völlig nackt, bekomme ich wieder Lust, regt sich mein Gefühl und ist kaum mehr zu übersehen. Da sind dann auch noch meine sehr deutlichen Blicke auf „Irenes" wunderschönen, feuchtglänzenden Körper. Und ehe ich reagieren kann ..., will ich das überhaupt ..., zieht sie mir mit ihrer rechten Hand das Wenige von meiner Mitte. So stehe ich nun ..., splitternackt ..., mit meinem deutlich sichtbaren, nun so starken Gefühl vor ihr! *Meine allerliebste „Irene" ..., bitte jetzt nicht! Du weißt doch, ich sollte endlich nach „Vanessa" schauen. Wir beide müssen jetzt vernünftig sein. Du siehst ...,* und wirklich, sie begutachtet mein nun so heftiges Gefühl neugierig und allem Anschein nach überaus interessiert. *„Irene", Du siehst es ja selbst. Auch mir fällt der Abschied von Dir wirklich sehr ..., sehr schwer.*

„Irene", sie schluckt bei diesem Gedanken und lässt es mich deutlich spüren ..., klar sie ist enttäuscht. *Wenn ich Dich jetzt ..., so völ-*

lig ohne irgend Etwas, also splitternackt vor mir stehen sehe ..., Dich so betrachte, kann ich sehr wohl feststellen, wie sehr Du mich begehrst, wie sehr Du mich und meine Liebe brauchst. Also warum willst Du mich gerade jetzt verlassen? In ihren wunderschönen Augen kann ich ihren Wunsch lesen, denn überaus gründlich mustert sie nun mein Wertvollstes. Mein allerliebster Marcus, habe ich nicht recht? Du kannst mir doch auch nur beipflichten ..., verlangt es Dich nicht auch nach meinem Körper..? fügt sie nun schmunzelnd an.

Zeitgleich mit ihren letzten Worten, setzt sie sich im Bett hoch und rutscht unmittelbar vor mir an die Bettkante. Sofort beginnt sie mit beiden Händen, mit ihren Fingern, mich an meiner überempfindlichen Stelle zu massieren und sehr intensiv zu streicheln. Und ja ..., sie will mich kosten, denn mit ihrem Mund kommt sie mir nun schon sehr gefährlich nahe. Nein nur das nicht, das passt nun wirklich nicht mehr. Du musst jetzt stark sein. Wenn es dir auch noch so schwer fällt. Mein Kopf, er möchte, er muss hart bleiben. Und doch ..., meine Gedanken sie kreisen und wanken und auch meine Augen beschäftigen sich schon sehr intensiv mit ihrem so verlockenden Körper. So ganz hat sich mein schwacher Wille, gegen meine so starken Gefühle, noch nicht durchsetzen können.

Es muss sein und so schaffen wir es dann doch. Mein Wille und ich ..., ja wir haben uns nun endlich entschlossen ..., wir haben uns entschieden. Schnell bücke ich mich und küsse „Irene" auf ihren schon halbgeöffneten Mund. Nun, sie missversteht meine Absicht ..., denn schon will sie mich zu sich ins Bett ziehen. „Irene" bitte ..., es tut mir leid, aber ich muss nun wirklich zurück. Was ist, wenn Dein lieber „Alfred" plötzlich hier aufkreuzt, schließlich ist es doch auch sein zuhause. Wir können schon morgen wieder zusammen telefonieren ..., wir können uns auch meinetwegen irgendwo in der Stadt zum Essen treffen. Vielleicht möchtest Du auch meine neue Bleibe kennenlernen? Wenn Du willst ..., ja wenn Du Lust hast ..., ja, wenn Deine Versprechen wirklich so ernst gemeint sind, dann kannst Du ja auch ..., vielleicht sogar für immer bei mir wohnen.

Nein ..., nur das nicht! Den letzten Satz hätte ich mir wohl besser geschenkt. Viel mehr sollte ich nun wirklich nicht mehr versprechen. Weiß ich denn jetzt schon, wie sich die Geschichte mit „Vanessa" entwickeln wird. Ja, ich liebe „Irene" noch immer. Und das anscheinend mehr, als ich mir zugestehen will. Und ..? Aber da ist ja schließlich auch noch mein Freund „Alfred" und ich darf und kann sie nicht vergessen ..., meine so „tödliche" Krankheit. Und außerdem, bin ich mir denn meiner Gefühle wirklich so sicher, nach all meinen Eskapaden der letzten Tage ..., weiß ich den überhaupt noch, was wirklich Sache, was Realität ist?

Ja, da war doch noch erst gestern ..., ich erinnere mich. Es fing an mit meiner körperlichen Schwäche und endete vorerst mit dem Spaziergang mit „Maria". Und was war heute ..? vor nicht einmal zwölf Stunden ..., das Wiedersehen mit „Vanessa" bei Frau „Adamschick" und die bittere Erkenntnis, dass auch „Vanessa" so schwerkrank ist. Dann das Tete-a-Tete mit Vanessa" ..., in der Folge das Finden mit „Irene" und jetzt, noch am selbigen Tag, am Abend ..., dieses Feuer, dieser Feuersturm, dieser Vulkan und das Zurückfinden zu meiner alten, scheinbar nie vergessenen, so großen Liebe ..., zu „Irene"! Ja, ja, und ..., ja habe ich nicht soeben mit ihr geschlafen? Ein Wahnsinn, welch ein Chaos von Gefühlen! Da frage ich mich ..., muss ich mich nicht erst einmal sortieren, meine Gefühlswelt entflechten? In meiner so miesen gesundheitlichen Situation, benötige, wünsche ich mir zu allererst einen Menschen, wenn es den überhaupt gibt, der mich, der meine Krankheit versteht. Es sollte jemand sein, mit dem ich in den kommenden, bestimmt sehr schwierigen Monaten, Tagen, vielleicht nur noch Stunden, über alles reden kann und der mir Beistand leisten kann und auch will.

Doch nun muss ich mich von ihr, von ihrem so wunderschönen Körper, von „Irene" losreißen. Schon bin ich im langen Flur und knipse den schweren Kristallleuchter an. Wirklich ..., was für ein Gedicht, was für ein klitzern aus Glas, Kristall und silbernem Metall ..., was für eine Festbeleuchtung, was für eine Stromverschwendung. Als erstes sammele ich meine Unordnung, alle meine in der

Erregung großzügig verteilten Utensilien zusammen und bekleide mich. Jetzt, bei dieser Helligkeit, überraschen mich auch hier diese großzügigen räumlichen Ausmaße. Da lebe ich um ein Vielfaches bescheidener. Das ist kein Flur im herkömmlichen Sinne. Ich zähle nicht sieben ..., nein, es sind sogar acht alle in weiß gehaltene Türen. Die Wände sind in einem angenehm leichten Gelb und die sagenhafte Stuckdecke ganz in weiß.

Gleich rechts, unmittelbar neben der Türe zum Schlafzimmer, steht eine flache, goldverzierte, eine etwa 150 cm breite, sehr dekorative Kommode aus der Biedermeierzeit. Gleich darüber thront ein bestimmt schwerer, ovaler, riesiggroßer Kristallspiegel mit viel Goldbrokat an den reichlich verschnörkelten Rändern. Wo mag dieses edle Stück früher einmal seinen Platz gehabt haben?

Überhastig, noch ein bisschen nervös, zupfe ich mir den ziemlich verknitterten Kragen meines hellblauen Hemdes zurecht. Eitel wie ich bin, kämme ich mir mit einer kleinen Haarbürste aus dunklem Holz, die ich eben auf dem Tischlein entdeckte, meine fast trockenen, momentan modisch kurzgeschnittenen Haarborsten zurecht. Und schau ..., ja ganz in einem Winkel, unmittelbar neben der breiten Eingangstüre ..., dorthin ..., ja dort hat „Irene" in ihrer Erregung, mein schönes hellbraunes Sakko aus echtem Kaschmir auf den Boden geworfen. Und ..., wo sind bloß meine neuen schwarzen Italiener? Denen muss irgend wer einen heftigen Stoß versetzt haben, denn diese erblicke ich fast nebeneinander stehend, ganz hinten, also fast vor der letzten Türe. In Hektik, schon etwas zu flüchtig, betrachte ich mein Outfit in dem übergroßen Spiegel. Und ..., ja doch ..., ich bin noch ich selber ..., ich glaube ..., ja ich bin nun endlich wieder komplett!

„Irene", hallo, meine allerliebste „Irene" ..., jetzt heißt es Abschied nehmen. Ich hoffe doch, dass Du mich, meinen Besuch nicht morgen schon vergessen hast. Und bitte nicht böse sein, wegen meines jetzt so plötzlichen Verschwindens. Du weißt ja, gerne wäre ich ..., die restlichen Worte kann ich mir schenken, denn beim eintreten in das Schlafzimmer kann ich feststellen, dass sich „Irene", die in hellblau bezogene Zudecke bis zu den Schultern hochgezogen hat und tief und fest schläft. Ein Bild für Götter ..., so friedlich, so schön. Sie dreht sich jetzt im Schlaf zu mir und ich schenke ihr wie zum Abschied, auf ihren schönen, halboffenen Mund, auf ihre warmen, weichen, noch feuchten Lippen, einen innigen, einen sehr innigen Kuss. Fast glaube ich ..., vielleicht bilde ich es mir auch ein, vielleicht wünsche ich es mir sogar, dass sie mir diesen erwidert. Komisch ..., ich fühle es, dass sie mehrmals mit ihrer Zunge die meinige, ganz zart berührt und auch ihre Wimpern, ihre Augenlider, sie flattern ganz leicht. Ja, ja ..., meine Gedanken ..., in meiner Fantasie erhoffe ich mir sogar noch viel, viel mehr. Dabei erwarte ich, dass sie jetzt und sofort aus ihren schönen Träumereien erwachen und mich in ihre Arme schließen, dass sie mich wieder zu sich in ihr wunderschönes Bett holen möge.

Nur schwer ..., ganz schwer ..., kann ich mich von diesem Gemälde losreißen, kann ich mich überwinden. Liebend gern ..., fast werde ich schwach. So liebenswert wie sie mich jetzt im Schlaf anblinzelt ..., ich kann mich auch täuschen, sogar anlächelt. Mich juckt es in den Fingern ..., ich kann nicht anders ..., ich muss ihr mit meiner rechten Hand über ihre nun leicht geröteten Wangen streicheln. Ganz leicht und zärtlich ..., so als erhoffe ich mir immer noch ihr Aufwachen, ihre liebevolle Zuwendung. In dieser Hoffnung bücke ich mich über sie und küsse sie mehrmals ganz zärtlich auf ihre Stirn ..., ja, und immer noch kann ich in ihren Mundwinkeln ihr leichtes Lächeln sehen, ..., ihren nun etwas kürzeren, jetzt heftigeren Atem in meinem Gesicht spüren! Langsam, ganz langsam richte ich mich auf, ein wenig enttäuscht auf. Es ist wirklich allerhöchste Zeit, dass ich mich endlich auf den Weg mache.

Fast hätte ich sie ..., meine Pillen ..., meine Schmerztabletten vergessen. Und ..., siehe da, ich finde mein Plastikdöschen in der linken Innentasche meines Sakkos. Noch schnell in das so schöne Bad und mit ein paar Schluck kalten Wasser aus einem schönen, hellblauen Kristallglas ..., Gott sei Dank ..., für´s Erste wäre dies erledigt.

Aber trotz aller Eile ..., nur noch einmal ..., es muss sein ..., dieser so schöne Anblick. Reiße Dich doch endlich zusammen ..., rede ich nun halblaut mit mir ..., Du musst Dich nun endgültig von diesem so wunderschönen Bild trennen. Doch trotz meiner ermahnenden Gedanken, ich schaffe es nicht. Das allerletzte ..., nur noch ein einziges Mal ..., ich muss sie ..., ich muss „Irene" noch einmal streicheln ..., ich muss ihr Aufwiedersehen sagen. Und schon bin ich bei ihr ... bei ihr an ihrem so großen Bett. Langsam, ganz zärtlich streiche ich mit meiner linken Hand, mit meinen Fingern durch ihr weiches Haar ..., über ihr Gesicht ..., unter die Bettdecke. Ganz sachte hebe ich diese jetzt und betrachte ihren so wunderschönen Körper. Unmöglich ..., ich kann mich nicht losreißen, ich bin regelrecht süchtig nach „Irene", nach ihrem so schönen Körper und alles was dazu gehört. Meine so rege Fantasie ..., sie gaukelt mir schon wieder ..., erwarte ich denn wirklich nun ihr Aufwachen? Möchte ich denn echt die ganze lange Nacht mit ihr verbringen ..., mit ihr schlafen?

Gleichmäßig, sehr ruhig ist ihr Atmen ..., ich kann nicht anders. Nun schlage ich die Bettdecke gänzlich zurück und setze mich auf die linke Bettkante und streichele mich mit meiner rechten Hand, mit meinen Fingern ganz zärtlich, ganz langsam über ihre beiden immer noch feuchten Brüste ..., über ihren Bauch und als sie sich jetzt wie gewünscht, auf den Rücken legt und ihre langen Beine großzügig weit öffnet ..., auch zwischen ihren Schritt. Meine Finger, ich habe sie nicht mehr unter Kontrolle, denn schon taste ich mich ganz zärtlich in sie und kann feststellen, dass sie feucht ..., sehr feucht ist. Kein Wunder, hatte ich doch erst vor einer halben Stunde mit meiner so geliebten „Irene", sagenhaften Sex.

Eigenartig ..., aber insgeheim glaube, ja hoffe ich immer noch, sie öffnet jetzt für mich ihre so wunderschönen braunen, großen Augen und zieht mich wie vorhin zu sich auf die weiche Liegestatt. Noch einmal malt mir meine so rege Fantasie, diese schönen Augenblicke. Doch schade ..., sie atmet tief und gleichmäßig. Ja sie hat einen sagenhaft guten Schlaf und ganz sicher auch einen sehr schönen Traum. Sehr vorsichtig nehme ich jetzt meine Hand, meine Finger zurück und plötzlich ..., was ist mit mir ..., ja nun habe ich echt ein schlechtes Gewissen. Es fällt mir zwar schwer, doch ich schaffe es. Sehr behutsam und langsam bedecke ich nun ihren so wunderschönen Körper mit ihrer weichen, hellblauen Zudecke.

Was ist nur mit mir und all´ meinen guten Vorsätzen? Mit mir unzufrieden und mich im Stillen beschimpfend, erhebe ich mich endlich von der Bettkante und schalte das Nachttischlämpchen aus. Es muss sein ..., und ..., ja doch ich gehe nun wirklich, meine Füße vorsichtig hebend, rückwärts aus diesem großen Raum. Ganz leise, sehr leise schließe ich nun die Türe zum Schlafzimmer ..., öffne die Wohnungseingangstür zum Treppenhaus und betätige den dortigen Lichtschalter. Jetzt erst bemerke ich, wie großzügig und geschmachvoll dieses gestaltet ist. Der Boden und auch die Treppen sind mit einem hochwertigen blaugrauen Teppich voll ausgelegt ..., die Wände in einem leicht beigen Anstrich gehalten. Alle Decken, auch bei den Abgängen, haben, welch ein Luxus ..., weiße Stuckdecken wie in der Wohnung von „Alfred". Die schmiedeeisernen Treppengeländer sind modern gearbeitet und in gold und schwarz lackiert. Nobel ..., nobel ..., bestimmt auch das Preisniveau dieser Wohnungen. Nun schalte ich den riesigen Leuchter im Vorraum, im Flur aus und ..., ja endlich ziehe ich die Wohnungstüre ganz leise und sehr vorsichtig hinter mir ins Schloss.

Nun heißt es sich sputen und leicht, ganz locker, sehr sportlich ..., keineswegs müde und in bester Laune, leise vor mich hinpfeifend - ich weiß nicht warum, aber ich pfeife ..., Lili Marleen ..., - nehme ich übermütig wie in früheren Jahren zwei, drei aber auch vier Treppen auf einmal ..., schon stehe ich endlich vor dem Haus. Momentan kann ich mich über mich nur wundern, denn ich fühle mich körperlich voll tauglich und ehrlich ..., ich könnte jetzt Bäume ausreißen ..., das glaube ich jetzt in diesem Augenblick. Immer noch ist es zu dieser späten ..., zu dieser nachtschlafenden Stunde ..., um diese Geisterstunde ..., relativ mild. Ja es hat fast Vollmond. Tief ..., sehr tief und fest atme ..., genieße ich diese angenehm frische Nachtluft. Ganz leise, weit weg ..., nur von ganz fern hört man noch ein wenig den Straßenlärm.

Doch etwas ..., ja etwas Gutes bewirkt dieses jetzt intensive Durchatmen, mein jetzt schnelleres Gehen. Langsam ..., allerdings noch sehr langsam, beginnen meine wenigen Gehirnzellen konstruktiver zu arbeiten und allem Anschein nach funktionieren sie auch so o lá, lá. Doch eines schaffe sie nach wie vor nicht. Es ist mir leider noch nicht möglich ..., in mein heutiges Gefühlschaos kann ich beim besten Willen, bei aller Konzentration und Anstrengung, keine klare Linie bringen. Noch bin ich mir nicht im Klaren, inwieweit dieser Abend, ja eigentlich dieser ganze Tag, Wirklichkeit oder Traum gewesen ist. Dies „Alles", von heute früh bis jetzt ..., ich schaue auf meine Armbanduhr und erschrecke ..., 00.48 Uhr, also fast schon ein Uhr ... - das kann doch „Alles" so nicht gewesen, nicht wahr sein. Diesen Albtraum habe doch nicht ich persönlich wirklich durchlebt ..., das war doch nicht ich. „Alles" kann doch nicht Wirklichkeit, nicht Realität gewesen sein. Habe ich mich denn überhaupt noch unter Kontrolle? Haben mich denn diese letzten so schwierigen, teils mit Sorge und vor allem Schmerz gefüllten Monate, Wochen, Tage, diese vielen Stunden, mit der Gewissheit meiner absolut tödlichen Krankheit, völlig willenlos werden lassen? Nehme ich denn „Alles" so, wie es gerade kommt und geht? Von wegen überlegen ..., warum auch! So wie es kommt, so kommt es eben. Und was morgen oder übermorgen sein wird ..., der Einfachheit halber lasse ich mich ganz einfach treiben und passe mich von mal zu mal der jeweiligen Situation an.

Doch schon wieder ..., mir schwindelt plötzlich ..., dreht sich alles in meinem Kopf und schon wieder fahren meine wirren Gedanken und auch meine Gefühle mit mir Karussell, mit mir Achterbahn. Und zum xten-Male dreht sich bei mir alles wieder nur um heute und um die letzten Tage. Und gerade diese letzten Stunden mit „Irene", sie haben unsere gemeinsam erlebten Jahre, in mir noch einmal lebendig werden lassen. Ja, ja ..., meine allerliebste „Irene" und ich ..., haben wir nicht auch wieder von einer gemeinsamen Zukunft gesprochen, davon, wenn auch nur kurz, geträumt? Und ..., ja will sie sich nicht sogar meinetwegen von meinem Freund „Alfred" trennen und wenn ich sie richtig verstanden habe, mit mir zusammenleben ..., mich sogar wenn notwendig pflegen ..., mich vielleicht wieder gesund pflegen? Wie meinte sie noch ..., sie habe aus ihren Fehlern, ihren großen Dummheiten, ihren Eifersüchteleien von damals gelernt. Damals ..., ja das war eine Zeit, als wir uns so innig und heiß liebten und wieder und wieder stritten und versöhnten. Wenn ich drei Jahre zurückdenke und die letzten Monate und Tage unseres damaligen Beisammenseins revuepassieren lasse, kann ich nicht so recht an ihr heute Gesagtes glauben. Meint sie „Alles" wirklich ehrlich oder ist nur unser unvorhergesehenes Finden in ihrem so wunderschönen, weichen Bett, der Auslöser für dieses vielleicht leichtfertige, unüberlegte Versprechen. Und ich frage mich ..., war dieses Versprechen wirklich nur ein Versprecher?

Was soll´s ..., ich glaube, dass schon der heutige Tag, der neunte September, Klarheit in dieses Wirrwarr, in dieses totale ..., in mein Gefühlschaos bringen wird. Für mich ist es glaube ich besser, wenn ich mich nicht zu sehr auf die Vorkommnisse dieses Tages konzentriere ..., ich darf mich nicht zu sehr von meinen wirren Gedanken beeinflussen lassen.

Wie automatisch beschleunige ich nun meine Schritte, zwinge mich fast zum laufen. Vielleicht gelingt es mir so, dass mein Hirn durch mehr Sauerstoff klarer, realistischer denken kann, dass ich endlich meinen Kopf auch für andere Dinge frei bekomme. Tief atmen ..., tief und gleichmäßig atmen ..., rede ich mir ein und wirklich ich schaffe es zum Mindesten für einige Augenblicke und so genieße ich wieder diese Stille ..., die Ruhe in dieser so schönen Nacht.

Doch was ist das? Ja, ja ..., plötzlich höre ich ..., das kann nicht weit von hier sein ..., ja das muss gleich hier in nächster, in allernächster Nachbarschaft sein. Es ist nicht zu überhören ..., dieses überaus schrille, das überlaute, das mir so richtig durch Mark und Bein gehende tatütata, tatütata, tatütata ..., das luftzerreißende Signal eines Martinshorns! Und eigenartig ..., plötzlich rede ich mir ins Gewissen! Gerade jetzt muss ich an sie, an „Vanessa" und an unsere so „tödliche Krankheit" und an unsere uns so innig verbindenden „zwei Schicksale" denken!

Eine winzige Chance

Was ist nur mit mir los ..., mit meinem Kopf ..? Er brummt und summt ..., wie ein wildgewordener Bienenschwarm ..., Wahnsinn! Ja und auch mein Herz ..., es klopft wie verrückt ..., es sticht, und schmerzt mir in der Brust! Irgend etwas stimmt nicht mit mir. Körperlich fühle ich mich matt und schlapp. Auf gut deutsch ..., ich fühle mich sehr bescheiden und hundeelend! Müde und unausgeschlafen reibe ich mir jetzt sehr zerstreut meine noch bleischweren Augen. Doch was ist jetzt ..? Plötzlich wird es mir so richtig schwarz vor den Augen und ganz flau in der Magengegend. Mein so labiler Kreislauf, er spielt wieder einmal verrückt ..., alles dreht sich ..., wird immer schneller und schneller. Und was ist das? Was schmerzt, was sticht mich an meiner rechten Hand? Schau, schau ..., was soll das denn? Erschrocken begutachte ich jetzt auf meinem rechten Handrücken ein etwa fünf mal fünf Zentimeter großes Pflaster. Ganz vorsichtig ertaste, streichele ich mit dem Zeigefinger meiner linken Hand diese Stelle. Was hat dies alles zu bedeuten?

Verstört, ganz verwirrt, völlig orientierungslos, richte ich mich in meinem Bett auf. Soweit es mir möglich ist, versuche ich mich im Sitzen ein wenig zurecht zu finden. Doch warum liege ..., ja, jetzt sitze ich ..., überhaupt in einem solchen und wo hat man mich hier abgestellt? Da sind sie meine so verwirrten Gedanken, meine Sorgen um meine Gesundheit. Es hämmert und pocht in meinem Kopf. Schon beginnt dieses immer schneller werdende Karussell-, dieses so irre Achterbahnfahren. Erschrocken zucke ich nun wegen meiner so extremen Fantastereien zusammen. Und ..., ja, ich sorge mich, befinde ich mich wirklich und das nun schon zum x-ten Male in dieser mir bestens bekannten Klinik ..., in der Intensiv-Abteilung für Krebskranke, vielleicht bei „Alfred" meinem besten Freund? Doch warum und weshalb diese neuerlichen Prozeduren? Irgendwie ..., doch, doch ..., irgend etwas muss in den letzten Stunden, in der Nacht, vielleicht in den letzten Tagen vorgefallen sein!

Nur dieses Mal gibt es für mich nicht den Sonderstatus, den von mir schon gewohnten „guter Freund-Bonus", den Luxus eines Einzelzimmers. Nein ..., dieses Mal hat man für mich kein bequemes, kein breites Krankenbett, kein geräumiges Zimmer. Nein, dieses Mal darf ich mit einem schmalen, mit einem engen, noch dazu sehr unbequemen, einem Notbett vorliebnehmen. Und noch etwas muss ich zu meinem Leidwesen feststellen ..., ich liege hier ganz allein auf einem mir schier endlos scheinenden, sehr langen, ewiglangen Flur. Abgestellt ..., einfach nur abgestellt hat man mich hier, schießt es mir durch mein nun gänzlich irritiertes Kleinhirn. Jetzt, da ich mich nun vollends im Bett aufrichte, kann ich dies feststellen, denn die vor und auch hinter mir abgestellten Notliegen, sind allesamt mit einem wie mir scheint, weißen Lacken abgedeckt, also nicht mit Patienten belegt.

Zwei kleine, links und rechts von mir an den Wänden installierte runde Notleuchten, verbreiten um mich herum ein schummrig schwaches Licht und zeichnen mir nur schwach die Umrisse einzelner Hochschränke, die gleich linkerhand an den Wänden aufgestellt sind und bis unter die Decke reichen. Ist es noch tiefste Nacht oder dämmert schon der nächste, der frühe Morgen? Welchen Wochentag haben wir heute oder ist es gar schon Sonntag? Nicht einmal meine Armbanduhr ..., ich kann keine solche an meinem linken Armgelenk erfühlen, hat man mir zurückgelassen. Und wenn schon ..., bei dieser miesen Beleuchtung könnte man diese winzigkleinen Ziffern wohl kaum richtig erkennen.

Doch halt ..., was ist das? Vielleicht gute fünf bis sechs Meter vor mir ..., dort gleich linkerhand, fällt eine handbreit grell helles Licht aus einer nur angelehnten Türe. Und ..., ja ich höre ganz schwach Stimmen. Jetzt erkenne ich zwei ..., es sind weibliche, zwei angenehm klingende Stimmen, die sich im Augenblick intensiv und scheinbar sehr angeregt unterhalten.

So verharre ich eine Zeitlang ..., unschlüssig vor mich hinsinnierend ..., eine Viertelstunde, vielleicht auch länger. Jetzt ..., ganz langsam, sehr behutsam hebe ich nun meine Bettdecke, denn ..., ja plötzlich und urplötzlich meldet sich mein Körper zurück. Es sind menschliche ..., sehr dringendes Bedürfnisse. Schau, schau ..., was hat man mir da für ein neckisches „Etwas" verpasst? Nur schwach erkenne oder besser, ertaste ich an mir einen zusammengenähten, weißen kleinen Stofffetzen, der an mehreren Stellen offen ist und das sich hier Hemdchen schimpft. Nun, dieses kleine „Etwas", dieses Luxusmodell, dürfte mir ja durch meine vielen Klinikaufenthalte hinreichend bekannt sein. Neugierig geworden, taste ich meinen Körper weiter ab. Doch eine Unterhose oder etwas Derartiges, kann ich an mir nicht entdecken ..., wie sexy! Vorsichtig schiebe, rutsche ich mich von der Bettkante. Brrrrr ..., jetzt fühle, registriere ich mit meinen völlig nackten Fußsohlen den kalten, glattgebohnerten Fußboden ..., er dürfte aus PVC sein. Das ist hart ..., weder Schuhe noch Socken ..., ein paar meine Füße wärmende Hausschuhe ..., nichts, rein gar nichts kann ich bei einem Blick unter das eiserne weiße Bettgestell, bei dieser wenigen Helligkeit mit meinen Händen ertasten. Dabei habe ich mich mit meiner wenigen Bekleidung auf den kalten Fußboden gelegt. Bestimmt ..., ja doch gewiss ..., irgendwo hat man meine wenigen Utensilien, meine Kleidungsstücke und meine Schuhe, in einem dieser vielen Schränke verstaut. Was ich im Einzelnen alles bei mir gehabt habe ..., wirklich ..., nein ..., ich kann mich jetzt in diesem Augenblick ..., ich kann mich wirklich an überhaupt nichts mehr erinnern.

Nun ..., was will ich jetzt? Habe ich eine andere Wahl? Kaum und so schleiche, schwebe, tänzele ich mich gekonnt, sehr vorsichtig und wie auf rohen Eiern, auf meinen Zehenspitzen durch den langen, sehr langen Gang. Hoffentlich finde ich schnellstens in diesem Halbdunkel, das von mir nun schon so dringend benötigte gewisse Plätzchen, dieses bestimmt nicht immer so stille Örtchen.

Von wegen dringend! Von Geburt an bin ich schon immer sehr, sehr neugierig. Als erstes und das trotz meiner Dringlichkeit, muss ich mir noch vorher einen Blick durch den engen, winzig schmalen Türspalt, in das sehr grellhell beleuchtete Zimmer gönnen. Gleich ganz links, an der Seite, erblicke ich zu allererst einen langen weißen Tisch, auf dem vier gleichgroße Blechkannen, ich nehme an, mit verschiedenen Teesorten gefüllt, stehen. Gleich daneben jede Menge kleine Tassen und eben so viele kleine Teller, alle aus weißem

Keramik. Ich nehme an, dass dieser Tisch bis unmittelbar hinter die Türe reicht. Genau in der Mitte, der Stirnseite, also mir gegenüber des vielleicht sechzehn Quadratmeter großen Raumes, steht etwa einen guten Meter unter der Fensterfront, ein Schreibtisch. Vor diesem, kann ich, mir mit dem Rücken zugewandt, eine momentan schlafende, dunkelhaarige Frau erkennen. Ihre Haare fallen ihr halblang auf die Schulter und ..., ja, sie hat ihre beiden Arme auf dem Tisch verschränkt und ihren Kopf darauf gelegt.

Viel mehr ..., nein ..., viel mehr kann ich jetzt nicht erkennen und so drücke ich mit meinem linken Fuß, ganz behutsam, sehr vorsichtig die Türe eine Idee weiter auf. Auf Zehenspitzen betrete ich langsam und sehr leise den Raum. Links und rechts, also unmittelbar neben der schlafenden Frau, liegen viele kleine gleichgroße, durchsichtige alle mit Namen versehende runde Plastikdöschen. Und in jedem dieser Döschen befinden sich verschiedengroße, ein zwei, drei oder gar noch mehrere runde, ovale aber auch längliche Tabletten und Zäpfchen. Wie ich nun unschwer erkennen kann, sind diese in weiß, rot, rosa, gelb, grün, braun ..., ja sogar blaue befinden sich darunter. An der freien Wand über dem Schreibtisch, also noch unter der breiten Fensterfront, hat man auf die ganze Zimmerbreite, ein schmales, weiß lackiertes Holzregal montiert. In denselben befinden sich, wie ich erst jetzt feststelle, allerlei Utensilien und viel Kleinzeug. Das sind unter anderem steril verpackte Binden, Pflaster und Pinzetten, Verbandsmull, Messer, Nadeln, Scheren, spitze und runde Skalpelle, Plastikbecher und verschiedengroße Schalen. Und gleich auf der rechten Seite liegen, allesamt in zwei durchsichtigen, rechteckigen Plastikschalen, gebrauchte, doch überwiegend neue steril verschweißte Spritzen. Und ..., ja gleich linkerhand im Regal, stehen gut sortiert, fein säuberlich geordnet, ungleich große glasklare, sowie einzelne blaue, grüne und braune Fläschchen, allesamt aus Glas.

Eine weitere Person kann ich in meiner Eile, in diesem Raum nicht erblicken. Nehme aber an, dass sich eine solche im Nebenraum befinden muss. Denn rechterhand, im hinteren Drittel des

Raumes, sehe ich eine schmale, weißlackierte Holzschiebetüre, die ich verständlicherweise nicht öffne. Nun, und auch die mir noch Unbekannte, die tief schlafende Krankenschwester, möchte ich keinesfalls aus ihrem verdienten Schlaf wecken. Also was soll´s? Meine Neugier konnte ich ja größtenteils zufrieden stellen und außerdem ..., was ist mit meinem körperlichen, so dringenden Bedürfnis? So schleiche ich mich nun wieder ganz vorsichtig und möglichst Lärm vermeidend, auf meinen Zehenspitzen aus diesem Zimmer.

Mich belasten, drücken, aber vor allen Dingen, schmerzen nun zwei Dinge ganz gewaltig. Meine Blase und ganz extrem auch mein Bauch. Aber was will ich gegen meine Wissbegierde tun? Also eins nach dem anderen. Meine Schmerzen, diese alten, von mir so geliebten Freunde ..., sie melden sich nun immer gewaltiger. Noch kann ich mich an nichts, an keinerlei Geschehnisse der letzten Tage erinnern. Irgend etwas ..., ja was ist eigentlich passiert? Irgend etwas Schlimmes muss vorgefallen sein? Doch zu allererst ..., erst das stille Örtchen und dann ..., ja sie werden dominanter, schlimmer und tobender ..., benötige ich unbedingt meine Pillen oder eine Spritze. Ein Problem nach dem anderen.

Allzu lange brauche ich, dem Himmel sei Dank, nicht zu suchen. Denn nur wenige Meter, gleich nach dem sich an der Wand so hell abzeichnenden Lichtstrahl, öffnet sich gleich rechterhand eine etwa drei Meter breite Mauernische, in der ich zwei Türen, in der ich nun das von mir so gewünschte Örtchen finde. Ja und dort erledigt sich schnell mein erstes, mein wohl leichteres Problem.

Bei meinem neugierigen, informativen Blick durch das ganz geöffnete, außen vergitterte Toilettenfenster, kann ich nun zweierlei feststellen. Zum Einen, dass es noch tiefste Nacht sein dürfte, denn der Straßenlärm ist nur schwach zu hören, und zum Anderen, dass sich meine Schrecksekunde bewahrheitet. Deutlich kann ich die sich gegen den Nachthimmel abzeichnenden Umrisse der mir nur zu gut bekannten Klinik erkennen. Und ..., ja es ist eine laue, eine angenehm warme Nacht und wir haben fast Vollmond. Es muss ..., es kann also nur die Nacht vom Freitag auf Samstag sein. Meinem

Erinnerungsvermögen fehlen somit allerhöchstens ein oder vielleicht gar zwei volle Tage und Nächte.

Mittlerweile habe ich trotz aller Vorsicht, eisigkalte Füße und so bin ich für´s Erste heilfroh, als ich wieder unter meine mich angenehm wärmende Bettdecke schlüpfen kann. Nur ..., diese Genugtuung hält sich bei meinen jetzt wie wahnsinnig bohrenden Bauchschmerzen in Grenzen. So bin ich froh, als sich der mir inzwischen bestens bekannte Lichtstrahl, der ehedem angelehnten Türe verbreitert. In den nun ganz offenen Rahmen tritt eine kleine Frau, so um die Fünfzig mit Rubensrundungen. Schade, schade ..., schaut sie doch in die entgegengesetzte, in die andere Richtung. Endlich ..., ja, jetzt erblickt sie mich, nachdem ich mich im Bett aufgesetzt und groß gemacht habe. Sie ist es ..., es ist dieselbe Krankenschwester, die ich noch vor wenigen Minuten schlafend am Schreibtisch sitzend, überraschte. Über das ganze Gesicht strahlend, kommt sie nun an mein Bett geschaukelt. *Wie geht es Ihnen? Sie Ärmster ..., hier hat man Sie abgestellt, so ganz verlassen zwischen all´ diesen leeren Betten. Kann ich ersatzweise etwas Gutes für Sie tun?* Das hört sich doch ganz manierlich an. Schießt es mir durch meinen immer noch völlig irritierten Kopf. *Das haben Sie sehr treffend formuliert. Anfangs, gleich nach meinem Erwachen, wusste ich keinesfalls ..., nein, ich wusste rein gar nichts. Mittlerweile habe ich mich soweit ein wenig schlauer machen können. Damit will ich sagen, dass ich jetzt sehr wohl weiß, dass ich mich leider schon wieder, und das zum x-ten Male, in meiner zweiten, in meiner nicht gerade geliebten Wahlheimat befinde. Gibt es bei Euch so was wie einen Treuebonus ..., ich meine einen Mengenrabatt?*

Vor Schmerz drücke ich mir nun meine beiden Hände gegen den Bauch und auch meinem Gesicht muss dies deutlich anzusehen sein. *Meine allerliebste Schwester ..., meine Liebe ..., als Erstes bräuchte ich und das möglichst schnell, wegen meiner schon so aufdringlichen Freunde, meine Schmerzstiller ..., ich meine ..., meine Pillen und dazu vielleicht etwas Leckeres gegen meinen wahnsinnigen Durst ..., etwas das man auch trinken kann. Gibt es bei Ihnen denn überhaupt so etwas? Dabei denke ich hier vielleicht an eine kühle feurige Blonde ..., ich meine natürlich ..., mein Herzenswunsch wäre ein leckeres, kühles Münchner Weißbier!*

Meine letzten Worte, waren die so lustig? Die mir noch Unbekannte, sie muss plötzlich so lauthals, so intensiv herzlich lachen, dass ich erschrocken *psst, psst*, von mir gebe und mit meinem Zeigefinger auf meine Lippen tippe. Aber sie hat schon eine Lache. Dabei erinnert sie mich an die so herzliche, so überlaute intensive Lache von Liselotte Pulver, einer allseits in deutschen Landen, gerade der älteren Generation bestens bekannte Schweizer Filmschauspielerin. *Bei mir können Sie fast alles bekommen. Sie haben hier freie Auswahl, sozusagen die Qual der Wahl. Und das ..., unter vier besonders delikaten Geschmacksrichtungen: Kamille, Pfefferminze und Hagebutte. Wie wäre es vielleicht mit unserer Neuen, einer aromatisch delikaten Mischung aus grünen und schwarzen Tee ..., unsere neueste Kreation? Alle von uns im Heimservice angebotenen Getränke, passen vom Geschmack her, bestens zu Ihren Pillen. Aber auch zu der nicht gerade kleinen Spritze, die ich Ihnen laut meiner handschriftlichen Anordnung von „Alfred", Ihrem guten Freund, wie man mir hier schriftlich mitgeteilt hat ..., jetzt gleich höchstpersönlich verabreichen werde ..., ja, ja, eigenhändig verpassen muss. Diese soll laut ärztlichem Hinweis bezwecken, dass sich zum Mindesten Ihre bestimmt sehr schlimmen Schmerzen beruhigen. So können Sie hoffentlich die wenigen noch verbleibenden Nachtstunden und ein wenig mehr, schmerzfrei durchträumen und auch ruhig schlafen. Ist dies nicht ein erstklassiges Angebot, ein wirklich erstklassiger ..., ein Spitzenservice den wir Ihnen hier exklusiv und persönlich verabreichen. Sie müssen mir doch Recht geben, dass sich unsere Leistungen sehen lassen können ..., dass der Service dieses First-Class-Hotels kaum noch zu überbieten ist!*

Nun ..., was wird denn das ..? In meinem Leben habe ich schon viele Lacher erlebt, aber das ist ..., das ist einfach Spitze ..., phänomenal ..! Jetzt beginnt sie erst so richtig ..., durch alle Partituren ..., das ist vielleicht ein Spektakel. Ihre Stimmbänder, sie vibrieren und ja ..., sie muss sich nun mehrmals die Lachtränen mit einem wohl frischen weißen Taschentuch, das sie sich aus der Tasche ihres weißen Mantels angelt, aus ihren Augen, aus ihren braunen, großen Augen wischen.

Und erst ihr rundes Gesicht ..., es verfärbt sich zusehends rot, röter, fast bis ins tiefste Purpurrot. Da frage ich mich ..., kann man dieses Lachen noch toppen? Eins muss ich ihr wirklich bescheinigen, sie lacht gern und versteht bestimmt eine Menge Spass und trotz meiner mittlerweile bald unerträglich starken Schmerzen, muss ich ..., ja, ich gebe ihr Lachen zurück, allerdings schon viel, viel ..., schon um ein Vielfaches gemäßigter, verkrampfter.

Sie sind eine wirklich liebenswerte Person und haben Ihr Herz bestimmt auch am richtigen Fleck. Doch mein supergroßes, eben an Sie gerichtetes Anliegen, könnten Sie mir bitte nun endlich erfüllen. Bitte, bitte ..., bitte bringen Sie mir möglichst schnell meine Tabletten und dazu vielleicht eine Tasse schwarzen Tee aus Ihrem mir soeben vorgetragenen so reichhaltigen Angebot. Erst dann können ..., ja erst dann dürfen Sie mich mit Ihrer großen, mir furchteinflößenden Spritze, in die ewigen Träume schicken. Hoffentlich kann ich dann auch schmerzfrei schlafen.

Und es dauert und dauert ..., langsam, nur ganz langsam beruhigt sie sich ..., sehr tief atmend, von ihrer so intensiven Lache. Sie hat davon ganz feuchte Augen und schaut mir nun schon etwas ernster, bestimmt nachdenklicher, ihre Stirn runzelnd, tief in meine Augen, und ..., ja, da ist noch etwas. „Alfred", *er hat mir hier, ganz am Schluss, noch einen scheinbar sehr wichtigen Vermerk geschrieben. Wir sollten darauf achten, dass sich Dein so labiler Kreislauf wieder stabilisiert. Diesen Satz hat er hier, wie zur Bekräftigung ..., da sehen Sie selbst, mehrmals ganz dick und in rot unterstrichen.*

Jetzt muss ich mich schon wieder wegen meiner nun so wahnsinnigen Schmerzen an meinen Bauch fassen. Mit beiden Händen drücke ich mir sehr massiv dagegen und auch im Kopf wird mir ganz heiß ..., fast glaube ich, er zerplatzt mir. *Bestimmt können Sie sich meine Schmerzen kaum vorstellen. Aber glauben Sie mir, ich bin wirklich keine wehleidige Type, keine Mimose. Diese Schmerzen ..., sie sind wirklich ..., wirklich echt sehr unangenehm! Es ist darum allerhöchste Eisenbahn, dass ich ..., dass heißt, dass Sie, dass wir beide uns endlich kennenlernen, näherkommen. Damit meine ich natürlich ihre große Spritze und ich.*

Entschuldigen Sie bitte ..., entschuldigen Sie vielmals. Ich eile ..., Sie sehen ..., ich eile und ich fliege ja schon! Und wirklich, sie fliegt nun förmlich mit wehendem, weißen Kittel in ihr grellhell beleuchtetes Zimmer zurück. Diese Beweglichkeit habe ich ihr nun bestimmt nicht zugetraut. Keine fünf Minuten später ist sie ..., steht sie schon wieder vor mir ..., vor meinem Bett. Allerdings ohne meine von mir gewünschten Pillen, aber mit einer auch optisch unheimlich langen, einer mir wirklich furchteinflößenden Spritze. Ja, und ..., ja Gott sei es gedankt! Sie hält einen großen, weißen Plastikbecher, fast bis an den Rand gefüllt, mit schwarzen, kalten Tee, in der rechten Hand.

Gleich bringe ich Ihnen ein kleines, fahrbares Tischchen zum Abstellen für den Tee und auch für ihre privaten Sachen. Bevor ich es wieder vergesse: Rufen Sie ganz einfach nach Schwester „Renate", wenn Sie jemanden zum Trösten, Händchen halten und für Ihre Streicheleinheiten brauchen. Sie ..., ja, Sie ..., Ihren Namen kenne ich ja schon. Man sagte mir, dass Sie und „Dr. Schreiber" ..., dass Sie und „Alfred" gute Freunde sind. Dass man Sie, das man Dich überall nur Marcus ruft. So nehme ich doch an, dass auch mir dieses Privileg zusteht. Also für mich bist Du ab sofort nur noch der Marcus. Doch jetzt muss ich mein Versprechen endlich einlösen. Gleich bin ich wieder bei Ihnen ..., ja, was ..., wie dumm ..., ich meine natürlich ..., Sekunden und ich bin bei Dir.

Noch während ihrer letzten Versprecher, fliegt sie, eilt Schwester „Renate" schon wieder in Richtung Lichtstrahl und verschwindet schnell in den benannten Räumlichkeiten. Anscheinend muss sie einiges hin und her bewegen, denn ich höre deutlich, sehr deutlich, für diese Zeit schon etwas zu laut, dass sie einige Möbelstücke und Gegenstände bewegt und herumschiebt. Schau, schau ..., schon befördert sie, die Backen voll aufgeblasen und fest pustend, ein kleines, schmales hellgraues Schränkchen, vielleicht auch Nachtkästchen, über die Türschwelle, in den Gang. Und jetzt ..., linkerhand, gleich neben der Türe, betätigt sie den Lichtschalter. Einige Augenblicke blendet mich das grelle Licht dieser vielen Neondeckenleuchten. Wie automatisch halte ich mir meine beiden Hände schützend vor die Augen. Doch meine Freunde, sie werden immer aktiver, unerträglicher, immer aufdringlicher. So muss ich meine Hände schnellstens wieder von meinen Augen nehmen, um sie mir fest gegen meinen Unterleib, gegen meinen Bauch zu pressen. Und schon krümme und wälze ich mich in meinem relativ schmalen Notbett ..., diese Schmerzen, sie sind kaum noch zu ertragen. Einfach purer Wahnsinn ..., dieses so tobende, dieses so bohrende, dieses so fressende in meinem Bauch.

Marcus, Marcus Du Ärmster ..., gleich kann und werde ich Dir helfen, werde ich Dich erlösen. Dass es so schlimm bei Dir ist, hat mir ja keiner gesagt. Auf meinem Zettel steht lediglich diese spassige Notiz, dass ich Dir, wenn möglich, jeden Wunsch von den Augen ablesen soll und Dir nur im äußersten Notfall eine Spritze verpassen darf. Jetzt langt sie in ihre Kitteltasche und schau, schau ..., *Marcus, die gehört doch bestimmt Dir ...,* schon drückt sie mir meine goldene Armbanduhr, ein Andenken von „Irene", in die Hand. *Endlich, jetzt habe ich wenigstens wieder so etwas wie ein Zeitgefühl. Wo hast Du die denn versteckt gehabt?*

Schwester „Renate", sie schiebt mir nun das Kästchen neben das Bett, bückt sich und hebt das von ihr auf dem Fußboden abgestellte Utensil auf ..., meinen Becher mit schwarzen Tee und die noch steril verpackte Spritze. Diese entnimmt sie jetzt der Hülle und zieht sie mit einer gelben Flüssigkeit aus einem kleinen durchsichtigen Fläschchen auf. Dabei deutet sie mir an, nun mit beiden Händen wild gestikulierend, dass sie beabsichtige, mir diese jetzt in meinen Allerwertesten zu schießen. Viel brauche ich ja nicht dazutun und schon liege ich auf meinem mir schon arg schmerzenden Bauch. Mein so luftiges Etwas, hat an besagter Stelle sowieso keinen Stoff. Schwester „Renate", ja ..., doch sie hat wirklich ein Händchen mit Gefühl und ruckzuck ..., es pickst kaum merklich ..., schon ist es passiert. Endlich ..., es brennt, es zwickt zwar an besagter Stelle ein wenig, doch ich darf mich wieder um meine eigene Achse drehen.

Danke, danke ..., vielen, vielen Dank. Du hast sehr viel Gefühl in Deinen Händen. Hoffentlich bringt mir dieser edle Saft die erhoffte Linderung. Echt ..., momentan habe ich an meinem Leben wirklich keinen Spass. Und was noch viel schlimmer ist, ich finde, es ergibt für mich auch keinen Sinn mehr. Soll ich weiterleben mit diesen oft so wahnsinnigen, schon alltäglichen Schmerzen? Nichts für ungut ..., das ist nun wirklich mein ureigenes, mein persönliches Problem. Du hast bestimmt auch Deine eigenen Sorgen. Nun was anderes ..., mit aller Gewalt muss ich mich nun endlich von meiner negativen Denkweise trennen und schon ..., seit Ihr zu zweit, denn vorhin hörte ich Dich mit einer anderen Frau recht intensiv plaudern oder besser gesagt, diskutieren?

Da ist sie wieder ..., meine Neugierde ..., eine richtige Sucht ..., das musste ja kommen. *Ja, doch eine Kollegin, Schwester „Petra", sie hat zuhause, wie schon so oft, größere Probleme mit ihrem Mann, einem Alkoholiker, der sie schon des Öfteren regelrecht grün und blau geprügelt hat. Ja, sie übernachtet heute ausnahmsweise hier gleich im Nebenzimmer. „Alfred" die gute Haut, er weiß Bescheid. Sie löst mich ohnehin so um 6 Uhr in der Frühe ab. Du wirst sie ja dann bestimmt auch kennenlernen. Eine liebe ..., eine sehr liebe und außerdem überaus hübsche Kollegin, sie ist auch schon so um die fünfzig. Aber ich würde sagen, dass Du Dich jetzt so richtig entspannst und versuchst, wenigstens einige Stunden zu schlafen. Was dann mit Dir passiert, entzieht sich meinem Wissen. „Alfred", Dein Freund, er wird sich schon bei Dir melden.*

Meine liebe Schwester „Renate" ..., nun sie deckt mich ohne mein Dazutun, wie selbstverständlich, mit der Bettdecke bis unter die Nase zu. *Schlaf und träum was Schönes. Hast Du eine Freundin ..., vielleicht bist Du gar verheiratet, hast eigene Kinder? Nun, ich wünsche Dir auf alle Fälle, alles, alles Gute und baldige Besserung.*

Im Stillen muss ich jetzt an meine Kindheit zurückdenken. Schwester „Renate", sie muss bestimmt eine gute Mutter sein, so fürsorglich wie sie sich um mich kümmert. Und noch während ich mein Gesicht, meinen Hals wieder abdecke, muss ich sie doch zum Mindesten ein bisschen loben. „Renate", Du bist Deinen Kindern bestimmt eine sehr, sehr gute Mutter. So herzlich wie Du Dich um mich sorgst. Ich werde bestimmt von Dir nur Gutes träumen.

Marcus ..., Du Schalk ..., jetzt versuche endlich zu schlafen. Jetzt wirkt Schwester „Renate" eher energisch. *Nur eines möchte ich Dir wegen Deiner lieben Bemerkung von vorhin noch sagen: Ich habe leider* weder eine eigene Familie noch habe ich eigene Kinder. Meine einzige, meine große Familie, ja das seid Ihr ..., das sind meine lieben Patienten. Das ist meine Erfüllung ..., das ist mein Leben ..., das füllt mich voll aus.

Jetzt schaut sie mich ganz verwirrt an ..., Marcus, lieber Marcus, jetzt habe ich fast das Wichtigste vergessen, denn heute Nacht ..., ja heute Nacht ..., es muss so gegen 23.00 Uhr gewesen sein, hat eine Frau „Irene" angerufen. Du sollst sie, wenn es Dir wieder besser geht, entweder in der Arbeit, sie arbeitet ausnahmsweise auch heute am Samstag bis 14.00 Uhr oder unter dieser Nummer zurückrufen. Hier ..., ich habe sie Dir aufgeschrieben und lege sie auf Deine Ablage. Du kannst, wenn Du willst, das Telefon bei uns im Schwesternzimmer benutzen. Sie sagte noch, ich solle Dir sagen, dass sie Dich ganz, ganz innig liebt und Dich in ihr kleines Nachtgebet miteinschließen wird. Sie war ganz aufgeregt und mit weinerlicher Stimme meinte sie, dass sie sich große Sorgen um Dich und um Deine Gesundheit mache. So wie sie über Dich geredet hat ..., Sie muss Dich schon sehr, sehr lieb haben ..., das konnte ich aus ihren Worten entnehmen.

Ganz langsam werden mir meine Augen schwer und schwerer ..., nun schon im Halbschlaf ..., ja ich höre Schwester „Renate" von sehr weit weg noch murmeln ..., *diese „Irene, sie muss Dich mehr als nur lieben. Gott sei Dank jetzt fallen Dir endlich die Augen zu. Schlafe, schlafe ..., na, dann schlafe Dich ...,* und ab jetzt war es nur noch dunkel, sehr dunkel ..., nur noch tiefste Nacht.

Aufwachen, aufwachen ..., wie lange möchtest Du denn noch träumen? Mein Gott ..., Marcus, Du verschläfst noch diesen so wunderschönen Sonntag. Leider sieht man hier bei Dir ..., hier in diesem so düsteren Gang, nichts von alledem. Schwer ..., ganz schwer, nur mit äußerster Überwindung lassen sie sich öffnen, meine Augen. Was ist nur mit meinen Augen? Schwer ..., bleischwer sind sie, meine Augenlider. *Nun öffne sie schon endlich. Hallo, hallo ..., Marcus, ich bin's doch, Deine „Irene!* Jetzt verspüre ich auf meinen Lippen ihre feuchten, so angenehm warmen Lippen, ihre Zunge. Noch halb im Schlaf, halb im Träumen, gebe ich meinen Mund frei für einen innigen, sehr inniglangen ..., ewiglangen Kuss und unsere nun so aktiven Zungen.

Nun ..., beim langsamen Öffnen meiner Augen blicke ich ..., erblicke ich die mich anlachenden, anstrahlenden schönen Mandelaugen von „Irene". Mit beiden Armen fasse ich nun nach ihrem Kopf ..., sie bückt sich nun zu mir herunter und drückt sich mit ihrem Oberkörper fest, sehr geschmeidig an mich. Überdeutlich kann ich nun ihren heftigen Herzschlag fühlen ..., bum, bum ..., ihren immer intensiver werdenden kurzen Atem in meinem Gesicht spüren.

„Irene", „Irene" ..., mehr bringe ich für´s Erste nicht über meine Lippen. Sie lässt mir auch kaum die Möglichkeit zum Wachwerden ..., kaum genügend Zeit zum Luftholen. Tief ..., sehr tief muss ich durchatmen. Das war ja eine halbe Ewigkeit, dieser so innige, dieser so herzliche Kuss von „Irene". Noch begreife ich nicht die Realität ..., glaube ich fest ..., ja ich glaube fest, dass dies alles noch im Traum mit mir passiert. Doch jetzt, da meine mir noch verbliebenen Gehirnzellen anscheinend zu arbeiten beginnen, registriere ich wirklich, dass all´ diese Liebkosungen keine Träumereien mehr sein können.

Aber was ist nun Wirklichkeit und was war nur Traum? Mit beiden Händen versuche ich mir den Schlaf aus den Augen zu reiben und blicke in ein herzlich lachendes Gesicht. *Was ist mit Dir? Du schaust mich wie einen Geist an. Ich bin es wirklich ..., hallo ich bin es, Deine „Irene".* Nun ..., dann wird es wohl so sein. Dann war dieser ewiglange Kuss also Wirklichkeit. Ich bin völlig verstört ..., noch kann ich sehr wenig mit dieser Tatsache anfangen und fahre mir mit meinen beiden Händen durch meine völlig zersausten Haare. Verlegen streichele ich dann einige Male über die schmächtigen Hände von „Irene". Sie hat diese auf meinen Schoß gelegt. Aber was war eigentlich gestern oder gar vorgestern? Warum küssen wir uns jetzt so innig, so vertraut ..? Warum küsse ich jetzt „Irene" ..., ja und warum sagt sie Deine „Irene"? Warum nur ..., ja warum?

„Irene", Du musst schon verzeihen ..., beginne ich nun etwas stotternd meinen Dialog, nachdem ich vorher noch einige Male sehr tief meine Lungen mit Sauerstoff vollgepumpt habe. *Liebste „Irene" ..., meine liebe „Irene" ..., Du siehst mich völlig verwirrt. Allem Anschein habe*

ich heute Nacht leider jegliches Zeitgefühl verloren. Ich weiß nur noch so viel, dass ich irgendwann, gestern oder heute Nacht eine Spritze gegen meine so wahnsinnigen Schmerzen bekommen habe. Ab dann ist für mich einfach nur noch tiefste Dunkelheit, nur noch Sendepause. Was vorher war und warum ich wieder in diesem Krankenhaus bin ..., warum ich hier in diesem Bett liege ..., weiß der Kuckuck. „Irene", sagtest Du nicht eben, ja vorhin etwas von Sonntag? Nur ganz schwach, nur wenig kann ich mich noch an das kurze Gespräch mit Schwester „Renate" erinnern und das muss, wenn mich meine Gehirnzellen nicht gänzlich im Stich lassen, in der Nacht vom Freitag auf Samstag gewesen sein. Dann habe ich ja ..., ja es müssen eineinhalb Tage ..., dann habe ich also viel tiefer als ein Murmeltier im Winterschlaf geschlafen und bestimmt auch geschnarcht!

Ungläubig schaue ich nun in die mich sehr verliebt ..., frisch verliebt anstrahlenden Augen von „Irene". Nun, nachdem ich mich im Bett aufsetze, streichelt sie mir ganz zärtlich mit ihrer rechten Hand, mit beiden Händen immer und immer wieder über meine Wangen, über meine Stirn, meine Lippen, durch meine Haare. „Irene" möchtest Du Dich nicht zu mir setzen? Gleich da vorne ..., gleich die nächste Türe links, dort bekommst Du bestimmt einen Stuhl oder einen Hocker. Mit meinem doch so schönen ..., mit meinem Sexy-Nachthemd möchte ich jetzt nicht die Gegend unsicher machen. Möchte ich nicht vor Dir umhertanzen, kein neues Feuer entfachen. Da schau her ..., und schon hatte ich die Bettdecke zurückgeschlagen. Doch was ist das ..., nur gut, dass ich außer meiner nun sehr neugierigen „Irene", momentan keine weiteren, keine unerwünschten Blicke, keine anderen Begutachter habe. Unglücklicherweise hat sich das Wenige, das mich bedecken sollte, nun gänzlich ..., ganz weit nach oben verschoben. So gebe ich „Irene" einen direkten Einblick, auf mein ach so gutes, auf mein bestes Stück. Aber ich verspüre sofort, und das mehr als deutlich, dass ich wahrscheinlich noch zu den wenigen Menschen gehöre, die in einer solchen, in dieser für mich peinlichen Situation, noch so richtig rot ..., tiefrot werden können. Mein Gesicht, es muss glühen. Mir ist heiß ..., sehr heiß bis hinter beide Ohren ..., siedend heiß ..., ich verglühe!

Mit einer solch großzügigen, freizügigen Offenbarung hatte selbst meine liebe „Irene" nicht gerechnet. Denn sie betrachtet vollkommen überrascht ..., ja schon erstaunt meine bestimmt unerhoffte Darbietung. Ehe sie so richtig, und das sehr intensiv ..., ja sie muss lachen ..., und wie. Und ihre Augen ..., sie werden feucht ..., feuchter und jetzt rollen ihr dicke Tränen über ihre mittlerweile tief roten Wangen ..., fast verschluckt sie sich. *Marcus, Marcus, Du bist mir vielleicht so ein Schwerenöter. Möchtest Du mich vielleicht hier und jetzt gleich verführen ..., möchtest Du wirklich, dass ich schwach werde? Nun, wie ich jetzt sehr deutlich sehen kann ..., Du entwickelst ja enorme Gefühle für mich. Du zeigst mir, wie sehr Du mich und meinen Körper begehrst ..., allem Anschein nach auch brauchst! Dich Marcus ..., ja, Dich lieber Marcus, nur Dich und alles was dazu gehört, ich sage es ehrlich, liebe und begehre ich von ganzem Herzen. Kannst Du Dich wirklich ..., ich kann es nicht glauben ..., kannst Du Dich nicht mehr an unser so schönes Wiederfinden erinnern ..., an unser so schönes, so intensives, so vertrautes Tete-a-Tete? Es muss doch auch für Dich ..., oder vielleicht doch nicht ..., so wunder, wunder, wunderschön ..., viel, viel schöner als früher gewesen sein?*

Wie mir dies peinlich ist ..., schnell bedecke ich meine gut sichtbare, jetzt stark erregte Blöße. So deutlich und massiv wollte ich mich ihr wirklich nicht präsentieren. Aber der vorangegangene Dialog von „Irene" hat anscheinend meine sonst noch sehr guten Reflexe, meine Reaktion stark verzögert. Die Geschichte ist mir nun wirklich peinlich. Trotz alledem ..., jetzt muss auch ich so richtig herzlich und sehr intensiv lachen. Und schau, schau ..., auch mir treibt es Tränen in die Augen. Und so lachen wir nun beide, fast synchron ..., eine kleine Ewigkeit, wie um die Wette.

Langsam, nur ganz langsam, beruhigen sich meine ..., sich unsere Lachmuskel und auch meine Zellen, meine Gehirnzellen ..., ja, ja ..., sie arbeiten wieder, wenn auch nur sehr eingeschränkt ..., ein bisschen. *„Irene, Irene" ..., Deine eben gemachten Andeutungen irritieren mich. Was redest Du da so schwärmerisch von einem Tete-a-Tete, von einem so vertrauten sich Wiederfinden? Sag ..., haben wir vielleicht wieder ..?*

Verwundert kratze ich mich nun mehrmals mit meiner linken Hand an meinem Hinterkopf. „Irene", das kann doch so alles nicht wahr sein. Lässt mich mein Gedächtnis, lässt mich mein Erinnerungsvermögen wirklich so im Stich?

„Irene", sie schaut mir nun völlig irritiert in die Augen und schüttelt bei meinen Worten heftig immer und immer wieder ihren schönen Kopf. *Mein liebster Marcus ..., das kann doch nicht wahr sein. Es war doch so wunderschön mit uns zwei bei mir zuhause, in meinem weichen, so großen Bett. Erinnerst Du Dich wirklich nicht mehr daran? Leider, leider bin ich vor Deinem Gehen ..., ich wollte und hätte Dich niemals gehen lassen ..., eingeschlafen. Ja, ich wollte es wirklich ..., und das trotz „Alfred", dass Du bei mir übernachtet hättest.*

Nachdenklich, schon sehr nachdenklich reibt sie sich nun mehrmals mit der rechten Hand über die Stirne, schüttelt den Kopf und nun schon etwas irritiert ..., *Marcus, Du hast mich mit Deiner eben gezeigten Darbietung und mit Deiner anscheinenden Gedächtnislücke, völlig aus dem Konzept gebracht. Dabei wollte ich Dir so vieles sagen und auch, dass es sehr schade ist, dass wir jetzt nicht bei mir zuhause sein können. Am Liebsten würde ich jetzt mit Dir schlafen. Du hast mich eben mit Deiner, bestimmt von mir nicht erhofften Offenbarung, ganz wirr und unruhig gemacht. Du glaubst gar nicht, wie sehr Du mir und auch meinem Körper fehlst. Seit unserer gemeinsam verbrachten, so schönen Stunde, kann ich nicht mehr ruhig schlafen. Immer und immer wieder muss ich daran denken und erhoffe mir so sehnlichst, dass Du bald wieder gesund wirst und für mich und meine Gefühle Zeit hast. Jetzt, ja jetzt möchte ich Dich nur fühlen ...,* schon tastet, fühlt sie sich mit ihrer linken Hand unter meine warme Bettdecke. Und ..? Volltreffer, sie hat ein gutes Augenmaß. Doch zu lange ist ihr ..., ja doch ..., auch mir ..., dieses Vergnügen nicht gegönnt, denn da sind sie wieder ..., meine Schmerzen und auch „Irene" bemerkt sofort mein plötzliches, mein krampfhaftes Zusammenzucken ..., schon nimmt sie stirnrunzelnd und sehr erschrocken, wie elektrisiert, ihre rechte Hand aus meiner so kritischen Zone, schaut mir völlig irritiert ins Gesicht.

„Irene" ..., bitte frage doch endlich nach einer passenden Sitzgelegenheit. Dabei könnest Du für mich auch gleich nach einer Schmerztablette und um eine mittlere Kanne schwarzen, kalten Tee bitten ..., ja, und noch etwas bräuchte ich unbedingt. Vielleicht gibt es hier so etwas Ähnliches wie Pantoffel und einen Morgenmantel, denn ich habe jetzt ein wirklich sehr, sehr dringendes menschliches Bedürfnis ..., Du weißt schon. Wie es aussieht ..., ja allem Anschein nach, habe ich doch zu lange und zu fest geschlafen. Und bei einer so langen Zeitspanne grenzt es ohnehin an ein großes Wunder, dass ich nicht schon eher ..! Mich wundert es, dass die mir höchstwahrscheinlich schon in der Nacht zum Samstag von Schwester „Renate" verabreichte große Spritze, mich meine doch oft so extrem starken Schmerzen vergessen ließ und auch meine Blase ..! Doch beide melden sich nun sehr schmerzhaft zurück

Hoffen wir für Dich das Beste ..., ich werde mein Möglichstes versuchen ..., noch einmal streicht mir „Irene" liebevoll ganz zart einige Male über meine Hände, über meinen Kopf, durch meine Haare und schon eilt sie in die angedeutete Richtung ..., und wirklich ..., ja, Gott sei Dank, ich höre sie mit einer Frau sprechen. Meine zwei Bedürfnisse ..., sie werden leider schon ziemlich aufdringlich. Es ist wirklich allerhöchste Eile geboten. Nur mühsam kann ich nun meine Gedanken im Zaum halten und beruhigen. Sehr eingehend, leider wieder sehr, sehr intensiv, beschäftigen mich jetzt ununterbrochen meine nun so schmerzhaften zwei Probleme. Denken, klar denken ..., so ganz blicke ich ohnehin seit einiger Zeit nicht mehr bei mir durch ..., und was meine momentane Situation anbelangt ..., einfach chaotisch ..., katastrophal!

Na ..., was fehlt den unserem Patienten? Was ist los? Erschrocken blicke ich in zwei lachende Gesichter. In das von „Irene" und einer mir bislang unbekannten Krankenschwester, die mich nun fragend anschaut. War ich so in Gedanken versunken, habe ich ihr bestimmt vorsichtiges Herantreten an meine Bettstatt überhaupt nicht bemerkt? Unmöglich ..., was ist nur mit mir los?

Doch ..., ja, wirklich, ich kann mich über mich nur noch wundern, denn irgendwie ..., etwas funktioniert bei mir immer noch:

Meine ungebremste Neugier Frauen gegenüber, meine diesbezüglich sehr gute Beobachtungsgabe. Mein Gegenüber ..., ja, sie ist wirklich eine sehr hübsche Frau, um die fünfzig, mit blonden, kurzgeschnittenen, sehr flott, ganz modern gestylten Haaren. Vielleicht 165 cm groß, sehr schlank und ganz in weiß gekleidet, was sie in ihrer Robe ein wenig blass erscheinen lässt. Und ..., ja, noch etwas sehr Wichtiges ..., es hat mich soeben wieder einmal so richtig elektrisiert. Blicke ich doch jetzt tief ..., sehr gründlich in zwei wunderschöne, in zwei so herrlich mich anstrahlende, fast stahlblaue Augensterne! Ist sie die bereits von „Renate" angekündigte Schöne? Eigenartig, an solche ..., an diese Worte kann ich mich erinnern ..., sehr einseitig mein Gedächtnis!

Hallo, hallo ..., Marcus ..., aber hallo Marcus ..., ich bin auch noch da! Meldet sich nun „Irene" schon sehr energisch zu Wort. *Hallo ..., was ist los mit Dir? Jetzt habe ich mich so beeilt und Dir das Gewünschte besorgt und Du ..., ja, Du hast nur noch Augen ..., Du hast Deine neugierigen Augen nur noch bei Schwester „Petra".* Also „Petra" heißt sie. Ein für mich schöner Name, der gut zu dieser Frau ..., zu dieser Schönen ..., zu dieser wunderschönen Frau passt.

Doch ehrlich ..., was habe ich nur für einen miesen Charakter? Erst jetzt, da ich „Irene" genauer, also vom Kopf bis zum Fuß mustere, sehe ich, wie hübsch, wie sexy sie sich für mich herausgeputzt hat. Ihre weiße Bluse aus feinster Spitze kenne ich ja schon, aber ihr sehr sexy kurzer, seitlich bis fast zum Gesäß geschlitzter, dunkelroter Rock, verbirgt mir nicht mehr viel. Im Gegenteil, er zeigt mir fast in voller Länge, ihre schönen, schlanken Beine - sie trägt seidig weiß glänzende Strümpfe - die mir durch die hohen, elegant spitzen Stöckelschuhe, echte Italiener, noch schöner, noch länger scheinen.

Bist Du jetzt endlich fertig ..., fertig mit Deinen Begutachtungen? Nun ..., wie haben wir beide nun abgeschnitten, wie gefallen wir Dir, wer ist nun die Schönere? „Irene", sie hat sich nun schon etwas mürrisch, vor mir in ihrer vollen Größe aufgebaut. Jetzt schiebt sie langsam, bestimmt beabsichtigt, ihren Rocksaum mit der linken Hand noch ein wenig weiter nach oben und mustert jetzt verschmitzt schmunzelnd, mein doch anscheinend sehr verdutztes, überraschtes dummes Gesicht. Jetzt nimmt sie den eben auf meinem Bett abgelegten, etwas zerknitterten dunkelgrauweißgestreiften Morgenmantel und hebt in mir, wie ein spanischer Torero beim Stierkampf, zum Anziehen entgegen. Es ist höchste Zeit, schießt es mir durch den Kopf und schon schlüpfe ich hastig aus meiner Bettdecke. Aber ..., welch ein Ungeschick, denn durch meine Eile, durch meine Hastigkeit, verschiebt es mir das Wenige, mein Leibchen zu weit ..., für meine Begriffe viel zu weit nach oben und ich bemerke wieder diese Röte, diese Hitze, die in mein Gesicht schießt. Nun ..., dies ist bestimmt auch der Grund, warum nun Schwester „Petra", die sich mittlerweile seitlich, gleich rechterhand an mein Bett gestellt hat, aus vollem Halse zu lachen beginnt und dies fast im Gleichklang mit „Irene", die wegen dieser Heftigkeit, jetzt laut husten muss, sich fast verschluckt.

Marcus ..., so heißen Sie doch? Sie brauchen sich doch vor mir nicht zu schämen. Jeden Tag habe ich derartige Vergnügen in Hülle und Fülle, große und kleine. Ja, ja ..., ja, bestimmt sind darunter auch viele unangenehme, doch das hier ..., ja, das eben bei Dir ..., ich muss schon sagen ..., wirklich sehenswert! Jetzt da sie, da „Petra" über meine Gefühle, über meine ungewollte Scham so innig und lauthals lachen muss, da scheint sie mir noch um ein Vielfaches hübscher und sie ist mir ..., ja, ich finde sie außerdem natürlich und wie könnte es anders sein, sehr sympathisch. Sie hat die Gabe und kann sich selbst in solch kniffeligen, in solch kritischen Situationen sehr gut formulieren. Siehe da, sie steigert sich noch ..., *Marcus, Marcus ..., stellst Du Dich bei allen Frauen immer gleich mit Deiner eigenen Visitenkarte vor, ich meine ..., so direkt?*

Das trifft mich nun doch schon sehr hart. Nicht schon wieder dieses erröten, diese wahnsinnige Hitze! *Nein ..., nein, keinesfalls! Normalerweise kenne ich keine diesbezüglichen Probleme ..., als Stammgast dieser Klinik habe ich mich an diese knappe, an diese Sexy-Bekleidung schon gewöhnen dürfen. Und sie zeigt uns fast immer so, wie uns unser Herrgott einst geschaffen hat, sie versteckt kaum unsere Geheimnisse.*

Doch vor einer so wunderschönen, einer so hübschen Frau ..., ich muss mich nun schon wieder mit meiner linken Hand ganz verlegen am Hinterkopf kratzen ..., Sie machen mich jetzt ganz verlegen. Nun muss ich mich aber beeilen ..., jetzt ist wirklich höchste Eile geboten, nicht dass mir ein noch größeres Malheur unterläuft. Und erst jetzt schlüpfe ich sehr hastig, mit glaube ich, hochrotem Kopf, in den mir von „Irene" dargebotenen Morgenmantel und gehe, laufe ..., ja, fliege in die mir bereits bekannte Richtung. Doch dieses Mal nicht auf Zehenspitzen, sondern wegen der mich nun enorm schmerzenden Dringlichkeit, auf meinen blanken, auf meinen nackten Fußsohlen.

Endlich ..., das leichtere, das erste, das kleinere meiner Probleme habe ich unter dem schon extremen Druck, ohne größere Schwierigkeiten ganz gut lösen können. Das andere ..., jetzt da ich mich voll darauf konzentriere, schmerzt umso mehr ..., extrem dieses viele Bohren, Toben und Fressen in meinem Bauch. Und meine kalten Füße ..., etwas frische Luft muss ich mir trotz alledem schon noch gönnen. Beim Öffnen der Türe zu den WCs, zu den Nasszellen, stand ich nur für einen winzig kurzen Augenblick ..., nur für ein Augenzwinkern und wirklich angenehm überrascht, sonnenüberflutet, momentan von dieser Helligkeit geblendet, im weißen Türrahmen. Sprach vorhin nicht auch „Irene" bei ihrem Kommen, von einem so sonnigen, von einem so schönen Sonntag? Nun öffne ich weit, sehr weit das große Fenster im Duschraum ..., atme tief ..., welch ein Genuss ..., sehr tief, diese frische Luft, eines so wunderschönen Spätsommertages in meine Lungen. Überdeutlich ..., sehr laut ist der sehr rege und hektisch laute Verkehrslärm, vom nahen Max-Weber-Platz, von der Ismaninger Straße.

Aber irgendwer vergönnt mir diesen kurzen Genuss nicht ..., meine Schmerzen ..., schon renne, fliege ich schnellstens zu meinem Bett zurück. Dieses Mal um ein Vieles vorsichtiger, entledige ich mich meines Umhanges und schlüpfe, nun völlig außer Puste, zur Hälfte unter meine Schlafdecke, um meine kalten Füße zu wärmen. Meine zwei Damen, „Irene" und „Petra", sie stehen etwas seitlich von meinem Bett und führen allem Anschein einen heftigen, einen angeregten Disput.

Wie auf Kommando beenden sie plötzlich ihre so intensive Unterhaltung und wenden sich mir zu. Schwester „Petra" ..., sie lächelt ..., und wie ..., sie strahlt mich an. Sie weckt trotz meiner starken Schmerzen sehr intensive Gefühle in mir und unsere Blicke treffen sich. Sie vertiefen sich und ich ..., ja ich versuche ein Lächeln, was mir verständlicherweise nicht ganz gelingt. Schrecklich ..., ich und meine so schnell wechselnden Gefühle ..., welch ein Chaos!

Schwester „Petra", sie hat allem Anschein nach, endlich meine schmerzhafte Situation erkannt, denn ..., *Marcus, Marcus ..., ich bemerke, ich sehe sehr deutlich wie Du leidest. Du bist ja ganz außer Atem ..., wo bist Du denn so lange gewesen?* Mit jetzt besorgtem Gesicht, schüttelt sie mehrmals ihren schönen Kopf. *Gleich werde ich dem, soweit es mir möglich ist, Abhilfe schaffen. Aber zu allererst möchte ich Dich bitten, dass wir uns mit dem vertrauteren Du anreden. Hier im Krankenhaus ist es so besser, Du dürftest diese Rituale ja bereits bestens kennen. Es lässt sich so leichter über alles reden. Auch Du kannst mich selbstverständlich mit „Petra" anreden, wenn Du einmal irgend etwas dringend benötigen solltest. Übrigens „Renate", ich meine natürlich Schwester „Renate" sagte mir, dass sie Dich schon über mein Geheimnis eingeweiht hat, dass ich hier nur für ein paar Tage, zwar etwas eingeengt, gleich hier vorne im Nebenzimmer einquartiert bin und auch schlafe. Du kennst ihn ja, Du kennst ja „Alfred", er hat mir dieses, großzügig wie er ist, erlaubt. Du kennst vielleicht auch schon einen kleinen Teil meiner Leidensgeschichte. Den traurigen Rest ..., ich meine natürlich den Hauptteil meiner Geschichte, kann ich Dir ja, wenn es Dich interessieren sollte, bei passenderer Gelegenheit erzählen. Aber behalte dies bitte für Dich. Schwester „Renate" sagte mir auch, dass „Alfred" Dein Freund ist. Ja, er hat mir diese wirklich großzügige Alternative angeboten. Du hättest es ohnehin mitbekommen, da Du ja fast unmittelbar neben mir schlafen darfst.* Jetzt ist Schwester "Petra" diejenige, die bis über beide Ohren tief errötet, was sehr gut, wie ich finde, zu ihrem Typ passt. *Schau,*

schau ..., wie sie mich dabei frech und zweideutig, vielleicht sogar ein wenig zu herausfordernd, anlächelt.
Na, na ..., aber hallo ..., ihr zwei, ich bin auch noch da. „Irene", sie hat stillschweigend, ab und zu den Kopf schüttelnd, unseren schon sehr eindeutigen Dialog mit stark gerunzelter Stirn, am Fußende meines Bettes stehend, mitverfolgt. *Marcus, mein lieber Marcus ..., schau, ich habe Dir wunschgemäß Deine Pillen und den Becher mit kalten schwarzen Tee, gleich hier auf Dein Schränkchen gestellt. Jetzt werde ich mich noch schnell nach einer passenden Sitzgelegenheit im Schwesternzimmer umsehen. Obwohl ..., wenn ich ehrlich sein darf, liebend gern würde ich mich hier zu Dir auf Deine Bettkante setzen. Vorausgesetzt ..., natürlich nur mit freundlicher Erlaubnis von Schwester „Petra". Doch zu allererst muss ich mal schnell für „Kleine Mädchen" ..., das allerdings schon sehr dringend!* Meine liebe „Irene", sie hat es jetzt wirklich eilig! *Hoppla ...,* sagt sie noch und stolpert in der Eile fast über das nächste, an das an meinem Fußende stehende, noch unbelegte, zugedeckte Notbett.

Etwas verunsichert und verklemmt schauen wir uns, „Petra" und ich, nun an. Doch sehr schnell weicht diese Sperre in uns und wir strahlen uns nun tief, sehr tief in die Augen ..., vielleicht zu lang, zu tief, denn sie streichelt mir nun schon sehr vertraut, einige Male zart, ganz zärtlich über meinen Kopf, durch meine Haare, über meine Wangen und schau, schau ..., ganz liebevoll mit ihrem rechten Zeigefinger, den sie zuerst mit ihrer Zunge leicht angefeuchtet hat, über meinen Mund, über meine Lippen. *Marcus, Marcus ..., schau mich nicht so an. Deine Blicke ..., Du machst mich ja so richtig schwach. Ich glaube es ist wirklich an der Zeit, dass ich Dich endlich von Deinen, ich glaube großen Schmerzen erlöse. Du musst Deine Pillen früher ..., ich möchte sagen ..., rechtzeitiger einnehmen. Du tust mir so richtig leid. Eine weitere Spritze möchte und will ich Dir heute ..., jetzt wirklich nicht mehr geben.* Verlegen kratzt sie sich nun mehrmals mit den Fingern ihrer rechten Hand hinter ihren schönen Ohren, an denen ich geschmackvoll, zwei goldfarbene Ohrringe mit kleinen glitzernden, mit funkelnden, dunkelblauen Steinen erkennen kann. Diese

Gedankenpause von „Petra", ich nütze sie. Und schwups, mehrere große Schlucke schwarzer Tee ..., die weiße Kapsel und schon habe ich das Notwendigste gegen meine wahnsinnigen Schmerzen getan. Jetzt hoffe ich, dass sich dieses, mein größtes Problem, wenigstens ein bisschen beruhigt.

Wenn Deine liebe „Irene" heimgegangen ist, möchte ich mich liebendgern mit Dir gründlicher über Vieles unterhalten. Natürlich nur dann, wenn es mir meine Zeit erlaubt und wenn Du nichts dagegen einzuwenden hast. Du ..., ja, Du persönlich ..., ja, ja ..., natürlich Dein Schicksal und auch Deine leider so schmerzhafte Krankheit, das interessiert mich schon. Nur ein wenig konnte ich aus Deiner Krankengeschichte erlesen und ein bisschen hat mich „Alfred" vorab schon informiert ..., ja, nachdem ich ihm einige Male diesbezüglich gewaltig auf die Nerven gegangen bin. Übrigens ..., er ist der Schuldige, er machte mich auf Dich neugierig, er setzte mich sozusagen auf Deine Fährte. Wortwörtlich sagte er zu mir, ich solle mich ein wenig ..., ja und wenn wir uns verstehen sollten, vielleicht auch ein bisschen mehr um Dich ..., ja, um Dich kümmern. Du hast mich verdient, meinte „Alfred" bestimmt scherzhaft, denn er lachte bei dieser Aussage aus vollem Halse. „Alfred", wie ich meine, ein wirklich interessanter Mann. Aber ..., jetzt bricht sie plötzlich ihren Dialog ab. Was hat Schwester „Petra" vor, schießt es mir blitzartig durch meinen nun wieder vollkommen verwirrten Kopf, denn sie schaut mir jetzt mit ihren wunderschönen blauen Augen, schon sehr, sehr tief in die meinigen.

Doch schon plaudert sie weiter ..., *er erzählte mir allerdings anfangs so gut wie gar nichts über die Schwere Deiner Krankheit. Erst durch mein intensives Studium Deiner wirklich schon sehr dicken, sehr umfangreichen Akte* ..., sehe ich da nicht ein paar dicke Tränen in den Augen von Schwester „Petra"? Sie holt sich übernervös, mit zittrigen Fingern ein hellblaues Papiertaschentuch aus der Seitentasche ihres weißen Schwesternmantels und wischt sich damit ganz langsam einige Male in Gedanken, über ihre feuchten Augen. Ein wenig verwischt sie dabei ihr dezent aufgetragenes Make-up. Doch schon lacht sie mich wieder an ..., *er erzählte mir von Dir eigentlich nur Lobenswertes und dass Du schon sehr lange geschieden bist und drei erwachsene liebe Kinder hast. Er fügte noch an, dass Du momentan wegen Deiner Erkrankung keine feste Freundin hast, dass Du und „Irene", dass ihr früher ..., aber sag´ ehrlich ..., ich bin doch nicht völlig blind! Ist da wirklich nichts ..., doch da ist mehr ..., da muss mehr, wesentlich mehr sein!*

Sie ist schon ein bisschen zu neugierig und so schaut sie mich auch an und *..., Du siehst, ich weiß viel mehr über Dich, als Du über mich. Es würde mich freuen, wenn wir diesen Zustand möglichst bald, vielleicht schon heute abends, ändern könnten. Doch leider, da kommt Sie ja schon Deine „Irene". Irre ich mich ..., ich habe fast den Eindruck, dass ihr die zu schnelle Rückkehr von „Irene" sehr ungelegen kommt.*

Doch schnell und gekonnt ändert sie das Thema *..., Marcus, gehe ich recht in der Annahme, dass Du Hunger hast, dass Du eigentlich schon einen wahnsinnigen Kohldampf schieben müsstest? Mittlerweile zwei volle Tage ohne Essen, wie machst Du das? Lebst Du nur noch von der Liebe?* Wieder diese Zweideutigkeit *..., nun, und „Irene"..?* Sie hat diese entweder nicht registriert oder dieses Mal großzügig überhört. *Für Dich tue ich ja fast alles. Wir hatten heute Mittag Kalbsfrikassee mit Reis, wirklich sehr delikat und wärmstens zu empfehlen. Vielleicht bekomme ich in der Küche noch etwas für Deinen Heißhunger.* Lachend dreht sie sich nun um und murmelt bereits im Gehen *..., mal sehen. Wieder einmal muss ich wohl oder Übel meine guten Beziehungen und meinen ganzen Charme spielen lassen. Doch hab´ keine Angst ..., irgend etwas Schmackhaftes, etwas sehr Feines, werde ich für Dich allemal auftreiben können. Bis jetzt bekam ich immer was ich wollte. Anschließend muss ich mich dann um meine anderen zwölf größeren und kleineren Kinder ..., ich meine natürlich um meine anderen lieben, auch schwerkranken Patienten kümmern und endlich nach dem Rechten sehen. Gleich fünf dieser armen Geschöpfe ..., ja, ja, ..., fünf davon liegen schon länger und eine Frau seit einigen Tagen, im künstlichen Koma. Endlich werdet ihr mich nun für einige Augenblicke los sein und Ihr könnt Euch nun wieder ungestörter unterhalten.* Schwester „Petra", sie beugt sich nun zu mir herunter und gibt mir noch schnell zwei flüchtige Küsse auf die Stirne, auf die Wange. *Tschüss ..., bis gleich ...*, schon enteilt sie uns mit wehendem weißen Kittel, mit eiligen Schritten bis zum Ende des Ganges und entzieht sich dann unseren Blicken, hinter den sich nun vollautomatisch schließenden breiten Glastüren.

Auf diesen Augenblick hat „Irene" anscheinend gewartet, denn schon setzt sie sich ganz nah ..., zu nah ..., mit Körperkontakt ..., auf meine Bettkante. Denn momentan befinden sich im von mir einsehbaren Flurbereich, weder andere Krankenbesucher, noch Stationsärzte oder Krankenschwestern. Sie nützt sie aus ... , und wie ..., sie nützt sofort die Gunst der Stunde und drückt sich, ihren warmen Oberkörper eng und enger ..., viel zu eng an mich. Sie nimmt jetzt meinen Kopf in beide Arme und verschließt meinen Mund, meine Lippen, noch ehe ich irgend etwas sagen kann, mit ihren feuchten, weichen Lippen zu einem ewigen, sehr innigen Kuss. Und ..., ja, erst ihre Zunge ..! „Irene", sie lässt mir kaum Zeit zum Luftholen, zum Atmen und unsere Zungen berühren sich immer und immer wieder. Jetzt schiebt sie ganz vorsichtig ihre linke Hand wieder unter meine Bettdecke und bemerkt dabei sehr schnell, sehr deutlich, dass sie mich erregt und heiß macht. Wenn sie nur ihre Hand, ihre übernervösen Finger einmal stillhalten könnte ..! Sie erregt mich so stark und bringt mich fast an die Grenze ..! Auch ich taste mich nun mit meiner rechten Hand, mit meinen Fingern ..., ihren Oberschenkel zart, ganz zärtlich streichelnd, immer weiter und weiter ..., zuerst ganz langsam und vorsichtig, dann immer schneller, nach oben. Näher und näher und jetzt in ihren ganz heißen, so feuchten, offenen Schritt ..., ja, sie muss ihren Slip schon vorher ..., vorher bei ihrem Besuch in der Toilette, ausgezogen haben.

„Irene" sie steigert meine Erregung, meine Gefühle ..., immer schneller und intensiver, immer heftiger und fester werden sie, unsere Streicheleinheiten ..! Und ich bemerke, dass auch sie, ihre Atmung, ihre Bewegungen immer erregter, immer heftiger werden und dass sich bald ihr Wunsch an mich erfüllen wird. Ihr atmen wird kürzer, heftiger und lauter ..! Und auch die Bewegungen ihrer linken Hand, ihrer Finger ..., Wahnsinn ..., sie gleicht sich diesem Rhythmus an! „Irene", sie bringt mich wieder einmal so richtig zum Schwitzen. Sie bringt mich wirklich noch um meine wenigen, um meine allerletzten Gehirnzellen ..! Und wieder brennt dieses Feuer, wieder entfacht sich in uns dieser Feuersturm. Wenn das so weitergeht, liegen wir beide ... „Irene" und ich ..., gleich zusammen hier in diesem Notbett.

Nun ..., so weit kommt es dann doch noch nicht, denn warnend ..., *Marcus, mein liebster Marcus ...*, kündigt sich Schwester „Petra" schon von weitem an. *Marcus ich habe Dir nicht zu viel versprochen. Schau her ...*, jetzt tritt sie in unser Blickfeld und wir, „Irene" und ich ..., ja wir beide haben ernsthafte, kaum übersehbare Probleme ..., wir haben beide nicht die Zeit um unsere überdeutlich sichtbaren Gefühle ..., um unsere Hitze rechtzeitig abzukühlen. Schwester „Petra" schaut nun doch etwas bestürzt, in unsere überraschten Gesichter. In unserer Erregung, haben wir verständlicherweise, das für uns so unerhoffte Kommen von Schwester „Petra" völlig überhört. *Das tut mir aber jetzt wirklich leid. Anscheinend störe ich ..., so wie Ihr mich Beide nun irritiert und völlig verstört anschaut. Wie zwei auf frischer Tat ertappte Sünder! Ja doch ..., mit dieser ..., nein diese Geschichte ..., doch sie ist bestimmt nicht mein Problem, Ihr müsst damit klarkommen.*

Schnell, schneller als „Irene" und ich, hat sie sich wieder gefangen und lieb, überaus lieb strahlt sie mich nun an. *Marcus, liebster Marcus ..., da schau her, was ich Dir Feines aus unserer Küche mitbringe. Hoffentlich schmeckt es Dir auch so gut? Iss, bevor alles kalt wird.* Sie stellt mir nun das riesige Tablett mit dem großen weißen Teller, vor mich auf die Bettdecke und wirklich ..., es duftet und duftet ..., auch optisch ..., jetzt glaube ich sogar, dass ich meinen Magen so richtig laut knurren höre. Schwester „Petra", sie muss in der Küche über mich und meinen Hunger Schauermärchen erzählt haben, denn der Teller ist übervoll gefüllt und auch der Nachtisch, gemischtes Kompott ..., eine riesig große Glasschüssel ..., schon fast die Größe einer Salatschüssel. Wie verhungert muss ich denn ausschauen?

„Irene" sie hat noch immer ihre Fassung, ihre Stimme nicht gefunden und schaut nun schon etwas sehr mürrisch dem regen Treiben von Schwester „Petra" zu, die sich so fürsorglich nicht nur um mein körperliches Wohl kümmert. Ihre Blicke verfinstern sich noch mehr, als mir „Petra", einige Male sehr zart, ganz zärtlich über meine Haare streichelt. *Jetzt langt es aber, Du kannst uns jetzt ruhig wieder alleine lassen ...*, gibt „Irene" nun sehr barsch zu verstehen. Nun und ..., Schwester „Petra" ..., ja sie zeigt sich keinesfalls irritiert und ich blicke in ihr mich wieder so lieb anstrahlendes Gesicht. Ich sehe sie nun fast alle, ihre schönen, strahlendweißen Zähne ..., doch halt, links unten, ganz hinten sehe ich zwei ..., doch nein ..., ja es sind vier ..., denn auch oben, ganz hinten, sehe ich nun auch zwei goldene Inlayfüllungen glänzen. *Es wird ohnehin Zeit, dass ich meine Runde drehe, dass ich mich um die anderen Patienten kümmere. So gegen 18.00 Uhr werde ich wieder von Schwester „Renate" abgelöst. Dann habe ich endlich meinen verdienten, meinen sogenannten Feierabend. Beim „Italiener", bei „Giovanni", werde ich mir vielleicht eine Pizza, vielleicht einen Schoppen Wein genehmigen. Aber vielleicht kommt alles ganz anders? Wir werden ja sehen ...!* Mit ihrem rechten Auge zwinkert sie mir mehrmals während ihres Dialogs schelmisch ..., schon sehr augenfällig, sehr zweideutig zu. Lachend, mehrmals mit dem rechten Arme heftig winkend, ruft sie noch, *tschüss ..., macht es gut, bis später.*

Aber kaum ist Schwester „Petra" hinter der nächsten ..., nein es ist die übernächste Türe auf der linken Seite, verschwunden, da sprudelt es auch schon bei „Irene". *Schau, schau ..., dieses aufdringliche Stück. Aufdringlicher geht es wohl nicht. „Alfred", er erzählte mir schon einiges über sie, über ihre Ehe und über die sehr vielen Probleme mit ihrem Mann, der ein Trinker, ein sehr starker Alkoholiker sein soll. Er muss sie so jeden zweiten Tag aus Eifersucht verprügelt haben und seinetwegen, wegen seiner schon extrem krankhaften Eifersucht, sollte sie auch ihren Job hier im Krankenhaus aufgeben. Schon das Reden mit einem anderen Mann war für ihn Grund genug. Dabei ist er schon seit längerer Zeit, seit nunmehr drei Jahren arbeitslos und leistet sich mit ih-*

rem Geld ein Auto, einen zwei Jahre alten dunkelblauen Audi A4. Diese Schwierigkeiten, ja diese veranlassten sie letztendlich, mit Zustimmung der Klinikleitung und von „Alfred", auf einige Tage befristet, hier einen Unterschlupf zu suchen. Nur ..., diese einigen, diese paar Tage, sie sind schon seit zwei Wochen vorbei. Sie muss sich nun auf die Schnelle endlich eine neue Bleibe suchen. Du musst bei Ihr höllisch aufpassen, denn ..., vielleicht ..., ja vielleicht bist Du bald Ihr nächstes ..., auf alle Fälle, ein willkommenes Opfer!

„Alfred" ..., ja er erzählte mir aber auch großzügig, dass er offensichtlich bei ihr und das wundert mich schon ein wenig, abgeblitzt ist und nicht wie gewohnt, landen konnte. Ich weiß allerdings nicht, welcher Esel sie nun reitet und warum sie sich nun offensichtlich so eindeutig für Dich interessiert? Nun, ich kann mich auch täuschen. Vielleicht ist dem nicht so. Vielleicht ist das nur ihre Art. Du kennst mich ja schon ein bisschen besser und Du müsstest es eigentlich am besten wissen, wie sehr mich eine so eindeutige, eine so plumpe Anmache angiftet, wie mich diese sichtbare Aufdringlichkeit von Schwester „Petra" ärgert. Und wenn mich nicht alles täuscht ..., offensichtlich sucht sie nun mit allen Mitteln nach einem neuen, nach einem für sie passenden Unterschlupf. Mein liebster Marcus ..., Du weißt ja, wie sehr ich Dich liebe und begehre ..., ich möchte Dich auf keinen Fall schon wieder verlieren.

Das musste ja kommen ..., zwei ganze volle Jahre, zwei mir ewig lang scheinende Jahre, ertrug, duldete ich die damals unberechtigten, mitunter auch extrem peinlichen, krankhaften Eifersuchtsszenen von „Irene", ehe es dann zur Trennung, zum Bruch und zum scheinbar endgültigen „Aus" kam. Sie war diesbezüglich über einen längeren Zeitraum schon einmal in ärztlicher Behandlung. Also allem Anschein hat sie hier nichts dazugelernt, hat sie sich leider nicht geändert.

Meinen, eigenartig jetzt guten Appetit, kann dies offensichtlich nicht beeinträchtigen. Einschließlich dem letzten Reiskorn, schaffe ich diese riesige Portion Kalbsfrikassee. Auch die dazugestellte Salatschüssel und das buntgemischte Obstkompott munden mir vorzüglich. Mit mir zufrieden, streichele ich mir nun pustend über meinen übervollen Bauch ..., schon fast eine Kugel und plötzlich fühle ich mich - verständlich nach dem vielen Essen - wieder müde, sehr müde. Zwei Tage nichts und jetzt alles auf einmal. Mein kleiner Magen ..., ja er muss das aushalten, was sich meine großen Augen wünschen!

„Irene", sie hat sich nach dem Gehen von Schwester „Petra" wieder auf meine Bettkante gesetzt und auch sie überrascht mein großer Hunger, mein guter Appetit. *Wenn ich das gewusst hätte ..., ja bestimmt ..., ich hätte Dir was Delikates mitgebracht. Aber ich wusste ja rein gar nichts über Dein gesundheitliches Befinden und „Alfred" ..., er hat selbst in der Praxis, also seit Donnerstag, nur das beruflich Notwendigste mit mir gesprochen. Irgendwie glaube ich ..., ich weiß allerdings nicht woher, spürt er, dass es zwischen uns wieder gefunkt hat, dass bei uns wieder so richtig Feuer im Kamin ist. Oder hat er vielleicht sogar etwas von unserem so wunderschönen Treffen mitbekommen? „Alfred" kam zwar in dieser besagten Nacht, für mich doch ein wenig überraschend, wirklich heim. Es muss aber schon gegen drei Uhr früh gewesen sein. Er ging ohne ein Wort zu sagen, gleich nach dem Duschen ins Bett und schlummerte kurz darauf schnell ein. Ich persönlich, schlief nach seinem Kommen immer nur kurzfristig und wenn, dann hatte ich unruhige, schwere Träume und war deswegen in der Frühe wie gerädert, vollkommen durcheinander und in Schweiß gebadet. Zu sehr beschäftigte sich mein Hirn nur noch mit Dir. Ehrlich ..., alles dreht sich bei mir seitdem nur noch um diese so wunderschöne Stunde und vor allen Dingen, mit der nun entstandenen, nicht gerade einfachen Situation ..., wie geht es jetzt mit uns beiden weiter? Erst in den frühen Morgenstunden fiel ich in einen tiefen, tiefen Schlaf. Als ich erwachte, war ich ganz in Schweiß gebadet. Bei meinem Blick ins Bad, konnte ich feststellen, dass „Alfred" schon völlig eingeseift unter der dampfenden Dusche stand.*

So richtig feucht und voller Schweiß ..., ja, völlig durchnässt waren meine Bettbezüge und auch die Leintücher. Aber erst am Abend kam ich dazu, konnte ich alles in die Wäsche geben. Schon in der Frühe musste ich mich gewaltig tummeln, denn „Alfred" bildete sich ein, dass ich gleich ..., für mich völlig ungewohnt, nach einem sehr kurzen

Frühstück, mit ihm in die Klinik fahren müsse. Gründe hierfür gab es, wie ich allerdings erst viel später erfuhr, genügend. Mich wunderte es ohnehin, dass er, dass „Alfred" nichts von unserem Sex, von unserem Aroma bemerkt hat. Gerade deswegen war ich dann doch froh, dass er in der Frühe so schnell die Wohnung verlassen hat. Ich verstehe ohnehin die Welt nicht mehr ..., hat er doch auch im gleichen Bett geschlafen. Er müsste, ja er muss doch irgendetwas mitbekommen haben. Oder er war so übervoll angefüllt mit dem süffigen Wein und gedanklich noch bei seiner „Maria"!

Deutlich kann ich ihre Nervosität, ihre innere Erregung spüren und auch ihre Hände, die nun unentwegt, immer wieder unruhig über mein Gesicht streicheln, zittern und auch ihre Liebkosungen, ihre Bewegungen ..., sie werden immer nervöser und hastiger. Mit meinen Händen erfasse ich nun die ihrigen und drücke sie mir in meinen Schoss, fest auf die Bettdecke ..., wie um sie, um „Irene", nun endlich zu beruhigen. *Meine allerliebste „Irene", hat Dir ..., ja hat Dir „Alfred" nichts von dieser besagten Nacht, es muss ..., ja es muss vom Mittwoch auf Donnerstag, also die vom achten auf den neunten September gewesen sein, erzählt? Für diese Nacht, für diese vielen Stunden nach unserem so schönem Treff, wie Du mir eben vorgeschwärmt hast, fehlt mir immer noch ein ewiglanges Stück Film. Was ist eigentlich dann so alles passiert ..., was wurde aus „Maria"? Aber vor allen Dingen ..., ja, ja ..., wer hat sich denn eigentlich noch um „Vanessa" gekümmert?*

Jetzt bin ich derjenige, der sich in Rage redet, der nervt, denn „Irene" ..., sie schüttelt nur immer und immer den Kopf. *Mein lieber Marcus immer eins nach dem anderen.* Deutlich verstärkt sie nun den Druck auf meinen Schoss ..., ich verspüre diesen Druck ..., selbst durch die Bettdecke ..., ihr immer schneller, ihr jetzt ..., ja jetzt sehr intensives Streicheln. *Lass uns doch, jetzt da ich bei Dir bin, an etwas Schöneres denken. Es freut mich, dass Du unsere so schöne Stunde wieder erwähnst, dass Du jetzt an mich und auch an meinen Körper denkst, dass Du dies anscheinend doch noch nicht alles vergessen hast. Bitte lasse mich wieder, so wie früher für Dich sorgen, nur für Dich da sein. Lasse mich Dir ..., Du weißt doch selbst, wie es um Dich, um Deine Gesundheit* steht. Lasse uns diese Stunden, Tage, Monate und vielleicht sogar noch sehr vielen, vielen Jahre, wirklich leben, gemeinsam erleben. Du weißt doch wie sehr ich Dich liebe, wie sehr Du mir und meinem Körper fehlst. Du siehst ..., Du fühlst doch, dass ich Dich selbst nach unserer so langen Trennung nicht vergessen will und auch niemals kann. Du weißt es doch, dass ich nur Dich, ja nur Dich allein ganz innig liebe und ohne Dich nicht mehr leben möchte. Fühlst Du es nicht ...? Du musst es doch auch in Deinem Herzen spüren.

Mein allerliebster Marcus ..., mein lieber Marcus ..., wenn Du wüsstest, wie sehr ich Dich begehre ..., doch ..., ja doch ich kann es mir denken, denn überdeutlich, sehr deutlich verspüre ich nun ihre Hände, die sie nun wieder unter die Bettdecke geschoben hat. Ja, ja ..., sie wird sehr deutlich. Zum Mindesten, was ihre mich nun stetig, sehr intensiv massierenden, bestimmt doch sehr eindeutigen Hand- und Fingerbewegungen anbelangt. Meine Gedanken ..., nun, sie lassen sich in einer solch auch für mich angenehmen Situation leicht beeinflussen und was macht mein Hirn ..., es produziert bekanntermaßen, nur noch Aussetzer!

Doch was ist das ..? Ganz leise, kaum vernehmbar, höre ich weit, weit weg ..., ja ich vernehme eine mir ins Ohr gehende, eine sehr schöne Melodie. Diese Melodie kenne ich ..., jetzt erkenne ich sie wieder. Sie kann nur von ..., sie muss von George Gershwin sein. Doch wenn ich nur wüsste ..., endlich, jetzt fällt es mir wieder ein. Es ist „Summertime" aus „Porgy And Bess". Aber wer hört hier in der Intensivstation schon ..., oder ist es gar die aufgespielte Melodie eines Handys? Einst war dies unsere Lieblingsmelodie ..., es war das Lied, bei dem wir uns, „Irene" und ich, in einem wirklich fast gemeinsamen, so wunderschönen Urlaub, damals in Corona, in der Toscana, in Italien kennen und lieben lernten. Gleich am zweiten Tag, abends in einem winzig kleinen Café, beim Tanzen, eben bei dieser besagten Melodie, passierte es. Und dann kam diese so wunderschöne Nacht mit „Irene"! Wir bekamen beide wirklich kein Auge zu und hatten ..., ja wir hatten damals „viele Schmetterlinge im Bauch".

Das kann doch nicht sein ..., das muss ein Zufall sein. Ja, doch sie denkt bestimmt noch gerne daran zurück, an unsere gemeinsamen Jahre. „Irene" ..., hallo „Irene", sie reagiert ..., sie hört mich anscheinend nicht. Gedanklich hat sie sich höchstwahrscheinlich zu sehr in ihre jetzt schon sehr eindeutige Beschäftigung vertieft ..., die mich und meine Gefühle langsam aber sicher zum Kochen ..., die mich so allmählich in größte Schwierigkeiten bringt. Denn auch ich habe, meinen Gedanken, meinen Gefühlen, meiner Erregung gehorchend, mit dem Streicheln ihrer so zart, so weich und sehr warm anfühlenden Oberschenkel begonnen. Ich war schon weit ..., mit meinen Fingern jetzt sehr weit ..., schon fast zu nah ..., in ihre so kritische Zone ..., zu weit nach oben geraten.

Nun ..., ich muss es probieren ..., ich muss es jetzt riskieren und schon habe ich sehr schnell mein Ziel, ihren Schritt mit meinen Fingern ertastet und wirklich, sie blickt mir nun erwartungsvoll und schon stark erregt ..., fest atmend ..., mit großen Pupillen ..., tief, ganz tief in meine Augen! Fast schäme ich mich ..., ja ich schäme mich jetzt wirklich, wegen meiner hinterhältigen, meiner kalkulierten Absicht! „Irene" ..., hallo „Irene" hörst Du nicht diese so schöne, ins Ohr gehende Melodie ..., erkennst Du nicht unser Lieblingslied?

Marcus aber wirklich ..., das ist von Dir so was von hinterhältig, so was von gemein. Ich glaubte schon, ich träume von dieser, von unserer so schönen Zeit. Das kann nur mein Handy sein, das sich in meiner Handtasche befindet ..., ich glaube, ich habe diese unter Deine Bettdecke, bei Deinen Füßen deponiert. Aber warum streichelst Du mich nicht weiter, warum hörst Du gerade jetzt auf, wo ..., ein hartnäckiger Anrufer, er lässt sich nicht so leicht abwimmeln. Mürrisch ..., mit stark gerunzelter Stirn, lässt nun „Irene" endlich von ihren Streicheleinheiten, von ihrem Vorhaben ab und ich ermuntere sie nun, dem telefonischen Gebimmele endlich nachzugeben ..., auch ich nehme nun meine Hand zurück.

Muss das gerade jetzt sein, wer hat es denn heute am Sonntag so eilig? „Irene", sie rutscht von der Bettkante und richtet sich nun vor mir auf. Streift sich nun ihren völlig nach oben verschobenen Minirock zurecht und greift jetzt unter die Bettdecke. Etwas verstört sucht sie nach ihrem kleinen schwarzen Handtäschchen, denn noch immer tönt unsere Melodie. Kaum vorstellbar ..., ist diese wunderschöne Melodie für „Irene" wirklich ein Ärgernis? Schon ein sehr hartnäckiger Anrufer.

Endlich hat sie den „Ruhestörer" gefunden und drückt nun energisch die Sprechtaste. *„Alfred", was gibt es Neues? Du weißt doch, dass ich bei Marcus* ..., weiter kann ich nicht mithören, denn während sie erregt immer wieder mit der linken Hand in der Luft umherfuchtelt, entfernt sie sich zusehends ..., weiter ..., immer weiter von meiner Bettstatt. Schon wieder ..., ja es wird ohnehin allerhöchste Zeit, dass ich meinem schon sehr dringendem Bedürfnis nachkomme. Schnell schlüpfe ich in meinen Morgenmantel und im schon benannten stillen Örtchen, erledigt sich schnell mein schon stark schmerzender Druck. Kaum zurück, gieße ich mir den restlichen kalten ungesüßten Tee, in eine kleine Tasse aus weißer Keramik. Zwei, drei große Schlucke ..., schon hat mein Schmerzstiller sicher sein Ziel erreicht.

So spät ist es schon. Beim flüchtigen Blick auf meine Armbanduhr kann ich erkennen, es ist bereits 16.35 Uhr. Wenn sich an den täglichen Abläufen in diesem Krankenhaus nichts geändert hat, gibt es so um 18.30 Uhr das Abendessen und anschließend ist Arztvisite. Gespannt bin ich, welcher Arzt heute Bereitschaft hat. Wundere mich ohnehin ..., heute am Sonntag, bis auf meine „Irene", kein einziger Krankenbesuch. Nun, so bin ich bislang wohl der einzige Begünstigte. Doch schon von meinen früheren Aufenthalten weiß ich, dass es gerade in dieser relativ kleinen Abteilung, an den Sonn- und Feiertagen immer ruhig herging.

Doch was war das? Es hörte sich wie das zersplittern von vielen Tellern oder Tassen an. Glas kann es nicht gewesen sein, das klirrt heller. Und siehe da ..., jetzt öffnet sich rechterhand die dritte ..., nein es ist die vierte Türe nach der Mauernische, von meinem Bett aus gesehen. Heraus stürmt, ihre rechte Hand fest an ihren linken Arm pressend ..., ja wer wohl ..., Schwester „Petra". Sie muss sich verletzt haben, denn ihr linker Arm ist blutverschmiert und auch ihr vordem so schön weißer Kittel, er hat sich auf dieser Seite ganz dunkelrot verfärbt. Jetzt überrasche ich mich, denn schnell ..., flott springe ich ..., sportlich, fast wie früher ..., ja ich hüpfe aus meinem Bett und schlüpfe in meinen Morgenmantel. Schon eile ..., ja renne ich barfüßig, die paar Schritte zu ihr. Mache ich mir vielleicht ..., ja doch, ich mache mir wirklich ernsthafte Sorgen, um das Befinden von Schwester „Petra".

„Petra", hast Du Dich geschnitten? Du blutest ja sehr stark an Deiner Hand ..., zeig her! Und schon halte ich ihren linken Arm mit meiner rechten Hand besorgt nach oben. Nun versuche ich mit dem Morgenmantel - ich habe jetzt nur noch mein Etwas, mein Leibchen an - den sehr intensiven Blutfluss zu stoppen, der aus einer anscheinend tiefen Fleischwunde kommt. Sie muss sich mit einer Scherbe verletzt haben. Nun gehen wir fast Hand in Hand in das Schwesternzimmer und mit einer Mullbinde, die ich gleich linkerhand neben dem Eingang auf einem Tisch finde, versuche ich vorerst nur notdürftig, den Blutfluss zu stillen. *Da staunst Du meine liebe „Petra", wie fachgerecht ..., ja wie perfekt ich Dich verarzte.*

Eben im Gang war Schwester „Petra" im Gesicht noch aschfahl. Jetzt schießt ihr schon wieder etwas Farbe in die Wangen und sie schmunzelt über meine letzten Worte. Dir werde ich es schon zeigen ..., besuchte ich doch schon einige Erst-Hilfe-Kurse bei den Maltesern und auch aus meiner Zeit bei der Bundeswehr ist noch ein wenig Wissen übrig geblieben. In einem links über dem Tisch hängenden Glasschrank finde ich das dafür notwendige Material und ehe sie sich versieht ..., eins, zwei, drei ..., hurra ..., schwups ..., ich habe es geschafft. Schwester „Petra" ist bestens versorgt, was sie mir zuerst mit einem Staunen, dann mit einem intensiven Kuss quittiert. Doch halt, halt Schwester „Petra" ..., was wird das? Sie umarmt mich nun und drückt mich ganz fest an sich. Sie verschließt mir meinen Mund mit ihren weichen, feuchten Lippen und wir finden uns in einem ..., wirklich einem ewiglangen, intensiven, sehr innigen Kuss. Und auch unsere Zungen! Das geht doch nicht ..., das kann und darf so nicht sein!

Tief ..., sehr tief atmend, stehen wir uns nun gegenüber. *Marcus, wie schaust denn Du aus. Jetzt brauchen wir für Dich und auch für mich etwas Frisches zum anziehen. Jetzt sind wir wie Blutsbrüder.* Ohne lang zu fragen, nimmt sie mich nun bei der Hand und zieht mich schnell in den mir noch nicht bekannten Nebenraum. Schau, schau ..., ich bin wirklich überrascht, denn ich kann feststellen, dass sie sich das Zimmer, soweit man dies in einem Krankenhaus sagen kann ..., ja sagen wir ..., einigermaßen wohnlich eingerichtet hat. Aus einem rechterhand eingebauten hellen Schrank aus Buche ..., wahrscheinlich furniert, entnimmt sie für mich einen tiefblauen, einen einfarbigen Froteemantel ..., für sich einen sauberen weißen Kittel.

„Petra", *Du kannst Dich doch vor mir nicht gleich nackt ausziehen. Du weißt doch gar nicht, wie ich auf ein so schönes, auf ein so großzügiges Angebot reagieren werde. Ehrlich, wenn ich Dich so vor mir stehen sehe ..., Du bist wirklich eine schöne, eine wunderschöne Frau. Dein Körper ..., wenn ich nicht so krank wäre, bei Dir könnte ich wirklich schwach werden., Du bringst ja das dickste Eis zum schmelzen!* Mit offenem Mund, bewundere ich ihren so schönen, so makellosen Körper. Sie hatte anscheinend unter ihrem weißen Kittel nichts weiter auf ihrem Körper, als einen sehr knapp geschnittenen, weinroten, superkleinen, fast durchsichtigen, mit spitzenbesetzten Slip. Und jetzt ..., ja, jetzt kommt sie auch noch auf mich zu und ..., Wahnsinn ..! „Petra", *was hast Du mit mir vor?* Sie zieht mir jetzt mein blutverklebtes Etwas über den Kopf. So stehe ich ihr nun völlig nackt, im Adamskostüm schon auf Hautfühlung, frontal gegenüber. Ungewollt habe ich sie während meiner Entkleidung mit meinem nun deutlich sichtbaren Gefühl körperlich berührt. Ehe ich mir meiner verfänglichen Situation bewusst werde, umarmt sie mich wieder und drückt mich ..., presst ihren so heißen, fast nackten Körper fest an mich.. Überdeutlich muss sie meine heftige Erregung zwischen ihren Beinen, in ihrem Schritt spüren. Ihre Atmung ist kurz und heftig ..., ich fühle ihre festen Brüste, ihre Erregung, ihr Zittern. Noch bevor ich irgend etwas sagen, bevor ich reagieren kann, verschließt sie nun meinen Mund mit einem innigen ..., sehr innigen Kuss und ihre Zunge wird nun überaktiv.

Normal ..., nein logisch kann ich jetzt in dieser echt verzwickten Situation nicht mehr denken. Das kann man von mir nicht mehr erwarten, noch dazu mich ihre Hände streicheln. Ja sie streicheln meinen Körper überall ..., sie tasten sich nach unten. Und ..., ich bin wie erstarrt, ich bin völlig willenlos und kann mich nicht wehren. Eine wahnsinnige Hitze durchflutet mich und deutlich spüre ich diese Glut, das Feuer zwischen uns, denn ihre Hände werden aktiver, schneller und das an meiner so überaus empfindlichen Stelle. Mit ihrer rechten Hand streift sie sich nun das Allerletzte, ihren winzigen Slip vom Körper und während wir uns immer noch küssen hilft sie mir mit ihrer rechten Hand ..., ja, sie hilft mir auch die letzte Hürde zu überwinden. Mein Hirn setzt in diesem Augenblick total aus und ehe ich ..., schwups bin ich schon in ihr. An ihrem lauten Stöhnen .., es muss ihr sehr gut tun. Was für Gefühle ..., glühend heiß ist mir. Doch irgendwie schaffe ich es dann doch noch und löse mich körperlich ..., und nicht nur das ..., auch aus ihrer Umklammerung und trete einige Schritte zurück. *Marcus, Marcus, aber hallo ..., hast Du Angst vor mir? Es war doch so schön mit Dir. Schon glaubte ich ..., Du nimmst mich jetzt.*

Deutlich zeigt mir „Petra" ihre Enttäuschung. Ihre so gute Laune ..., ihr Gesicht verfinstert sich ..., *eigentlich hätte ich mir dies denken können. Für Dich gibt es anscheinend nur diese „Irene".* Noch immer habe ich die für mich schon etwas heikle Situation nicht ganz realisiert. Doch was ist das ..., *Marcus wo bist Du ...,* das kann nur das Rufen, die Stimme von „Irene" sein. Was habe ich getan ..., auch das noch. Schnell, zu tiefst erschrocken, sehr hastig, übereilig schlüpfen wir ..., „Petra" und ich, in unsere sauberen bereit liegenden wenigen Utensilien. Schwester „Petra" in ihren winzigen roten Slip, in ihren weißen Kittel, in ihre Gesundheitsschuhe und ich in mein luftiges Etwas, schnell in den blauen Morgenmantel. Beide bekommen wir tomatenrote Köpfe ..., zwei ertappte Sünder!

Das war allerhöchste Zeit, denn schon steht „Irene" im Türrahmen und schaut erstaunt, überrascht in die Runde. Sehr deutlich, überdeutlich kann man ihre Gedanken aus ihrem Gesicht lesen. *Ja, was ist denn das? Träume ich nur, was läuft denn hier ab ..., täusche ich mich oder habt ihr Beide vielleicht schon etwas miteinander? Mich laust der Affe. Das kann doch alles so nicht wahr sein!* Schwester „Petra" und ich, wir beide blicken nun doch schon etwas irritiert, etwas verstört aus der Wäsche. Das war mehr als knapp ..., wir schämen uns ..., verstohlen und immer noch mit tiefroten Gesichtern, blicken wir uns nun an ..., „Petra" und ich.

Es tut mit leid ..., dass Du immer gleich so denken musst und solche verkehrten Schlüsse ziehst. Aber Schwester „Petra" hat sich, wie Du sehen kannst, am Arm verletzt. Sie hat sich mit einer Scherbe geschnitten und diese intensiv, sehr stark blutende Schnittwunde musste erst einmal gesäubert und verbunden werden. Du kannst Dich ja selbst davon überzeugen. An diesen blutverschmierten Kleidungsstücken siehst Du doch auch, dass dies alles zutrifft. Außerdem habe ich noch Schwester „Petra" beim Aufräumen der vielen Scherben geholfen. Für mich überraschend ..., dieses Mal bin ich der erste, der sich geistesgegenwärtig, so o lala, aus dieser schon sehr engen Schlinge befreien kann.

Was wäre wenn ..., ja was wäre gewesen, wenn uns „Irene" wirklich in flagranti erwischt hätte? Unausdenkbar ..., einfach Wahnsinn dieser Leichtsinn. Wirklich eine prickelige, eine gefährliche, sehr kritische, eine schon irre Situation. Nur gut, dass ich dem Werben von Schwester „Petra" nicht nachgegeben habe. Garantiert hätte sie uns voll in Aktion erwischt. So kann ich heilfroh sein, dass mir diese Entschuldigung, diese billige Ausrede eingefallen ist. Nun ..., „Irene", sie blickt uns beide zwar noch immer misstrauisch, etwas ungläubig an. Aber zum Mindesten, sie gibt sich allem Anschein mit meiner so fadenscheinigen Erklärung vorerst zufrieden, denn schon wesentlich ruhiger erklärt sie uns schmunzelnd ..., *leider habe ich jetzt keine Zeit mehr für Euch und diesen restlichen Scherbenhaufen. Viel Spass ..., aber den könnt Ihr meinetwegen selber ..., ja doch ..., diesen gewaltigen Scherbenhaufen könnt Ihr ja gleich miteinander beseitigen.*

Jetzt dreht sie sich frontal in meine Richtung und mich nun anlachend *..., das leider wirklich sehr lange, doch so Vieles klärende Telefonat mit „Alfred", hat mich wieder beruhigt und wie es aussieht, hatte ich dieses Mal unrecht mit meiner blöden Eifersucht. Übrigens ..., Marcus ..., fragtest Du mich vorhin nicht nach Deiner Bekannten, einer Frau „Pantonella", nach „Vanessa"? Sie muss auch hier, also in dieser Intensiv-Abteilung untergebracht sein. Doch ..., ja beinahe hätte ich es vergessen. „Alfred", er sagte noch, dass sie wegen ihres wirklich schon mehr als kritischen gesundheitlichen Zustandes, in ein künstliches Koma versetzt worden sei. „Alfred", ja er möchte sich ohnehin mit Dir schon am Montag, also Morgen in der Frühe, sehr eingehend über die Ernsthaftigkeit Deiner Krankheit und über die weitere klinische Behandlung, aber auch über die weitere Vorgehensweise in Sachen „Vanessa" unterhalten. Er betonte immer wieder, dass sich der Gesundheitszustand von „Vanessa" in einer sehr, sehr schwierigen Phase befindet. Es müsste schon ein wirklich großes Wunder geschehen ..., sie hat leider nur noch eine winzig kleine, eine sehr, sehr kleine Chance. Über Deinen Zustand brauche ich Dir ja nichts Neues erzählen. Übrigens ..., „Alfred", ja er hat mir auch erzählt, dass ihr beide Euch ..., Du weißt schon ..., Du und „Vanessa" ..., dass Ihr beide Euch schon so lange, über 2 Jahre lang kennt! Nun ..., das habe ich leider nicht gewusst!*

Jetzt muss sie erst einmal tief Luft holen, bevor sie zur eigentlichen Ursache des Telefonates mit „Alfred" kommt. *Vor lauter Freude Dich wieder zu sehen, habe ich ganz vergessen, Dir zu sagen, dass ich mit „Alfred" heute Abend in die Oper gehen werde. Schon sehr lange liege ich ihm deswegen nervend in den Ohren. Doch immer und immer wieder vertröstete er mich wieder auf ein nächstes Mal. Zu meinem letzten Geburtstag, Du kennst ihn ja ..., also am 15. August versprach er mir, wie er sagte „Hundertprozentig", dass er Eintrittskarten für die Premiere von Rigoletto besorgen möchte. Du kennst ja meinen Splen für Guiseppe Verdi, Du kennst ihn bestens meinen Musikgeschmack. Nun ..., jetzt hat er es endlich geschafft und wie er mir am Handy erklärte, möchte er sich in*

Zukunft, also ab sofort, mehr mit mir, mehr auch mit meinen Wünschen ..., Marcus Du kennst sie ja ..., beschäftigen. Ich kann nur hoffen, ja ich wünsche es mir so sehr, dass er sich in Zukunft an seine Versprechen hält. Zu oft hat er mich diesbezüglich nun schon enttäuscht. So recht kann ich sowieso nicht daran glauben.

Mit beiden Händen ergreift sie nun mein Gesicht und gibt mir, wie zum Abschied, einen innig langen Kuss und streichelt mir ganz zart, ganz zärtlich über meine Wangen. Und ..., irgendwie werde ich das Gefühl nicht los ..., komisch, ich spüre und ich fühle, dass dies vielleicht die letzten Streicheleinheiten, dass dies der letzte so innige Kuss von „Irene" gewesen sein könnte. Immer dieses gefühlsmäßige schnelle rauf und runter, dies alles ist mir aus meiner über zweijährigen Bindung mit „Irene" bestens bekannt. Wie schnell und wie sprunghaft sich bei vielen Menschen doch Gefühle ändern können ..., mein Kopf, meine Gedanken, sie spielen wieder verrückt und auch ich frage mich, gehöre auch ich zu diesen armen Geschöpfen? *Liebste „Irene", ich hoffe doch, dass Du mich nicht ganz vergisst. Noch weiß ich ja nicht, wie lange mich „Alfred", wie lange mich meine Krankheit hier festhält. Doch wie Du mich kennst, werde ich so schnell wie möglich, dieser Klinik, wenn auch nur wieder vorübergehend, Ade sagen. Bei Dir liebe „Irene", möchte ich mich herzlich für Deinen so lieben, so herzlichen Besuch und auch sonst, Du weißt schon ..., vor allen Dingen, für Deine so große Liebe bedanken. Fast wären wir wieder schwach geworden. Jetzt kann ich Dir nur noch alles, alles Gute und sehr, sehr viel Glück mit „Alfred" wünschen. Das sich alles so erfüllt, wie Du Dir das schon immer erträumt hast. Eigentlich schade ..., doch ich finde es sehr schade! Ich glaube kaum, dass ich Dich je vergessen werde. Zu wunderschön waren die zwei Jahre ..., war trotz aller Schwierigkeiten, die Zeit mit Dir. Vielen Dank und viel Glück.*

Komisch, so oft habe ich mich nun schon von „Irene" verabschieden müssen, doch dieses Mal ist alles anders. Mir kullern schon seit meinen letzten Worten, dicke, sehr dicke Tränen über meine Wangen. Ist dies vielleicht schon ein Abschied für immer? Eine Vorahnung, irgend etwas, ich kann es nicht deuten, ich kann es nicht realisieren, wühlt in meinen Gefühlen, in meinem Herzen. Ich kann nicht anders, es muss noch einmal sein und schon umarme, ja umklammere ich „Irene". Ich klammere mich regelrecht an sie und drücke sie ganz fest an mich und dieses Mal bin ich derjenige, der ihren Mund, ihre Lippen mit einem innigen, mit einem ewig langen Kuss versiegelt. *Marcus, mein liebster Marcus ..., was ist mit Dir? So kenne ich Dich noch gar nicht. Du machst es mir wirklich schwer. Eins möchte ich Dir doch auf alle Fälle noch mitgeben. Diese zwei Jahre mit Dir, waren trotz meiner so vielen Szenen, waren trotz meiner krankhaften Eifersucht, die Schönsten in meinem Leben. Nur schade, dass ich nun wirklich gehen muss. Es ist schon 17.50 Uhr und ich muss mich für diesen Abend, ich muss mich für „Alfred" doch schön machen. Du kennst mich ja, und da weißt Du auch, wie viel Zeit ich dafür benötige. Aber bestimmt ..., ja, wir sehen uns bestimmt wieder in der Sprechstunde. Doch, doch ..., ich kann und werde Dich hier wieder besuchen. Ich möchte Dir noch einen wunderschönen Abend wünschen, keine Schmerzen und eine schönere Zeit.* Sie nimmt nun meinen Kopf wieder in beide Hände und haucht mir noch schnell einen flüchtigen Kuss auf meine linke Wange ..., schon stolziert, klappert sie stolz ..., ohne sich auch nur noch einmal umzublicken, auf ihren hohen Stöckelschuhen, mit erhobenem Kopfe in Richtung Ausgang. War das nun endgültig das Finale ..., war das nun wirklich das Ende unserer einst so wahnsinnig großen Liebe?

Schwester „Petra", sie hatte es sich zwischenzeitlich auf ihrer kleinen dunkelblauen Couch bequem gemacht, den Kopf auf die eine und ihre langen Beine auf die andere Lehne gelegt. Mich hat es ohnehin gewundert, dass sie den langen Dialog und auch die Abschiedszeremonie von „Irene" völlig kommentarlos mitangehört und miterlebt hat. Nur ab und zu konnte ich in ihren Mundwinkeln ein verschmitztes Schmunzeln, mehrmals auch ein leichtes Kopfschütteln beobachten. Erst jetzt erhebt sie sich langsam und kommt mit zwei, drei Schritten auf mich zu. Sie umschließt mich nun an der Hüfte mit ihren beiden Armen, drückt sich, ihren Körper fest ..., sehr fest an mich und verschließt mir mit ihren weichen, feuchten Lippen meinen Mund. Doch was hat sie, was ist jetzt ..., dieses Mal wird es kein so langer Kuss ..., schon sprudelt es aus ihr heraus. *Mein lieber Marcus, das ..., Du weißt schon ..., vorher die Szene mit „Irene", das war vorhin schon eine ganz verzwickte, eine sehr heikle Situation. Doch das was davor war, mir ist, als hätte ich dies alles nur geträumt. Das ist für mich wirklich seit langer, sehr langer Zeit das erste Mal, dass mir ein Mann, wenn auch nur für einen so winzigen, einen viel zu kurzen Augenblick so gut getan hat. Bestimmt kannst Du Dir das nicht vorstellen, was das für ein Glücksgefühl für mich gewesen ist, als wir beide, wenn auch nur für Sekunden eins wurden und das pur. Du kannst mir glauben, dass ich alles dafür tun würde, wenn ich noch einmal ..., ehrlich, wenn ich noch einmal einen solch schönen Augenblick mit Dir erleben könnte. Vorhin ..., ja vorhin ..., Du weißt schon ..., bei Deinem langen Abschiedsgespräch mit „Irene", da glaubte ich schon ..., ich hatte sehr große Angst, dass sie Dir doch noch mehr bedeutet, dass ihr Euch immer noch so wie früher liebt. Gott sei Dank, hat sie sich allem Anschein, heute mit „Alfred" ihrem Herzbuben wieder ausgesöhnt. Zwar heute Nachmittag nur telefonisch ..., doch fürs erste gibt sie sich damit scheinbar zufrieden. Wir werden ja sehen, wie diese Geschichte nun weitergehen wird.*

Ich weiß ja noch sehr wenig, so gut wie gar nichts von Dir. Doch irgendwie fühle ich in meinem Innern, in meinem Herzen, dass ihr Euch einmal sehr nahegestanden, sehr geliebt habt, dass bei Euch viel Feuer im Kamin gewesen war. Noch immer hört man es knistern, man spürt noch ein bisschen die Spannung und die Glut. Ich glaube ..., ein kleiner Funke würde genügen! So ganz habt ihr beide, diese bestimmt wunderschöne Zeit noch nicht vergessen können. „Irene", sie ist aber auch eine sehr attraktive, eine wirklich hübsche Frau. Doch wie ich vorhin mitbekommen habe, ist sie nach wie vor krankhaft eifersüchtig und ich kann mir ehrlich gesagt darum auch nicht vorstellen, dass diese Verbindung mit „Alfred", von langer Dauer sein wird. Denn ja ..., ja gerade „Alfred", gerade er nimmt es doch nicht so genau ..., von wegen Treue. Er nimmt sich doch Jede, die er bekommen kann. Das kann ich ganz gut beurteilen, denn auch ich durfte diese Erfahrung machen. „Alfred" und seine Ausstrahlung ..., wirklich gut aussehend, tolerant und großzügig, sehr sportlich und auch sonst. Aber trotz alledem ..., er ist ehrlich gesagt nicht mein Typ ..., nicht die Art von Mann, den ich mir wünsche und erträume. Langsam frage ich mich, ob es einen solchen für mich überhaupt gibt.

Schwester „Petra", sie umarmt mich noch immer und drückt sich und ihren zarten Körper noch enger an mich. Deutlich ..., sehr deutlich kann ich nun ihren immer heftiger, schneller werdenden Herzschlag, ihre innere so heftige Erregung, ihr Verlangen spüren. Und schon durchflutet mich wieder diese wahnsinnige Hitze ..., und ..., komisch ..., mich verlangt es auf einmal auch nach ihrem so schönen Körper und ich umschließe jetzt ebenfalls mit meinen beiden Armen fest ihre Hüfte. Schau, schau ..., sie drückt sich ..., ihr Becken an meine so empfindliche Stelle. Aber was ist mit mir? Irgendwie verstehe ich mich jetzt nicht. Das bin ich von mir gar nicht mehr gewöhnt. Und eigenartig ..., ausnahmsweise ..., ja es funktioniert wieder einmal richtig ..., mein kleines Hirn!

Hallo, „Petra" ..., Du glaubst gar nicht, wie sehr auch ich mir jetzt die Fortführung dieses so wunderschönen Augenblicks wünsche. Aber sollten wir beide jetzt nicht vernünftig sein und uns diesen für einen günstigeren Zeitpunkt aufsparen und uns zuerst um Deinen Scherbensalat kümmern? Selbstverständlich werde ich Dir gerne beim Recycling helfen. Und ..., was ist mit Deinen anderen Patienten ..., solltest Du denen nicht auch ein wenig mehr von Deiner Zeit gönnen und nach deren Befinden und Belangen schauen? Das jedoch, bevor Du ja sowieso um 18.00 Uhr von Schwester „Renate" abgelöst wirst. Vielleicht könntest Du mir bei dieser Gelegenheit gleich sagen, in welchem dieser ..., ich zählte vorhin zwölf Zimmer, meine Bekannte ..., Du weißt schon ..., Frau „Pantonella" liegt. Verstehe mich bitte nicht falsch, ich möchte liebendgern wissen, wo sie stationär untergebracht ist. Wir, „Vanessa" und ich, wir kennen uns mittlerweile schon einige Jährchen. Schade, schade, leider kam alles ganz anders, als wir es uns erträumten und von Herzen doch so sehr gewünscht hatten.

Ich löse mich plötzlich aus der Umklammerung von „Petra" und schiebe mir den Ärmel meines Morgenmantels nach oben. Was, so *spät ist es schon?* Erschrocken blicke ich auf die Zeiger meiner Armbanduhr. *„Petra", bitte schaue einmal auf Deinen Regulator über der Couch, er zeigt mir wie auch meine Armbanduhr, dass es schon so spät, dass es bereits 16.43 Uhr ist; also wirklich allerhöchste Zeit, dass wir beide uns sputen.*

Schnell nehme ich Schwester „Petra" an der Hand und ziehe, schupse sie lachend, schon etwas übermütig vor mir her ..., aus dem Schwesternzimmer auf den Flur. *Marcus bist Du völlig verrückt geworden. Du glaubst doch nicht im Entferntesten, dass ich Dich in Deinem mehr als schlechten gesundheitlichen Zustand zum arbeiten animieren werde. Also bitte, bitte ..., lege Dich jetzt schön brav in Dein warmes Bettchen, nicht dass wir beide ..., ich möchte nicht unbedingt noch größeren Ärger bekommen.*

Trotz ihres vielleicht berechtigten Einwandes, nehme ich sie nun doch etwas liebevoller an der Hand, gebe ihr einen flüchtigen Kuss und schon haben wir die Unglücksstätte erreicht. Ein Wunder, dass sich noch niemand über dieses Desaster beschwert hat. Aber so groß ist das Wunder gar nicht, wie ich jetzt bemerke, denn nach dem Eintreten in das besagte Zimmer, kann ich feststellen, dass dieses zwar durch einen Patienten belegt ist, dieser aber, wie ich vermute, schläft. *Pssst ...,* mache ich und deute damit Schwester „Petra" an, dass wir uns in diesem Krankenzimmer ruhiger verhalten sollten und drücke mir dabei meinen Zeigefinger fest auf meine Lippen.

Marcus, Marcus ..., Schwester „Petra", sie beginnt jetzt wegen meinem „Pssst" lauthals zu lachen. Nun und ich stehe nun da wie ein begossener Pudel und weiß nicht, warum sie gerade jetzt so lauthals lachen muss. *Was ist los, warum lachst Du jetzt über mein Psst?* Fest umfasst sie nun meine rechte Hand und zieht mich zu sich heran, nachdem sie die Zimmertüre von innen nicht gerade leise, mit dem Fuß zugestoßen hat. Und siehe ..., gleich muss sie diese Situation ausnützen, denn sie nimmt meinen Kopf in ihre Hände und gibt mir einen innigen Kuss auf meinen Mund, auf meine Lippen. Erst nach einer halben Ewigkeit ..., tief, sehr tief Luft holend und fast außer Atem, werde ich von ihr endlich aufgeklärt. *Marcus, mein allerliebster Marcus, in diesem Zimmer liegt Deine „Vanessa" und wie Dir Deine „Irene" vorhin schon erzählt hat, befindet sie sich seit nunmehr fast zwei Tagen wegen ihres gesundheitlich sehr kritischen Zustandes, in einem künstlichen Koma. Du siehst also, dass sie uns weder hören noch sehen kann, höchstens im Unterbewusstsein. Du brauchst Dir also keine unnötigen Sorgen oder Gedanken machen, dass sie etwas von meinem Missgeschick mitbekommen hat. Du siehst nun selber, dass die Geschichte mit „Vanessa" in einer alles entscheidenden Phase ist.*

Da schau her ..., sie führt mich linkerhand um eine Mauerecke ..., und ja hier, vom Eingang nicht einsehbar, liegt im Winkel und fast an der Wand, ein gewaltiger Scherbensalat. Und ..., wie ich richtig vermutet habe, es müssen schon so an die zehn Keramikteller sein, die den heutigen Tag nicht unbeschadet überstanden haben. Gleich seitlich, gleich linkerhand von „Vanessas" Bett, zwischen all den vielen technischen Apparaten, an denen grüne, rote und gelbe Lämpchen sehr unruhig blinken und flackern, steht ein noch völlig leerer, weißer Abfalleimer, den wir uns jetzt für diese Zweckentfremdung ausleihen. Ganz vorsichtig, sehr besorgt uns nicht zu schneiden, zu verletzen, sammeln wir beide diese vielen Scherben und Splitter zusammen und legen diese langsam, sehr behutsam in diesen besagten Eimer. Schwester „Petra", sie kann es nicht lassen und streichelt mir während unserer so diffizilen Tätigkeit, mit ihrer rechten Hand zwischendurch so einige Male ganz zart, sehr behutsam durch meine Haare, über meine Wangen. Vom seitlich an der Wand stehenden kleinen Tisch, auf dem eine mit elf gelben Rosen gefüllte, bauchige blaue Vase steht, nehme ich mir zwei weiße DIN A5 Kartons. Damit schiebe ich fein säuberlich auch die kleinsten Keramiksplitter auf dem Boden zusammen und entsorge auch diese im besagten Eimer.

Hallo, liebe „Petra", ein kleines Momentchen ..., ich möchte nur noch schnell nach „Vanessa" schauen, bestimmt erlaubst Du es mir. Meine „alten" Knochen knacksen und krachen, als ich mich vielleicht ein wenig zu flott aus meiner mittlerweile schon sehr unbequemen Hocke vom Boden erhebe, mich erst strecke, dann dehne, um mich dann wieder gerade auszurichten. Zwei, drei Schritte ..., schon ste-

he ich neben „Vanessa". Wie hilflos wir „kleinen" Menschen sein können, schießt es mir durch den Kopf. Keinerlei Regung in ihrem Gesicht ..., nur ihren Atem kann ich schwach, sehr schwach an meinen Wangen fühlen, als ich mich über sie beuge, ihr einen flüchtigen Kuss auf die kalte Stirn hauche. Aus der rechten Nasenöffnung führt ein dünner transparenter Schlauch zu einem der Geräte. Von beiden Handgelenken führen ebenfalls transparente dünne Schläuche zu zwei seitlich stehenden Metallständern, zu den darauf befestigten Behältern mit Kochsalzlösungen. Auch an den Füßen und auf der Brust sind mit Saugnäpfen farbige dünne Kabel angebracht. Alle führen zu den technischen Messgeräten, die den Blutdruck, die Herzfrequenz und auch den Kreislauf von „Vanessa" kontrollieren und regulieren sollen.

Und ..., ja, ja ..., jetzt kenne ich „Vanessa" schon seit über zwei Jahren. Doch erst vor zwei Tagen sind wir uns körperlich ein wenig näher gekommen. Nun liegt sie so zerbrechlich und schwerkrank, so hilflos, fast reglos vor mir. Ein bisschen sind sie wieder da, die Erinnerungen an früher, an meine wenigen Besuche bei ihr im Teeladen ..., die ersten ..., auch die privaten Berührungspunkte bei einem Cappuccino ..., an die wenigen Augenblicke unseres Findens bei Frau „Adamschick" ..., der gemeinsame Arztbesuch bei meinem Freund „Dr. Schreiber" ..., dann das Treffen bei „Giovanni" ..., aber dann kommt nichts mehr. Ab da fehlen mir immer noch so viele Stunden ..., völlige Leere ..., alles ist wie ausgelöscht.

Umso länger ich sie nun so ..., so hilflos betrachte ..., ein Bild zum Weinen. Mir rollen dicke Tränen über meine Wangen. Tief ergriffen streichele ich sie jetzt und gegen meine Gefühle machtlos ..., ganz zärtlich, sehr vorsichtig mit meinen Fingerspitzen ..., immer und immer wieder über ihre Hände, über ihre Arme, über ihre Stirn, über ihre Haare, über ihre blassen, völlig eingefallenen Wangen. Ihre Haut, sie fühlt sich weich und schlaff an. Dabei hatte sie sich vor zwei Tagen noch so angeregt, so interessiert mit „Giovanni", dem Wirt beim „Italiener", über ihr so schöne Heimat, über ihre Eltern, über ihren Geburtsort Anversa in den Abruzzen in Italien, unterhalten. Was aber dann geschah, ist mir immer noch so unwirklich, ist mir so unerklärlich.

Schwester „Petra", sie steht nun unmittelbar links neben mir und schaut mit sehr ernstem Gesicht, stillschweigend meinem tränenreichen Gefühlsausbruch zu. Erst als ich mich nun von „Vanessa" abwende, tritt sie den einen Schritt, der uns noch trennt, auf mich zu, umschließt mich wie selbstverständlich wieder mit ihren Armen und küsst mir die Tränen von den Wangen. *Du hast wie ich ein weiches Gemüt, ein gutes Herz und gerade das mag ich an Dir. Du ..., ja, ja ..., Du bist bestimmt ein guter, ein herzensguter Mensch. Ich sehe schon, es gibt so vieles zu erzählen. Doch jetzt möchte ich Dich bitten, dass Du Dich endlich wieder in Dein Dich wärmendes Bett legst. Wie ich leider erst jetzt sehe, hast Du nicht einmal Hausschuhe oder zum mindesten Strümpfe an. Du hast bestimmt Recht, ich sollte mich endlich um meine Patienten und vielleicht auch noch ein wenig mehr um Dich kümmern, bevor ich von „Renate" um 18.00 Uhr abgelöst werde. Eines möchte ich Dir aber noch hundertprozentig versprechen ..., wir werden uns heute Abend noch ..., ja doch ..., ganz bestimmt. Lasse Dich von mir überraschen.*

Mit beiden Armen drückt mich nun „Petra" noch einmal fest an sich und küsst mich ... , sie überrascht mich schon wieder ..., auf meinen halboffenen Mund. Schau, schau und anscheinend hat sie schon darauf gewartet, denn ihre Zunge ..., ja mit ihrer Zunge zeigt sie mir nun, wie lieb sie mich vielleicht hat. Als sie dann endlich meinen Mund nach einer kleinen Ewigkeit freigibt, muss ich erst einmal tief, sehr tief durchatmen, ehe ich endlich einen Ton oder gar ein Wort herausbekomme und endlich meine Stimme wieder finde ..., *„Petra", „Petra", sind Deine Bemühungen nicht zu einseitig? Gefährlich ist es allemal. Überlege einmal, wir kennen uns ja kaum. Und weiß ich wie die Geschichte mit „Irene" weitergeht ..., ja und ist da nicht auch noch „Vanessa"? Du musst in erster Linie an Deinen schönen Job denken. Überlege Dir bitte gut, ob ich Dir eine solches Risiko wert bin, noch dazu Du wie Du sagst, über die Schwere meiner Krankheit voll informiert bist. Bitte überlege Dir gut, inwieweit es Dir ernst mit ..., Du* *sprichst schon von Liebe. Willst Du diese wirklich? Willst Du wirklich eine feste Beziehung mit mir? Bist Du Dir wirklich im Klaren, was so alles auf Dich zukommt. Momentan lebst Du hier allein und unbesorgt Dein Leben. Bitte verliebe Dich nicht in mich, in einen ..., Du bist Dir doch hoffentlich im Klaren, wie winzig, winzig klein meine Chancen zum Weiterleben noch sind.*

Mittlerweile sind wir an meiner Liegestatt angekommen und Schwester „Petra" nimmt nun meine Bettdecke und schüttelt diese kurz durch, während ich mir nun sehr vorsichtig meinen Morgenmantel ausziehe und mich in das frisch gelüftete Bett lege. Sie deckt mich fürsorglich zu, während sie mir noch einmal über meinen Bauch, über meine Brust und über meinen Kopf streichelt. Jetzt beugt sie sich zu mir herunter und küsst mich kurz auf meinen Mund. *Marcus, liebster Marcus, bitte mache Dir diesbezüglich keine so unnötigen Sorgen. Weiß ich doch sehr wohl um Dein Befinden, aber ich weiß auch Bescheid über meine Gefühle und mein Verlangen, Dich noch näher kennen zu lernen. Und mit Schwester „Renate" verbindet mich eine verlässliche Freundschaft, sie hat bestimmt für unsere Gefühle Verständnis. Jetzt werde ich mich endlich auf meinen Rundgang machen und bitte vergiss nicht Deine Kapsel einzunehmen. Ich freue mich schon so auf unser abendliches Gespräch. Bis später ..!* Eiligen Schrittes steuert sie nun in das Schwesternzimmer. Sie wird sich dort garantiert noch schnell die für ihren kleinen Rundgang benötigten Utensilien und Medikamente holen. Von meinem kleinen Kästchen nehme ich mir jetzt meine rote Dose und aus dieser eine weiße Kapsel, die ich mit dem Rest schwarzen kalten Tees aus meiner weißen Tasse, schnell hinunterschlucke.

Momentan fühle ich mich einigermaßen gut und auch meine Bettdecke wärmt schnell meine sehr, sehr kalten Füße. An meine körperliche Schwäche, an einen gewissen Dauerschmerz habe ich mich in den letzten Jahren gewöhnen „dürfen" und so dauert es keine Viertelstunde, bis ich eingeschlafen bin.

Allzu lange ist mir dieser, für mich so notwendige Schlaf nicht gegönnt, denn schon weckt man mich sehr unsanft. Doch es dauert und dauert ..., endlich erkenne ich auch den Grund. Zwei Männer ganz in weiß ..., in weißen Hemden, in weißen Kitteln und weißen Schuhen ..., zwei Ärzte stehen zur Abendvisite an meinem Bettrand. Heftig gestikulieren sie mit den Händen und ja ..., sie unterhalten sich sehr angeregt und dies mit hochroten Köpfen. Die begleitende Nachtschwester „Renate", sie ist diejenige, die mich immer noch energisch schüttelt und rüttelt.

Endlich ..., Du hast ja einen sagenhaft tiefen Schlaf und Dein Schnarchen ist schlicht gesagt ..., unüberhörbar, einfach gigantisch. Glaubte ich doch schon, ich bekomme Dich nicht mehr wach. Langsam, sehr langsam realisiere ich meine unmittelbare Umgebung. Nun erkenne ..., ja ich erkenne beide Ärzte ..., „Dr. Schuster", „Dr. Rode" ..., *gleich im Doppelpack. Welch eine Überraschung ..., und ..., wie geht es uns denn? Nun ..., was verschafft mir diese Ehre?* Überraschend schnell habe ich mich wieder gefangen. Wir kennen uns ja schon hinreichend aus meinen nun schon so vielen Gastspielen in diesem First-Class-Hotel. *Und ..., wie ist das werte persönliche Befinden?* „Dr. Schuster", „Dr. Roder" und auch Schwester „Renate" treten nun noch näher an meine Liegestatt heran, beugen nun fast gemeinsam ein wenig ihren Rücken zu mir herab und begutachten mich kopfschüttelnd. Nur „Dr. Roder", ein immer etwas mürrischer, guter Fünfziger, richtet sich nun in voller Statur vor mir auf ..., *also an mir persönlich kann ich nichts Nachteiliges feststellen. Auch was meinen ehrenwerten Kollegen und Schwester „Renate" betrifft, scheint alles in bester Ordnung zu sein, zum mindesten, was das rein Äußerliche anbelangt. Über das andere möchte ich mich hier an dieser Stelle und vor Dir, lieber ausschweigen!*

Das war wirklich hart ..., schon kontert „Dr. Schuster". *Schwester „Renate, was sagen sie dazu, müssen wir uns dies von diesem Schnösel gefallen lassen?* „Dr. Schuster", er ist mit „Alfred" eng befreundet und hat wie er so ziemlich die gleichen Eigenheiten, was Frauen anbelangt. Auch sportlich gesehen, hat er fast die gleichen Interessen und begleitete ihn schon sehr oft zu seinen Golfturnieren. Beide haben so ziemlich die gleiche Statur und sind auch Brillenträger, fast wie Zwillinge. Nur „Dr. Schuster", er leistet sich den Luxus einer Fastglatze und hat grünblaue Augen. „Dr. Schuster", er kratzt sich nun etwas verlegen an seinem Hinterkopf und lächelnd zu Schwester „Renate" ..., *das war ein starkes Stück. Aber warte nur, Du kommst mir schon wieder. Zu Deiner nächsten Visite bekommst Du eine andere Begleitung. Das nächste Mal begleitet Dich diese Hexe, Deine spezielle Freundin Schwester „Niedermeier".* Jetzt müssen wir alle lachen, denn auch ich weiß ..., ja ich kenne diese sogenannte Hexe, diese Frau „Niedermeier" nur zu gut. Sie schaut so aus, sie geht so und das Schlimmste, sie redet auch so. Aber sie kann kochen ..., ja was kochen anbelangt, da ist sie einsame Spitze. Bei jedem Jubiläum, bei jeder großen Veranstaltung innerhalb des Hauses, da verlangt man nach Schwester „Niedermeier" ..., da ist sie die Macherin.

Doch Spass beiseite ..., „Marcus" es geht nicht um uns. Du machst uns Sorgen, ernsthafte Sorgen. „Alfred" hat mich heute nachmittags ganz besorgt angerufen. Er bat mich ausdrücklich, ihm jede, auch die kleinste Veränderung Deines Gesundheitszustandes gleich, also sofort mitzuteilen. Ja, ja ..., er macht sich wirklich Gedanken um Deine Person. Und gleich morgen in aller Herrgottsfrühe, möchte er sich mit Dir noch einmal, und das sehr gründlich, über Deine Geschichte und über das weitere Vorgehen unterhalten. Du musst Dir auf alle Fälle dafür viel Zeit nehmen und Du solltest Dir, wenn irgendwie möglich, heute Abend keine Spritze geben lassen. Du weißt schon ..., ansonsten schläfst Du wieder wie ein Murmeltier. Wenn es nicht anders geht, wenn Deine Schmerzen zu schlimm werden, nimm zur Not lieber zwei Kapseln. Ansonsten, das sehen wir, geht es Dir ja blendend. So ist es richtig ..., immer positiv denken und vor allen Dingen ..., Deinen gesunden Humor solltest Du niemals verlieren. Noch immer schmunzelnd, macht er sich nun mit einem Bleistift Notizen in seinem kleinen schwarzen Büchlein und ..., *ach ja, „Alfred", er sagte mir noch einen wunderschönen Gruß und Du sollst Dir doch die „Petra", ich meine natürlich Schwester „Petra", einmal genauer anschauen.* Nun, vielleicht bin etwas schwer von Begriff, aber so wie ich mich und „Alfred" kenne, denken wir bestimmt an das gleiche. *Also, wenn Du mich frägst ..., ja, ja ..., ich persönlich würde mir dies nicht zweimal sagen lassen, weiß ich doch, wie blendend gut sie ausschaut und was für eine liebe Person sie ist. Mich würde Schwester „Petra" schon interessieren. Bei ihr würde ich liebend gern einmal schwach werden ..., ja, wenn ich auch nur den Hauch einer Chance bei ihr sehen würde.*

„Dr. Schuster" *nickt, scheinbar in Gedanken, mit dem Kopfe ..., nun das wäre es wohl für heute. Solltest Du wirklich in der Nacht zu große Schmerzen oder andere gesundheitliche Schwierigkeiten und Probleme bekommen, ja dann kannst Du Dich ja bei Schwester „Renate" melden und ihr Bescheid geben. Mein Freund und lieber Kollege „Dr. Roder", er hat heute Nacht Bereitschaftsdienst. Nun wünschen wir Dir eine ruhige, eine möglichst sehr angenehme und schmerzfreie Nacht.*

Nun setze ich mich im Bett auf und drücke beiden die Hand. Beide haben einen festen Griff, wie ich feststellen muss. Und schon sind sie mit eiligen Schritten, mit wehenden Mänteln, hinter der nächsten, der ersten Türe rechts nach der Mauernische, also in „Vanessas"-Zimmer, meinen sehr neugierigen Blicken entschwunden. Schnell ziehe ich mir nun die mich wärmende Bettdecke bis zu den Schultern hoch. „Renate", die immer noch knapp neben mir steht, streicht mir nun einige Male ganz sanft, ganz zärtlich über mein Haar ..., ja, ja, so sind sie unsere so lieben Ärzte. Jetzt blicke ich voll in ein mich anstrahlendes Gesicht ..., *Marcus ich muss nun leider die Abendvisite mitgehen, erst dann kann ich Dir Dein so delikates Abendbrot servieren. Du verschläfst ja alles, sogar Dein Abendessen. Also, bis bald ..., und bitte, nicht wieder einschlafen.*

Jetzt, da ich mich wieder mit meinen wirren Gedanken und Gefühlen beschäftige, nun fällt mir das Wachbleiben verdammt schwer. Doch was ist mit meinen Augen ..., meine Augenlider sie sind mir plötzlich so ..., so was von bleiern und werden mir schwerer und schwerer! Ganz langsam fast wie im Zeitraffer ..., weit, sehr weit weg, durchlebe ich noch einmal den vergangenen Tag. Diese wenigen Stunden ..., wieder einen Sonntag im Krankenbett. Und da sind sie auch schon ..., meine Erinnerungen an diese vielen, so schönen Minuten mit „Irene". Und ja, dann ..., ich bringe dies alles nicht mehr richtig in die Reihe! Die ersten so innig heißen Blicke und Küsse von „Petra" ..., einer schönen, einer so wunderschönen, bestimmt begehrenswerten Frau. Dann zu schnell ..., zu plötzlich..., nur ein kurzes Augenzwinkern lang, so prickelnd frech, dieser so intim kurze Augenblick. Und jetzt? Schnell falle ich ..., falle und stürze ich in ein tiefes, unendlich tiefes schwarzes, wahnsinnig großes Loch. Es rauscht und summt mir in beiden Ohren. Urplötzlich stehe ich vor einem riesigen, überaus wuchtigen, überhohen ..., vor einem endlosbreiten Bett ..., vor dem Krankenbett von „Vanessa". Wieder und wieder versuche ich, allerdings immer vergebens, ihr Gesicht zu streicheln, sie zu liebkosen, sie zu küssen. Doch sie ist immer dann ..., immer in diesem einen besagten Augenblick ..., für mich nicht mehr erreichbar. Sie ist nicht greifbar und wird für mich transparent ..., wird für mich plötzlich völlig unsichtbar und ich falle und stürze in eine unendliche Leere!

Doch was ist das? Jetzt ..., wirklich, ganz deutlich verspüre, ja fühle ich nun diese warme, so heiße Luft auf meinen Wangen. Und jetzt ..., ja, das zärtliche Berühren meiner Lippen. Dieses so angenehm weiche, feuchte ..., sind dies Lippen? Ganz deutlich spüre ich eine Zunge, die durch meinen nun offenen Mund meine Zunge sucht und auch findet. Findet zu einem langen ..., sehr, sehr innig langen Kuss. Und jetzt fühle ich wieder diese Erregung, dieses Zittern, ganz nah ..., jetzt unmittelbar an meinem Körper, ganz eng an meinem Herzen. Nun ..., was ist nun? Plötzlich ..., ganz plötzlich sind sie nicht mehr da, diese weichen, so angenehm feuchtwarmen Lippen, dieses unruhige, so nervöse tasten und suchen einer Zunge. Doch da ist sie wieder ..., diese heiße Luft ..., nein es muss heißer Atem sein, der mir immer erregter und heftiger ins Gesicht bläst. Was ist nur mit meinen so schweren Augen? Sie lassen sich kaum öffnen. Nur ganz schwach erkenne ich jetzt ein fast transparentes Bild, ein Gesicht, das sich ganz leicht gegen das Licht abzeichnet. Ist dies alles nun ein Traum ..., ist dies eine Fata Morgana oder ist es echte Wirklichkeit zum Anfassen. Es fällt mir schwer ...,ich muss mich endlich zusammenreißen ..., ich muss dies endlich feststellen ..., ich muss mich zwingen und ich sollte nun endlich auch meine anscheinend vollkommen verklebten Augen öffnen!

Nur unter äußerster Anstrengung schaffe ich dies. Um mich zu dehnen, um mich zu strecken, nehme ich nun meine beiden Hände unter der Bettdecke hervor. Hebe diese ..., doch was ist das? Jetzt ertaste ich mir ein Gesicht und plötzlich ..., urplötzlich legt sich nun die Schwere auf meinen Augenlidern und ich blicke in zwei blaue Augen. Wunderschön ist sie und wie sie mich nun lieb und warm anstrahlt ..., „Petra", was hat sie mit mir vor?.

Marcus was ist mit Dir? Geht es Dir gut? Etwas verunsichert und mit ernster Miene mustert sie mich nun. *Was hast Du ..., hast Du schlecht geträumt ..., vielleicht ein bisschen von mir?* Jetzt lächelt sie wieder. *War ich denn im Traum so böse zu Dir ..., habe ich Dich zu sehr erschreckt? Du hast die vergangene Nacht wirklich wie ein Murmeltier geschlafen und geschnarcht ..., gesägt hast Du! Nachtschwester „Renate", sie hat Dir ab und zu die Nase zuhalten müssen. Sie sagte zu mir heute früh, dass Du Dich dann lediglich ohne Wachzuwerden, nur auf die andere Seite gedreht hast, und kurz darauf wieder weiter den Wald bearbeitet hast. Allem Anschein nach, bekommt man Dich nicht einmal mit einem ewiglangen Kuss wach.*

Aber ich habe doch noch nicht zu Abend gegessen. Schwester „Renate" wollte mir doch nach der Abendvisite noch etwas Essbares vorbeibringen. Allem Anschein muss ich Schwester „Petra" nun doch schon sehr ungläubig anschauen, denn sie beginnt lauthals zu lachen ..., verschluckt sich und muss so fest husten, dass es ihr sogar große Tränen in die Augen treibt. Diese kullern ihr nun über ihre vom Husten tief geröteten Wangen. Jetzt wischt sie sich diese mit einem hellblauen Taschentuch ab, das sie sich aus der rechten Tasche ihres weißen Kittels geholt hat und ..., ja sie lacht lauthals weiter. *Was habe ich nun schon wieder* ..., weiter komme ich nicht, denn ..., *Marcus, lieber Marcus, es ist bereits Montag morgens. Schaue einmal auf Deine Armbanduhr. Es ist bereits 6.35 Uhr, Zeit zum Rasieren, Zeit zum Duschen. Erinnerst Du Dich ..., Du hast doch heute, und das bereits um 8.00 Uhr, einen Besprechungstermin bei „Alfred". Es geht hier um Deine*

Gesundheit, um Deine Krankengeschichte und um das weitere medizinische Vorgehen in Deiner Sache. Was ist nur los mit Dir? Hast Du dies denn alles schon wieder vergessen? Zum Frühstück gibt es heute für Dich, leider nur „Türen und Fenster auf". Du musst leider nüchtern bleiben, denn Du darfst heute außerdem wegen dringender Labortests, noch etwas von Deinem kostbaren Blut spenden. Erst nach all´ diesen bestimmt zeitaufwendigen Prozeduren, darf ich Dir dann Dein Frühstück, vielleicht sogar schon Dein Mittagessen bringen.

Schwester „Petra", sie steht jetzt in ihrer vollen Statur schmunzelnd vor mir, schüttelt bei ihren Klarstellungen des öfteren ihren schönen, so hübschen Kopf ..., und noch etwas. Dies hätte ich jetzt beinahe vergessen. Ja „„Alfred", er sagte mir noch gestern Abend telefonisch, dass er sich auch über „Vanessa" mit Dir etwas ausführlicher unterhalten wolle. Doch was ist jetzt ..., was hat „Petra"? Plötzlich unterbricht sie ihren Dialog und kratzt sich nun mit den Fingern ihrer linken Hand mehrmals verlegen hinter ihrem linken Ohr. Ihre Gesichtsmimik verfinstert sich ein wenig ..., etwas vorwurfsvoll ..., *Marcus, Marcus ..., Du bist mir vielleicht einer. Du hast mich gestern Abend ganz schön sitzen gelassen. Ehrlich, Du hast mich regelrecht versetzt!* Ganz ernst ..., wie fragend ..., schaut sie mir jetzt tief in die Augen. *Du hast mich anscheinend schon wieder völlig vergessen?*

Ist dies nun ernst gemeint ..., ist dies nur im Scherz gesagt? Anscheinend habe ich meine Stirn so augenfällig gerunzelt, ..., *Marcus, so ist dies wirklich nicht gemeint, ich weiß doch um Deine gesundheitliche Schwäche und wie dringend notwendig Du Deinen Schlaf brauchst. Bitte, bitte ..., bitte verstehe mich nun nicht falsch. Ich bin bestimmt die Letzte, die Allerletzte ..., die Dir und Deinen Gefühlen weh tun will. Nur, ich habe mich wirklich zu sehr auf dieses Gespräch mit Dir, auf diesen wunderschönen Augenblick mit Dir, gefreut ..., Du weißt! Aber bestimmt ergibt sich vielleicht später oder zu einem anderen Zeitpunkt, eine bessere, eine passendere Gelegenheit. Und Du kannst Dir sicher sein ..., mein liebster Marcus ..., so schnell gebe ich nicht auf.*

Ganz vorsichtig, sehr langsam hebe ich nun meine Bettdecke und vergewissere mich ob alles seine Richtigkeit hat; rutsche dann schnell von der Bettkante und schlüpfe nun in meinen Morgenmantel, den mir Schwester „Petra" auf meinem Bett, vorhin schon griffbereit zurecht gelegt hat. *Wenn es Dir recht ist, möchte ich Dir liebend gern bei Deiner morgendlichen Toilette etwas zur Hand gehen. Handtuch, Seife, Shampoo und Rasierzeug, vielleicht auch ein gut duftendes Rasierwasser, kann ich Dir gleich beschaffen. Dann kannst Du Dich endlich frisch und hübsch machen. Du kennst sie ja selber am besten, unsere Räumlichkeiten.*

Während dieser so lieben, schon etwas zweideutigen Erklärungen, ist „Petra", gleich linkerhand auf engste Tuchfühlung gegangen. So streichelt sie mir nun unentwegt mit ihrer rechten Hand, über meine Haare, über mein Gesicht, über meinen Rücken. *„Petra" das ist sehr lieb von Dir. Dein zweites Angebot nehme ich gern an. Ersteres ist mir mit Dir jetzt zu gefährlich! Du weißt doch warum ..., auch ich habe noch genügend Gefühle, die sehr, mitunter sehr sensibel sein können.* Deutlich kann ich nun beobachten, wie ihr das tiefste Purpurrot ins Gesicht schießt. *Marcus, Du kannst, wenn Du willst, auch duschen? Diesen Luxus wollte ich mir heute in aller Frühe auch schon gönnen. Nur, mir ist leider eine dringende Sache dazwischengekommen.* Wie süß sie mich jetzt anlächelt und schon ..., *wir könnten doch auch gleich miteinander duschen! Ehrlich ..., verspürst Du wirklich keine Lust?* Wie raffiniert sie sich formuliert ..., sie gibt nicht auf. *„Petra", „Petra" Du weißt sehr wohl, dass wir hierfür jetzt wirklich keine Zeit haben. Du bist Dir doch ..., doch bestimmt bist Du Dir im Klaren, dass es dann garantiert nicht nur beim Duschen bleibt. Wir kennen uns zwar erst seit gestern, aber liege ich denn mit meiner Behauptung so falsch? Wir sollten jetzt wirklich vernünftig sein. Was ist mit mir?* Sehr schnell bemerke ich, dass es mir bei meinen letzten schon sehr zweideutigen Anspielungen, immer wärmer und wärmer, immer heißer wird und das bis weit hinter meine beiden Ohren ..., wie mir das kochende Blut rasend schnell in meinen Kopf schießt.

Sagenhaft ..., wie persönlich, wie vertraut und intim mein Dialog mit „Petra", mit Schwester „Petra" schon ist. Das bin ich doch nicht selber? Habe ich denn bei Kontakten mit Frauen, wirklich alle

Hemmungen verloren? Dabei rede und rede ich, ohne vorher mein kleines Hirn einzuschalten. Gibt es hier für mich wirklich keine Tabus, keine Hemmschwellen mehr? Und wie es aussieht, lasse ich alles völlig willenlos über mich ergehen, ohne mir über die Tragweite meines Tuns Gedanken zu machen. Doch dieses Mal ..., ich wundere mich ..., es muss sich was ändern. Endlich möchte ich wenigstens einmal mein Hirn einschalten, meinen Kopf benützen.

Doch schau, schau ..., so als könnte sie meine Gedanken lesen, schon stellt sie sich, stellt sich Petra" wieder unmittelbar vor mich und haucht mir einen flüchtigen Kuss auf meine Lippen. Noch im Weggehen ..., *mein lieber Marcus. Bitte verstehe mich nicht falsch. Ich möchte Dir nur helfen. Lasse mich Dein schweres Los mittragen, lasse es mich mit Dir teilen. Es ist nun mal so und ich glaube, dass ich mich echt in Dich ..., ja ich habe mich mit allem Drum und Dran, so richtig in Dich verliebt. Unglaublich ..., aber es ist so schnell passiert.* Und hoppla hopp ..., schnell, sehr schnell verschwindet sie, gutgelaunt - ein wenig falsch, leise vor sich hinpfeifend - im Schwesternzimmer.

Überdeutlich vernehme ich sie jetzt ..., echt kaum zu überhören. Schrank auf, Schrank zu ..., und wieder sehr geräuschvoll ..., Türe auf, Türe zu. Dazwischen ihr eiliges Hinundherlaufen, das überlaute klappern ihrer Gesundheitsschuhe, das hektische Staccato ihrer Absätze. Keine fünf Minuten ..., und wirklich ..., schon steht sie lachend, von der Sonne überflutet - welch ein herrliches Bild - mit dem Versprochenen im weißen Türrahmen.

Gedankenverloren ..., nun doch ein wenig von „Petra" und von ihrem so schönen Körper träumend ..., also ziemlich verwirrt, sitze ich auf meiner Bettkante. Plötzlich springe ich, wie von einer Tarantel gestochen, ich weiß nicht warum, immer noch in Gedanken, erschrocken hoch. Sehr unbeholfen und wie blind, stoße ich nun mit „Petra" frontal zusammen. Was zur Folge hat, dass sie erschrocken von meinem so unbedachten Verhalten, alle mitgebrachten Utensilien auf den Boden fallen lässt. Ich blicke ihr nun, da ich so unerhofft auf engste Tuchfühlung, fast auf ihren Füßen stehe, völlig verstört ins Gesicht, in ihre mich nun wie fragend anschauenden blauen Augen. Doch „Petra", sie reagiert schnell und ganz erstaunt ..., *welcher Geist hat Dich denn jetzt so hochgeschreckt? Das verstehe nun wer will. Bin ich denn für Dich schon unsichtbar?* Aber sie hat auch die Gunst der Minute erkannt. Schon umfasst sie mich mit ihren nun freien Händen an meiner Hüfte und drückt ..., sie drückt mich nun fest an ihren Körper, ihr Becken fest an mein verrückt spielendes Gefühl. Mir bleibt kaum noch Zeit, um genügend Luft zu holen, denn schon verschließt sie mir wieder meinen halboffenen Mund mit ihren weichen, so feuchtwarmen Lippen.

Nicht schon wieder ..., und plötzlich sind sie da meine Gefühle! Sie muss sie sehr deutlich, überdeutlich spüren, denn ihre Zunge wird immer hastiger, immer nervöser und nun gibt sie meinen Mund frei. Wir beide holen tief, sehr tief Luft ..., doch ihr Atem ..., er wird immer kürzer, immer erregter.

Von weit weg ..., von sehr weit weg glaube ich nun das Klappern von Geschirr zu hören. Doch wie man sich täuschen kann ..., denn schon beobachte ich, wie eine weibliche Person, mit ihrem Rücken die Glastüre zur Intensivstation aufdrücken will und hinter sich einen Schiebewagen, ich nehme an mit dem Frühstück für die Patienten, nach sich zieht. „Petra", sie hat anscheinend immer noch nichts von alledem mitbekommen, denn noch immer drückt sie meine Hüfte fest an ihren Schoß. Ihre Augen hat sie fest geschlossen und erst ihr Atem ..! „Petra" ..., hallo „Petra" bitte ..! Schon greife ich nach ihren beiden Händen und versuche mich aus ihrer so innigen Umarmung zu befreien. *Was ist ..., was ist nun schon wieder los? Warum ...,* jetzt hat auch sie die Situation erkannt und dreht sich ganz schnell in Richtung Türe, zupft sich hastig ihren völlig verschobenen weißen Kittel, ihre wirren Haare zurecht.

Nun, ich habe jetzt genügend damit zu tun, um mir die von Schwester „Petra" mitgebrachten Utensilien wieder vom Boden aufzuglauben. Welch ein Glück, dass bei meinem so ungeschickten Verhalten, nichts zu Bruch gegangen ist. Ohne ein weiteres Wort verschwinde ich jetzt in der besagten Mauernische, in den Nasszellen, im Duschraum. Wie in Trance entledige ich mich meines Morgenmantels, seife ich mich ein und rasiere mich. Mein gewisses Etwas habe ich vorhin bei der so intensiven Tuchfühlung mit Schwester „Petra" ohnehin fast verloren, so dass es nur das Öffnen eines Knopfes bedarf und ich stehe im Adamskostüm, völlig nackt unter dem mich nun abkühlenden Nass. Wie gut, wie wohl dies mir tut. Endlich kann ich ihn abspülen, diesen Schweiß der Nacht ..., ich weiß nicht wie lange, wie viele Tage ich schon ohne das sonst gewohnte tägliche zweimalige Duschen ausgekommen bin. Und der Duft ..., der Duft von dem Duschshampoo ..., einfach himmlisch, betörend und berauschend. Hier im Krankenhaus ..., was für ein verschwenderischer Luxus. Doch ist das nicht der mich so berauschende Duft ..., das Parfüm, das ich so angenehm bei ..?

Weiter ..., ja weiter komme ich nicht mit meinen Gedankenspielen und Träumereien, die ich eben noch mit geschlossenen Augen durchlebte. Unglaublich ..., deutlich verspüre ich nun eine Hand ..., ich fühle Finger ..., ja, Finger die mir über die Brust streicheln. Immer tiefer ..., tiefer und tiefer! Nun ..., doch schon sehr gefährlich tief. Erschrocken, öffne ich immer noch völlig verwirrt, meine Augen und blicke in die mich aus der Hocke anstrahlenden, nassen, wunderschönen blauen Augen von „Petra". Ihre Haare und auch ihr Gesicht, ihr rechter Arm, große Teile ihres Kittels, sind durch das sprudelnde Wasser der Brause vollkommen nass. Schnell drehe ich das Wasser ab und schon streift sie sich ihren Kittel vom Körper, steht vor mir im Duschbecken und drückt sich, ihren Körper voll an mich und unsere Lippen ..., unser Zungen ..., sie finden sich und wir küssen ..., und jetzt möchte sie sich auch noch das letzte Trennende, ihren fast transparenten, durchsichtigen Slip vom Körper streifen! *Marcus, mein Marcus, was ist ..?* Mit beiden Händen versuche ich nun, ihre letzte Absicht zu verhindern. Es darf nicht sein, wenn es erst einmal so weit ist ..., wer weiß was dann noch alles passieren kann.

Leider ..., oder ausnahmsweise endlich ..., funktioniert es, mein Hirn. „Petra" fast wäre es geschehen. *Es ist die Zeit und auch die Ver-*

nunft, die uns dies jetzt verbietet. Wir, Du und ich, ja wir sollten uns abtrocknen und auch unsere Gefühle fürs erste einmal abkühlen. Und schon drehe ich das kalte Wasser voll auf, bespritze sie und ihren so schönen Körper ..., kühle auch mich und mein so starkes Gefühl wortwörtlich, sehr intensiv ab. Beide, wie ansteckend, versuchen wir uns nun gegenseitig abzutrocknen, während sie mich immer und immer wieder zu küssen versucht. Und ..., auch diese Versuchung geht an uns vorüber ..., wegen unserer so irren Verrenkungen, müssen wir lauthals lachen.

Schade, wirklich schade ..., ich habe mich und meine Gefühle nicht mehr unter Kontrolle. Du, ja Du erregst mich so stark ..., ich glaube ..., ja es ist so! Glaube mir und ich sage es Dir wieder und wieder ..., ich habe mich mit allem „Drum und Tran" in Dich verliebt. Meine Gedanken, sie kreisen nur noch um Dich und um unser gestriges, so wunderschönes, leider viel zu kurzes Tete-a-Tete ..., Du weißt schon! Mein vollkommen verwirrter Kopf, alles dreht sich nur noch um Dich und um Dein Gefühl. Ja ich und mein Körper, wir beide wollen mehr von Dir! Was ist mit mir geschehen ..., ich weiß es nicht, ich kenne mich selber nicht mehr! Während ihrer so lieben Worte, ihrer Offenbarungen, konnten wir uns gegenseitig nicht nur abfrottieren, uns auch wieder gegenseitig anziehen. Es war nicht nur Glut ..., es war schon richtig Feuer zwischen uns und wäre nicht die Zeit, wer weiß ..., ich glaube schon, es wäre zu mehr gekommen. Wenn es uns beiden auch schwer fällt ..., sie hilft mir in meine trockene, von ihr frisch gewaschene und gebügelte Unterwäsche, in das hellblaue Hemd, in meine dunkelbraune Hose, das beige Sakko ..., und ich ihr in ihren völlig durchnässten, nun an ihrem Körper klebenden, jetzt völlig durchsichtigen, schon sehr kleinen Slip ..., ihren weißen, auch nassen Kittel. Hastig zieht sie sich jetzt meinen Morgenmantel über und verlässt mich nun mit eiligen Schritten, während ich mir meine zur Zeit modisch kurz geschnittenen Haare, noch trocken föhne, schnell zurechtkämme. Etwas Rasierwasser darf es auch noch sein ..., mmmh ..., wie ich jetzt fein dufte. Wo sie, wo „Petra" das wohl her hat? Nun, meine Armbanduhr ..., diese hätte ich nun fast vergessen. Was schon ...

7.48 Uhr, so spät ist es schon. „Petra", sie hat mich und auch meinen Zeitplan völlig durcheinander gewirbelt. Wahnsinn ..., fast hätte ich in der Eile, meine braunen Halbschuhe vergessen. Ich muss mich gewaltig sputen!

Nachdem ich alles, die restlichen Utensilien zusammengeklaubt habe, verlasse auch ich den Ort der Versuchung. Das war schon mehr als knapp. Nun habe ich es plötzlich sehr eilig und schon bin ich im Schwesternzimmer. Doch dieses, wie auch das Nebenzimmer, das Asyl von „Petra", sind vollkommen leer. Von meinem kleinen Tisch nehme ich aus meinem roten Döschen noch schnell zwei Kapseln. Hastig schenke ich mir noch etwas schwarzen, ungesüßten Tee in eine weiße Tasse und schwups hat sich diese Sorge vorerst für die nächsten Stunden erledigt.

Den Weg ..., diese vielen Gänge und Stufen, kenne ich ja zu Genüge und so eile ich flotten Schrittes ... - diese kalte Dusche, sie hat meine schlaffen Geister geweckt - Richtung Praxis, zu „Dr. Schreiber", zu Alfred". Guter Dinge drücke ich auf den bestimmten, auf den gewünschten Knopf und schon ertönt der mir bekannte Summton. Immer noch bei bester Laune, trete ich ein. Was ist ..., wo ist sie? Schnell runzelt sich meine Stirn ..., sie, ja „Irene", sie fehlt mir. Sie sitzt heute nicht auf ihrem Platz, vor dem Computer. *Hallo ..., hallo Marcus ..., einen wunderschönen guten Morgen. Heute darfst Du ausnahmsweise mit mir vorliebnehmen. „Irene" hat ..., ja sie hat eben vorhin, vor gut zehn Minuten angerufen. Ihr geht es nicht gut ..., sie fühlt sich heute so schlapp und total ausgelaugt, sagte sie am Telefon.*

Schwester „Hiltrud", sie erhebt sich nun von ihrem angestammten Platz hinter dem Computer und eilt nun mich anstrahlend, mit offenen Armen um den langen Tresen herum auf mich zu und ..., was ist das ..., sie umarmt mich. Und nun bin ich völlig perplex, denn sie fasst mich mit beiden Armen an den Schultern und küsst mich auch noch, und das schon sehr freundschaftlich ..., auf beide Wangen. *Was für ein schöner Tag. Welch eine herzliche, welch liebe Begrüßung. Zwei so schöne Sonnen, und dies an einem einzigen Tag. Das ist ...,* kann ich nur noch verwundert von mir geben. Jetzt entlässt sie mich aus ihrer so festen Umarmung, geht einen Schritt rückwärts und betrachtet mich nun verschmitzt lachend, mit dem Kopf einige Male hin und herwippend, von meinen Haar- bis zu den Schuhspitzen. *Endlich, ja endlich habe auch ich einmal das Vergnügen. Ansonsten war ja immer Deine „Irene" diejenige, die Dich so innig drücken, küssen und noch viel, viel mehr ..., durfte. Du kennst ja ihre Szenen, ihre extreme Eifersucht. Wenn ich Dich auch nur ein einziges Mal anlächelte ..., schon flippte sie vollkommen aus und war nicht mehr ansprechbar. Bist Du mir deswegen vielleicht jetzt böse?*

Ich muss sie wohl überrascht, schon wie einen Geist anblicken, ansonsten ..., ja sonst würde sie mir bestimmt nicht eine solche Frage stellen. Meine Gedanken ..., ich bin immer noch ganz verwirrt und schon geht sie wieder ab ..., rauf und runter und dann im Looping ... , ich fahre wieder einmal mit der Achterbahn. Was ist nur los mit meinem Kopf, mit meinen Gefühlen? Das kann doch nicht sein. Nie im Traum habe ich an eine solche Entwicklung gedacht. Jetzt kenne ich Schwester „Hiltrud" schon so lange. Aber erst jetzt zeigt sie mir so offen ..., sie verwirrt meine kleine Welt! *Nein, nein, warum soll ich Dir für diese so liebevolle Begrüßung böse sein. Nur ..., es ist das erste Mal, dass ich ..., nein ich möchte sagen ..., dass es das erste Mal ist, dass Du mich so innig, mit Umarmung und gleich mit zwei Küssen, empfängst. Das schmeichelt mir. Du hast mir schon immer gut gefallen. Aber nie im Traum habe ich daran gedacht, dass Du Gefühle für mich übrig hast. Doch erst jetzt, so nah, so auf Tuchfühlung vor mir, sehe ich Dich mit anderen Augen. Du bist ..., aber das würde zu weit gehen. Ehrlich ..., du machst mir den schon schönen Tag, noch wunderschöner. Nun, in diesem Augenblick, fühle ich mich wirklich fast wie neugeboren.*

An Schwester „Hiltrud" vorbei, über ihre Schultern hinweg, blicke ich durch die übergroßen Fenster, hinaus in den so schönen Tag, in den völlig blauen Morgenhimmel. Und ..., ich kann sie echt fühlen ..., auf meinem Gesicht, auf meiner Brust, auf meinem Körper, diese mir jetzt so wohltuenden, diese mich jetzt so wärmenden Sonnenstrahlen. Was für ein herrlicher Tag!

Noch ein wenig von Beiden ..., von der Sonne und von Schwester „Hiltrud" geblendet, drehe ich mich um meine eigene Achse und schaue, noch etwas blinzelnd ..., ich schaue frontal in das schmunzelnde Gesicht meines Freundes und Arztes, in das mir bestens vertraute Gesicht von „Alfred". *Schau, schau ..., ganz der alte Charmeur. Dir scheint es ja heute wirklich blendend zu gehen? Da kann ich nur hoffen, dass Du auch noch nach unserem heutigen, bestimmt schwierigen Gespräch, noch so guter Stimmung bist.* Schwester „Hiltrud", sie steht immer noch, nun fast auf Tuchfühlung neben mir und beobachtet mich schmunzelnd, ein wenig abwartend, was jetzt kommen wird. Erwartet sie vielleicht nun eine Reaktion meinerseits ..? Hoffentlich versteht sie mich und das was ich jetzt vorhabe, nicht falsch?

Meine noch gute Stimmung, die muss ich unbedingt an jemanden weitergeben und schon bin ich diesen einen uns noch trennenden Schritt bei ihr und nehme sie in meine Arme, drücke sie fest ..., ein wenig zu fest an mich und gebe ihr einen Kuss ..., allerdings auf ihren nun halbgeöffneten Mund, auf ihre weichen, warmfeuchten Lippen. Just in diesem Augenblick, in dem ich sie auf ihre Wange küssen will, dreht sie, für mich überraschend, ihr Gesicht. Und schon treffen sie sich, unsere so neugierigen Zungen. „Alfred", er schaut uns ziemlich überrascht bei unserem jetzt schon sehr innigen Treiben zu. Und wir, Schwester „Hiltrud" und ich, wir haben ihn völlig überrascht ..., *was ist denn das ..., was soll das nun werden?* Er bekommt seinen schmunzelnden Mund kaum noch zu.

Was habe ich jetzt wieder angerichtet? Was ist heute ..., was ist in „Hiltrud", in Schwester „Hiltrud" gefahren? Sie umarmt mich nun noch intensiver und umklammert mich mit beiden Armen an der Hüfte und presst ihr Becken, ihren schmächtigen Körper fest ..., ganz fest an mich. Sie nimmt mir ..., ich bekomme kaum noch Luft. Endlich nach einer kleinen Ewigkeit ..., entlässt sie mich aus dieser nicht gerade unangenehmen Situation und steht nun mit hochrotem Gesicht, fest und tiefatmend, noch auf Tuchfühlung, unmittelbar vor mir. Momentan ..., jetzt bin auch ich so was von ..., anscheinend hat es mir völlig die Sprache verschlagen? Ehrlich ..., sie hat mich mit ihrer Neugier, mit ihrem so intimen Kuss vollkommen überrumpelt. Nun ..., sie bemerkt meine Verlegenheit ..., meine wahnsinnige Hitze, meine Röte. Sie streichelt mir nun zart, voller Zärtlichkeit mehrmals mit ihrer rechten Hand, mit ihren Fingern über mein Gesicht, über meine erhitzten Wangen ..., zuerst über ihre, dann über meine Lippen.

Was ist eigentlich los mit mir? Ganz gegen meine sonstige Angewohnheit, bemerke ich erst jetzt, wie luftig, ja fast jugendlich ..., wie sexy sich Schwester „Hiltrud" heute gekleidet hat. Schon allein ihre weiße Bluse aus reinster Seide, schenkt mir einen freizügigen Blick auf ihren ebenfalls weißen, kleinen, doch sehr knapp sitzenden Büstenhalter und auf ihre nicht zu großen Brüste. Auch ihr engansitzender, kurzer schwarzer Rock, zeigt mir viel von ihren langen, schlanken Beinen, an denen sie in der Sonne seidig weiß glänzende Strümpfe trägt. Gut zu ihren schmalen kleinen Füßen, passen diese spitzen und sehr eleganten, hochhackigen, schwarzen Lackschuhe ..., bestimmt wie auch bei „Irene", von einem nicht gerade billigen „Italiener". Doch woher wusste sie, dass „Irene" gerade heute wegen Krankheit fehlen wird?

Und ..., *gefalle ich Dir?* Sie dreht sich zwei Mal um ihre eigene Achse ..., spitzbübisch, frech, sehr sexy. Dabei strahlt sie mich an. Ist sie wirklich neugierig auf meine Antwort? Zu plump, zu augenscheinig sind meine schon überaus neugierigen Blicke. Da ist sie ..., wieder diese wahnsinnige Hitze in meinem Gesicht, dieses Erglühen bis hinter die Ohren. Jetzt, da mir Schwester „Hiltrud" ganz tief, sehr tief, vielleicht ein wenig fragend in meine Augen schaut ..., bemerke ich und das erst heute, dass sie auch braune, sogar dunkelbraune, wunderschöne, warmherzige Augen hat, die gut in ihr sehr gepflegtes, hübsches, ein wenig zu schmales Gesicht passen. *Endlich ..., ja endlich hatte ich den Mut ..., endlich habe ich mich einmal getraut. „Irene" hat mir immer und immer wieder, sie hat mir schon so oft von Dir vorgeschwärmt. Von Deinen so innigen Küssen und auch sonst hat sie mir immer alles ..., ich glaube schon ..., wirklich ..., sagen wir, fast alles erzählt. Bitte, bitte ..., Du darfst mir wegen meines Überfalls jetzt nicht böse sein.* Nun haucht sie mir noch einen Kuss auf die Wange und schon ist sie bei „Alfred" und auch er bekommt seinen Anteil, dieses Gehauchte! *Du sollst auch nicht zu kurz kommen ..., heute an diesem so herrlich schönen Tag!* An ihren Schultern kann ich erkennen, dass sie tief, sehr tief durchatmet. Jetzt macht sie eine volle Kehrtwendung und hurtig, hurtig ..., schon eilt sie, mit ihren hohen Absätzen klappernd, hinter den Tresen, zu ihrem Arbeitsplatz, zu ihrem Computer. Ja, sie hat Esprit ..., sie hat Temperament ..., wieder hebt sich ihre Brust und ..., *mein Gott, wie mich das freut. Endlich habe ich mir meinen größten Wunsch erfüllen können.*

Jetzt ist es nicht mehr die Sonne, die mich blendet ..., nein sie, Schwester „Hiltrud", sie hat mich mit ihrem Tun, mit ihrer Erscheinung überrascht und sie bemerkt dies ..., sie bemerkt meinen Blick, der ihr folgt. Sie fühlt, dass ich sie noch immer beobachte und sie blickt ganz plötzlich von ihrer Beschäftigung hoch ..., unsere Blicke ..., sie treffen sich wenige Sekunden lang und dabei schenkt sie mir noch einmal ein Lächeln, bevor sie sich, nun leicht errötend, in ihre Tätigkeit am Schreibtisch, an ihrem Computer, vertieft.

„Alfred", er steht noch immer, uns neugierig und aufmerksam beobachtend, schmunzelnd im Türrahmen seines Arbeitszimmers. Kopfschüttelnd ..., *da verstehe einer diese Frauen.* „Hiltrud", liebe„Hiltrud" ..., jetzt lachend ..., *wenn dies eben Dein Anton ..., Du brauchst mich nun nicht so unschuldig anschauen.* „Alfred" geht nun auch hinter den Tresen zu Schwester „Hiltrud" und streichelt ihr mehrmals ganz zärtlich über ihr Haar ..., *ja, ja ..., wenn das „Dr. Roder", wenn er Euch beide, Dich und Marcus eben gesehen hätte. Gerade Anton, er mit seiner krankhaften Eifersucht, ich weiß nicht?* Sie blickt nun in „Alfreds" Gesicht, der sich ein wenig zu ihr herabbeugt und errötet bei seinen fragenden Worten. *Man könnte ja fast glauben, Du bist auf Männersuche. Oder täusche ich mich nur?* Jetzt muss er lauthals lachen und ..., *aber sei ehrlich. Doch schau, schau ..., eben erst ..., jetzt aus der Nähe, bemerke ich Dein heute so hübsches, so frisches Outfit. Schon sehr, sehr sexy! Hast Du heute vielleicht noch ein Rendezvous? Wer weiß, wer weiß? So wie Du Dich heute schön gemacht, herausgeputzt hast.* „Alfred", der jetzt schon auf Tuchfühlung neben ihr steht *..., mmmh ..., mmmh ..., Dein Parfüm, wie Du so angenehm duftest! Jetzt verstehe ich den armen Marcus, warum er immer noch so von Dir geblendet ..., so betört von Deinem Duft ist. Schau ihn Dir doch einmal genauer an. Und ..., fühlst Du nicht seine Dich immer wieder suchenden Blicke? Ich möchte nicht wissen, was sich nun in seinem scheinbar völlig verwirrten Kopfe abspielt.*

Sind ..., waren meine Blicke ..., ist mein Verhalten wirklich so eindeutig? Jetzt nach dieser schon sehr zweideutigen Konservation von „Alfred" mit „Hiltrud", dreht sie mir ihr schönes Gesicht plötzlich wieder voll zu und wir blicken uns ..., beide errötend ..., einige Augenblicke tief, sehr tief in die Augen. Habe ich mich doch während der letzten, so wahren Worte von „Alfred", dem Tresen und Schwester „Hiltrud" bis auf wenige Schritte genähert. *Bitte, bitte verzeih ...,* beginne ich jetzt übernervös zu stottern *..., bitte, bitte verzeih mir, wenn ich Dich so eindringlich, zu aufdringlich beäugt habe. Aber so genau und aus dieser Perspektive, habe ich Dich noch nie betrachtet und gesehen. Du hast mich mit Deinem Bekenntnis mehr als überrascht. Wie konnte ich nur so blind sein?* Nun ..., da sind sie wieder, meine Unsicherheit, mein Verwirrtsein.

Mein Freund „Alfred", der mich nicht aus den Augen lässt, er bemerkt nun meine Verlegenheit, in die er mich mit seinen Andeutungen gebracht hat. Er kommt jetzt um den Tresen herum auf mich zu und nimmt mich an meinem rechten Arm ..., *ich glaube es ist besser, wenn wir uns nun dem Wesentlichen, dem Grund Deines Kommens zuwenden. Habe ich Dich doch mit meinem unbedachten Daherreden, tatsächlich völlig aus dem Gleichgewicht gebracht. Bitte nimm mir dieses nicht übel. Aber so wie ihr beide und das vor meinen Augen ..., seid mir nicht böse. Aber ich habe wirklich allen Ernstes geglaubt, da läuft eine schon längere Geschichte zwischen Euch beiden. Ihr könnt mir glauben ..., ich würde Euch dies wirklich von ganzem Herzen gönnen und was „Dr. Roder" anbelangt ..., ich mag ihn sowieso nicht.*

Darf ich auch einer Kleinigkeit dazu sagen ..., zwängt sich „Hiltrud" nach langem Schweigen in „Alfreds" Logik. *Dem ist leider nicht so.*

Doch glaube mir, wenn ich nur eher so mutig gewesen wäre. Schade um die Zeit, die ich versäumt habe. Schon sehr lange bin ich mir um meine innigen Gefühle für Dich, lieber Marcus, bewusst. Schwester „Hiltrud", sie wird röter, röter ..., tiefrot hat sich ihr schönes Gesicht jetzt bei ihrem so lieben Geständnis verfärbt. Verlegen ..., übernervös reibt sie jetzt mehrmals mit der rechten Hand ihre schön geformte Nase ..., und trotzdem sie schafft es, sie hilft mir aus meiner Verlegenheit, denn zu „Alfred" ..., *hast Du nicht heute noch so einige Termine? Und auch mit Marcus möchtest Du doch noch so einiges abklären, auch was die Krankheit von „Vanessa" anbelangt. Vielleicht kannst Du hierbei eine halbe Stunde für mich, für mein Problem abzweigen. Ich bräuchte einen freundschaftlichen Rat von Dir. Übrigens, es stimmt, ich habe schon seit längerem, große Schwierigkeiten mit meinem „Anton" und mit allem was dazu gehört. Doch dies ist Dir ja schon kein Geheimnis mehr. Und gerade über das vorhin von Dir so locker angeschnittene Thema, möchte ich Dich lieber „Alfred", einiges ..., sagen wir ..., sehr vieles fragen. Vielleicht kannst Du mir hierfür einige Minuten, sagen wir ..., eine halbe Stunde reservieren.*

Du hast Recht ..., „Alfred" räuspert sich ein paar Mal und kratzt sich mit der rechten Hand verlegen an seinem Hinterkopf. *Du hast Recht, wir sind wirklich in Zugzwang. „Hiltrud" bevor ich es vergesse ..., Du darfst Marcus bevor er geht, noch etwas von seinem kostbaren Blut, wegen dringender verschiedener Tests, abzapfen. Doch jetzt ..., mein lieber Freund würdest Du mir die Ehre geben ...,* und schon schubst er mich übermütig mit beiden Händen über die Türschwelle, in sein Arbeitszimmer und schiebt mit dem linken Fuß, die Türe ganz behutsam hinter sich ins Schloss.

Marcus wir können es uns hier ..., ja gleich hier ..., Du auf der Couch und ich in meinem Lieblingssessel, bequem machen. „Hiltrud" kann uns einen frischen Kaffee bringen. Ich glaube, so redet sich´s leichter. Und sehr schwungvoll ..., schon ist er wieder an der Türe. *„Hiltrud", hallo, hallo ..., bitte sei so lieb und gieße uns frischen Kaffee auf und bringe uns vielleicht etwas Gebäck dazu mit ..., Du kennst ja meine Sorte, meine Vorliebe. Zum Essen komme ich heute ohnehin nicht.*

Das sehr großzügig, komfortabel eingerichtete Arbeitszimmer, wenn man von einem solchen noch sprechen kann, gleicht sich im Wesentlichen dem Luxus seiner Wohnung an. Die Bücherschränke an den zwei Wänden, links und rechts der Türe, sind garantiert aus hochwertigem Kirsch gearbeitet und bis unter die Decke mit allerlei Fachbüchern, aber auch mit Klassikern der Weltliteratur, gut bestückt. Die rückseitige, mir jetzt gegenüberliegende Front des Zimmers, besteht nur aus fünf großflächigen, von der Decke bis zum Fußboden reichenden Fenstern, was den Raum sehr hell und übergroß erscheinen lässt. Linkerhand, gut zwei Meter vom Fenster, vom Schrank entfernt, steht leicht halbschräg, ein riesiger Schreibtisch aus dem gleichen Holz und darauf liegen rechterhand allerlei Bücher und Mappen, ich nehme an Krankheitsgeschichten, dazu ein offener Laptop und eine Leselampe. Zentral, also inmitten des sehr geräumigen Raumes, stehen die bereits erwähnte, wuchtige dunkelblaue Couch, garantiert im Winkel drei mal fünf Meter und ein Sessel, sein Lieblingssessel, mit dementsprechenden Ausmaßen. Diese gruppieren sich um einen schweren, länglichen, höhenverstellbaren Tisch, ebenfalls aus Kirsch mit einer bestimmt massiven beige marmorierten Natursteinplatte. Ausgelegt ist der gesamte Raum mit einem hellbraunen, frisch eingelassenen Parkettboden. Gut sortiert, haben sich auf diesem ..., es sind genau sieben ..., bestimmt echte Perser, breit gemacht.

Mittlerweile habe ich es mir auf der großen Couch bequem gemacht und ..., *Marcus ..., nun wird es langsam Zeit, dass wir uns mit dem eigentlichen Thema befassen. Doch zu allererst muss ich Dich fragen, inwieweit Du die Geschichte beim „Italiener" mitbekommen hast ..., das war am Mittwoch abends, also am 8. September, noch ein sehr großes Spektakel.* „Alfred", er schaut von seiner vor ihm liegenden Mappe hoch und blickt mir nun schmunzelnd direkt ins Gesicht. Dabei kratzt er sich nervös mit der rechten Hand hinter seinem rechten Ohr ..., *soweit ich mich noch erinnern kann, bist Du ja erst so gegen ein Uhr ..., ja, doch es war schon nach ein Uhr, wie aus dem Nichts, wieder im Lokal aufgetaucht. Wo warst Du eigentlich so lange ..., ich habe gar* nicht bemerkt, wie Du und „Irene", wie ihr beide ..., ihr seid doch miteinander gegangen? Doch lassen wir dies für´s erste! Und schon muss er sich wieder mehrere Male mit seinen Fingern hinter dem rechten Ohr kratzen.

Hat „Alfred" ..., ja, hat er wirklich etwas mitbekommen? Schon langsam dämmert es mir wieder. Doch mir fehlen immer noch so einige Bausteine zu diesem Puzzle. Leider habe ich gerade ab diesem Zeitpunkt ..., ab hier einen totalen Filmriss. Nur ganz schwach kann ich mich jetzt wieder an das überlaute Lärmen eines Martinshorns erinnern, aber nicht mehr an das was dann geschah. So ganz ist „Alfred" mit diesem Filmriss nicht einverstanden, denn sein Schmunzeln, sein Lächeln ist nun gänzlich aus seinen Mundwinkeln verschwunden und mit etwas ernster Miene ..., sei dem wie´s sei ..! Alle am Tisch, das waren ja nur noch „Giovanni", „Vanessa", „Maria" und ich ..., waren in überaus hitzige Gespräche vertieft, als es urplötzlich eine gewaltigen Lärm gab. Als wir, „Giovanni", „Maria" und ich hochschreckten, sahen wir, dass „Vanessa" anscheinend samt ihrem Stuhl hinterrücks umgefallen war ..., dann wie regungslos, totenblass auf dem Fußboden lag. Sofort rannte ich um den Tisch herum, stieß dabei in der Hektik noch zwei halbleere Weinflaschen vom Tisch und ging gleich neben ihr in die Hocke. Äußerliche Verletzungen konnte ich fürs erste keine feststellen und telefonierte nun mit dem Handy gleich nach dem Notarzt unserer Klinik, der dann auch prompt innerhalb von fünf Minuten vor mir stand. „Alfred", er wischt sich nun ein paar Schweißperlen von der Stirn ..., ist es seine Erregung oder ist es die stickige Luft in diesem Raume? Ist es Dir nicht auch zu heiß? Ich werde uns etwas frischere Luft hereinlassen ..., schon ist er am rechten Flügel seines überdimensional großen Fensters und kippt diesen mit einem seitlichen Hebel.

Und just in diesem Augenblick öffnet sich die Türe und Schwester „Hiltrud", sie steht mit dem Gewünschten ..., einem Tablett, auf dem sie uns zwei Portionen Kaffee und gemischte Kekse serviert. Sie stellt uns sogar die Tassen schön geordnet auf den Tisch und gießt uns den vollaromatisch riechenden Kaffee in die Tassen. Mich nun voll anstrahlend ..., ist es Dir so recht? Willst Du Zucker und Milch?

Nun setzt sie sich gleich rechterhand zu mir, allerdings auf die Couchlehne und ..., ja, sie zeigt mir viel, sehr großzügig ihre schönen, langen Beine. Sie hat sich zum besseren Sitzen, ihren ziemlich knappen, schwarzen Rock, noch ein wenig mehr nach oben geschoben. Frech, schon herausfordernd schaut sie mir, fast schon ..., jetzt auf Tuchfühlung, tief in meine Augen, die ich doch gar nicht von ihren so schönen langen Beinen lassen kann. Nun bückt sie sich auch noch ganz zu mir herab und haucht mir ganz leise in mein rechtes Ohr ..., *ich sehe es Dir doch an, ich fühle es auf meiner Haut ..., ich gefalle Dir. Möchtest Du mich nicht ein bisschen streicheln?*

„Alfred" setzt sich jetzt wieder an den Tisch, in seinen wuchtigen Sessel und genießt zuerst einmal einen großen Schluck schwarzen Kaffee pur, ohne Zucker und Milch. Und Schwester „Hiltrud" ..., ja sie streichelt mir jetzt ganz schnell noch einmal, über meine Lippen, über meine Wangen und erhebt sich mich noch anstrahlend ..., *ich merke schon, ich störe nur. Dann bis später ...,* und schon schließt sich die Türe wieder hinter ihr. *Ehrlich gesagt, ich bin ja gespannt, was sie mir heute noch erzählen will ..., hoffentlich hat sie keine allzu großen Dummheiten vor. Marcus, Du kannst es mir ruhig sagen ..., ist da wirklich nichts zwischen Euch? So lieb wie sie mit Dir umgeht ..., so überaus herzlich wie sie Dich behandelt, sie fordert Dich ja regelrecht zu mehr heraus. Ich weiß nicht so recht ..?*

„Alfred", er macht mich ganz verlegen. Was soll ich ihm denn auf seine neugierigen Fragen antworten, auf die ich selbst auch noch keine Antwort weiß. Auch für mich steht hinter diesem so plötzlichen Vertrautsein, hinter diesen so zärtlichen Zuwendungen, ein sehr großes Fragezeichen. Und ..., *was möchtest Du jetzt hören? Leider habe ich hierfür keine klärende Antwort, denn ich kann mir ihr Verhalten mir gegenüber, auch nicht erklären. Auch weiß ich nicht, was „Irene" ihr alles für Storys über mich erzählt hat.*

Mein lieber Marcus, um wieder auf die Sache, um wieder auf „Vanessa" zurückzukommen ..., ohne noch einmal auf meine Anmerkungen einzugehen, spricht „Alfred" nun wieder diese Ereignisse von Donnerstag Nacht an ..., *kann ich Dir nur so viel sagen, dass sie seither im*

Komma liegt, und wie Du vielleicht schon selber festgestellt hast, künstlich beatmet und ernährt wird. Gott weiß, was dann sein wird, wenn sie wieder bei vollem Bewusstsein ist. Ich kann mir nicht vorstellen, dass sie noch eine reele Chance hat. Ja, ja ..., Dich interessiert wohl noch ..., die Geschichte mit „Maria". Jetzt muss auch er sich verlegen hinter dem rechten Ohr kratzen ..., *da war und ist noch nichts. Das zu diesem Zeitpunkt noch fast volle Lokal, hat sich nach diesem Vorfall wie abgesprochen, schnell gelehrt und auch „Maria" hatte es plötzlich eilig. Sie drückte mir lediglich ihre bunte Visitenkarte in die Hand und hauchte mir bei einem flüchtigen Kuss, noch schnell ins Ohr ..., dass wir uns, wenn ich Interesse hätte, an einem passenderen Ort, vielleicht zu einem günstigeren Zeitpunkt, wieder treffen könnten. Das war´s auch schon.* Jetzt wieder lachend, nimmt er seine Tasse in die rechte Hand, trinkt sie aus und gießt sich den Rest aus seinem Kännchen nach.

Marcus und nun zu Deinem Problem. Du weißt und Du spürst es wohl selber am meisten ..., ich kann Dir, wenn ich ehrlich zu Dir sein soll, nicht mehr viel versprechen. Irgendwann und genau hier endet auch unsere ärztliche Kunst. Hier kann nur noch unser Schöpfer ..., bei Dir kann wirklich nur noch ein großes, ein sehr großes Wunder helfen. Mich wundert es ohnehin, dass Du Dein Los so positiv siehst und Dein Leben noch in vollen Zügen genießt. „Alfred", er reibt sich nun mehrmals sein Kien mit der linken Hand und betrachtet mich sorgenvoll, mit stark gerunzelter Stirn ..., *darum und nicht nur deswegen ..., ich gönne es Dir wirklich von ganzem Herzen, wenn Dir „Hiltrud" ..., ich meine natürlich Schwester „Hiltrud", nicht nur schöne Augen macht, sondern auch ..., Du weißt schon. Und da ist ja auch noch die Geschichte mit „Irene".* Nun schaut er mir direkt ins Gesicht und tief in meine Augen ..., *glaubst Du allem Ernstes, dass ich nichts von Eurem Tete-a-Tete oder gar von Eurer Bettgeschichte mitbekommen habe. Ja, ich kenne sie, ich kenne meine „Irene"! Sie hat mir nie ganz gehört und das wird sie auch niemals ...,* jetzt blickt er starr, wie gebannt auf einen Punkt, auf seinen Tisch und seine Miene verfinstert sich zusehends und auf seiner Stirn vermehren sich seine tiefen Sorgenfalten. *Das wird ein sehr hartes Ringen geben, jetzt da wir uns fast schon komplett eingerichtet*

haben. Mein Gott, wie war ich blind ..., mein Gott wie war ich dumm. Übernervös trommelt er mit seinen Fingern der rechten Hand, im Takt auf der Tischplatte ..., schnell leert er nun den Rest seiner Tasse. Ich weiß nicht was ich verkehrt gemacht habe? Aber in der Zeit unseres Beisammenseins hat sie mich immer wieder in allen nur möglichen, aber auch unmöglichen Situationen, mit Dir verglichen. Jetzt muss endlich Schluss damit sein, ganz gleich was mich nun dieser Spass kosten wird. Ich weiß ..., Du kannst vielleicht nichts dafür, aber ich hätte es merken müssen. Und dann, diese ..., ihre so wahnsinnige Eifersucht. Nur ..., wie hast Du das damals - ich kann mir das gut vorstellen, damals, da war sie auch noch jünger - mit „Irene" immer ausgehalten?
    Jetzt glättet sich seine Stirn und ..., schon lacht er ..., vorerst einmal habe ich von Frauen genug. Ja, ja ..., ansonsten hätte ich ja bei „Hiltrud" übernachten können, denn ihr Mann, er ist schon seit einem guten halben Jahr bei ihr ausgezogen. Und außerdem hat sie ja ein Auge ..., nein es sind nun schon zwei ganze Augen ..., auf Dich geworfen. Jetzt muss er lauthals lachen. Und verstehst Du nun, warum sie so dringend einen Mann braucht. Nur „Hiltrud" ..., ja sie ist vielleicht nicht so hübsch wie „Irene", aber sie ist menschlich gesehen und auch sonst, die Bessere, die viel Bessere. Wenn ich Dir einen wirklich gutgemeinten, einen Rat von Freund zu Freund geben darf ..., ja wenn ich Du wäre, ich würde ..., ja, ich würde diese Gelegenheit nützen. Sie lässt Dich garantiert niemals im Stich, auch nicht in Deiner gesundheitlich so angeschlagen schwierigen Situation. Sie weiß sehr wohl um Deine Geschichte und ich glaube fest, dass dies auch ihr Anliegen, ihr so großes Problem ist. Denn immer und immer wieder hat sie sich nach Deinem Befinden erkundigt. Dabei bemerkte ich, wenn ich zurückdenke, immer dieses Funkeln, dieses Feuer in ihren Augen, wenn sie von Dir sprach. Und das auch schon in der Zeit, in der sie angeblich noch so gut mit „Anton" verheiratet war. „Alfred", er dehnt und streckt sich nun nach seinem Wortschwall genüsslich in seinem Sessel und ..., *jetzt ist mir schon wieder ein bisschen wohler in meiner Haut. Das war gestern Abend nach der Oper Rigoletto ..., also unmittelbar vor dem Opernhaus ..., noch auf den Stufen ..., das war vielleicht so ein Drama und das auch nur, weil ich in der Pause zum dritten*

Akt, mit einer Ärztin, mit einer Kollegin hier aus dem Krankenhaus, ein kleines Gläschen Champagner getrunken, ein paar private Worte gewechselt habe. Du kennst sie ja ..., sie und ihre Eifersuchtsszenen ..., welch eine Theatralik.

„Alfred", er schüttelt nun mehrmals seinen Kopf ..., jetzt hätte ich es fast vergessen. Marcus, lieber Marcus ..., auch „Hiltrud" hat wie „Irene" eine abgeschlossene Ausbildung als Krankenschwester und nicht nur das, sie hat im Gegensatz zu ihr, über fünf Jahre hier im Krankenhaus praktiziert, bevor ich sie zu mir in die Abteilung holte. Also ..., ich sehe es Dir doch an. Gib es zu ..., auch Deine Augen, sie funkelten als sie gerade eben noch so knapp neben Dir auf der Couchlehne saß ..., und auch als Du ihre so schönen langen Beine so intensiv betrachten konntest.

Ewig diese Wechselbäder ..., ich weiß doch ohnehin nicht mehr ein noch aus. Kann ich meinen Gefühlen überhaupt noch trauen? Heute die und morgen die da und übermorgen ...? Sind dies nun allesamt wirklich ernst zunehmende Geschichten oder sind es nur Situationen, die sich jetzt komischerweise auf wenige Tage und Wochen, sehr konzentriert summieren. Das momentan so Ausweglose, meine so tödliche Krankheit, hinterlässt auch in meinem Kopf anscheinend ihre Spuren, es lässt mich nicht mehr realistisch denken. Und gerade jetzt ..., nun kommt auch noch mein Freund „Alfred" mit seinem bestimmt gut gemeinten Vorschlag ..., mit Schwester „Hiltrud".

„Alfred", er bemerkt, dass ich mit meiner Denke nicht ganz klarkomme. Marcus ..., tut mir leid. Ich sehe es Dir an, dass ich Deine Welt, dass ich Deine so sensible Gefühlswelt schon wieder völlig durcheinander wirbele. Vielleicht kann ich bei meinem Gespräch mit Schwester „Hiltrud" für Dich eine goldene Brücke bauen. Wir werden ja sehen ..! Ich weiß ja noch nicht, was sie mit mir bereden möchte. Nur ich glaube, dass ich schon richtig liege mit meiner Vermutung. Nun erhebt er sich aus seinem Ledersessel ..., er geht zu seinem Schreibtisch und nimmt dort eine dicke Mappe und ..., Marcus, ich habe mich gestern abends weit mehr als eine Stunde, gründlich und sehr intensiv mit dieser schon ewig langen Geschichte ..., Du weißt ..., mit Deiner Krankengeschichte

befasst. Du kennst ihn ja selber am besten, Deinen Roman ..., ja, ja, bis auf vielleicht einige ärztliche Notizen. Doch nun noch einmal im Einzelnen ..., schön der Reihe nach.
Ganz urplötzlich verspüre ich nun wieder diese Unruhe, diese Hitzewallungen. Ja ..., und noch etwas verspüre, spüre ich. Komisch ..., ich habe doch erst ... - ich schaue auf meine Armbanduhr ..., was schon 10.15 Uhr - zwei meiner Schmerzkapseln geschluckt. Das darf ..., das kann doch nicht sein. Und wieder einmal suche ich nach meinen Kapseln ..., greife in meine rechte, dann in meine linke Hosentasche und endlich zwischen all´ meinen ziemlich zerknitterten Papiertaschentüchern, finde ich das kleine rote Schächtelchen. Mit dem Rest des inzwischen kalten Kaffees, hoffe ich nun auf das baldige Nachlassen der inzwischen in mir arg wühlenden, tobenden Schmerzen. „Alfred", er ist so intensiv mit dem Lesen meiner Lektüre beschäftigt ..., er bemerkt anscheinend nicht mein mich so schmerzendes Problem.
Mit dem nicht mehr Ruhigsitzen können und dem zunehmenden Druck auf meine Blase, kommen nun zwei weitere Schwierigkeiten auf mich zu. Schnell erhebe ich mich ..., *hallo „Alfred", bitte entschuldige mich für einen kurzen Augenblick. Dringend brauche ich etwas Bewegung, Du weißt schon.* Flott bin ich an der Türe, im Vorraum und ohne eines Blickes für Schwester „Hiltrud" ..., schnell auch in den Nasszellen, auf dem WC. Es war wirklich allerhöchste Zeit und auch die Abkühlung mit kaltem Wasser, entwirrt ein wenig meinen Kopf, sortiert vielleicht meine Gedanken. Nun ..., beim Zurückgehen ..., jetzt komme ich nicht so ohne weiteres an Schwester „Hiltrud" vorbei, denn ..., *hallo, hallo, Marcus, ich habe Dich gar nicht gehört. Wie geht es Dir? Heute ist wieder einer dieser wenigen ruhigen Tage, ohne Dir kein einziger Patient und auch Schwester „Irene" ist nicht da ..., schon ein bisschen langweilig. Bei Euch wird es garantiert noch ein, zwei Stunden dauern.* Während ihrer letzten Worte ist sie unmittelbar neben mich getreten ..., *mein lieber Marcus, irgendwie habe ich heute so meine Schwierigkeiten. Ich kann mich kaum auf meine Arbeit konzentrieren. Du geisterst mir unentwegt durch mei-*

nen völlig verwirrten Kopf. Meine Gedanken ..., Du kannst Dir gar nicht vorstellen, was diese mir heute so alles vorgaukeln. Und erst meine sehr rege Fantasie ..? Sie steht jetzt unmittelbar vor mir und jetzt auf Tuchfühlung. Sie streichelt mir ganz zart, sehr langsam mit ihrer rechten Hand über mein Gesicht, über meine Wangen. Ganz deutlich kann ich ihre Erregung, das Zittern ihres Körpers spüren. *Seit wir uns vorhin so innig geküsst haben, dreht sich bei mir alles nur noch im Kreise ..., alles dreht sich nur noch um Dich. Diese Hitze, dieses Gefühl kannte ich bislang noch nicht in meinem Leben ..., ich weiß nicht was mit mir geschieht. Ja, erst heute bemerke ich wie ..!* Nun, ich nehme jetzt ihr Gesicht in beide Hände, hauche ihr einen Kuss auf die linke Wange ..., liebe „Hiltrud" ..., *bitte verstehe mich, wir müssen jetzt wirklich vernünftig sein. Denn erstens haben wir jetzt keine Zeit ..., Du weißt doch ...,* „Alfred", *er wartet auf mich und zweitens Du kennst mich doch kaum. Möchtest Du wirklich ..., dann bis später.*

Ganz vorsichtig ..., ganz sachte nehme ich mit meiner rechten ihre linke Hand ..., so gehen wir nun gemeinsam hinter den Tresen, zu ihrem Computer und ich küsse sie, für sie überraschend, noch einmal auf ihren feuchten, auf ihren warmen Mund. Schon bin ich an der Türe ..., *bitte, bitte nicht böse sein, aber ..., Du weißt ja ...,* öffne diese und hurtig schließe ich sie jetzt hinter mir ..., hoppla, hopp und ich habe es mir wieder auf der Couch bequem gemacht. „Alfred", er blickt mich nun mit sorgenvoller Miene an und ..., *hast Du wieder diese wahnsinnigen Schmerzen? Reichen Dir die von mir verschriebenen Kapseln noch? Erinnere mich bitte nachher, dass Dir* „Hiltrud" *noch ein neues Rezept schreibt. Bitte achte immer darauf, dass Du diese Filmtabletten zeitiger, ich möchte sagen, dass Du diese rechtzeitig einnimmst.*

„Alfred" blättert nun weiter in meiner Akte, in meiner Krankengeschichte ..., er blättert sie ganz zurück. *Schon 1962, lese ich hier, warst Du wegen einer Magen-Darmuntersuchung, in der Kreckeklinik in Nymphenburg. Damals hat bei Dir ein* „Dr. Wiedehopf" ..., *kannst Du Dich an diese Geschichte überhaupt noch erinnern ..?* eine *Ultraschalluntersuchung und Gastroskopie durchgeführt. Hierbei wurden erstmals einige*

Magengeschwüre am Pylorus, am Magenausgang festgestellt. Und bereits schon im Jahre 1964 wurden Dir dann in selbiger Klinik, eben von diesem Chirurgen „Dr. Wiedehopf", zweidrittel Deines Magens operativ entfernt. Hattest Du eigentlich in der Folgezeit keine weiteren Probleme beim Essen, beim Trinken und auch sonst ..., mit Deinem doch um zweidrittel stark reduzierten Magen?

Mein Freund „Alfred", er blickt mich nun fragend an. Hat er doch in meinem Gedächtnis durch sein Nachfragen, wieder diese für mich so glücklose Zeit wachgerüttelt. Eine unschöne und für mich schicksalsschwere Zeit. Nervlich stand ich damals durch meine beruflich bedingten, überaus langen Arbeitszeiten, durch die revolutionierenden vielen technischen Neuerungen in der Branche und nicht zuletzt durch meine zweijährige Schulung auf die Meisterprüfung, kontinuierlich unter Strom. Ja damals besuchte ich die Grafische Akademie in der Pranckhstraße in München.

Dieses Zurückdenken, es strengt mich mehr an, als mir lieb ist ..., mir wird plötzlich siedend heiß. Hastig suche ich in meinen Hosentaschen nach einem Papiertaschentuch und wische mir mit dem stark zerknitterten weißen Tuch, schon etwas genervt, über meine feuchte Stirn. Tief muss ich jetzt einige Male durchatmen ..., *hinzu kamen belastend 1963 der unerwartete, so tragische Tod meines ersten Kindes Günther und mein schneller beruflicher Aufstieg, die Funktion der technischen Betriebsführung, die Verantwortung über damals 85 Mitarbeiter. Dieser Betrieb im Großraum München, vergrößerte sich schnell unter meiner regen, aktiven Mitarbeit in den Folgejahren, also bis 1975 meinem Ausscheiden, auf über 300 Mitarbeiter.*

Diese alten Erinnerungen ..., sehr deutlich kann ich jetzt das nervöse, heftige Klopfen meines Herzens spüren. *Komischerweise hatte ich trotz dieser teilweise extremen Stresssituationen, nach diesem operativen Eingriff, bis Mitte 2000 keinerlei ernsthafte Magen- oder Darmprobleme. Bis auf wirklich sehr wenige Ausnahmen, konnte ich so alles Essen und Trinken, solange ich dies mit Maß und Ziel, mit Augenmaß betrieb. In all diesen Jahren nach der Magenoperation, kam ich ohne jegliche Medikamente aus. Also erst ab diesem besagtem Jahr, ab dem Jahre 2000, hatte ich so hin und wieder leichtere Bauchschmerzen, die ich aber nicht ernst nahm, die mich nicht so großartig störten. Mit Schmerztabletten aus der Apotheke, versuchte ich dieses Problem immer selber und ohne ärztliche Hilfe, aus der Welt zu schaffen.*

Jetzt muss ich mein Gedankenwirrwarr in meinem Kopf, erst einmal wieder ordnen und wie automatisch erhebe ich mich ..., schon bin ich am offenen Fenster ..., ein wirklich herrlicher, so schöner Herbsttag. Mein schwerer Kopf, er entwirrt sich ein bisschen, er braucht diese Pause. *Marcus, was ist, geht es wieder?* „Alfred", er macht sich anscheinend Sorgen um mich. Er scheint wieder beruhigt, jetzt nachdem ich, die Luft aus meiner Lunge blasend, wieder auf der blauen Couch Platz genommen habe. *Marcus, vielleicht ist Dir die Tatsache bekannt, dass heutzutage weit mehr als die Hälfte der gesamten Weltbevölkerung, mit Helicobacter pylori infiziert ist. Aber nur ein sehr geringer Teil dieser Menschen, Du gehörst leider dazu, erkrankt letztendlich an diesen Magengeschwüren. Nun ..., der Hauptverursacher einer Ulkuskrankheit, ist dieses eben von mir genannte Bakterium Helicobacter pylori, auf das rund 95% aller Zwölffingerdarmgeschwüre und so etwa 60-70% der Magengeschwüre zurückzuführen sind.*

Nachdenklich muss ich mich am Hinterkopf kratzen ..., *so im Großen und Ganzen ..., ja doch, ich kann mich sogar noch an viele Einzelheiten und an die überaus langen erklärenden Gespräche dieses „Dr. Wiedehopf" erinnern.* Warum wird mir schon wieder so überaus heiß? Schnell wische ich mir wieder mit dem Tuch, das ich immer noch in meiner linken Hand halte, die Nässe, die Schweißperlen von meiner Stirn. Irgendwie ..., mein Kreislauf, er spielt schon wieder einmal den Verrückten.

Vielleicht hilft mir ..., bestimmt. Es muss noch etwas davon in meinem Kännchen sein. Und schon gieße ich mir diesen, so köstlich duftenden Kaffeerest in die Tasse. Was ist mit mir ..., ganz gierig nehme ich nun diese in beide Hände und trinke den schon kalten Kaffee vollends in einem Zuge leer. Jetzt brauche ich schon wieder Frischluft und eilends bin ich am immer noch offenen Fenster ..., wie gut mir diese tut. Ja, ja ..., noch einmal muss ich tief, sehr tief durchatmen.

Jetzt sitze ich wieder in der bequemen Couch und zu „Alfred ..., *die weitere Geschichte ..., ja das weitere, das hast Du bestimmt schon aus Deinen Aufzeichnungen, aus Deinen Notizen erlesen können. Allerdings, diese Jahre die dann kamen, waren für mich nicht die Angenehmsten, bestimmt nicht die Leichtesten, bestimmt kein Honiglecken. Mit dem beruflichen Abstieg, ab dem Jahre 2002, folgten dann fast synchron, schnell zunehmend, auch meine gesundheitlichen Sorgen und meine in immer kürzeren Abständen auftretenden extrem, meist sehr schmerzhaften Magen- und Darmbeschwerden.*

Zu spät erzählte man mir damals, dass Magentumore meist in ihrem Wachstum bereits schon zu weit fortgeschritten sind, ehe sie erste Symptome auslösen. Völlegefühl und Schmerzen selbst nach kleinen Mahlzeiten, Übelkeit und gelegentliches Erbrechen von Blut, die auf Magenkrebs hinweisen, nahm ich daher nicht so ernst. Erst als diese nun extrem starken Schmerzen im Magen-Darmbereich immer unerträglicher wurden, erst dann, es war bereits Anfang März 2003, begab ich mich endlich, allerdings wieder viel zu spät, in ärztliche Behandlung. Hierbei hatte ich allerdings noch das Pech, dass ich mich in dieser schwierigen Sache, meinem Hausarzt „Dr. Kurze", einem Allgemeinmediziner anvertraute, der mich nur mit Medikamenten gesunden wollte. Nun ..., diese Prozedur wurde mir irgendwann zu dumm, zu schmerzhaft. Deswegen drängte ich „Dr. Kurze", er möge mich nun doch endlich zu einer weiteren ärztlichen Behandlung, in eine Klinik, in das Schwabinger Krankenhaus einweisen. Dieses tat er dann allerdings erst nach meinem fortwährenden sehr energischen Protestieren im August 2003, also auch wieder viel zu spät. Somit summierten sich auch die Fehldiagnosen.

Allein in dieser einen Woche ..., sechs volle Tage ..., vom 11. bis zum 18. August 2003, musste ich gleich mehrere Untersuchungen durchlaufen, ich wurde komplett durchgecheckt. Unter anderem wurde bei mir eine Computertomographie (CT) durchgeführt. Hierbei wurde mir erklärt, sie liefere ausgezeichnete Bilder und ist daher unentbehrlich bei der Früherkennung von ungewöhnlichen Gewebeerkrankungen, beson-

ders nützlich bei der Erkennung von Tumoren und von Abszessen. Was dann noch folgte, waren mehrere differenzierte Blutuntersuchungen und auch eine Magnetresonanztomographie (MRT), einem neuen bildgebenden Verfahren, das detailliertere, präzisere Bilder aus dem Körperinnern liefert. Mit Hilfe dieser magnetischen Bilder, die bis zu 30.000 x stärker sind, als das Magnetfeld der Erde, könnten damit solche Bilder erstellt werden ..., erzählte man mir.

Und erst nach Abschluss dieser gesamten Untersuchungen, kam der damals verantwortliche, mich behandelnde Facharzt „Dr. Helmschrott", nach Rücksprache mit seinen Fachkollegen, zu der Erkenntnis, dass mir hier nur noch ein großes Wunder, unter sehr glücklichen medizinischen Voraussetzungen, ein alsbaldiger ..., oder besser gesagt ..., ein sofortiger operativer Eingriff helfen könne. Er meinte dann noch, ich müsse mich deswegen schnellstens, schon in der ersten Septemberwoche und das gleich am ersten des Monats, wegen der dann unbedingt erforderlichen Voruntersuchungen, wieder bei ihm im Krankenhaus einfinden. Als ich mich dann an diesem besagten Montag, zu dieser Prozedur dort einfand, war ich noch voller Hoffnung und ich freute mich schon so auf meinen, nun neuen Lebensabschnitt. Nach drei Tagen war es dann so weit und die gesamten Voruntersuchungen waren abgeschlossen. Am Donnerstag dem 4. um 9.30 Uhr, kam ich dann endlich unter das Messer.

Wahnsinn ..! So viel habe ich schon lange nicht mehr in einem Zusammenhang geredet. „Alfred", er schaut nun aus seiner Akte hoch und just in diesem Augenblick treffen sich unsere Blicke. Marcus, was ist ..? Mit sorgenvoller Miene blickt er mir nun direkt in meine Augen, anscheinend überrascht, weil ich meinen Wortschwall so abrupt, so plötzlich abbreche. Diese Erinnerungen ..., tief, tief muss ich Luft holen. Er steht nun auf ..., schon ist er am Fenster und dehnt und streckt sich einige Male. Dabei bemerke ich, dass auch er tief, sehr tief durchatmen muss. Anscheinend geht ihm meine Geschichte auch so an die Nieren. Er dreht sich nun wieder in meine Richtung und schon ist er, gleich linkerhand vom Fenster aus gesehen, am Bücherregal und öffnet dort eine kleine Türe ..., es ist ein eingebauter Kühlschrank. Er entnimmt diesem zwei grüne

Flaschen und seitlich davon, aus einer ebenfalls im Bücherschrank integrierten Glasvitrine, zwei Kristallgläser. Zwischenzeitlich bin auch ich aufgestanden und ..., ja auch ich dehne und strecke mich, während ich einige Male intensiv gähnen muss. Es fällt mir zunehmend schwerer, meine Augen offen zu halten.

Trinkst Du einen Klaren mit ..? schon hat er beide grüne Flaschen, es ist intensiv sprudelndes Mineralwasser, geöffnet und füllt die auf dem Tisch abgestellten Gläser. *Na denn ..., wohl bekomm´s, prost!* Die Gläser klirren leise und wir, wir beide leeren unsere Gläser in einem Zuge und „Alfred" gießt nun den Rest aus den Flaschen. *Geht es wieder ..., Du schaust ja momentan ziemlich angegriffen und müde aus der Wäsche. Ich weiß, diese so schmerzhaften Rückblendungen.* Bejahend kann ich nur mit dem Kopfe nicken und „Alfred" ..., *Marcus hier in Deiner Akte kann ich weiter lesen, dass man zwar bei Dir den Muttertumor entfernen konnte, dass sich aber die Metastasen schon überall und zwar auch schon in Deiner Bauchhöhle festgesetzt hatten. Ein Zeichen dafür, dass dieser so bösartige Tumor damals, wie schon gesagt, viel zu spät erkannt worden war und dadurch ein Ausbruch der Tumorzellen bereits im Körper stattgefunden hatte. Nun wird mir einiges klar und ich verstehe Deine momentane Anatomie.*

Wie auf Verabredung ..., nehmen wir beide, „Alfred" und ich wieder Platz auf unseren angestammten Plätzen. *Ja, ja ..., das trifft leider alles so zu und erst der Befund nach drei Wochen Krankenhaus ..., ja er fiel auch dementsprechend niederschmetternd für mich aus. Aus diesem langen Gespräch mit „Dr. Spitz", er war der Operationsarzt, konnte ich mir meinen Reim darauf machen. Es war wie ein Hammerschlag ..., deprimierend! Er sagte wortwörtlich zu mir - ich glaube fast, er war von seinen Worten auch ergriffen - dass sich mein Leben und auch mein Leiden zwar mit verschiedenerlei neuen Behandlungsmethoden, vielleicht auch mit Chemotherapien, um einige wenige Jahre, vielleicht auch nur um Monate oder sogar nur noch um Tage, verlängern lasse. Aber wie auch immer ..., diese Methoden erfordern schon eine starke Psyche und einen sehr starken Lebenswillen. Bestimmt kannst Du aus der vor Dir liegenden Akte auch erlesen, dass ich zwischenzeitlich sieben Chemotherapien hinter mir habe und bereits auch auf vier Rehas war. Also eine starke Psyche und einen sehr starken Lebenswillen kannst Du mir hier bestimmt nicht absprechen. Sagtest Du nicht vorhin ..., dass Du Dich sowieso über mein immer noch positives Denken nur wundern kannst. Ehrlich gesagt ..., wie wahr ..., ich selber auch.*

„Alfred" leert nun in einem Zuge sein Glas und klopft nun nervös mit den Fingern seiner rechten Hand auf die Tischplatte ..., jetzt schiebt er seinen rechten Hemdärmel ein wenig zurück und ich bemerke seinen neugierigen Blick auf die Armbanduhr. Nun ..., ein wenig zuckt er doch erschrocken zusammen. *Was, 12.05 Uhr ist es schon!* Wie bestätigend schaue auch ich auf meine Uhr und nicke zustimmend mit dem Kopf. *Marcus, Marcus ..., das wird heute ein langer, ein sehr langer Tag werden, denn ein wenig muss ich Dir doch noch über das weitere Vorgehen in Deiner Sache und auch über Dein Krankheitsbild erklären. Und außerdem habe ich ja noch zwei weitere Termine, einen schon um 14.00 Uhr und den anderen um 15.30 Uhr. Und ja ..., da ist dann auch noch unsere „Hiltrud", die mich heute kaum ohne dieses für sie so wichtige Gespräch gehen lassen wird. Wie gesagt, noch weiß ich nicht, um was es im Einzelnen geht, was dieses so dringend macht.*

Ach ja ..., was wird wohl aus dieser Geschichte mit Schwester „Hiltrud"? Und sind da nicht auch noch all´ die vielen anderen Träumereien, meine unüberlegt angefangenen Märchen? Dieser lange Dialog mit „Alfred", hat mich wieder voll in die Vergangenheit zurückversetzt und ich frage mich schon, was wird denn aus dem morgen, vielleicht auch noch aus dem übermorgen? Werde ich da überhaupt noch leben oder gar noch lieben können? Wer gibt sich denn schon noch mit mir ..., mit mir, einem wirklich todkranken Menschen ab? *Hallo, hallo ..., was ist, träumst Du vielleicht schon von „Hiltrud"?* Jetzt hat er mich aber voll erwischt, denn schon spüre ich wieder diese Hitze! *Ist es Dir wie mir zu heiß in diesem Raum? Ach ich weiß schon, bitte entschuldige!*

Das ist „Alfred", mein Freund ..., er muss nun lauthals lachen und er schafft es wirklich, dass sich auch meine Gedanken augenblicklich um ein schöneres Thema zu drehen beginnen. Aber leider viel zu kurz, denn ..., *Du weißt, dass bei unserer letzten Untersuchung, bei Dir unter anderem, leider auch dieser Darmkrebs diagnostiziert wurde. Zu diesem Thema muss ich Dir doch noch so einiges erklären.*

Darmkrebs besteht oft schon seit vielen Jahren, sogar Jahrzehnten, ehe er überhaupt Beschwerden verursacht. Ich kann es mir allerdings nicht vorstellen, dass die Dich behandelnden Ärzte, dass beide Fachärzte „Dr. Helmschrott", auch dieser „Dr. Spitz" ..., dass diese bei Dir damals im Schwabinger Krankenhaus, diesen Tumor nicht erkannt haben. Ankündigen kann er sich mit starken Bauchschmerzen, auch mit Appetitlosigkeit, Gewichtsabnahme und auch mit Blutarmut. Aber selbst gesundes und blühendes Aussehen, großer Appetit und Gewichtszunahme, schließen eine Krebserkrankung des Darms nicht aus. Die sicherste Methode Darmkrebs vorzeitig festzustellen, ist in der Regel eine Darmspiegelung. Dabei wird der gesamte Dickdarm (Koloskopie) oder auch nur der Mastdarm (Rektoskopie) durchsucht. Da im verwendeten Untersuchungsgerät (Endoskop), eine zusätzliche Vorrichtung zur Gewebeentnahme angebracht ist, kann im Zweifelsfall und das während der Untersuchung im Dickdarm, Gewebe entnommen werden. Dickdarmtumore können somit auch im Röntgenbild gut sichtbar gemacht werden.

Falls sich ein Tumorverdacht bestätigt hat, lässt sich durch weitere diesbezügliche Untersuchungen (Ultraschall, Computertomographie) feststellen, ob und wo sich Tochtergeschwülste (Metastasen) gebildet haben. Auch die Bestimmung der für Darmkrebs, typischen Eiweißstoffe oder Hormone, der sogenannten Tumormarker, deren Konzentration im Blut bei Krebserkrankungen erhöht ist, dient uns Ärzten zur Bestätigung der Diagnose.

Was bezweckt „Alfred" eigentlich mit dieser doch so langatmigen Erklärung? Ob nun Magen- oder Darmkrebs, in beiden Fällen kann doch meines Wissens, bei mir selbst mit einem operativen Eingriff, nichts, rein gar nichts ..., oder vielleicht doch? Das sind doch auch nur wieder diese viel zu dünnen Strohhalme ..., ist dieses Hoffen an das man sich klammert, an das ich mich noch klammern soll, das sich aber nie realisieren wird ..., mir aber vielleicht nur noch weitere, nur noch schlimmere Schmerzen verursachen kann.

„Alfred" ich verstehe hier jetzt nicht ganz Deine Absicht ..., mit dieser so ausführlichen Darstellung. Wir beide, wir wissen doch nur zu genau, dass mir auch mit einem weiteren zusätzlichen operativen Eingriff, nicht mehr zu helfen ist. Ich verstehe sie ja, Deine guten Absichten. Aber was versprichst Du Dir davon? Du sagtest doch schon des Öfteren, dass mir nur noch ein Wunder von oben, also ein himmlisches Wunder helfen kann. Nur, wann gibt es schon ein solches? Aber wenn Du meinst ..., ich höre Dir gerne zu. Aber haben wir beide heute noch genügend Zeit ..., ich vielleicht ..., aber Du?

Während meiner letzten Ausführungen bin ich aufgestanden, um mich ein wenig aufzulockern. Ich weiß nicht recht ..., ich kann mich nicht so richtig auf das konzentrieren, was mir „Alfred" in punkto meiner Krankheit erklären will. Meine völlig verwirrten Gedanken ..., aber schon ..., *Marcus ich verstehe Dich ja. Aber bitte versprich es mir, Deinem Freund ..., bitte gebe Dich nie auf.* Nervös muss er sich schon wieder hinter dem rechten Ohr kratzen ..., *aber lasse mich weiter erklären. Wir haben es ja bald geschafft. Wenn es Dir nichts ausmacht, möchte ich Dich jetzt ohnehin bitten, dass wir die Sache mit „Vanessa" auf einen anderen, auf einen späteren Termin verschieben, denn ich kann Dir sowieso erst Näheres sagen, wenn sie wieder bei Bewusstsein ist.*

Du meinst wohl, ich kenne Dich nicht? Treibt es Dich vielleicht schon wieder nach Hause? Du musst wissen ..., ich habe Dich doch nur sicherheitshalber für ein paar Tage zur Beobachtung hier einquartiert, nachdem Du am Bett von „Vanessa" völlig erschöpft zusammengebrochen bist, eine Kreislaufschwäche gehabt hast. Verstehst Du nicht, dass ich mir, dass wir uns Sorgen um Dich und um Deine Gesundheit machen. Nach der Einlieferung von „Vanessa" in die Klinik, hast Du sage und schreibe fast achtzehn volle Stunden, und das trotz meines so intensiven Abratens, bis zu Deinem Zusammenbruch ..., und das war immerhin bis auf wenige kurze Pausen, von Donnerstag nachts 2.30 Uhr bis 21.20 Uhr abends, immer an ihrem Bette gesessen. Du hast ihr schön brav das Händchen gehalten und immerfort liebevoll gestreichelt ..., sagenhaft ..., hast mit ihr geredet und das obwohl sie immer noch im Koma liegt.

„Alfred", er durchblättert wieder meine Akte, fächert etwas frischen Wind ..., *gut diese kühle Luft* ..., meint er nun wieder lachend und schaut mir wieder tief in meine Augen ..., *kommen wir langsam zum Schluss. Trotz Deines vorherigen Einwandes, möchte ich mit Dir doch ein wenig über eventuelle Behandlungsmöglichkeiten bei diesen, über Krebserkrankungen reden.*

Doch nun erhebt er sich erst einmal aus seinem wuchtigen Sessel ..., *jetzt geht es wirklich nicht mehr. Das Wasser hat seine Schuldigkeit getan. Es lässt mir keine Ruhe. Gleich bin ich wieder für Dich da ..., nur einen kurzen Augenblick ...*, und schon hat er es verdammt eilig und verlässt den Raum. Eine kleine Verschnaufpause ..., sie kommt mir gut gelegen und schon stehe ich am offenen Fenster und atme tief durch. Es weht, wie ich im Gesicht fühlen kann, ein flaues Lüftchen, sehr angenehm und sehr erfrischend.

Hallo Marcus ..., erschrocken drehe ich mich um und blicke erstaunt in die strahlenden Augen von Schwester „Hiltrud". Sie steht jetzt unmittelbar, fast schon ..., jetzt schon auf Tuchfühlung, neben mir. *Du ..? Mein Herz ..!* „Hiltrud" hast Du mich eben erschreckt. Ich war in Gedanken und habe Dich nicht eintreten gehört. Mit ihrer rechten Hand, mit ihren Fingern, streichelt sie mir nun ganz zart über meine Wangen und mehrmals ..., immer wieder über meine Lippen. *Lieber Marcus, ich muss immerfort nur an Dich denken. Ich kann mich nicht mehr richtig auf meine Arbeit konzentrieren und dabei habe ich gerade heute für „Alfred" so einiges an Korrespondenz zu erledigen. Wenn er zurückkommt, werde ich ihn fragen, ob ich zu Tische gehen kann, mein Magen, er knurrt mir schon gewaltig.* Immer noch streichelt sie über meine Wangen, über meine Stirn ..., *wie lange wird es bei Euch noch dauern?* Ganz tief und lieb blickt sie mir jetzt in die Augen ..., so als wolle sie mir im nächsten Augenblick um den Hals fallen. Sie schmiegt sich nun ganz eng an mich ..., ganz deutlich kann ich ihren nervösen Herzschlag, kann ich ihr zittern, ihre Erregung spüren.

Was sehen meine alten Augen? „Hiltrud", Hiltrud"..., *ist es so schlimm ..?* „Alfred" war auf leisen Sohlen, vielleicht auch bewusst vorsichtig, in das Zimmer getreten und mustert uns nun lachend.

Scheinbar hat er Schwester „Hiltrud" doch etwas aus der Fassung gebracht, denn ihr Gesicht ..., ja es ist purpurrot angelaufen und stotternd ..., ich ..., *ich wollte Dich nur fragen ..., kann ich zur Mittagspause gehen?*
Ja sie hat sich wirklich durch „Alfreds" plötzliches Erscheinen erschrocken und steht immer noch und das mit hochrotem Gesicht, linkerhand neben mir. *Aber, aber ..., bitte, bitte, nicht böse sein. Wenn ich mich nicht täusche ..., wie ich soeben deutlich sehen konnte ..., es muss Dich ja ganz schön und so urplötzlich erwischt haben.* Schwester „Hiltrud", jetzt muss sie doch lachen ..., *sieht man es so deutlich? Aber Du hast recht, nur diese Geschichte ist eine viel längere. Die kann und möchte ich aber nicht Dir erzählen.* Jetzt ist es an „Alfred" , denn er muss nun herzerfrischend lachen. *Aber jemandem wirst Du sie doch wohl erzählen? Darf ich drei Mal raten? Doch ich kann sehr deutlich sehen, dass Du fast schon verhungert bist. Wir hier ..., ja wir werden noch vielleicht eine halbe Stunde brauchen. Einen guten Hunger ...,* sprechen „Alfred" und ich nun fast synchron, denn Schwester „Hiltrud" hat es jetzt sehr eilig. Sie blickt mir noch schnell in die Augen, streichelt mir noch ein, zwei Mal über meine rechte Wange und schon ..., sportlich, sehr flott verlässt sie das Arztzimmer.
Wir „Alfred" und ich, wir setzen uns nun wieder auf unsere Plätze und „Alfred" sucht nun nach dem bekannten roten Faden ..., *was habe ich Dir vorhin noch erzählt? Wenn ich mich noch recht erinnere, wollte ich Dir noch ein bisschen über die Behandlungsmethoden beim Darmkrebs erzählen. Vorweg möchte ich Dich aber noch etwas völlig anderes fragen.* Offensichtlich eine unangenehme Frage, schießt es mir durch den Kopf, denn ich kann bemerken, dass er sich mehrmals nervös mit der rechten Hand hinter dem rechten Ohr kratzen muss. Und ganz plötzlich kommt sie auch schon ..., habe ich mir doch gedacht! *Marcus, wie stehst Du eigentlich zu „Hiltrud"? Mir scheint, dass sie Dich gern hat und das nicht erst seit heute? Fast habe ich den Eindruck, dass es wirklich eine längere Geschichte ist, von der Du, und das glaube ich sogar ...,* jetzt muss er sich wieder kratzen ..., *von der Du nichts gewusst hast, die Du anscheinend nicht bemerkt hast. Doch wie*

dem auch sei ..., ich sehe, ich stürze Dich heute von einer Verlegenheit in die andere. Reden wir über Deine gesundheitlichen Probleme ..., über das was vielleicht bei Dir noch zu retten ist, wenn Du mitspielst. Doch vorab will ich Dir noch sagen, dass ..., ja wenn ich es mir recht überlege ..., sie hat sich schon des öfteren über Dich erkundigt. Einmal habe ich Sie nachmittags erwischt, wie sie Deine Geschichte sehr eingehend studierte und ..., sie wollte daraufhin so einiges wissen. Unter anderem fragte sie mich auch, inwieweit sie Dir persönlich helfen könne.

Wie recht er eben mit seiner Feststellung, er mache mich verlegen, hat, bemerke ich überdeutlich, den ich muss schon wieder verglühen. Warum muss er mir auch bei solch heiklen Fragen immer ins Gesicht ..., so direkt in die Augen schauen. Dabei kann ich sie fühlen ..., diese wahnsinnige Hitze ..., bis hinter meine beiden Ohren! Ist es da nicht besser, wenn ich mir die Antwort schenke? Doch was soll´s ..., „Alfred", er denkt für mich, denn ..., *aber nun zu unserem für Dich so wichtigen Thema, Behandlungsmethoden. Die wichtigste Methode ist dabei die chirurgische Entfernung des Tumors. Hier wird der betroffene Darmabschnitt zusammen mit den zugehörigen Lymphknoten herausgeschnitten. Ja und anschließend werden die beiden Darmenden wieder miteinander verbunden. Dies ist allerdings nur möglich, wenn der Tumor weit genug vom After entfernt liegt. Dabei wird das Darmende in die vordere Bauchwand eingenäht und der Darminhalt an anderer Stelle ausgeleitet. In manchen Fällen wird ein solcher Stoma auch nur vorübergehend angelegt, um den Heilungsprozess im tiefer gelegenen Darmabschnitt zu beschleunigen. An welcher Stelle der Bauchwand der Darmausgang verlegt wird, hängt immer von der Lage und Ausdehnung des Tumors ab. Die Technik des künstlichen Darmausgangs ist inzwischen so vervollkommnet, dass hierbei eine leichte Pflege und Geruchsfreiheit in fast allen Fällen garantiert sind. Eine alleinige Strahlen- oder gar Chemotherapie (Behandlung mit Medikamenten, die das Krebswachstum hemmen), kommt bei Darmkrebs nur bei sehr fortgeschrittenem Tumorstadien oder bei nicht operationsfähigen Patienten in Betracht. Dies besagt allerdings, dass der jeweilige Krebsverlauf nur verlangsamt wird, also nicht mehr heilbar ist.*

Nur schwer kann ich den Ausführungen von meinem Freund "Alfred" folgen. Zu intensiv, zu sehr beschäftigen mich nun meine Gedanken und Gefühle ..., sie fahren mit mir wieder Karussell und Achterbahn. So richtig rauf und runter ..., mir wird so richtig schwindelig. Was sollen eigentlich diese Andeutungen von Schwester „Hiltrud" und von „Alfred" ..., von wegen längere Geschichte von der ich nichts wusste, die ich nicht bemerkte. Wenn ich ehrlich bin ..., ich hatte doch nur immer meine Augen bei „Irene". Sie regte immer wieder meine Fantasie an und nur wegen ihr, zerbrach ich mir das ein ums andere Mal meinen Kopf. Darum ..., es war nie etwas zwischen mir und Schwester „Hiltrud". Ja, ja ..., bis auf heute und das jetzt so urplötzlich, war es für mich wie ein Knall.

Völlig unbeirrt, ohne auch nur einmal aus seiner Akte hochzublicken, erzählt „Alfred" nun weiter und weiter. *Als zusätzliche Behandlung nach erfolgter Operation, kann eine Chemotherapie sinnvoll sein, sofern sich bereits einige Tochtergeschwülste (Metastasen) gebildet haben. Die Tumorbestrahlung vor oder auch nach der Operation, verfolgt das Ziel, den Tumor zu verkleinern oder um eventuell die im Körper verbliebenen Tumorzellen abzutöten.*

Aber wie gesagt, dies trifft nur zu, wenn das Krankheitsbild rechtzeitig erkannt und behandelt werden kann. Was bei Dir ja leider nicht mehr zutrifft. Bei Dir ist es doch so - und das sind leider, leider reele Fakten - dass sich diese Tochtergeschwülste (Metastasen) schon so weit vermehrt haben, so dass selbst ein operativer Eingriff keine Heilung mehr verspricht. Nur bei einer erneuten Chemotherapie besteht noch eine winzig kleine Chance, Dein Leben vielleicht um ein, um zwei Jahre, vielleicht auch nur um einige Monate zu verlängern. Oder es kommt doch alles ganz anders ..., ich persönlich ..., wenn Du mich frägst ..., ja ich glaube noch an diese sogenannten medizinischen Wunder.

Jetzt ist er endlich fertig ..., Gott sei Dank! Mir fällt es wirklich schwer, ich kann mich auf nichts anderes konzentrieren. Was habe ich nur für einen blöden, so irren Kopf ..., schon übe ich wieder Selbstkritik. Es ist besser ich bewege mich und schon ..., plötzlich stehe ich und schon bin ich zum xten Male am Fenster ..., diese gute

Luft. *Marcus ich bin ohnehin mit meinen Ausführungen am Ende. Ich sehe ...,* „Alfred" er blickt nun erschrocken auf seine Armbanduhr. Er schließt meine bereits überdicke Krankengeschichte und quält sich aus seinem Sessel, stellt sich nun, fast schon auf Tuchfühlung, neben mich. *Leider, es ist schon 13.35 Uhr, also allerhöchste Zeit, dass wir zu einem Ende kommen. Bestimmt sind für Dich meine Ausführungen trocken und momentan nicht relevant und langweilen Dich nur. Aber Du solltest Dir sehr, sehr kurzfristig ernsthafte Gedanken machen. Du solltest meinen wirklich ernst und gut gemeinten Rat, einer neuerlichen Chemotherapie, gründlich überdenken. Du darfst die Flinte nie vorzeitig ins Korn werfen! Bist Du nun mein Freund und wenn, dann lasse Dir von mir helfen ..., ja glaube mir, ich möchte Dir wirklich helfen, soweit es in meinen Kräften liegt.* „Alfred" legt mir bei seinen letzten Worten, seinen linken Arm um die Schulter und drückt mich einige Male wie auffordernd fest an sich.

Komm, lasse uns nach „Hiltrud" *schauen ..., sie kann Dir gleich ein neues Rezept für Deine Filmkapseln verschreiben. Zusätzlich verordne ich Dir Tropfen, die Du, hörst Du ..., jeden Tag vor dem Schlafengehen einnehmen solltest. Bitte, vergiss aber niemals, dass Du Dein Auto in Zukunft besser in der Garage lässt. Diese Filmzäpfchen und auch diese Tropfen ..., aber da erzähle ich Dir ja nichts Neues. Ich hoffe doch, dass Du dieses bislang auch berücksichtigt hast. Und noch etwas ..., das kann ich Dir aber nicht verschreiben ..., aber Du weißt schon! Ich an Deiner Stelle, ich würde diese Möglichkeit ..., Du kannst sie ja gar nicht übersehen. Sie liebt Dich anscheinend wirklich ..., und wie.*

Inzwischen stehen wir, „Alfred" und ich und er hat nun seinen linken Arm immer noch auf meiner Schulter, vor dem langen Tresen ..., bei Schwester „Hiltrud". Ist sie wirklich so intensiv in ihre Tätigkeit, dem Schreiben eines Briefes vertieft? Erst jetzt, nachdem „Alfred" ..., hallo, aber hallo ..., „Hiltrud" ..., erst jetzt zuckt sie erschrocken zusammen. *Mein Gott ist mir das peinlich ..., wo bin ich heute nur mit meinen Gedanken?* Irritiert, wie entgeistert steht sie nun von ihrem dunkelblauen Drehstuhl auf, blickt jetzt völlig verwirrt in „Alfreds" Gesicht. *Meine liebe* „Hiltrud" *könntest Du liebenswerter*

Weise mit Marcus einen möglichst kurzfristigen neuen Untersuchungstermin festlegen und ein neues Rezept schreiben? Du weißt schon, die gleichen Filmkapseln wie beim letzten Mal ..., schreibe ihm aber diese hier von mir notierten Tropfen noch dazu.

Nun dreht sich „Alfred" zu mir und ..., *in Zukunft möchte ich Dich mindestens alle vierzehn Tage hier in meiner Praxis sehen. Und ..., merke es Dir ..., ja sollte irgend etwas dazwischen kommen, bitte rufe sofort an. Du kannst mich immer und das meine ich garantiert auch so ..., hörst Du ..., Du kannst mich immer anrufen, auch privat.* „Alfred" muss sich nun am Kien kratzen ..., jetzt nimmt er mich an der Hand und führt mich zu einer der großen Glasvitrinen. *Marcus ..., das hätte ich beinahe vergessen. Ich schlafe doch jetzt, solange sich die Geschichte mit „Irene" nicht erledigt hat, bei meiner Schwester in Grünwald, also nicht weit von Deinem Zuhause entfernt. Hier hast Du ihre Rufnummer ...,* schnell entnimmt er aus einer kleinen roten Papierbox, die auf dieser Vitrine steht, einen quadratischen weißen Zettel, einen winzig kleinen Kugelschreiber angelt er aus der linken Innentasche seines Sakkos. *Die Nummer aus der Praxis hast Du ja.* Jetzt muss er sich schon wieder nervös am Kopfe kratzen ..., *Marcus und noch etwas.* „Irene" *sie wird Dich aller Wahrscheinlichkeit, jetzt da sie wieder alleine ist, des öfteren nerven. Bestimmt, sie ist eine liebenswerte, eine sehr, sehr hübsche Frau. Aber ihre vielen, zu vielen „Abers". Du kennst sie bestimmt alle in und auswendig, Du kennst „Irene" ja besser als ich.* Schon etwas verlegen schaut „Alfred" mich nun von der Seite an ..., *erzähle bitte nichts von alledem „Hiltrud", ich nehme doch an, dass ihr Euch wieder sehen wollt und auch werdet. Nur sie ist die Frau, die ich mir persönlich erträume. Aber ich bin ja selber schuld ..., habe ich sie doch wegen einer anderen Frau ..., ja, ja ..., wegen „Irene" habe ich sie damals verlassen. Doch wie ich jetzt sehen kann ..., ich glaube es wirklich. Sie muss Dich schon sehr lange lieben, ohne dass Du irgend etwas bemerkt hast.*

Jetzt stehen wir wieder vor dem Tresen und „Hiltrud" ..., ja sie hat das Rezept bereits zur Unterschrift auf den Tresen gelegt. „Alfred", er setzt nun seine fetzige Unterschrift darunter. *Jetzt langt es mir ..., Ihr müsst mich jetzt entschuldigen, ich bin schon knapp in der Zeit. Schon um 14.00 Uhr hatte ich bereits einen dringenden Termin bei meinem Rechtsanwalt. Allerdings hier gleich um die Ecke, aber es ist ja wie ich sehen kann, jetzt schon 14.02 Uhr. Ich drücke ihm die dargebotene Hand und er zieht mich zu sich heran und wir beide drücken und klopfen uns nun freundschaftlich auf die Schultern ..., also Marcus, überlege es Dir gut ..., hörst Du, überlege es Dir sehr gut. Schon an Deinem nächsten Untersuchungstermin in zehn Tagen, möchte ich Deine positive Entscheidung. Und vergiss nie ..., hörst Du ..., immer Kopf hoch ..., es wird schon wieder. Und noch etwas ..., merke Dir! Wir brauchen Dich noch länger. Ich Dich als meinen allerbesten Freund und „Hiltrud" ..., Du weißt schon! Jetzt hat er es wirklich sehr eilig. „Hiltrud" ..., also Ihr zwei ..., macht es gut ..., tschüss.* Und schon schließt sich hinter ihm die Türe zum Gang.

Augenblicklich ..., mäuschenstill ist es nun im Raum. Schwester „Hiltrud" und ich, wir stehen uns jetzt gegenüber und schauen uns tief, sehr tief in die Augen. Sie eilt, sie fliegt jetzt förmlich um den Tresen herum auf mich zu. *Marcus, mein lieber Marcus ..., jetzt da Du mein so lange gehütetes Geheimnis kennst, was wird jetzt aus uns zwei? Du siehst ja, was mit mir los ist. Mein Herz es schmerzt mich so sehr! Ich wusste es, aber ich wusste es auch wieder nicht ..., aber dass es mich gleich so erwischt hat. Schon relativ lange, seit Deinem ersten Besuch hier in der Praxis. Seit damals als Du mich so lieb angelächelt hast, schon seit diesem Dienstag, trage ich diese so innig heißen Gefühle für Dich in meiner Brust. Jedes Mal wenn mir „Irene" von Dir erzählte, blutete mir mein Herz und in Gedanken durchlebte ich das mit Dir, was sie mir immer so brühwarm von Dir erzählte. Doch am Schlimmsten traf es mich heute früh am Telefon, als sie mir alle Details von Eurem neuerlichen, von Eurem letzten Treffen erzählte. Mein Kopf und auch mein Körper ..., sie möchten Dich ..., ja mit allen Phasen meines Körpers wünsche ich mir das gleiche ..., ich brauche und ich wünsche mir nichts sehnlicher als Deine Liebkosungen, Deine Zuwendung und Deine Liebe auf ewig ..., bis dass der Tod uns einmal scheidet.* Schwester „Hiltrud" war jetzt ganz auf Tuchfühlung gegangen ..., sie drückt sich jetzt ganz fest an mich ..., umklammert mich nun mit beiden

Armen an meiner Hüfte. Ja, sie muss nun mein Verlangen spüren, denn ..., sie presst sich und ihr Becken fest, noch fester an mich. Und ich glaube ..., ja wir beide spüren uns, dieses Knistern, diese Erregung, dieses Zittern unserer Körper. Und sie küsst ..., wir küssen uns und ich spüre, fühle ihre warmen, feuchten Lippen ..., und ..., ja unsere Zungen. Ein langer, ein ewiglanger Kuss der uns verbindet.

Das kann doch nicht sein ..., nicht schon wieder ...! Mein Kopf und meine Gedanken sie lassen mir keine Ruhe, sie geben mir zu Denken. Widerwillig löse ich mich nun aus dieser so innigen Bande ..., das wird mir nun doch zu heiß. Eben noch dieses verwirrende Gespräch mit „Alfred". Meine katastrophalen gesundheitlichen Aussichten ..., nie und nimmer ..! Das kann, das darf ich „Hiltrud" doch nicht antun. *Liebe „Hiltrud", das kommt mir alles zu plötzlich, viel zu schnell. Bitte gib mir Zeit ..., Zeit um mich mit meiner Situation zurechtzufinden und Zeit, um meine Gefühle zu ordnen. Wenn Du noch willst, können wir uns an einem der nächsten Abende zum Essen verabreden. Du kennst bestimmt alle meine Daten und Du weißt sicherlich auch, wo ich wohne. Du kannst mich also, wenn Du das jetzt noch willst, jederzeit anrufen.*

Habe ich sie jetzt vielleicht verletzt? Völlig niedergeschlagen geht sie nun um den Tresen herum und ..., ich kann sehen, dass ihr Tränen über ihre Wangen rollen, ihr gepflegtes Make-up verwischen. *Marcus, Du kannst Dir gar nicht vorstellen, wie sehr ich Dich liebe, schon so lange liebe. Bitte nicht böse sein. Aber leider habe ich eben nur an mich, an meine Gefühle, an mein Verlangen gedacht.* Ihre Niedergeschlagenheit, ihre Tränen ..., das geht mir doch ganz schön unter die Rippen. Schnell bin ich bei ihr und küsse ihr die Tränen aus ihrem schönen Gesicht und schau, schau ..., es hellt sich auf, es strahlt mich an, wie die Sonne, die jetzt hell, wie aufmunternd zu ihrem Fenster hereinlacht. Schwester „Hiltrud", sie nimmt nun meinen Kopf in beide Hände und zieht mich zu sich hinunter und wieder finden sich unsere Lippen, unsere Zungen ..! Nach einer kleinen Ewigkeit lösen sich unsere Lippen und beide müssen wir nun tief, sehr tief durchatmen, während wir uns anstrahlen.

Mittlerweile hatte ich auf ihren so heißen Schoß Platz genommen, von dem ich mich jetzt wieder erhebe. *Marcus, das ist lieb von Dir, das Du mich auch privat treffen willst. Verzeih mir mein Egodenken von vorhin. Aber diese so lange Geschichte mit meinem Mann ..., sie hat mich völlig aus dem Tritt geworfen, mir gesundheitlich sehr geschadet. Aber über dies und noch vieles mehr, können wir ja bei unserem Treff bestimmt reden. Ehrlich ..., glaube mir, ich freue mich schon so sehr darauf. Übrigens, wenn es Dich interessiert, ich wohne immer noch ganz in Deiner Nähe ..., willst Du dies überhaupt wissen? Allerdings weiß ich noch nicht, ob ich mir diese wunderschöne Wohnung nach meiner Scheidung am 29. September, noch leisten kann. Das wollte ich eigentlich ...,* sie hat sich jetzt ganz nah, schon wieder auf Körperkontakt, neben mich gestellt und blickt mich verschmitzt lachend von der Seite an ..., *sag ..., willst Du nicht wissen, wo ich wohne? Ich sage es Dir einfach: Du kannst mich sogar zu Fuß besuchen. Woher ich das weiß? Ich bin schon des Öfteren vor diesem so schön gepflegten Garten gestanden und habe immer diese so wundervoll blühenden Rosen bestaunt. Nicht weit von Dir in Neuharlaching in der Bezoldstraße ..., also gleich hinter dem Harlachinger Krankenhaus, nur wenige Schritte vom Perlacher Forst entfernt, dort ist mein kleines, aber eigenes so gemütliches Domizil.*

Bei ihren letzten Worten hat sie sich wieder eng an mich geschmiegt. *„Hiltrud", ich glaube es ist an der Zeit, dass ich mich für heute von Dir verabschiede. Schade, mein schlechter gesundheitlicher Zustand. Ansonsten wäre so vieles einfacher. Wenn ich ehrlich bin, freue ich mich schon so auf mein kleines zuhause, auf meinen Garten und auch auf mein eigenes Bett. Und noch etwas ..., ich freue mich echt auf Deinen baldigen Anruf und auf ein hoffentlich baldiges Treffen. Sollte ich nicht zuhause sein ..., bitte, bitte dann sprich auf jeden Fall mit meinen Anrufbeantworter.*

Mein Rezept, das ich mir vom Tresen nehme, stecke ich in die linke Innentasche meines Sakkos. Meine Filmkapseln darf ich unter keinen Umständen vergessen. Hoffentlich bringen mir diese neuen Tropfen wenigstens in der Nacht eine kleine Pause, eine Milderung von diesen oft wahnsinnigen Schmerzen. Apropos Schmerzen ..., jetzt muss ich ihr doch noch einmal tief in die Augen blicken ..., *bist Du Dir eigentlich im Klaren, mit wem Du Dich da einlässt? Du musst es Dir gut ..., wirklich sehr gut überlegen. Du kennst sie doch bestens, meine grausame Geschichte, meine dicke Akte.* Schwester „Hiltrud", sie lässt sich durch mein Argument keinesfalls irritieren. Sie erwidert meinen Blick und ..., *mein liebster Marcus, wenn Du wüsstest, wie oft, wie viele tausend Mal, mir diese Geschichte schon durch meinen Kopf gerauscht ist. Du hast, glaube ich, keine Geheimnisse vor mir, zum Mindesten keine gesundheitlichen. Aber kennst Du die meinen? Lasse Dich von mir überraschen.* Sie drückt mich nun wieder mit beiden Armen, mit ihren Händen fest an sich und wieder finden sich unsere Lippen ..., unsere Zungen!

Das war vielleicht ein Kuss. So einen innigen, warmherzigen habe ich schon lange ..., ich kann mich schon gar nicht mehr an einen solchen erinnern. Völlig außer Atem und tief atmend, stehen wir uns nun gegenüber. Endlich finde ich sie wieder, meine Worte. „Hiltrud", „Hiltrud" ..., *Du hast mich aber nun wirklich bis in alle Phasen meines Körpers elektrisiert. Jetzt wird es allerhöchste Zeit, dass ich verschwinde, ansonsten, wer weiß ..., wer weiß ..! Das Rezept werde ich gleich hier um die Ecke, am nahen Max-Weber-Platz einlösen und mich dann mit dem Taxi heimfahren lassen. Der heutige Tag, das lange Gespräch mit „Alfred" ..., ja und Du und meine Gefühle ..., dies alles hat mich nun doch ganz schön durcheinander gewirbelt. Momentan bin ich ziemlich geschafft. Jetzt kannst Du dann in aller Ruhe und bestimmt auch konzentrierter weiterarbeiten. Mache Dir nicht zu viele Gedanken und Sorgen. So wie es kommt, so kommt es ..., lassen wir uns überraschen.* „Hiltrud" ich glaube ..., ja ich spüre es ..., auch mein Herz, es klopft mir bis zum Halse.

Habe ich da nicht noch etwas vergessen? Ja, doch ..., natürlich, was habe ich nur für ein schlechtes Gedächtnis. Sollte ich mich nicht auch von Schwester „Petra" und Schwester „Renate" verabschieden? Sollte ich mich nicht bei ihnen bedanken? Alzheimer lässt schön grüßen ..., schlimm. Einfach Wahnsinn ..., so schnell kommen und gehen bei mir die Gefühle. Schwester „Hiltrud", ich *muss mich noch ..., sie unterbricht mich und ..., Marcus, mein liebster Marcus, den ganzen Tag wollte ich Dich schon darauf ansprechen. Bitte, für Dich bin ich Deine „Hiltrud" ..., bleiben wir doch bei diesem vertraulicheren Du. Was wolltest Du mir noch sagen?* Sie hat sich ihren Mittelfinger angefeuchtet und streichelt mir nun ganz zärtlich über meine Lippen. „Hiltrud" ich wollte Dich nur fragen, ob Schwester „Petra" und Schwester „Renate" heute Dienst haben, ich sollte mich auch bei ihnen bedanken und verabschieden. Sie geht nun um ihren Tresen herum, setzt sich auf ihren Drehstuhl und betätigt flink einige Tasten ihres Computers. *Marcus ich sehe hier im Dienstplan, dass beide heute und morgen frei haben. Aber Du kannst ruhig bei mir eine Notiz an beide hinterlassen. Ich lege diese dann in die Hauspost. Jetzt muss ich mich wohl oder übel meiner eigentlichen Beschäftigung zuwenden. Ansonsten gibt es noch ernsthafte Schwierigkeiten mit „Alfred". Schau mich nicht so ungläubig an. Doch ..., er kann ganz schön giftig werden, wenn er in Fahrt kommt.* Nun stehe ich unmittelbar vor ihr und schau, schau ..., meine Hände, sie gehorchen mir nicht mehr und schon umfasse ich ihre schmale Taille und drücke mit meinen beiden Händen ihren Schoß fest an mich, an mein Becken. Sie muss mein Verlangen spüren, denn ihr atmen wird kürzer und heftiger. Und auch unsere Lippen finden sich ... und unsere Zungen ..., mir zerreißt es fast die Lunge. „Hiltrud", ja, sie muss mein Verlangen spüren. Doch dieses Mal ist sie die Vernünftigere, die sich aus meiner Umklammerung lösen möchte. *Marcus, mein über alles geliebter Marcus ..., es muss sein. Wer weiß, wohin uns dies jetzt sonst noch führt. Ehrlich ..., liebend gern würde ich mit Dir jetzt schlafen ..., ich kann es kaum erwarten. Doch ist es nicht besser, wenn wir einen günstigeren Zeitpunkt für diesen so schönen Augenblick abwarten? Gerade jetzt und heute fällt mir das Abschiednehmen so schwer. Aber Du weißt ja ..., die liebe Arbeit. Muss ich doch noch so einiges erledigen und außerdem ..., ja ich habe heute noch dieses Gespräch mit „Alfred". Hoffentlich kann er mir bei meinen vielen Fragen weiterhelfen?*

Leider wird es nun nur noch ein kurzer, ein flüchtiger Abschiedskuss. Schon bin ich im Gehen ..., sie winkt mir einige Male mit ihrer rechten Hand zu und lachend ..., Marcus, liebster Marcus ..., ich werde Dich gleich morgen, also am Dienstag nachmittags wegen unseres Treff´s anrufen. Wir können uns ja, wenn es Dir recht ist, in einer nahegelegenen Gastronomie treffen. Oder wenn es Dir nichts ausmacht, kann ich Dich ja auch abholen und ich koche Dir bei mir was Feines. Du würdest mir damit meinen so innigen Wunsch erfüllen und mir eine wirklich große, eine sehr große Freude bereiten.

Hoffentlich vertippe ich mich nicht wieder. Diese Fehler ..! Wahnsinn ..! Das passiert mir sonst nie. Meine Gedanken und meine Gefühle ..., alles dreht sich nur noch um Dich. Lang, lang ist es her, dass ich mich so überglücklich gefühlt habe wie heute Nachmittag. Es wäre zu schön ..., ja hoffentlich erfüllt sich nun endlich mein so schöner Traum, mein größter Wunsch. Ein langes Leben mit Dir ..., ich kann mir nichts Schöneres vorstellen. Schon so lange, viel zu lange habe ich mir diesen Augenblick herbeigesehnt.

Die Türe habe ich schon halb geöffnet ..., ich muss ..., ich drehe mich noch einmal um und winke ihr zu ..., ich freue mich schon so auf unser Treffen. Liebe „Hiltrud", Du hast mich und meine Gefühle vollkommen durcheinander gewirbelt. Bitte sage auch an „Alfred" meinen herzlichen Dank und noch viele liebe Grüße. Tschüss, meine allerliebste „Hiltrud" ..., ich mag Dich wirklich. Und bitte vergiss nicht anzurufen! Nun will ich die Türe endgültig ins Schloss drücken ..., hallo, hallo Marcus, ich liebe Dich ..., und vergiss nie, hörst Du nie ..., was Dir „Alfred", Dein Freund gesagt hat. Denke immer an Deine Chance und ist es auch nur ..., „eine winzige Chance"!

Durch Dick und Dünn

Das war ein wirklich hartes Stück Arbeit. Am liebsten würde ich mir jetzt selbst belobigend auf die Schulter klopfen. Zwölf riesig große blaue Plastiksäcke waren vonnöten, um die massig vielen welken Blätter und Blüten, jede Menge angeschlagene, faule Äpfel einzusammeln. Die für diese Jahreszeit ungewöhnliche Hitze der letzten vierzehn Tage, hatte das ihrige dazu beigetragen.

Und was treiben meine lieben Hausmitbewohner? Sie sind, wie ich gestern auf einem riesigen knallgelben Zettel an meiner Wohnungstüre lesen konnte, wieder einmal, wie schon so oft in dieser Jahreszeit, auf großem Welttrip ..., wirklich zu beneiden ..., volle drei Wochen auf den Malediven. Trotzdem, nein beneiden ..., kommt mir nicht in den Sinn. Wenn sie sich diesen Luxus leisten können ..., warum nicht. So fand sich leider niemand, der diese vielerlei gearteten Blumen und vor allem meine über fünfzig immer noch kräftig blühenden gelben, roten und weißen Rosenstöcke und Rosenbäumchen liebevoll pflegen konnte. Und der sie außerdem während meiner gesundheitlich bedingten Pause zuschnitt, mit ihnen redete und ihnen auch das notwenige Nass zukommen lies.

Nun ..., da ich meine Finger und meine Unterarme gründlicher betrachte, sehe ich, was ich in den letzten sieben Stunden gearbeitet, geschuftet und geleistet habe. Alle Finger sind wund, stark verschmutzt und auch unter meinen Fingernägeln lässt sich diese dunkle Erde des Gartens erkennen. Meine beiden Arme, ich kann sie drehen und wenden wie ich will, überall kann ich, wie auch an allen Fingern, die Aufdringlichkeit und vor allen Dingen, diese massiven Liebkosungen, diese überaus zärtlichen Streicheleinheiten meiner wunderschönen Rosen erkennen. Doch ..., ja doch ..., ich persönlich werde immer wieder reichlich belohnt für meine Bemühungen. Meine vielen Rosen, sie danken es mir immer wieder vielfältig, mit ihren vollen, üppigen Blüten und ja ..., mit ihrem sagenhaften, so berauschenden Duft.

Schon um 6 Uhr, also in aller Herrgottsfrühe, habe ich als erstes diese viele Post der letzten Tage, jede Menge Flyer und allerlei Werbeprospekte sortiert. Alle drei Briefkästen waren übervoll und sogar im Eingangsbereich und auf dem noch überdachten, gefliesten Steinboden vor dem Häuschen, sammelte, ja staute sich eine Flut von Papier. Außerdem durfte ich noch zusätzlich eine Vielzahl von Blumentöpfen und sechs prächtig blühende Blumenampeln, bezupfen und mit Wasser berieseln.

Wenn mir danach ist, unterhalte ich mich natürlich auch mit der oder mit dieser Pflanze. Besonders dann, wenn ich bemerke, dass diese vielleicht eine neue schöne Blüte und die andere ein neues grünes Blatt bekommen hat. Manches Mal ..., ja, manches Mal streichele ich sie sehr behutsam, ganz zärtlich mit meinen Fingerspitzen und rede oft sehr intensiv auf sie ein ..., ja ich ermuntere sie regelrecht. Vielleicht ist es auch Einbildung ..., aber ich glaube ... , ja ich wette ..., ich habe wirklich diesen besagten grünen Daumen. Schon viele vorübergehende Passanten, die mich bei meiner Gartentätigkeit interessiert beobachteten und die bewundernd meinen überaus üppig blühenden Garten bestaunten ..., ja, sie nannten mich schon des öfteren ..., den „Pflanzenflüsterer".

Abschließend habe ich dann auch noch den riesigen, mittlerweile sehr trockenen, teilweise schon hellbraunen Rasen des Gartens und den ebenfalls dürren Rindenmulch bei den Rosen, bei den Blumen und unter den vielen, teilweise noch prächtig blühenden Sträuchern, wieder auf Vordermann gebracht. Man konnte es richtig hören ..., dieses gierige gurgeln nach dem sehr großzügigen Berieseln. Eine Woche ..., vierzehn Tage später ..., ja, dann hätte wohl der viele Löwenzahn und das sehr üppig spriesende Unkraut, triumphal über den vordem bestens gepflegten Rasen obsiegt.

Jetzt ..., da ich es mir verdientermaßen auf der rustikal-massiven Gartenbank unter dem wuchtigen, schon etwas betagten Apfelbaum bequem mache, komisch ..., jetzt erst machen sie sich bemerkbar. Nun, da sind sie ..., ich spüre sie meine so überaus anhänglichen, meine meist extrem aufdringlichen Freunde ..., diese Bauchschmerzen. Gott sei Dank sind diese für meine Verhältnisse noch erträglich. Nun betrachte ..., nun genieße ich erst einmal mein mir so bestens gelungenes Tagewerk. Diese körperlich schwere Arbeit …, sie fällt mir zunehmend schwerer. Wie lange kann, ja darf ich meinen durch meine Krankheit zerschundenen, geschwächten Körper noch so belasten?

Immer noch kann man den frisch gemähten Rasen riechen und auch der Geschmack von Feuchtigkeit, von Wasser liegt noch in der schwülwarmen Luft. Haben wir doch schon Mitte September und auch heute ist einer dieser so herrlich warmen Herbsttage. Nun, da mich die Sonne angenehm wärmt, habe ich große Schwierigkeiten, meine immer schwerer und schwerer werdenden Augen wach zuhalten. Mit meiner letzten Energie wehre ich mich gegen das Einschlafen …, immer und immer wieder nicke ich kurz ein. Doch jedes Mal reißt es mich erschrocken und ruckartig wieder in die Höhe.

Diese vergangene Nacht …, ja, ja, sie hatte es in sich. Nein, nein …, es waren dieses Mal ausnahmsweise nicht meine Schmerzen …, nein sie zeigten sich von ihrer erträglicheren Seite, nachdem ich schön brav vor dem Insbettgehen, die mir von „Alfred" verschriebenen Tropfen eingenommen hatte. Es waren andere Ursachen, die mich diese lange Nacht wachgehalten haben, mich am Schlafen hinderten. Zweierlei brachten meine verwirrten Gedanken immer wieder zum rotieren, ließen sie nicht zur Ruhe kommen. So quälte mich in erster Linie die Sorge um meine gesundheitliche Zukunft …, gibt es für mich noch dieses große Wunder? Es will mir partout nicht in mein kleines Hirn …, ist mein Leben, sind meine Leiden schon übermorgen, vielleicht auch schon morgen ausgestanden und vorbei? War dies nun schon alles? Sind meine Tage, Monate und Jahre auf diesem so schönen Planeten bereits gezählt …, ist meine Lebensuhr fast abgelaufen?

Da passt mir nun diese für mich völlig neue Geschichte mit Schwester „Hiltrud" …, mit „Hiltrud", keinesfalls in meine Zukunftsdenke. Komisch …, gerade um diese neue Geschichte dreht sich mein Karussell immer schneller und schneller. Sie, „Hiltrud" …, sie aktiviert, sie beschäftigt meine Zellen, lässt mich kaum noch logisch denken. Mir will es partout nicht in meinen Kopf …, ich verstehe sie nicht, warum sie sich mit ihrem fundierten Wissen um meine gesundheitliche Situation, gerade für mich interessieren sollte. Sie, meine liebe „Hiltrud" …, sie ist der Grund meiner Herzschmerzen, sie lässt meinen Puls um ein Vielfaches höher schlagen. Und ..., ja, ja ..., sie fährt mit mir und meinen Gefühlen regelrecht Achterbahn und lässt mir gedanklich keinen allzu großen Spielraum.

Meine so schweren Augenlider ..., schon wieder muss ich mich wachrütteln. Und, was war gestern eigentlich? Waren da nicht diese vielen ..., ja es waren sage und schreibe zwölf Anrufe auf meinem Anrufbeantworter, die ich nach meinem Heimkommen abhören durfte. Zu allererst zwei sehr liebe Anrufe von einer Frau „Gutholz" vom Tourismusverband Finkenberg, die nachhakte, inwieweit ich mit dem mir vor drei Tagen zugeschickten Prospektmaterial klarkomme. Diese freundliche Nachfrage habe ich dann auch postwendend, nach sehr gründlicher Durchsicht der wirklich preisgünstigen und schönen Angebote, also noch am Spätnachmittag, mit meiner telefonischen Zusage beantwortet.

Wirklich ..., ich habe mich nach langem Überlegen, nun endlich für diesen Kurzurlaub entschieden. Fürwahr eine schwierige Entscheidung. Nun möchte ich noch einmal und zwar vom 3. bis einschließlich 10. Oktober ..., ich buchte also meinen höchstwahrscheinlich letzten Urlaub. Es ist derselbe Ort, die gleiche Gegend, in die mich in den sechziger Jahren, meine so wunderschöne Hochzeitsreise führte. Drei herrliche, so wunderschöne Wochen mit meiner Ex-Frau „Christina", sie war meine allererste, so große Liebe. Ja damals träumten wir noch von einer heilen, von einer friedlichen Welt. Wir waren so überaus glücklich und wir hatten echt „Schmetterlinge im Bauch. Es war im landschaftlich so wunderschönen Tuxertal. Die schriftliche Bestätigung habe ich gleich gestern Abend, bei meinem allerdings nur sehr kurzen Spaziergang, gleich bei mir um die Ecke, in den Briefkasten geworfen.

Unmöglich ..., was ist mit meinen Augen? Sie werden mir bleischwer und sie versagen mir nun wirklich ihren Dienst. Ist es ein Traum ..., ist es Realität? Im Zeitraffer laufen nun diese so wunderschönen Urlaubstage, diese so wunderschöne Zeit von damals, noch einmal an mir vorüber.

Doch was ist das? Und gerade jetzt, wo es am Schönsten wird. Höre ich da nicht ..., von sehr, sehr weit weg. Nun höre ich es deutlicher, es muss mein Telefon sein, das so überaus nervös und schrill bimmelt. Immer und immer wieder, so als wolle es mir sagen, beeile dich endlich. Der Anrufer, er muss schon sehr hartnäckig sein ..., er gibt nicht auf. Heute morgen, schon in aller Herrgottfrühe, an diesem doch so wunderschönen Tag ..., ich konnte nicht anders und habe sämtliche Fenster im ganzen Haus weit geöffnet. Gestern als ich heimkam, musste ich zuallererst in allen drei Wohnungen nach dem Rechten sehen. Überall, ja überall im Haus nur aufgestaute, abgestandene, modrig heiße, sehr stickige Luft.

Nur schwer kann ich mich in die Wirklichkeit finden. Und noch im Sitzen dehne und strecke ich mich ..., endlich schaffe ich es. Muss das denn sein ..., immer noch irritiert es mich, mein so musikalisches Telefon. Hatte ich es doch wegen meiner Beschäftigung im Garten, auf volle Power gestellt. Anscheinend muss es von entscheidender Wichtigkeit sein ..., ein Anrufer mit Ausdauer. Endlich bin ich, nachdem ich meine schlappen Arme und Beine noch einmal gestreckt, gedehnt und mehrmals gründlich durchgeschüttelt habe, wieder voll anwesend. Schon gehe, laufe, renne ..., ja springe ich. Muss ich mich da nicht über meine Fitness wundern? Allem Anschein hat mir meine morgendliche Gartengymnastik körperlich ganz gut getan. Hurtig und allehopp ..., nehme ich schnell die letzten achtundzwanzig Treppen und ..., *ja, Beyer. Was kann ich für Sie tun?* Momentan höre ich aber nur ein knacksen in der Leitung ..., *hallo, hallo ..., welch´ lieben Gesprächspartner habe ich da an der Strippe?* Jetzt kann ich das etwas zu laute Räuspern und Husten einer weiblichen Person vernehmen ..., *hallo, Marcus, bist Du es?* Ja, ja ..., diese so angenehme Stimme, ich kenne sie nur zu gut. Es kann ..., ja es muss „Hiltrud" sein ..., der halbe Grund meiner schlaflosen Nacht. *Immer diese Frösche ..., störe ich Dich gerade? Hoffentlich habe ich Dich nicht aus einem tiefen Schlaf gerissen?* Warum sollte sie mich stören? Deutlich höre ich ihren aufgeregten Atem aus der Muschel, wieder ihr überlautes Räuspern und Husten. *Liebe „Hiltrud", hast Du einen ganzen Tümpel mit allen Fröschen verschluckt oder hat Dich meine Stimme so erschreckt? Den lieben langen Vormittag ..., nein, bis jetzt war ich im Garten aktiv. Du kannst Dir doch bestimmt vorstellen, dass bei dieser Hitze und bedingt durch meine ungewollte Abwesenheit, im Garten so einiges zu erledigen war.. Geht es Dir gut? Vergangene Nacht habe ich so gut wie kein Auge zubekommen. Du hast mich die halbe Nacht gekostet ..! Nun und die andere Hälfte ..., Du kennst sie bestens, meine Gründe. Die vielen Probleme mit meiner Krankheit und die Sorge um meine und vielleicht auch um unsere gemeinsame Zukunft. Du hast mir da einen Floh in mein Ohr gesetzt, der die halbe Nacht mit mir Schlitten gefahren ist.*

Das wollte ich eigentlich gar nicht so persönlich sagen. Erst nachdem mein Mund so voreilig ..., erst jetzt fängt mein Hirn zu denken an. Wie dem auch sei, nun ist es schon geschehen. *Marcus Du machst mir Sorgen. Du solltest nicht so viel über Dinge nachdenken, die Du ohnehin nicht wesentlich beeinflussen kannst. Aber was rede ich ..., Du kannst mir glauben, auch ich habe vergangene Nacht kaum ein Auge zugebracht. Du beschäftigst mich über normal und Du regst meine Fantasie an ..., und da ist auch noch das Gespräch, das ich gestern mit Deinem Freund „Alfred" hatte. Wir redeten beide viel, ungefähr eine dreiviertel Stunde, über dies und das. Aber unser Hauptthema, das warst Du. So fragte er mich immer wieder, inwieweit ich mir über die Tragweite meiner Liebe zu Dir und auch über Deine Krankheit im Klaren bin. Aber dieses änderte in keinster Weise meinen Entschluss, denn gerade über diese Thematik, habe ich mir schon hinreichend meinen Kopf zerbrochen. Und so hat mich letztendlich dieses Gespräch mit „Alfred", in meiner Liebe zu Dir nur noch bestärkt. „Alfred", er sagte, ihn freut es ungemein, dass sich meine Gefühle so auf Dich konzentrieren. Erhofft er sich doch, dass Du durch meine Liebe zu Dir ..., dass durch unsere Liebe wieder mehr Freude in Dein Leben kommt. Und ..., ja dass Du dadurch vielleicht Deine wirklich schwere Krankheit, sogar überwinden und vielleicht auch besiegen kannst. Du ..., ja Du hast in „Alfred" einen wirklich sehr guten, einen aufrichtigen Freund. Ich glaube fest, dass er Dir im-*

mer helfen wird, wenn er es nur kann. Kurz sprachen wir auch über seinen Vorschlag ..., Du weißt schon, wegen der Chemo.

Durch den Äther kann ich nun wieder ihr aufgeregt tiefes Atmen hören und ..., mein lieber Marcus, doch der eigentliche Grund meines Anrufes ist der, dass es mich zum einen interessiert, wie es Dir heute ergangen ist, wie Du Dich momentan fühlst und zum anderen ob Du heute oder morgen Nachmittag oder am Abend für mich Zeit hast. Am Liebsten würde ich jetzt gleich zu Dir kommen. „Alfred", er hat sich heute schon nach Dir erkundigt. Er wollte mir nicht glauben, als ich ihm erklärte, dass wir uns gestern Abend nicht mehr gesprochen oder gar gesehen haben. Ehrlich ..., ich sehne mich so sehr nach Dir ..., ich kann es kaum noch erwarten. Wann werden wir uns wiedersehen ..., meine Gedanken, meine Gefühle, alles dreht sich nur noch um Dich. So gerne möchte ich endlich mit Dir eins sein, mit Dir schlafen. Gestern, es war schon sehr spät am Abend, es dämmerte schon, da bin ich ..., ich musste meine Gedanken ordnen ..., noch wie von Geisterhand getrieben, an Deinem so schönen Zuhause vorbeigegangen. Einige Augenblicke ..., es waren gute zehn Minuten ..., ich war mir nicht so recht schlüssig ..., bin ich stehengeblieben, ich wollte schon bei Dir läuten. Meinen Finger hatte ich schon an der Klingel. Doch dann erinnerten mich Deine Worte, dass ich nichts überstürzen solle und so bin ich dann tieftraurig heimgegangen. Doch glaube mir, es fiel mir wirklich schwer ..., verdammt schwer. Heute bereue ich es schon, dass ich nicht geläutet habe, denn mein Herz es klopft mir wie verrückt, es sehnt sich so sehr nach Dir. Hörst Du es nicht klopfen ..., mein Herz, es schmerzt mich. Es klopft nur für Dich, hörst Du es nicht ..., nun wieder ihr schnelles, nervöses Atmen. Fast glaube ich ..., ja, ich höre es wirklich sehr deutlich ..., ihr so trauriges Herz. Schlägt es, wie sie behauptet, wirklich nur für mich allein? Noch ist mir so Vieles ..., ist auch sie mir ein Rätsel und ich kann es noch nicht glauben oder ich will es noch nicht glauben.

Liebe „Hiltrud" ..., ehrlich gesagt, heute war ich zu intensiv mit meinem Garten beschäftigt, so dass ich fast alles um mich herum vergessen habe. Sogar meine Schmerzen, den gestrigen Vormittag in der Klinik, das bei „Alfred" und auch Deine Geschichte. Jetzt, da ich bequem auf meiner

Couch sitze und mit Dir plaudere, nun sind sie wieder da, meine Gedanken und meine Gefühle für Dich, über die ich mir allerdings noch nicht im Klaren bin ..., und meine Schmerzen. Sehr deutlich kann ich nun meinen aufgeregten Herzschlag und meine nun schon extremen Bauchschmerzen spüren. Meine liebe „Hiltrud", bitte bleibe noch in der Leitung ..., ich muss dringend etwas gegen meine so tobenden Schmerzen tun. Einfach Wahnsinn ..., bitte ..., meine letzten Worte, sie kommen mir schon etwas gepresst und sehr leise über meine Lippen. Beide Hände muss ich mir gegen den Bauch drücken. Nun habe ich es wirklich sehr, sehr eilig.

Wie konnte ich nur ..., aber meine Blumen und mein Garten, sie haben mich heute gedanklich so abgelenkt, zu sehr beschäftigt. So habe ich meine Schmerzen und auch das Einnehmen meiner schmerzlindernden Kapseln vollkommen ignoriert. Ohne noch auf eine Antwort von Schwester „Hiltrud" zu warten ..., schnell bin ich in meiner Küche ..., schon schlucke ich mit der schon lauwarmen Zitronenlimonade, meine zwei Kapseln. Bei dieser Wärme, kein Wunder ..., seit in der Frühe steht diese auf der Küchenplatte.

Heute früh ..., ja, da hatte ich einen völlig trockenen Mund und schon vor dem Rasieren und Duschen, einen riesigen Durst. Für ein paar Minuten muss ich mich nun auf meine Eckbank setzen. Nur ein bisschen, nur ein paar Minuten ausruhen ..., bis sich meine Schmerzen wieder auf ein erträgliches Maß beschränkt haben. Langsam ..., nur sehr, sehr langsam beruhigen sie sich dieses Mal. Und trotzdem ..., trotz der immer noch relativ intensiven Probleme ..., meine Gedanken ..., meine Gefühle ..., sie melden sich. Sie drehen und drehen sich ..., schon etwas komisch ..., immer und immer wieder nur um „Hiltrud". Ist da doch mehr, als ich mir selber eingestehen will? Umso länger ich in mich hineinhöre, umso heftiger, erregter schlägt mein Herz. Und mein Hirn ..., eigenartig ..., es produziert schon wieder diese Aussetzer. Oder suche ich nur noch nach Strohhalmen, an denen ich mich festhalten, hochziehen kann. Bin ich mir meiner Gefühle überhaupt noch sicher? Mein Kopf, er lässt mir keine Ruhe. Allem Anschein nach möchte ich jede mir nur bietende Möglichkeit nützen. Er kann nicht wirklich glauben, dass sich in meinem Zustand noch irgend jemand, noch dazu eine so hübsche Frau, ernsthaft mit meiner Person beschäftigt, sich sogar in mich verlieben könnte.

Meinen Kopf ..., ihn muss ich nun mit beiden Händen stützen. Zu verwirrt sind sie, meine Gedanken, zu schwer wird er mir jetzt. Die Schmerzen haben nachgelassen, aber meine Augen, sie werden mir ..., und ..., mein Traum, er holt mich zurück ..., er entführt mich wieder in diese schöne Zeit, auf die Hochzeitsreise mit „Christina". Und, jetzt im Traum, alles, unser damaliges Leben ..., die Natur, glänzt, erstrahlt mir plötzlich so überaus farbenprächtig.

Muss das sein ..? Was war das ..? Erschrocken reibe ich mir mit meinen Fingern meine nun völlig verklebten Augen. Nur langsam, sehr langsam bemerke ich, dass es um mich herum vollkommen ..., fast dunkel ist. Vor mir erkenne ich ein kleines rotes und links von mir zwei kleine grüne Lichter ..., ja doch, ich muss mich in meiner Küche befinden. Endlich, es funktioniert ..., mein Gedächtnis ..., mein Hirn beginnt zu arbeiten ..., ich erinnere mich. Wahnsinn ..., auf meiner Eckbank muss ich eingeschlafen sein. Meine Füße habe ich dabei auf dem Küchenstuhl hochgelegt. Nur langsam gewöhnen sich meine Augen an die Dunkelheit, so dass ich die Umrisse der Einrichtung gut erkennen kann. Durch das geöffnete Küchenfenster fällt schwacher Lampenschein ..., von der Straßenbeleuchtung gleich an der Ecke.

Nervig ..., da ist es schon wieder ..., dieses Geräusch, das mich soeben wachgerüttelt, mich so erschreckt hat. Allerdings nun schon deutlicher, wesentlich energischer. Ist dies nicht das Gebimmele, der phänomenale Klang, das „Ding Dong" meiner Hausglocke? Da muss es jemand wirklich sehr, sehr eilig haben. Man könte fast glauben, die gesamte Münchener Feuerwehr steht zu einem Großeinsatz vor meiner Haustüre.

Langsam schaffe ich es ..., endlich habe ich mich von diesem Schreck erholt und ertaste mir mit meinen Fingern den Lichtschalter. Schalte auch das Flurlicht ein, dann die Treppenhausbeleuchtung und renne flott ..., immer drei Stufen auf einmal nehmend ..., stolpere fast ..., die letzte Stufe, die Treppe hinunter. Etwas außer Puste öffne ich die Haustüre ..., das überrascht mich nun aber doch gewaltig. Vor mir steht mit sorgenvoller Miene ..., ja, wer schon? Meine „Hiltrud"! Ihre tiefen Sorgenfalten glätten sich, als sie mich so wohlbehalten vor sich sieht und schon strahlt sie mich freudig an. Mit ihr habe ich nun wirklich nicht gerechnet und ..., *was Du ...? Du siehst, ich bin wirklich überrascht. Ich muss wohl in meiner Küche eingeschlafen sein. Offenbar war dies heute alles ein wenig zu viel für mich. Wie spät ist denn schon?* Schwester „Hiltrud", sie kommt jetzt auf mich zu und nimmt mich stillschweigend in ihre weit geöffneten Arme und legt ihren Kopf an meine Schulter. Kann ich da nicht ein paar große Tränen auf ihren Wangen sehen? *Marcus, was ist mit Dir? Wir haben doch miteinander telefoniert. Kannst Du Dich nicht daran erinnern? Du sagtest noch Wahnsinn ..., dann hörte ich nur noch ein Knacksen und Knattern in der Leitung.* Schwester „Hiltrud", sie entlässt mich nun plötzlich aus ihrer so innigen Umarmung und steht nun unmittelbar und fast auf Tuchfühlung vor mir. *Vielleicht gute zehn Minuten wartete ich dann noch vergeblich auf ein Lebenszeichen von Dir. Aber es tat sich nichts mehr. Immer nur tüt, tüt, tüt ..! Ich hatte panische Angst um Dich, konnte aber im Krankenhaus nicht eher weg, weil wir zwei Notfälle in der Intensiv-Station für Krebskranke hatten. Einem älteren Mann konnte leider nicht mehr geholfen werden. Er verstarb heute um 17.30 Uhr und ..., ja, und bei „Vanessa" konnte zwar der Kreislauf wieder stabilisiert werden, aber, aber ..! Sie liegt, wie Du bestimmt weißt, immer noch im Koma. „Alfred", er sagte, dass ihr gesundheitlicher Zustand von Tag zu Tag, von Stunde zu Stunde kritischer wird. Sie muss nun wieder tief, sehr tief durchatmen. Ihre Blutwerte sind extrem abgefallen und das, obwohl bei ihr erst vor nunmehr gut vierzehn Tagen, eine Bluttransfusion durchgeführt worden war. Aber diese vielen Untersuchungen und ihre schon so lang andauernde schwere Krankheit, haben ihren schmächtigen Körper und auch ihr stark strapaziertes Herz schon so geschwächt.* Schwester „Hiltrud", sie schmiegt sich nun wieder an mich ..., *„Alfred", er hat mir heute* auch erzählt, dass Du nach der Einlieferung von „Vanessa" in die Klinik, trotz Deiner so labilen gesundheitlichen Situation, fast sagenhafte achtzehn Stunden, bis zu Deiner totalen Erschöpfung, bis zu Deinem Zusammenbruch, an ihrem Bett gesessen und ihre Händchen gehalten und gestreichelt hast. Du hast wirklich ein gutes Herz.

Unentwegt streichelt sie mir nun ganz zärtlich mit den Fingern ihrer rechten Hand, über meine Wangen, über das Gesicht und auch über meine Lippen. Persönlich geht ihr anscheinend diese dramatische Geschichte mit „Vanessa", auch an die Nieren. Übrigens, heute am späten Nachmittag, hat eine Frau „Adamschick" angerufen. Sie sagte mir, Du kennst sie, „Vanessas" Arbeitgeberin, eine sehr liebe Frau. Bevor ich es vergesse, auch Deine Tochter „Monika" sollst Du zurückrufen. Sie macht sich wie ich, berechtigt große Sorgen um Deine Gesundheit. So sagte sie, sie hat schon Gott und die Welt in Bewegung gesetzt, überall herumtelefoniert, bis sie endlich bei mir landete. Unter anderem erzählte sie mir, dass Du neben Deiner so schweren Krankheit, auch stark unter dem Alleinsein leidest. Und sie persönlich glaubt, dass Dich dieses Schicksal schwer belastet. Es sei schon ein großes Dilemma, meint sie, dass sich bei Deinem Aussehen und trotz Deiner so positiven Ausstrahlung, keine Frau, keine Lebenspartnerin mehr für Dich finden lässt. Allerliebste Grüße soll ich Dir ausrichten, auch im Namen von „Helmut" und auch Deiner beiden anderen Kinder „Werner" und „Richard". Lieber Marcus, Du hast, und das glaube ich nach diesem, wenn auch sehr kurzen Telefongespräch sagen zu können, eine echt herzensgute, liebenswerte Tochter. Nun nimmt sie meinen Kopf mit ihren beiden Händen ..., endlich finden sich unsere Lippen, unsere Zungen! Heilfroh bin ich, da sie mir damit eine kleine Denkpause einräumt. Sie saugt sich regelrecht an meinem Mund, an meinen Lippen fest. Ganz deutlich, ja überdeutlich spüre ich ihren Körper, fühle ich ihre Erregung. Ein leichtes Zittern, Vibrieren durchfliest ihren geschmeidigen, ihren ganzen Körper. Mir schwinden fast die Sinne. Dabei erregt sie mich jetzt so stark ..., ich umfasse sie nun an ihrer schlanken Taille und drücke sie jetzt mit meinen beiden Armen noch fester an mich. Wie gut mir jetzt ihre Nähe tut.

Doch irgendwann geht uns beiden die Puste aus ..., sehr, sehr intensiv müssen wir nun unsere Lungen mit Sauerstoff versorgen, müssen wir durchatmen, während wir uns immer noch fest aneinander klammern. Dabei schmiegt sie nun ihren Kopf an meine Schulter und blickt mir schon sehr verliebt, sehr lange in die Augen ..., ich kann ihr immer noch erregtes, heftiges Durchatmen an meinem Hals fühlen. *Mein lieber Marcus ..., am liebsten würde ich heute Nacht bei Dir, mit Dir schlafen. Ich sehne mich mit allen Phasen meines Körpers nach Dir ..., ich kann es sehr deutlich spüren, dass auch Du den gleichen Wunsch hast. Mir ist, als ob ich das erste Mal mit einem Manne schlafen möchte. Zu stark ist mein Verlangen, so sehr liebe ich Dich. Schade, sehr schade, doch leider, leider geht das heute bei mir unter keinen Umständen. Ich muss ..., ja ich muss unbedingt wegen meiner Wohnung, in die um Punkt 20 Uhr beginnende vierteljährliche Eigentümerversammlung. Und gerade heute geht es um einige wichtige Entscheidungen. Die gesamte Wohnanlage ..., ja diese kommt langsam in die Jahre. Deshalb stehen schon in nächster Zeit einige sehr dringende Reparaturen und Erneuerungen an. Hierfür ist nun mal die breite Zustimmung aller Eigentümer erforderlich ..., auch die meine. Das heißt, dass auch ich, schon sehr bald alle meine Sparschweine schlachten muss. Mal sehen, was bei meiner Scheidung herauskommt, denn die Wohnung gehört mir nur zur Hälfte.*

Wenn ich wirklich ehrlich sein soll ..., ihr heutiger eiliger Termin kommt mir gar nicht so ungelegen. Diese viele Gartenarbeit hat meinen Körper doch ziemlich stark geschwächt und überdies bin ich total übermüdet. Zufällig betrachte ich jetzt im Licht der Außenbeleuchtung meine Hände und erschrecke ..., was bin ich doch für ein großes Ferkel. Mir ahnt Schlimmes ..., auch mein Äußeres ..., mein Erscheinungsbild ..., es dürfte dementsprechend chaotisch ausfallen.

Wie dem auch sei ..., etwas verlegen kratze ich mich mehrmals mit meiner rechten Hand hinter dem rechten Ohr ..., meine Frage sie ist schon mehr als scheinheilig. *Liebste „Hiltrud", hast Du es wirklich so eilig? Eine blöde Frage ..., Du kannst doch, nachdem Du schon einmal hier bist, meine Bleibe wenigstens kurz besichtigen. Wie ich auf meiner Armbanduhr ersehen kann ..., ich habe mir mit* meiner rechten Hand meinen völlig verschmutzten linken Hemdärmel ein wenig nach oben geschoben und erschrecke ..., *was schon so spät ..., schon 19.20 Uhr. Da bleibt uns wirklich nicht mehr allzu viel Zeit.* Wahrscheinlich erröte ich jetzt tiefrot, denn mir wird plötzlich heiß ..., siedend heiß und das am ganzen Körper, als ich mich sprechen höre ..., *jetzt habe ich mich so auf Dein Bleiben gefreut. Aber was heute nicht geht, das können wir ja bestimmt ein andermal nachholen.*

Mit meiner rechten Hand streichele ..., greife ich nun die linke Hand von Schwester „Hiltrud" und ganz leise flüstert sie mir nun in mein rechtes Ohr ..., *wie Du meinst, soviel Zeit wird schon noch sein. Natürlich bin ich neugierig, bin ich gespannt, wie und wo Du lebst und vor allem, wo Du schläfst* ..., schon zieht sie mich, mein Handgelenk fest umklammernd, sehr sportlich die Treppen nach oben. *Ich nehme an, dass Du hier ganz oben, gleich unter dem Juchhe wohnst?* Hurtig, sehr sportlich ..., schon nehmen wir fast gemeinsam die letzten Stufen. Und ehe ich mich recht versehe, schmiegt sie sich an mich und ihr Mund und erst ihre Zunge ..., wieder verspüre ich für einige wenige Minuten dieses Ameisenkrippeln in meinem Bauch. Dabei fühle ich wieder ihre so heftige Erregung, wieder ihren nach mehr verlangenden Körper und wieder dieses heftige Zittern. Doch schon sind sie vorbei ..., diese wenigen Augenblicke. Sehr tief Luft holend gibt sie nun meinen Mund frei. *Du machst es mir verdammt schwer. Liebend gern würde ich mit Dir jetzt den nächsten Schritt gehen. Zu gern möchte ich mit Dir schlafen.*

Nun ..., ihre Impulsivität überrascht mich. Anscheinend hat es mir nun völlig die Sprache verschlagen und bin froh als ich sie wie von weit ..., weit weg sprechen höre ..., *meine Gefühle und auch mein Körper, sie wünschen, ja sie verlangen, aber mein Verstand, mein so blöder Verstand. Du weißt, diese Verpflichtung ..., diese blöde Eigentümerversammlung ..., warum muss die gerade heute und jetzt sein.*

Was ist nur los mit meinem völlig verwirrten Kopf? Umso länger und tiefer ich in mich hineinhöre, umso öfter überkommt auch mich dieses so heiße, dieses so innige Verlangen nach ihr, nach „Hiltrud" und immer öfter und heftiger verspüre ich mein Herz ..., höre ich mein Herz überlaut pochen, verspüre ich starke Herzschmerzen ..! Habe ich mich ..., ich meine wirklich ..., habe ich mich schon wieder, habe ich mich echt in sie verliebt? Oder sind es nur die Ereignisse der letzten Tage, das stete Hin und Her, in Punkto Liebe. Nein, nein und noch einmal nein. Das ist, das muss mehr sein. Doch ..., ja, es muss so sein. Es sind dieses Mal wie mir scheint, wirklich echte, ehrliche und innige Gefühle. Mein Herz es klopft mir zu verrückt, es klopft mir bis zum Halse, wenn ich nur an sie, wenn ich an „Hiltrud", wenn ich an sie denke. Mein Kopf ..., mein Verstand ..., sie funktionieren beide nicht mehr normal. Keine Logik ..., vollkommen hat mich dieses Empfinden überrascht. Lang, lang ist es her, dass ich so ehrlich, so innig im innersten meines Herzens für eine Frau, für einen anderen Menschen fühle und empfinde. Doch, doch ..., das muss wirklich Liebe sein!

Im Sauseschritt ..., gedanklich vollkommen abwesend, führe ich sie nun durch mein kleines bescheidenes Heim und glaube, auch sie ist nicht ganz bei der Sache. Doch bei ihr, bei Schwester „Hiltrud", so kann ich feststellen, ist es ein anderer Grund, denn mehrmals blickt sie übernervös und hastig auf ihre kleine, modisch schicke goldfarbene Armbanduhr. *Marcus, wie ich sehen kann, Du hast echt einen sehr guten Geschmack. Eine wirklich liebe, zwar kleine, aber gemütliche Bleibe. Wirklich, ich freue mich schon auf unseren nächsten Treff. Aber Du siehst ..., es ist schon 19.35 Uhr, also allerhöchste Zeit, dass ich eiligst verschwinde. Markus, ist es Dir recht, wenn ich Dich morgen, also am Mittwoch den fünfzehnten, so gegen 19.00 Uhr abends hier abhole?*

Gedanklich habe ich mir eigentlich morgen schon ganz was anderes zurechtgelegt und außerdem ..., *wenn es Dir irgendwie möglich ist, würde mir der Donnerstag, also der sechzehnte September für unseren Treff besser passen. Denn für morgen nachmittags hat sich eine Frau „Janowski" angekündigt. Die Hauseigentümerin, sie ist eine sehr redselige liebe Frau, so um die Siebzig. Und wie ich sie kenne, dürfte es auch dieses*

Mal sehr spät werden, wird es bis spät in die Nacht hinein dauern, bis sie sich ausgeplaudert hat. Ansonsten möchte ich im Laufe des Tages noch alle anstehenden Anrufer zufrieden stellen, die sich auf meinem Anrufbeantworter verewigt haben. Meine liebe „Hiltrud" ..., bitte, bitte ..., Du darfst mir deswegen nicht böse sein. Aber ich möchte mich nicht unter Druck setzen und für das Treffen mit Dir, möchte ich mich doch in meine beste Schale werfen. Und ja, ich möchte genügend Zeit für Dich haben.

Wie ich jetzt an ihrem strahlendem Gesicht erkennen kann ..., nein, sie ist mir bestimmt nicht böse ..., *liebster Marcus, wie kommst Du auf diesen Gedanken? Ich kann und werde Dir bestimmt nie böse sein, freue ich mich doch schon so auf unseren ersten gemeinsamen Abend. Jetzt muss ich mich aber wirklich sputen* ..., bei ihren letzten Worten hat sie mich wieder fest in ihre Arme geschlossen und jetzt finden sie sich ..., unsere Lippen und unsere Zungen. Schade, schade, viel zu kurz sind diese so innigen Kontakte, denn schon ..., *Marcus ich werde Dich morgen nachmittags von der Klinik aus kurz anrufen. Nein, bis Donnerstag, das halte ich jetzt nicht mehr ohne Dich aus ..., das ist mir viel zu lang ..., das ist wie eine Ewigkeit.*

Schwester „Hiltrud", sie reicht mir nun zum Abschied ihre kleine schmächtige rechte Hand. Doch ich umfasse mit meinem rechten Arm schmunzelnd ihre schmale Taille und so schlendern wir schon wie ein Liebespaar ..., schießt es mir durch meinen verwirrten Kopf ..., ganz eng auf Tuchfühlung bedacht, zu ihrem Auto. Es ist, wie mir scheint, ein augenscheinlich nagelneuer, weinroter Opel-Astra, den sie rechterhand, gleich neben dem Gartentor, knapp am Randstein geparkt hat. Ein schickes Auto ..., persönlich kann ich mir einen solchen Luxus mit meinen doch sehr eingeschränkten finanziellen Mitteln, nicht mehr leisten. Es war einmal und ist nicht mehr ..., lang, lang ist es her.

Galant helfe ich ihr beim Einsteigen ..., *ich wünsche Dir noch einen sehr angenehmen Abend und vor allen Dingen, wunderschöne Träume und vergiss nicht ..., ich freue mich schon auf Deinen Anruf. Aber noch viel, viel mehr freue ich mich auf unser erstes Tete-a-Tete.* Nun beuge ich mich zu ihr ins Auto, nehme ihr lachendes Gesicht in beide Hände und küsse sie auf ihre mir bereits ein wenig geöffneten, feuchtwarmen Lippen und unsere Zungen ..., sie berühren sich und sind schon wieder überaktiv!

Tief Luft holend, richte ich mich auf und beobachte, dass auch sie tief, sehr tief durchatmet, während sie mich spitzbübisch lächelnd anstrahlt und dabei mit ihrer linken Hand ganz zart ..., sehr zärtlich über meinen rechten Oberschenkel, vom Knie weg langsam nach oben streift. Hallo, aber hallo ..., bitte nicht so weit! Mir wird am ganzen Körper extrem heiß und mein Gesicht es muss glühen ..., bestimmt bis hinter beide Ohren. „Hiltrud" ..., aber hallo „Hiltrud" ..., möchtest Du meine Gefühle für Dich testen? Sie zuckt zusammen und zieht nun wie elektrisiert, scheinbar doch erschrocken, schnell ihre Hand wieder aus meinem Gefahrenbereich und blickt mir nun ebenfalls tief errötend, in meine Augen. Es fällt mir jetzt extrem schwer, meine innere Erregung etwas abzuschwächen und so versuche ich sie nun von meiner Verlegenheit abzulenken. *Bevor ich es vergesse, wenn es Dir recht ist, möchte ich Dich am Donnerstag zu Fuß abholen. Wir könnten doch zum Griechen bei Dir um die Ecke, zum Santorini gehen. Dort kann man immer vorzüglich zubereiteten Fisch und gegrilltes Lamm essen. Natürlich immer vorausgesetzt, das Wetter spielt mit und es ist so ein schöner Tag wie heute. Ansonsten könntest Du uns ja mit Deinem schönen Auto chauffieren. Wie Dir bekannt sein dürfte, soll ich vernünftigerweise wegen der Nebenwirkungen meiner starken Medikamente, momentan nicht mit dem Auto fahren.*

Schwester „Hiltrud", sie startet nun ihren Opel und kurbelt noch schnell das Fenster der linken Wagentüre herunter ..., *hoffentlich kann ich mich bei der Versammlung noch auf den eigentlichen Sachverhalt konzentrieren? Zu sehr beschäftigen, verwirren mich meine Gedanken und die Gefühle. Auf Deinen Vorschlag möchte ich gerne eingehen. Alles weitere können wir ja am Donnerstag bei mir besprechen. Du läutest ganz einfach bei „Hiltrud Steinmann" und falls ich noch nicht fertig sein sollte, kannst Du ja einstweilen zu mir herauf kommen. Diesen Augenblick kann ich kaum noch erwarten ..., zu sehr fiebere ich diesem jetzt schon entgegen. Ehrlich, ich freue mich schon so wahnsinnig auf*

Dich und auf Dein Kommen. Schon zu lange ..! Ihre Wangen haben sich tief gerötet, denn ihre letzten Worte haben sie stark erregt. *Und bitte nicht böse sein, wegen vorhin ..., Du weißt schon ..., ich war so mit meinen Gefühlen beschäftigt ..., ich musste Dich ganz einfach streicheln. Andererseits ..., ja wenn ich ehrlich sein soll, es freut mich, denn ich konnte deutlich mit meinen Fingern fühlen ..., ich habe bemerkt, was Du für mich empfindest. Du machst mich so was von neugierig!* Wie macht sie das nur? Obwohl sie bei ihren letzten Worten tiefrot bis hinter ihre hübschen kleinen Ohren wird, schaut sie mir lächelnd geradewegs ins Gesicht, ohne verlegen zu wirken.

Marcus, liebster Marcus ..., ich liebe Dich von ganzem Herzen ..., glaube mir und das schon so lange! Bitte passe auf Dich auf und vergiss mich nicht. Für heute Nacht wünsche ich Dir einen ruhigen, schmerzfreien Schlaf. Dabei freue ich mich schon so auf morgen. Aus dem offenen Autofenster schickt sie mir aus der hohlen Hand noch einige gehauchte Küsse zu ..., *tschüss.* Dann hat sie es aber wirklich eilig und schnell entschwindet sie mit Vollgas ..., verschwindet der Opel links abbiegend in der Harthauser Straße. Beim Blick auf meine Armbanduhr bemerke ich, dass wir uns doch verplaudert haben, dass es schon 20.05 Uhr ist. Sie wird sich also meinetwegen ein bisschen verspäten.

Irgendwie komisch ..., plötzlich fehlt sie mir ..., fehlt mir meine „Hiltrud", ich komme mir so allein gelassen vor. Allein mit meinen Problemen und Sorgen. Mich überkommen nun wieder diese wahnsinnigen Depressionen. Es wird Zeit, dass ich meinen Kopf, dass ich mich selber intensiv mit Arbeit beschäftige. So werde ich als erstes sämtliche Fenster und Türen in den unteren Wohnungen und dann auch in meiner Bleibe schließen. Anschließend darf ich mich ausführlich, intensiv meiner persönlichen, unbedingt notwendigen, gründlichen Generalüberholung widmen. Eine warme, reinigende Dusche, wird mir und meinem Körper bestimmt sehr gut tun.

Die vielen Fenster und Türen sind für mich noch nicht das Problem, auch nicht die Treppen bis zu meiner Wohnungstüre. Doch dann sind sie da ..., ganz plötzlich ..., ich hatte sie fast vergessen ..., diese Schmerzen. Wieder einmal habe ich nicht rechtzeitig vorgesorgt und nun ist es da mein Problem ..., und es wird immer schlimmer. Vor Bauchschmerzen krümmend, muss ich mich wohl oder übel, mehr auf allen Vieren als aufrecht, durch meine Eingangstüre, über den Flur bis in meine Küche quälen. Mein rotes Döschen ..., Gott sei Dank, dort liegt es, dort auf meinem Küchentisch Auch mein schnurloses Telefon habe ich dort liegengelassen, nachdem ich, total erschöpft, auf der Eckbank eingeschlafen war. Schnell stecke ich es in die Aufladevorrichtung zurück. Doch halt ..., fast hätte ich es vergessen. Für die Nacht sollte ich ja ..., mein Gedächtnis. „Alfred", er hat mir doch für die Nacht, dieses neue Medikament, diese „Ko-Tropfen" verschrieben. Hier gleich auf meiner Anrichte stehen ..., mit einem kleinen Teelöffel und etwas Zucker und schon ist dies erledigt. So schleppe ich mich mit äußerster Anstrengung, in der Hoffnung, dass mein geschlucktes Medikament bald Wirkung zeigen wird, auf die Eckbank in der Küche ..., lege meine mir so schweren Füße auf den Stuhl.

Nur ganz langsam ..., viel zu langsam lässt dieses wahnsinnige Bohren, dieser in mir so arg tobende Schmerz nach. Doch mit dem Nachlassen kriecht eine bleierne Schwere in meine Glieder. Und schon ist sie wieder da, diese Müdigkeit. Meine Augen, sie versagen mir plötzlich, sehr schnell ihren Dienst.

Was ist los ..., mein Gott was ist nun schon wieder. Lässt man mich denn heute nicht in Ruhe? .Nur schwer finde ich mich wieder in die Realität zurück. Mehrmals muss ich mir mit beiden Händen, mit den Fingern, den Schlaf aus den Augen reiben ..., muss ich mir meine völlig verklebten Augenlider mit etwas Spucke reinigen. Schon wieder dieses musikalische Gebimmele, das mich aus dem Schlaf reißt. Ja, doch ..., auch dieses Mal ist es mein Telefon, das sich nicht beruhigen will. Immer wieder sind es wie beim Repeat, nur ein paar Töne ..., es sind die sich wiederholenden ersten Takte aus dem mir nun auf den Geist gehenden Lied: Moon River von Mercer/Mancini. Vor zick Jahren ..., vor mittlerweile sehr vielen Jahren, war diese ins Ohr gehende Melodie, einmal das gemeinsame Lieblingslied von „Christina" und mir. Damals habe ich es mir als

Erinnerung an meine allerschönsten Lebensjahre, als Erkennungsmelodie aufspielen lassen.
Hallo, hallo ..., welch liebenswerter Mensch ruft mich zu solch nachtschlafener Stunde noch an? Aus der Leitung tönt nur noch ein monotones tüt, tüt, tüt ..! Schade, aufgelegt! Das möchte ich nun doch wissen, wer hat es zu dieser späten Stunde noch so eilig? Schau, schau ..., beim Blick auf meine Armbanduhr ..., Wahnsinn, schon so spät. Das überrascht mich ..., das kann nicht sein ..., es ist schon 24.35 Uhr? Auf dem Display ist eine Münchner Nummer noch gut erkennbar. Neugierig geworden wähle ich nun 089625 ..., ja hoffentlich hat sich der betroffene Anrufer nicht nur verwählt? *Steinmann ...,* höre ich nun eine wohlklingende weibliche Stimme. *Hallo, hallo ..., wen habe ich in der Leitung?* Kenne ich diese Stimme? Was bin ich doch für ein Idiot! „Hiltrud" bist Du es? *Weißt Du nicht, dass es schon gleich 24.40 Uhr ist? Du hast mich eben leider beim Tiefschlaf auf meiner Eckbank überrascht. Zwar sind meine Bauchschmerzen erträglicher geworden, dafür rauscht es jetzt wie verrückt in meinem Schädel. Aber warum rufst Du so spät noch an, kannst Du nicht schlafen?* Täusche ich mich oder höre ich jetzt wirklich ein Gähnen in der Leitung ..., *mein allerliebster Marcus, bitte nicht böse sein. Es standen heute so vielerlei Themen zur Diskussion und bei so vielen Leuten auch vielerlei Meinungen ..., Du kannst Dir bestimmt denken, dass sich die Gemüter hierbei des Öfteren extrem erhitzten. Doch hierüber können wir bestimmt auch noch morgen reden. Der Grund meines Anrufes ..., ich wollte nach diesem vielen Ärger, den Klang Deiner so lieben Stimme hören. Meine Gedanken, sie drehen sich nur noch um Dich. Du beschäftigst intensiv meinen Kopf, Du wirbelst meine Gehirnzellen völlig durcheinander. Verständlich, dass ich mir deinetwegen sehr große Sorgen mache, wenn Du Dir so viele körperlich schwere Arbeit mit Deinem Garten aufbürdest. Aber warum hast Du auf Deiner Eckbank geschlafen? Du hast doch ein so schönes, weiches, sehr breites Bett?* Wieder dieses Geräusch ..., „Hiltrud", sie muss schon sehr müde sein. *Bist Du nicht müde? Ich höre es doch, dass Du auch schon sehr intensiv mit dem Bettzipfel kämpfst. Eigentlich wollte ich mich gleich nach Deinem Weggang noch ein wenig pflegen und duschen. Doch plötz-*

lich waren sie wieder da ..., meine Schmerzen. Hatte ich doch, wie leider schon so oft, das Einnehmen der Filmkapseln vergessen. Dann war ich zu erschöpft ..., so ergab sich die Geschichte mit der Bank. Du musst doch in aller Frühe zeitig aufstehen und da liege ich bestimmt nicht falsch, wenn ich behaupte, dass Du sehnsüchtig nach Deinem Bette schielst. Es tut mir und meiner Seele gut, dass Du Dir meinetwegen solch große Sorgen machst ..., wenn Du sagst, dass Du mich magst. Das habe ich schon lange nicht mehr von einer Frau so ehrlich gesagt bekommen. Wirklich ..., ich freue mich schon so auf den morgigen Abend mit Dir. Wird es Dir nicht zu knapp mit der Zeit? Aus der Muschel höre ich das leise rascheln von Papier und jetzt ..., das geht ins Ohr ..., sie muss sich die Nase putzen. Marcus, ich bin schon noch da. Mich hat nur meine Nase ein wenig genervt und gekitzelt. Du hast Recht, ich bin nun wirklich hundemüde und hoffe, dass ich mit all meinen wirren Gedanken und Gefühlen noch richtig schlafen kann. Morgen ..., ach, was sage ich ..., natürlich heute am Donnerstag, muss ich wie jeden Donnerstag, nur bis 15.00 Uhr in der Klinik bleiben. Für die restlichen Nachtstunden möchte ich Dir einen angenehmen Traum und keine Schmerzen wünschen. Ich schicke Dir auf diesem Wege noch eine herzliche Umarmung und einen sehr, sehr innigen Kuss ..., aus der Leitung kann ich jetzt sehr deutlich dieses so angenehme Geräusch eines Kusses hören und schließe mich diesem telefonisch an ..., liebe „Hiltrud", auch ich möchte mich Deinen lieben Wünschen anschließen und Dir eine angenehme Nacht und einen wunderschönen Tag wünschen. Ich möchte Dir jetzt noch so viel sagen, aber ich glaube es ist besser, wenn ich mir dies für heute Abend aufhebe. Du machst mich so überaus glücklich ..., ehrlich ..., so innig habe ich mich schon lange nicht mehr auf einen Treff, auf Dich und Deinen schönen Körper gefreut. Mein Herz, es schlägt viel zu schnell ..., es schlägt nur für Dich. Liebste „Hiltrud", schlafe gut und träume was Wunderschönes! Täusche ich mich, doch wirklich, es ist so. Zwar nur schwach ..., ich höre ..., ja ich höre „Hiltrud", sie weint. Ganz leise ..., Marcus, Du machst mich mit Deinen lieben Worten so überaus glücklich. Nun wünsche ich Dir eine Gute Nacht. Ich liebe Dich mit allen Phasen meines Herzens ..., flüstert sie mit weinerlicher Stimme noch in die Muschel, tüt, tüt, tüt ..., kommt es nun sehr monoton aus der Leitung ..., aufgelegt.

Von mir aus könnte jetzt die Sonne aufgehen. Durch das Telefonat mit Schwester „Hiltrud" bin ich nun hellwach und wenn ich mich jetzt ein wenig genauer in meinem großen Gardarobenspiegel betrachte, könnte mein Körper ein reinigendes Schaumbad echt gut vertragen. Auf meine anderen Hausmitbewohner, brauche ich selbst zu dieser nächtlichen Stunde, wegen einer Lärmbelästigung, keine Rücksicht nehmen. Diese Idee, sie gefällt mir ..., ich freue mich jetzt wirklich auf ein wenig Entspannung ..., vielleicht kann ich dann auch besser schlafen. Schnell füllt sich meine geräumige Wanne mit warmen Wasser. Nun und ich gönne mir, meinem Körper sogar noch den Luxus eines wohlriechenden Badeöles.

Wie gut mir dies tut ..., ich lehne mich in der weißen Badewanne zurück ..., entspanne mich ..., schließe meine Augen. Meine Gedanken ..., meine Sinne, sie lassen mich plötzlich schweben, sie spielen mir eine andere Welt vor, sie entführen, sie entheben mich der Wirklichkeit. Entgleiten mir nun ganz und meine Fantasie, sie lässt mich minutenlang von einer so schönen, so wunderschönen ..., von einer gemeinsamen, von einer glücklicheren Zukunft, von einem Leben mit „Hiltrud" träumen. Am liebsten möchte ich meine Augen nicht mehr öffnen. Zu schön sind sie, diese Träume ..., ist dieses romantische Märchen. Meine immer noch viel zu rege Fantasie, sie gaukelt mir wirklich eine Fata Morgana nach der anderen vor. Und sie lässt mich fliegen ..., schweben ..., völlig schwerelos!

Ist alles schon wieder zu Ende? Was ist das nun wieder? Mich friert es plötzlich ..., ganz langsam öffne ich nun meine Augen, ich habe Angst vor der Wirklichkeit ..., und wirklich ..., diese ist hart ..., sehr hart. Mein Blick fällt geradewegs auf meine blaue runde Quarzuhr, die ich genau vor mir, am Fußende der Wanne, auf halber Höhe, an den hellgrau glänzenden Fliesen befestigt habe ..., schon 2.48 Uhr. Also, meine Fata Morgana, sie hat doch länger gedauert als nur ein paar Minuten. Hastig öffne ich nun den Wasserablauf, steige aus der Flut und frottiere meinen Körper mit dem azurblauen Badetuch, bis mir ganz heiß wird. Fast fluchtartig eile ich zuerst auf das WC, von dort direkt in das Schlafzimmer und schnell schlüpfe ich unter die mich nun wollig wärmende Bettdecke.

Doch kaum habe ich mein alltägliches Zwiegespräch mit meinem Herrgott begonnen, schon schickt er mich in eine wunderschöne Traumwelt, in eine märchenhafte, eine gemeinsame Zukunft mit Schwester „Hiltrud". Aus dieser erwache ich ..., endlich habe ich einmal ohne Schmerzen durchgeschlafen ..., mein Blick täuscht mich nicht ..., mein Wecker zeigt mir bereits 10.30 Uhr. Wirklich ..., ein sehr sonniger Mittwoch ..., mein Bett ..., mein gesamtes Schlafzimmer ist sonnendurchflutet.

Etwas vermisse ich heute morgen ..., kaum zu glauben. Irgendwie eigenartig ..., verspüre ich doch momentan keinerlei Schmerzen! Völlig überrascht, taste ich langsam, ganz vorsichtig meinen Körper, meinen Bauch ab. Ja doch, sie sind schon noch da ..., das wäre doch zu schön gewesen. Sogar mein bestimmt sehr vorsichtiges Abtasten, es lässt mich nicht lange im Unklaren. Das neue, das mir erst am letzten Montag von meinem Freund „Alfred" verschriebene, bestimmt wesentlich stärkere Medikament, hat meine Schmerzen in dieser Nacht, also nur vorübergehend betäubt, und so fühlt sich momentan auch mein Kopf an. Wie sagte er doch so zutreffend ..., das ist das einzige Mittel, das zum mindesten zeitweise gegen diese, meine oft so starken Schmerzen noch hilft und das er mir noch verschreiben darf ..., also Morphium pur. Wie soll dies alles nur mit mir weitergehen?

In Gedanken, sitze ich noch im Pyjama, voll von der Sonne bestrahlt, auf meiner Bettkante und horche nun regelrecht in mich hinein ..., erwarte ich von dort eine Antwort? Ist es da nicht besser, wenn ich mich ein wenig ablenke ..., schon bin ich in der Küche und lasse mir schwarzen Tee durch den Automaten laufen. Zwischenzeitlich rasiere ich mich, erledige meine allmorgendliche Dusche, mein Anziehen. Doch hör ..., noch unter dem Aufbacken meiner Brötchen ..., da ist sie wieder ..., der mir so bekannte Ohrwurm, der mich nun gänzlich wach werden lässt.

Ja, ja ..., ich suche ja schon ..., doch wo, ja wo habe ich diesen lästigen Störenfried nur wieder versteckt und vergessen? Endlich ..., ich habe ihn gefunden. Auf meinem Nachtkästchen habe ich mein Telefon heute Nacht, ganz in Gedanken, nach dem Duschen abgelegt. Schnell eile ich in meine Küche zurück und nehme die Semmeln aus dem Backrohr und ..., Beyer, melde ich mich und muss mich dabei ein wenig räuspern. *Endlich ..., bist Du erkältet ..?* höre ich meine liebe Tochter „Monika" aus der Muschel. *Wo hast Du Dich nur wieder herumgetrieben? Wie geht es Dir heute an diesem herrlichen Morgen ..?* plaudert sie, nun in den Hörer lachend, munter weiter. *Meine liebe „Monika", immer eins nach dem anderen. Gönne mir bitte einige Augenblicke, ich muss nur schnell meine Medizin schlucken, denn ich bemerke sehr deutlich, dass sich mein Bauch langsam wieder bemerkbar macht.* Und schon habe ich meinen Apparat auf dem Küchentisch abgelegt. Eilig gieße ich mir ein wenig von dem frisch aufgebrühten schwarzen Tee in die große Frühstückstasse und mit zwei Filmkapseln aus dem roten Döschen, möchte ich meinem, oft so schmerzhaften, tagtäglichen Problem ein wenig vorbeugen.

Bist Du noch da ..? höre ich mich jetzt in das Telefon sprechen. *So nun bin ich wieder halbwegs anwesend, denn heute Nacht habe ich seit langer Zeit, zum ersten Mal durchgeschlafen. „Alfred", „Dr. Schreiber", mein Freund und Arzt, hat mir für die langen Nächte ein neues, wesentlich stärkeres Präparat verschrieben ..., ein wirklich schwerer Hammer. Um drei Uhr früh bin ich zwar heute Nacht erst ins Bett geschlüpft, habe aber dann, so völlig ohne Schmerzen, bis 10.30 Uhr fast wie ein Murmeltier nonstop durchgeschnarcht. Sogar jetzt fühle ich mich noch ein wenig benommen ..., wie bei einem Kater ..., nach einem starken Rausch. So fühlt sich auch mein Kopf an!* Und richtig ..., wie auf Befehl beginne ich ihn, da er mir extrem stark brummt, zu massieren. „Monika", nun sie nutzt sofort meine Denkpause ..., *aber warum hast Du schon wieder ein stärkeres Mittel bekommen ..? Sind Deine Schmerzen noch schlimmer geworden? Die ganze letzte Woche habe ich auf Deinen Rückruf ge-*

wartet. Doch nachdem Du Dich nicht gemeldet hast, habe ich reihum alles mir Bekannte abgegrast, habe wie wild umhertelefoniert und bin dann letztendlich im Krankenhaus ..., ja, ja, ich bin endlich bei einer Schwester „Hiltrud" gelandet. Mit ihr habe ich mich fast eine halbe Stunde sehr nett unterhalten. Mein erster Eindruck ..., sehr lieb und sympathisch ..., sie ist eine gute Seele. Fast glaube ich, dass sie Dir sehr zugetan ist und mit Dir leidet und fühlt. Sie hörte sich zum mindesten in dem Gespräch so an. Täusche ich mich da so sehr ..? Was hat „Hiltrud" da ausgeplaudert, schießt es mir durch meinen Kopf ..., was soll da schon sein? Du glaubst doch nicht im Ernst, dass sich so eine hübsche Frau wie „Hiltrud", und das mit ihrem Insiderwissen, noch mit mir, mit einem so schwerkranken Menschen beschäftigt. Mir wird nach meinen Worten plötzlich siedend heiß und siehe da, mein Gehirn es beginnt zu arbeiten. Mir kommen jetzt wirklich Zweifel, inwieweit es Schwester „Hiltrud" ehrlich mit mir meint. Nun meine Tochter, sie lässt mir nicht viel Zeit zum Nachdenken, denn ..., Papa, Papa ..., so wie Du gleich auf meine Andeutung reagierst ..., wer weiß, wer weiß? Ehrlich, ich vergönne Dir von ganzem Herzen diesen Lichtblick. Du glaubst gar nicht, wie sehr mich dies freuen würde. Deutlich höre ich durch die Strippe ihr tiefes Durchatmen. Übrigens auch Mutti ..., ja sie nervt mich langsam mit ihrer ewigen Nachfragerei. Immer und immer wieder will sie wissen, ob es Dir noch nicht besser geht und auch, ob Du noch immer allein bist. Sie wünscht Dir baldige Besserung und schickt Dir die allerliebsten Grüße. Diese soll ich Dir auch von „Helmut", von „Werner" und „Richard" ausrichten. Alle meinten, wir sollten uns baldigst einmal zu einem guten Essen treffen. Das wünscht sich übrigens auch Mutti. So sagte sie erst kürzlich, dass es ihr schon lange im innersten ihres Herzens leid tue, dass Ihr Euch damals wegen solch dummer Lappalien getrennt habt. Sie sagte auch, dass sie noch immer gerne an diese so schöne Zeit und an Eure anscheinend so wunderschöne Hochzeitsreise ins Tuxertal zurückdenken muss. Ja und noch etwas sagte sie mir bei dieser Gelegenheit ..., halte Dich fest ..., sie sagte und das überraschte mich schon sehr ..., Du bist noch immer ihre einzige, ihre so große Liebe. Nun sagst Du nichts mehr. Wie Du ja weißt, hat sie ja seit Eurer Trennung, keinen anderen Mann mehr an sich rangelassen. Da ist es wieder, dieses tiefe Durchatmen. *Vielleicht möchtest Du sie einmal anrufen oder gar sehen? Du könntest sie doch ganz einfach einmal zum Kaffeetrinken oder zu einem delikaten Mittagessen einladen. Du hast Dich doch zwischenzeitlich zu einem exzellenten Gourmet gemausert. Es würde uns alle so wahnsinnig freuen, wenn Ihr wieder ganz normal miteinander umgehen, wieder vernünftig miteinander reden könntet. Aber noch einmal, was ist mit Dir, warum hast Du Dich nicht telefonisch gemeldet?*

„Monika", „Monika" ..., du bringst meine sowieso schon ganz verwirrten Gedanken und meine Gefühle mit dieser Einflechtung, nun völlig durcheinander. Hatte ich doch schon des Öfteren den gleichen Gedanken und auch ich habe mich in den vielen, vielen Jahren nach der Trennung, nach unserer Scheidung, nie vollkommen freischwimmen können. Und jetzt ..., wegen der Schwere meiner Krankheit, habe ich vielleicht davon geträumt, aber ich habe mich niemals ernsthaft mit diesem Gedanken auseinandergesetzt oder gar nach einer Lösung gesucht. Nun gut ..., bei „Irene", da glaubte ich wieder an die große Liebe. Aber im nachhinein gesehen ..., nun ich frage mich ..., war auch sie nur eine Enttäuschung mehr? *„Monika", „Monika" ..., Du verwirrst mich vollkommen mit Deinen Vorschlägen. Du bringst meine Gedanken und meine Gefühlswelt nun völlig durcheinander. Ich weiß nicht, inwieweit dies eine gute Idee ist ..., noch dazu bei meiner momentan so schlechten gesundheitlichen Verfassung? Und wie würde Deine Mutti mit dieser Geschichte klarkommen? Du kennst doch Ihre so labile Psyche. Du weißt ja von mir aus vielen, vielen langen Gesprächen, dass auch ich nie aufgehört habe, sie zu lieben. So waren doch alle meine ach so vielen Frauenbekanntschaften, nach der Trennung von Mutti, nie von allzu langer Dauer. Und einem unmittelbaren Vergleich, konnten diese nie standhalten. Aber um auf Deine erste Frage zurückzukommen ..., nun ..., leider hatte ich keine andere Wahl. So durfte ich mich nach einem neuerlichen Schwächeanfall heute vor einer Woche, also ab dem neunten September bis vorgestern, bis Montag nachmittags, zu* einer genaueren ärztlichen Beobachtung, wieder in das auch Dir bestens bekannte Krankenhaus legen. Gestern, ja da war ich den ganzen Tag so mit dem Herrichten des Gartens beschäftigt, so dass ich alles um mich herum vergessen habe. Abends bin ich dann völlig erschöpft und mit meinen Kräften vollkommen am Ende, auf meiner Kücheneckbank eingeschlafen. Verstehst Du nun, warum sich der Rückruf verzögert hat.

Dieser Sachverhalt stimmt zwar nicht ganz mit der Realität überein, aber bitte ..., ich kann „Monika" doch unmöglich ..., und das jetzt nach dieser so überraschenden Offenbarung in Sachen „Christina" ..., wieder völlig neue, weitere Frauengeschichten offerieren. Ja, ja ..., am Montag, dem 13. September in aller Herrgottsfrühe, bekam ich meinen neuerlichen Befund ..., für mich, wenn ich ehrlich sein soll ..., niederschmetternd, keineswegs erfreulich. So rät mir „Alfred" sehr dringend zu einer neuerlichen Chemo. Er sagte überdies, dass dies ein völlig neues, vielversprechendes Präparat sei, das er in meinem Falle anzuwenden beabsichtige. Du kennst sie ja mittlerweile, meine Einstellung, was solche Vorschusslorbeeren anbelangt. Sei mir bitte nicht böse ..., aber ich persönlich glaube schon lange nicht mehr an dieses mir immer wieder prophezeite große Wunder. So Vieles hat man mir schon versprochen und immer wieder haben sich alle diese Prognosen im nachhinein, nur als reines Plaplapla erwiesen. Was würdest Du mir denn raten ..., was ist Deine Philosophie, wenn ich Dich so geradeheraus frage? Jetzt bin ich an der Reihe mit dem tiefen, tiefen Durchpusten. Ist dieses zu laut denn ..., Papa, was soll ich Dir dazusagen? Aber möchtest Du Dich jetzt wirklich aufgeben, nachdem Du Dich solange so tapfer geschlagen hast? Soll dies alles umsonst gewesen sein? Papa wir alle lieben und brauchen Dich noch länger und Du hast es ja eben von mir gehört, anscheinend auch Mutti. Wir könnten wieder wie früher eine große, eine glückliche Familie sein. Doch ..., ja doch ..., ihr könntet doch auch miteinander in den Urlaub fahren! Wir würden Euch dabei finanziell gerne unter die Arme greifen. Papa ich ..., ach was ..., wir alle lieben Dich, bitte denke immer daran. Ich weiß, dies hört sich so einfach, vielleicht auch blöd und abgedroschen an. Doch, bestimmt sogar ..., Du hast so was von recht. Für Dich ist es momentan *wirklich kein allzu schönes Leben. Immer diese starken, so extremen Schmerzen und dann auch noch diese starken Hämmer von Pharmaka. Ich sehe schon, es ist allerhöchste Zeit, dass wir uns wiedersehen, dass wir alle mit Dir reden. Und ..., glaube mir, wir möchten Dich keinesfalls jetzt schon verlieren ..., so jung wie Du bist. Du musst nur ganz fest daran glauben. Vielleicht gibt es doch noch dieses so große Wunder. Gib nicht auf ..., Du sagtest doch auch, dass Dir Dein Freund auch zu einer neuerlichen Chemo rät.*

Welch ein Plädoyer von „Monika" ..., das bringt nun vollends meine Gefühlswelt durcheinander und ich nestle nun ganz übernervös in meiner Hosentasche nach einem Taschentuch. Bin ich echt eine Mimose ..., ich glaube kaum, wenn nun auch ganz dicke Tränen über meine Wangen kullern. Das greift schon sehr tief. Bei so viel Mitgefühl ..., aber was soll ich denn tun, bei diesen doch so negativen und bei diesen niederschmetternden Prognosen. Was weiß ich denn schon ..., inwieweit kann ich noch an ein wirklich großes ..., an das bislang vielleicht größte Wunder in der Medizin glauben?

„Monika", sie hat es mit ihren lieben Worten wirklich nur gut gemeint, doch ich bin momentan wegen deren Aussichtslosigkeit nun wie zerschlagen. *Papa ..., hallo Papa, was ist mit Dir? Habe ich Dich einmal mehr an Deiner weichen Stelle erwischt?* Nun benötige ich sogar noch ein zweites Tüchlein, wieder durchwühle ich meine Taschen ..., die letzten Tage waren mir physisch anscheinend doch zu viel und auch körperlich fühle ich mich nach der gestrigen Gartenarbeit noch ein wenig schlapp. Aber vielleicht sind es auch diese starken Ko-Tropfen für die Nacht, die mich heute alles so überaus schwarz, so negativ sehen lassen. *Übrigens, ich hatte Dir doch schon vor einigen Tagen angekündigt, dass ich endlich eine Woche in Urlaub fahren möchte. Nun ..., es hat sich diesbezüglich was ergeben ..., vom 4.-10. Oktober möchte ich mich für ein paar Tage verabschieden. Mit einem Reiseunternehmen will ich noch einmal in dieses besagte Tuxertal fahren. Du weißt schon ..., noch einmal ..., nur noch ein einziges Mal möchte ich diese für mich so wunderschöne Erinnerung auffrischen. Vielleicht finde ich in diesen wenigen Tagen den Mut und die Kraft für einen weiteren Versuch, für eine weitere Chemo. Mein Freund „Alfred", „Dr. Schreiber", er hat mich ja bereits, allerdings bislang ohne mein Einverständnis, für Mitte Oktober voll verplant. Er, als mein Freund, er glaubt ja fest an dieses große Wunder und er erhofft sich ein solches von dem neuen Präparat.*

Schon allein der Gedanke an eine Woche Urlaub ..., jetzt meint es auch die Sonne gut mit mir, denn sie hat mich nun auf meiner Eckbank vollends ins Visier genommen und auch meine Tochter ..., sie hört sich nun wieder fröhlicher an ..., mein Gott, wie mich das für Dich freut. Das ist doch endlich einmal eine gute ..., nein, das ist schon eine sehr, sehr positive Nachricht. Dazu fällt mir ..., dazu fällt uns garantiert noch etwas Schönes ein. Bestimmt, lass Dich von uns überraschen. Endlich ..., mein Gott, wie mich das freut. Leider muss ich Dich nun für heute allein lassen. Aber Papa glaub mir, ich ..., nein wir werden uns schon sehr bald wieder bei Dir melden. Schade, aber ich habe heute noch einiges an Terminen vor mir auf dem Schreibtisch liegen. Wenigstens habe ich „Monika" mit meiner Urlaubsankündigung fröhlicher stimmen können ..., aber was meinte sie mit ihrer Überraschung. Was soll´s ..., dann lasse ich mich eben überraschen. Ich finde es auch schade, aber die Arbeit, sie ruft. Für Deinen so lieben Anruf möchte ich mich herzlich bedanken und richte allen einen sehr schönen Gruß aus ..., und sage bitte, dass es mir den Umständen entsprechend gut geht, dass ich mich schon jetzt auf ein sehr baldiges Wiedersehen freue. Das kannst Du so auch zu „Christina", zu Eurer Mutti sagen und noch etwas kannst Du ihr flüstern ..., sie möge mir nicht böse sein ..., sie möge mir verzeihen. Du kannst ihr auch sagen, dass ich sie nie vergessen habe und im innersten meines Herzens bestimmt ..., ach was soll´s? Machs gut ..., und noch einmal herzliebe Grüße an „Helmut", an „Werner", an „Richard" und auch an Mutti. Jetzt muss ich meinem Herzen doch mit einem tiefen, tiefen Durchpuster Luft verschaffen. Mein allerliebster Papa, nun hast Du mich endlich überstanden. Wir alle haben Dich sehr, sehr lieb ..., tschüss. Wie mich das freut ..., jetzt können wir endlich etwas für Dich tun. Kopf hoch und passe auf Dich auf. Bis bald. Wir freuen uns schon auf ein Wiedersehen ..., tüt, tüt, tüt. Wieder dieses monotone tüt, tüt, tüt. Still ist die Leitung ..!

Mir dröhnt es immer noch in meinen Ohren. Dieses Gespräch, diese Geschichte mit meiner Exfrau ..., sie hat mich ganz schön durcheinander gewirbelt. So ganz kann ich dieses Phänomen, diesen Meinungsumschwung von „Christina", immer noch nicht so richtig glauben. Unsere Trennung ..., ja, sie liegt nun doch auch schon ..., nun ..., ausgezogen bin ich bereits ..., ja es war der 18.04.1992 und geschieden bin ich seit dem 17.05.1997. Also ..., lang, sehr lang ist es her. Warum gerade jetzt ..., warum gerade erst jetzt. Ist es nicht schon zu spät, viel zu spät für mich und „Christina" ..., für einen Neuanfang? Was bewegt sie, diesen Schritt zu gehen. Sie weiß doch bestimmt um meine Probleme, um meinen gesundheitlichen Zustand. Nun ..., vielleicht hat sie sich doch wieder geändert? Früher, also vor 1973, vor dem so tragischen Tod von „Günther", unserem Erstgeborenen ..., da war sie doch dieser herzensgute und so liebenswerte Mensch, in den ich mich 1966 Hals über Kopf so intensiv verliebt habe. Den ich dann 1968 heiratete und in all´ den noch folgenden fünf Jahren, so innig lieben durfte. In dieser so langen Zeit ..., ja, da hatten wir beide ..., echt, wir hatten Schmetterlinge im Bauch. Wenn ich jetzt, wenn ich heute in mich hineinhorche und wenn ich ganz ehrlich sein soll ..., ich konnte und habe „Christina" nie, also zu keiner Zeit vergessen können. Doch was will ich nun wirklich? Vielleicht kommt alles ganz anders, vielleicht nimmt mir mein Schöpfer alle meine Entscheidungen, ab?

Doch jetzt möchte ich mich erst einmal bei „Maria", bei meiner neuen Bekannten vom siebten September, für mein langes Schweigen entschuldigen. Nun ..., warum nicht gleich? Jetzt sitze ich so gemütlich auf meiner Eckbank. Mehrmals hat sie mir in den letzten Tagen auf den Anrufbeantworter gesprochen und mich um meinen Rückruf gebeten. Bin ich dazu jetzt zu feige ..., aber was soll ich zu ihr sagen, nach diesen so gegensätzlichen Vorkommnissen der letzten Tage ..? Ist es da nicht besser, wenn ich erst einmal meine Gedanken ..., meine Gefühle ordne?

Doch was soll´s ..., *Klinik für Dynamische Psychiatrie in München, „Sandlhuber"* ..., meldet sich am anderen Ende der Leitung, eine mürrische weibliche Stimme. *Könnte ich bitte Frau „Horn"* ..., *eine Frau „Maria Horn" sprechen?* Es ist schon ein mulmiges Gefühl das mich jetzt beschleicht. *Könnten sie einen Augenblick warten, ich muss sie erst suchen lassen, sie ist nicht auf ihrem Zimmer. Wie ist ihr Name? Auch das noch ..., sagen sie nur, ein Marcus sei an der Strippe, sie weiß dann schon ...,* aus dem Apparat ist jetzt nur noch eine langsame, eine sehr einschmeichelnde, leise Melodie zu hören. Eine Minute ..., eine gute Minute ..., drei, vier, fünf, sechs ..., und es sind mittlerweile schon über sieben Minuten, zeigt mir mein weißer Küchenwecker. Langsam aber sicher werde ich bei dieser Art Musik schläfrig ..! Gott sei Dank, endlich ..., *„Maria Horn", wer ist am Telefon? „Maria"* sie ist sehr aufgeregt, völlig außer Puste. *„Maria", Du klingst ja, als hättest Du einen Marathonlauf hinter Dir? Hier ist Marcus ..., Du hast bei mir in den letzten Tagen mehrmals auf Band gesprochen. Leider war ich für einige Tage wieder in der Klinik und gestern ..., ja, da habe ich meinen Garten endlich wieder auf Vordermann bringen können. Doch allem Anschein war dies für mich eine zu anstrengende, eine zu schwere Tätigkeit, so dass ich gestern Abend völlig erschöpft, schon auf meiner Eckbank in der Küche eingeschlafen bin. Aber wie ist es Dir nach unserem so romantisch schönen Spaziergang ergangen und vor allem, wie geht es Dir heute?*

Das klappt doch ganz prima, schießt es mir durch den Kopf. Hoffentlich hat sie nicht wie ich die gleichen Sorgen, die gleiches Probleme mit ihren Gedanken und Gefühlen. *Ehrlich ..., als gut kann ich meinen Zustand momentan gerade nicht bezeichnen. Benötigte ich doch einige Tage, bis mir so richtig bewusst geworden war, über welch ernste Themen wir bei unserem Spaziergang miteinander gesprochen haben. Ja, ja ..., danach konnten mich selbst die mir von meinem mich behandelnden Arzt verschriebenen Tabletten, nicht mehr ruhig stellen. So verabreichte man mir an den beiden darauf folgenden Tagen wieder diese Hämmer von Spritzen, die dieses dann bezwecken sollten. Schon anhand meiner vielen, leider vergeblichen Anrufe, müsstest Du bemerkt haben, wie allein*

Du mich mit Deinen Erklärungen, mit Deinem Liebesgesäusel gelassen hast, für das Du mir ja bis heute eine Antwort schuldig geblieben bist. Hast Du denn Dein Gesprochenes wirklich so ernst gemeint oder war dies alles für Dich nur leeres Gesülze, einfach nur so dahergeredet? Wie siehst Du dies ..? Schiebe bitte jetzt nicht gleich alles auf Deinen schlechten gesundheitlichen Zustand. Wenn Du wüsstest, was ich mir nach diesem so wunderschönen Nachmittag mit Dir, so alles erträumt hatte?

Das sind vielleicht viele Fragen ..., nicht nur dies ..., ganz schön hart. Nun habe ich meinen Salat ..., ich mit meinen so extremen Gefühlsschwankungen. Doch ehrlich, trifft sie mit ihren Andeutungen, bei mir nicht den Nagel auf den Kopf? „Maria", sie mag ja Recht haben mit ihren Argumenten ..., dies kann ja alles so wahr sein. Aber was soll ich ihr jetzt auf ihre so direkten Fragen antworten? Habe ich doch die meisten Details des Gespräch ..., habe ich doch infolge der vielen, teils dramatischen Vorkommnisse der letzten Tage, vieles vergessen.

Doch ..., bestimmt ..., es stimmt schon. Wieder einmal suchte ich, wie schon so oft in den letzten Jahren nach meiner Scheidung ..., auch in „Maria", nur eine Frau, der ich mich anvertrauen konnte. Die auch meine Probleme verstehen sollte und die mir vielleicht auch ein wenig mehr ..., die mir Zuneigung und Liebe schenken sollte. Aber suchte und fand ich in diesen mittlerweile schon sehr vielen, allerdings oft sehr kurzen Frauenbekanntschaften, nicht nur einen Ersatz, für meine einst so große Liebe „Christina" ..? *Hallo, „Maria" ..., bitte entschuldige mein so langes Schweigen. Aber Deine bestimmt berechtigten Fragen, können wir uns nur gegenseitig und zwar in einem persönlichen Gespräch unter vier Augen beantworten. Wenn es Dir nichts ausmacht, könnten wir uns hierfür schon an einem der nächsten Tage treffen. Jetzt und noch dazu durch dieses doofe Kabel, finden wir garantiert keine für uns beide zufriedenstellende Antwort oder gar eine passende Lösung.*

Was soll ich tun? Ist es nicht ehrlicher, wenn man sich unter vier Augen erklärt. Wer weiß, wer weiß ..., ich könnte mich doch auch so mit ihr verabreden, zu einem guten Kaffee, zu einem exzellenten Essen oder auch nur zu einem ganz normalen Spaziergang ..., zum

Gedankenaustauschen ..., muss denn immer Sex im Spiel sein? Aber wie gesagt, wer weiß, wer weiß ..., vielleicht wird hier wirklich ..., doch meinen Glauben an eine wirklich positive Entwicklung, habe ich, so glaube ich, schon längst verloren. „Maria", bist Du noch an der Strippe? Warum bist Du auf einmal so schweigsam? Bist Du mir wegen meines so langen Schweigens gar böse? Hast Du am kommenden Freitag vormittags Zeit? Ich könnte Dich ..., sagen wir so um 9.30 Uhr in der Klinik abholen. Leider muss ich mich jetzt ein wenig tummeln, denn ich sehe auf meiner Küchenuhr, ..., ja es ist bereits 13.15 Uhr. Doch bereits um 14.30 Uhr möchte die Hausbesitzerin zu einem hoffentlich erfreulichen Plausch bei mir vorbeikommen. Sie hat sich wie Du, auch auf meinem Anrufbeantworter mehrmals verewigt. Telefonisch konnte ich sie nicht zurückrufen, da sie direkt vom Flughafen, aus Übersee kommend, gleich zu mir fährt. Sie war einige Wochen zu Besuch bei ihrem Sohn, einem Arzt in Chicago. Hoffentlich klappt dieser Termin mit „Maria", ansonsten wird es langsam eng. Ich mit meinen vielen Verabredungen. Einen kleinen Spielraum möchte ich mir für eventuelle Überraschungen, auf alle Fälle lassen. Schau, schau ..., hoffe ich denn schon wieder auf ein eventuell zweites Wunder? Aus meiner Leitung höre ich nun ein tiefes, sehr tiefes Durchatmen ..., meinst Du, dass ein weiteres Treffen wirklich einen Sinn gibt? Aber warum eigentlich nicht ..., vielleicht tut es mir gut und es wird doch noch etwas aus unseren Träumen und dabei komme ich endlich einmal raus aus diesem Mief, aus diesem immer so gleichen Alltagstrott. Also gut, Du kannst mich abholen. Am kommenden Freitag haben wir, wie mir bekannt ist, sowieso keinerlei Termine und Anwendungen. Doch ehrlich gesagt, ein wenig bin ich schon enttäuscht. Nach unseren echt so intimen Gesprächen, hatte ich mir von Dir mehr ..., viel mehr erhofft. Aber leider, so ist das Leben. Dann war es zum mindesten ein sehr schöner ..., aber leider nur sehr, sehr kurzer Traum, den wir miteinander träumen durften. Aber vielleicht ..., na gut, lassen wir dies. Vielen Dank, dass Du mich wenigstens zurückgerufen hast. Bis Freitag wünsche ich Dir eine schöne Zeit. Ich freue mich schon auf unser Wiedersehen. Aufgelegt hat sie ..., tüt, tüt, tüt ..., ich konnte ihr nicht einmal Ade sagen. Aus ihren letzten Worten klang deutlich Enttäuschung pur. Mit dieser Entwicklung hat sie bestimmt nicht gerechnet. Allem Anschein nach, erhoffte sie sich weit mehr ..., bestimmt mehr von meiner Seite, nach unserem so persönlichen Gespräch. Warum nur bin ich immer so schnell Feuer und Flamme ..., und dann ..., dann habe ich fast immer Angst vor dem nächsten Schritt.

Mein Kopf, er brummt und summt mir wieder gewaltig und wie ..! Aber was soll ich anderes tun? Habe ich doch schon morgen, am Donnerstag, das nächste Tete-a-Tete, die Verabredung mit „Hiltrud" ..., und was kommt dann ..? Ja, ist da nicht auch noch mein schon ewiges Hoffen auf „Christina" ..., gibt es wirklich noch dieses unwahrscheinlich so große Wunder? Oder ist dies alles nur noch Wunschdenken? Bin ich mir denn nicht mehr über meine gesundheitlich so tödliche Situation im Klaren? Wie kann ich diese nur immer wieder vergessen? Oder will ich dies und sind es auch nur für wenige Stunden. Meine Träume, ja mein ganzes Leben ..., alles kann doch schon morgen, endgültig ..., endgültig aus und vorbei sein.

Was soll´s! Jetzt heißt es erst einmal sehr schnell sein. Übermäßig viel muss ich bei mir in meiner kleinen Behausung nicht aufräumen und manierlich ankleiden, das geht mir doch auch sonst sehr flott von der Hand. Nun muss ich mir noch einen Termin beim Friseur geben lassen ..., *Salon Schmidhuber, „Weiß" ..., höre ich die mir bekannt angenehme Stimme. Das trifft sich ja ganz gut. Hier ist Marcus ..., Marcus Beyer. Bestimmt kannst Du mich gleich morgen in aller Frühe zum Haarschneiden einschieben. Bis wann darf ich ..., ich komme nicht zum ausreden, denn ..., ja Marcus, gibt es Dich auch noch? Wie geht es Dir denn? Lang, lang ist es her? Du glaubst gar nicht, wie mich dies freut. Endlich von Dir wieder ein Lebenszeichen. Geht es bei Dir um 9.30 Uhr? Da kannst Du wie früher, voll über mich verfügen. Bestimmt hast Du mir Einiges von Dir zu erzählen. Ich freue mich schon so auf das Wiedersehen.* Wie schön, sie hat mich also auch noch nicht vergessen. Wirklich ..., lang, lang ist es her. *Diese Zeit, sie passt mir ausgezeichnet ..., auch ich freue mich. Meine liebe „Veronika" ..., Du ..., jetzt muss ich mich aber ein* wenig tummeln, denn es hat bei mir an der Türe geläutet ..., bestimmt meine Vermieterin ..., tschüss, liebe „Veronika", dann bis morgen! Ich freue mich ..., und schon habe ich mein Telefon in die Halterung zurückgesteckt und eile hastig zur Türe, um zu öffnen.

Da steht sie nun in voller Statur vor mir. Ihr eher rundes Gesicht, ist tiefgebräunt und allem Anschein geht es ihr blendend, wie mir ihr strahlendes Lachen zeigt. Doch ..., etwas hat sich bei ihr verändert ..., Frau „Janowski", sie hat seit unserem letzten Treff im Frühjahr dieses Jahres, rein körperlich gesehen, etwas zugelegt. Doch, doch ..., ihre Proportionen, sie passen gut zu ihrem gesamten Erscheinungsbild. Bekleidet ist sie mit einer spitzenbesetzten lachsfarbenen, kurzärmeligen Bluse, die perfekt auf ihren dunkelgrauen Rock, bestimmt bestes Garn, abgestimmt ist. Auch die tiefschwarz glänzenden Lackschuhe, zeigen ihrem guten modischen Geschmack. Maßgerecht sitzt ihr Rock, der an beiden Seiten leicht geschlitzt ist. Der Saum reicht ihr bis knapp über die Knie und verdeckt so geschickt ihre recht massiven Beine, an denen sie hautfarbene Seidenstrümpfe trägt. Frau „Janowski" ..., ich kenne sie immer bestens angezogen und bei guter Laune.

Mein lieber Marcus wie geht es Ihnen? Das war heute vielleicht eine Tourtour ..., vom Flughafen bis zu Ihnen. Wenn ich das gewusst hätte, ich hätte mich garantiert mit einem Taxi chauffieren lassen. Aber nun ..., ich habe es ja geschafft ..., und wie ich sehen kann ..., zeitlich, fast noch wie versprochen. Frau „Janowski", sie tritt nun an mich heran und umarmt mich wie immer mit ihrer herzlichen Art ..., drückt mich mit beiden Armen fest an sich, an ihre üppige Brust und schenkt mir noch zwei feuchte Küsse auf meine linke und rechte Wange ..., hierbei muss sie sich allerdings auf ihre Zehenspitzen stellen. Körperlich misst sie zwar nur ganze 152 cm, doch sie hat andere Größen. Sie ist ein wirklich liebenswerter Mensch ..., eine Powerfrau mit einem riesiggroßen, guten Herzen. *Aber andererseits bin ich doch froh, dass ich mit meinem Auto unterwegs bin. Ich weiß nicht warum ..., aber dieses Mal hatte ich in Amerika bei meinem Sohn in Chicago, Lust zum großen Shopping ..., schauen Sie mich doch nicht so ungläubig an. Ja, ja ..., auch an Sie habe ich bei meinen vielen Einkäufen gedacht. Sie haben, wie ich vorhin erfreut beobachten konnte, aus meinem einst so chaotischen Garten, wieder einen so wunderschön blühenden Garten Eden, ein botanisches Paradies gezaubert. Bestimmt mit ein Grund ..., doch hierüber möchte und muss ich mich nachher mit Ihnen etwas ausführlicher unterhalten. Sie entlässt mich nun aus ihrer so zärtlich festen Umklammerung, stellt sich vor mich hin und mustert mich jetzt schon ein wenig sehr skeptisch ..., Marcus, Marcus ..., Du gefällst mir heute überhaupt nicht. Du wirst mir doch nicht krank werden? Hast Du wieder einmal zuviel gearbeitet? Es wird endlich Zeit, dass Du Dir wieder eine liebe Frau suchst. Hätte ich da nicht eine liebe Bekannte ..., aber was tue ich da ..., das ist doch bestimmt Deine private Sache? Aber ich meine ja nur ..., wenn Du keine finden solltest ..., oh ..., bitte entschuldigen Sie ..., jetzt habe ich Sie leider mit dem vertraulicheren Du angeredet. Sollten wir nicht bei diesem Du bleiben? Mir wäre dies nur zu recht.* So kenne ich Frau „Janowski". Redselig wie eh´ und je. Und ..., ja hoffentlich lässt sie mir heute Abend ausnahmsweise genügend Zeit zum reden. Es ist glaube ich an der Zeit, dass ich ihr endlich reinen Wein einschenke und sie nicht länger über meinen so schlechten gesundheitlichen Zustand im Unklaren lasse. Lang werde ich das Haus und vor allen Dingen diesen großen Garten, nicht mehr so wie bisher hegen und pflegen können. Da ist es dann bestimmt auch nichts mehr mit meiner so überaus günstigen Miete und den sonstigen Vergünstigungen? Wir werden ja sehen ..!

Natürlich, warum nicht ..., wir sollten uns wirklich duzen. Wenn ..., ja doch darauf müssen wir aber dann mit einem guten Tropfen anstoßen. Echt, das muss gefeiert werden. Schade, dass Du mir schon um so viele Jährchen voraus bist. Ansonsten, wer weiß ..., wer weiß, was ich nun mit Dir alles so anstellen würde. Das muss ich ihr doch auch zeigen und schon bin ich bei ihr und schließe sie in meine Arme und drücke sie fest an mich ..., küsse sie mehrmals auf beide Wangen und auf die Stirn. Dir scheint es ja bestens zu gehen, wie mir Deine gesunde Gesichtsfarbe und Deine so gute Laune verrät. Leider habe ich heute auch eine unangenehme Nachricht für Dich ..., aber jetzt komme erst einmal ganz in mein Zuhause. Hierbei kann ich Dir auch gleich die neuen Elektrogeräte in der Küche zeigen, die Du mir so großzügig spendiert hast. Hierfür kann ich Dir gar nicht genug danken.

Nun lockere ich meine Umklammerung ..., schiebe sie regelrecht vor mir her, nachdem ich nun endlich auch die Wohnungstüre schließe. *Super, einfach super ..., schön ist sie geworden, Deine kleine Küche. So richtig gemütlich und vor allem, alles hat seinen angestammten Platz. Bei Dir ist es immer so schön sauber und aufgeräumt. Wie machst Du das bloß ..? Das ist auch ein Grund, warum ich heute sehr eingehend mit Dir reden will. Für unseren bestimmt langen Nachmittag habe ich uns auch etwas zum Trinken mitgebracht, das ich Dir unten schon vor die Treppe gestellt habe. Lass Dich überraschen. Was hat sie nur wieder vor? Das hört sich alles so geheimnisvoll an. Du machst mich neugierig. Aber was anderes, wie ist es Dir bei Deinem Sohn und seiner Familie ergangen ..., bei Deinen bestimmt wieder sehr zahlreichen Landausflügen in den Staaten? Hoffentlich hat sich alles zu Deiner vollen Zufriedenheit ergeben? Doch wie ich auch an Deinem Äußeren ersehen kann ..., allem Anschein ist Dir die Reise bestens bekommen. Ich freue mich, dass es Dir so blendend geht ..., so wie Du aussiehst. Du kannst es Dir ja einstweilen im Wohnzimmer bequem machen. Für´s Erste kümmere ich mich erst einmal um etwas Trinkbares und ich bin ..., ehrlich, ich bin sehr neugierig auf Deine eben erwähnte Überraschung.*

Frau „Janowski", sie beginnt nun vollhals zu lachen ..., so intensiv, dass ich große Tränen in ihren immer noch strahlend schönen Augen erblicken kann. *Das habe ich mir gedacht ..., neugierig bist Du überhaupt nicht. Doch schau nur, ich bin für diese Schlepperei anscheinend jetzt wirklich schon zu alt. Hatte ich doch meine liebe Not ..., mir fehlt allem Anschein mittlerweile auch die dafür notwendige Puste. Geh´ nur, ich finde mich schon zurecht.* Und schon schiebt sie mich mit beiden Händen vor sich her bis zur Treppe.

Flott ..., sehr hurtig ..., wie in jungen Jahren, zwei, drei Treppen auf einmal nehmend, muss ich meine Neugierde zufriedenstellen. Doch was ist das ..., jetzt verstehe ich ihr Einlenken ..., von wegen außer Puste. Stehen da nicht acht, neun, es sind sogar zehn mittelprächtig große Kartons ..., ich nehme an gefüllt mit ..., ja es ist Wein und Sekt aus dem sonnigen Kalifornien. Doch schau, schau ..., seitlich, da steht zusätzlich noch ..., welche Farbenpracht, ein wunderschön gewachsener, mindestens zwei Meter großer, tiefrot blühender Oleander. Jetzt übertreibt sie es aber wirklich. Für was ..., aus welchem Grund, macht sie mir immer solche wirklich fürstlichen Geschenke? Die Kartons ..., ich registriere sieben mit Weiswein- und drei mit Sektflaschen ..., habe ich schnell in meinen Keller geschafft. Dem wunderschönen Oleander ..., ja, ja ... dem habe ich unmittelbar, also vor der Hauseingangstüre, einen schönen ..., einen sonnigen Platz zugewiesen.

Frau „Janowski" Sie sind ja ..., so geht das nicht mit dem Du. Du hast doch bestimmt auch einen Vornamen? Wie wäre es mit „Angelika" ..., mit „Elisabeth" oder vielleicht gefällt Dir der Name „Johanna"? Mich darfst Du schlicht und einfach Marcus nennen.

Vorhin in der Küche hatte ich vorsorglich eine Flasche Champagner aus dem Kühlschrank geholt, sie entkorkt und nun stehe ich mit dieser Flasche und zwei Gläsern an meinem Wohnzimmertisch, um diese aufzufüllen. *Du hast Recht ..., also Marcus heißt Du, ich wusste es ja schon. Mich darfst Du ..., eigentlich komisch ..., woher weißt Du meinen Vornamen? Du hast doch ..., ist das zufällig ..., als ersten hast Du „Angelika" gemeint. Darauf müssen wir gleich anstoßen.* „Angelika", sie hat sich von der Couch, einer azurblauen Schlafcouch erhoben, geht nun um den Tisch herum und steht nun in ihrer vollen Größe unmittelbar vor mir. Beide halten wir die Gläser in der jeweils rechten Hand und sie schiebt jetzt die Hand mit dem Glas um meinen bereits erhobenen Arm, führt das Sektglas wie ich zum Mund. Beide leeren wir unsere Gläser ..., stellen diese auf den Tisch zurück. Nun tritt sie vollends auf mich zu ..., umarmt mich mit beiden Händen und küsst mich voll mit ihren warmen, feuchten Lippen auf meinen Mund. Als ich vor Überraschung nach Luft schnappen will, kommt auch noch ihre Zunge voll zum Einsatz. „Angelika" ..., ja, ja, sie hat noch einen langen, sehr langen Atem. Erst nach einer kleinen ..., na sagen wir, halblangen Ewigkeit, entlässt sie mich wieder aus ihrer so innig festen, intensiven Umklammerung. Von wegen siebzig Jahre ..., deutlich ..., überdeutlich kann ich ihre Erregung, ihr Zittern, ihren heftiger werdenden Atem in meinem Gesicht, an meinem Hals spüren und fühlen.

Marcus, Marcus ..., schade, dass ich schon so eine alte Schachtel bin. Du bringst mich und meine Gefühle noch einmal so richtig auf Hundert ..., Du bringst meine schon uralten, verkalkten Knochen wieder auf Zack und in Schwung. Bitte verzeih´ mir meinen schwachen Moment. Doch eins musst Du mir versprechen, wenn wir uns schon so selten treffen ..., vergönne mir bitte diese leider so kurzen, schönen Augenblicke eines Kusses. Dieser Moment gibt mir, wenn auch nur für sehr kurze Zeit, die Erinnerung an frühere ..., mitunter so schöne Stunden ..., gibt mir die Erinnerung an meinen geliebten Mann zurück. Vielleicht darf ich Dich, wenn Du Zeit, Lust und Laune hast, so hin und wieder zu einem Tanzabend einladen. Vergönne mir, einer schon etwas älteren Dame, dieses so schöne Hobby. Doch halt, was bin ich doch wieder einmal für eine Egoistin ..., ich habe Dich gar nicht danach gefragt, inwieweit Dich meine Interessen überhaupt interessieren ..., und ..., ja, kannst Du überhaupt tanzen? Was bin ich doch für eine alte Quasselstrippe. Bitte verzeih´!

Ganz Frau „Janowski ..., wenn sie erst einmal in Fahrt ist, kann niemand sie so richtig bremsen ..., kaum eine Chance für einen eigenen Dialog. *Liebe „Angelika" ..., Du lässt mir ja kaum Raum um zu verschnaufen. Du hast noch Temperament ..., hast Du vielleicht Paprika unter der Haut? Warum sollte ich ..., gegen Deine lieben Wünsche habe ich keineswegs Einwände. Nun, ich bin zwar um wenige Jährchen jünger, habe aber andere ..., ja, ja, ich habe meine eigenen Problemchen, über die ich mich nachher gerne mit Dir eingehender unterhalten möchte. Doch jetzt ist es glaube ich besser, wenn wir uns wieder auf unsere fünf ..., Du weißt schon ..., setzen. Für einen kleinen nebenher Imbiss habe ich, wenn es Dir recht ist, ein wenig vorbereitet ..., „Angelika" sie nimmt nun wieder rechts von mir ..., auf ihrer bereits gewohnten Seite auf der Couch, unmittelbar neben meinem Sessel Platz, während ich noch einmal kurz in meiner kleinen Küche verschwinde.*

In meinem sehr geräumigen neuen Kühlschrank, hatte ich schon vorher, meine Beschäftigung von über drei Stunden deponiert. Das

Herrichten und Garnieren von kalten Platten, hat mir schon damals in meiner Zeit als getreuer, braver Ehemann, sehr viel Spass bereitet. Und bei der ehemals noch sehr großen Verwandtschaft, bei Partys, bei Geburtstagsfeiern, so manch großes Lob eingebracht. So habe ich bereits heute vor meinem etwas spärlichen Mittagessen, auf einer runden, mittelgroßen Glasplatte aus feinstem Kristall, Lachs, Sardellen, Kieler Sprotten und Rollmops, auch für das Auge optisch schön, mit Salatblättern, Zitronenscheiben, Paprika, Oliven und deutschen Kaviar, garniert. Zusätzlich habe ich auf einer leicht ovalen Silberplatte, Canapés mit Wurst, Rauchfleisch, Fleischbraten, Käse belegt, die ich dann noch sehr delikat, mit kleinen Gürkchen, Paprika, schwarzen Oliven, Zwiebelringen, neuem Spargel, jungen Maiskolben und ebenfalls mit Salatblättern sehr dekorativ zusammengestellt habe.

Marcus ..., mein Gott, bist Du verrückt geworden ..., wer soll dies denn alles essen? Hast Du so einen großen Hunger? "Angelika", sie ist wie katapultiert, wie von einer Tarantel gestochen, von ihrem Sitz aufgesprungen und schlägt nun überlaut lachend, ihre beiden Hände mehrmals über dem Kopf zusammen ..., dabei habe ich doch erst die erste Platte auf dem Tisch positioniert. *Meine liebe „Angelika", das schaut nur so üppig aus ..., wir haben doch noch einige Stunden vor uns und dabei ist dies erst die Hälfte ..., Du wirst sehen ..., gemeinsam sind wir doppelt so hungrig. Darum werden wir dies „Alles" locker auch gemeinsam schaffen.* Und schnell entziehe ich mich wieder ihren Blicken ..., sehr deutlich fühle ich, dass ich wieder einmal meine Vorsorge vergessen habe. Erst als ich dieses Versehen korrigiere ..., nur sehr, sehr langsam beruhigen sich dieses Mal meine Probleme ..., beruhigen sie sich auf ein schon gewohntes Normal. *Marcus wo warst Du denn so lange? Verzeih´, aber zwischenzeitlich habe ich mich mit Deinem Überangebot an Literatur beschäftigt. Hast Du diese vielen Bücher, viele aus der Weltliteratur, wirklich alle schon gelesen? Respekt ..! Da sind ja einige dicke Wälzer darunter ..., wenn ich hier anfange mit „Don Quixote", „Ben Hur" und dem „Glöckner von Notre Dame", mit dem „Grafen von Monte Cristo" und wenn ich ganz, ganz vorne wieder aufhöre, bei den „ausgewählten Werken von*

Johann Wolfgang von Goethe", dürften es gut und gerne so an die geschätzten dreihundert ..., oder sind es gar noch mehr Bände? Einfach Wahnsinn ..!

Ganz erstaunt blickt sie mich jetzt an, als ich nun meine zweite Platte vor ihr auf dem Tisch abstelle. *Marcus, sei mir bitte nicht böse ..., ich glaube mich tritt ein Elch! Wann und wie hast Du dieses schöne Wunderwerk geschaffen ..? Das ist doch viel zu schade, um es durch unseren Appetit zu zerstören. Hast Du dieses Wunderwerk wirklich selber geschaffen? Das konnte ich noch nie, obwohl mich mein Mann wegen meiner Kochkunst eigentlich immer gelobt hat. Da sieht man, wie unterschiedlich doch die Ansprüche von uns Menschen sind. Doch das was Du hier geschaffen hast ..., das imponiert mir schon sehr. Hier muss ich allerdings unbedingt noch anfügen, dass ich selber gerne und sehr gut esse. Dies allerdings nicht unbedingt zu hause, sondern mit Vorliebe bei guten „Italienern", beim „Griechen" ..., aber auch die „Deutsche Küche" liebe ich.*

Doch Marcus ..., lasse mich vielleicht noch vor unserem Schlemmern, zu der eigentlichen Ursache meines so kurzfristig und als sehr dringend angekündigten Besuches kommen. Lass mich ..., lass uns vorab noch einen großen, einen sehr großen Schluck genehmigen, denn ich habe nun wirklich einen sehr trockenen Hals und für das was ich mit Dir zu bereden habe, benötige ich vielleicht mehr, als nur ein klein bisschen Mut.

„Angelika", „Angelika"..., du machst mich heute mit deiner Geheimnistuerei noch halbwahnsinnig. Was hat sie mir denn noch so Dringendes zu erzählen ..., für was muss sie sich Mut antrinken ..? Nun gut ..., sie wird es mir schon noch erzählen. So erhebe ich mich aus meinem bequemen, gemütlichen Sessel und fülle unsere Gläser sehr großzügig, fast bis an den Rand ..., ansonsten ist dies nicht meine Art. Und stelle die fast schon leere Flasche in den Flaschenkühler zurück.

Salute ..., liebe „Angelika", lass´ mich mit Dir auf den edlen Spender anstoßen ..., ich wünsche Dir auch weiterhin beste Gesundheit und viel, alles Glück auf Erden. Hell ist der Klang unserer Gläser und in einem Zuge leeren wir sie wieder. Die Erwartung der Dinge hat auch mich sehr durstig gemacht. Aber ich kann nicht gerade behaupten, dass ich trinkfest bin, denn schnell steigt mir das bisschen Alkohol in den Kopf und auch meine Beine ..., ich muss mich unbedingt wieder in meinen bequemen Sessel setzen.

„Angelika", auch sie hat wieder auf der Couch Platz genommen und beobachtet mich nun schon etwas sorgenvoller, als ich mir mit der rechten Hand mehrmals über mein Gesicht ..., über meine Augen streiche. *Anscheinend ist Dir nicht gut? Täusche ich mich ..., fast glaube ich, dass Dir das bisschen Champagner schon zu Kopf gestiegen ist. Verheimlichst Du mir vielleicht etwas ..?*

Sie registriert es doch, dass ich nun enorme, dass ich enorm große Schwierigkeiten mit meinem Kreislauf habe. Immer und immer wieder, fahre ich mir übernervös mit meiner rechten Hand über meine Augen ..., mir wird plötzlich am ganzen Körper siedend heiß und schwarz vor den Augen und auch mein Bauch, mein Magen rebelliert ja fürchterlich ..! *Marcus, hallo Marcus ..., mein lieber Marcus was ist mit Dir? Ich hole Dir schnell ein Glas kaltes Wasser aus der Küche.*

Langsam sehe ich wieder klarer ..., jetzt nach dem Leertrinken, des mir von „Angelika" gereichten Glases, normalisiert sich meine Kreislaufschwäche. Komisch ..., diese Anfälle ..., sie häufen sich in den letzten Wochen, Tagen ..., sie kommen immer öfter und dies auch ohne Alkoholeinfluss. „Angelika" *Du siehst, es geht mir schon wieder wesentlich besser,* versuche ich sie zu beschwichtigen. *Es ist, glaube ich an der Zeit, dass ich Dir über meine gesundheitlichen Probleme endlich reinen Wein einschenke. Lassen sich diese doch kaum noch verheimlichen ..., ich nehme an, dass sich dieser Zustand auch äußerlich, schon in absehbarer Zeit verschlimmern wird. Seit dem achten September dieses Jahres, habe ich die Gewissheit, dass, wenn nicht noch ein sehr ..., wirklich ein sehr großes Wunder geschieht, meine Tage, vielleicht auch nur noch Stunden ..., auf diesem Planeten schon gezählt sind. Bislang konnte ich immer wieder hoffen und bis vor ungefähr sechs Monaten glaubte ich auch noch, dass ich diese heimtückische Krankheit auch besiegt hätte. Doch was für ein großer Irrtum ..., es ging von da an stetig mehr ab- als aufwärts. Und wie gesagt, erst letzten Donnerstag bekam ich dann nach einer neuerlichen, gründlichen Untersuchung im Krankenhaus, durch meinen Freund „Dr. Alfred Schreiber", diesen für mich so tödlichen Befund ..., Darmkrebs im fortgeschrittenen Stadium. Also mit der Aussicht, dass mir mit fast hundertprozentiger Sicherheit, keinerlei Medizin, kein Arzt mehr helfen kann. Ja, wenn ..., wie schon gesagt ..., nicht noch ein sehr, sehr großes Wunder geschieht. Selbst bei meinem Gottvertrauen ..., kann und will ich überhaupt noch an ein solches glauben?*

Gott sei gedankt ..., endlich ..., ja endlich habe ich den Mut. Wieder und wieder habe ich diese, meine Offenbarung vor mir hergeschoben. Was soll´s ..! Nun, jetzt kann ich nur noch abwarten und ..., ja wie wird sie meine Vermieterin ..., wie wird „Angelika" reagieren? Viel Geld, viel Zeit und vor allem Herzblut, habe ich in den vergangenen Monaten in mein Zuhause, in den jetzt wieder so herrlich ..., so wunderschön blühenden Garten investiert. Zu lange habe ich mein Problem für mich behalten. Und bis zu dem besagten Septembertag, hatte ich immer noch Hoffnung und das Gottvertrauen auf Besserung meines Gesundheitszustandes. Eigenartig ..., trotz meiner großen Angst auf Verlust meiner privaten Bleibe, fühle ich mich jetzt irgendwie erleichtert ..., irgendwie freier. Was mich aber nun am meisten wundert ist die Tatsache, dass mich „Angelika" während meines doch relativ langen Dialogs, ohne Unterbrechung erzählen lässt, so als sei sie nicht sonderlich von meinem so streng gehüteten Geheimnis überrascht. *Mein allerliebster Marcus, schlimm ..., ja, ja, wirklich sehr schlimm Deine Krankheit. Aber wie Du siehst ..., Du hast mich mit Deinem so gut gehüteten Beichtgeheimnis keinesfalls überraschen können. Mit Deiner so liebenswerten Tochter „Monika", pflege ich seit Deinem Einzug in diese Bleibe, einen regelmäßigen sehr guten persönlichen Kontakt. Sei es nun telefonisch, schriftlich ..., doch wir haben uns mittlerweile auch schon dreimal bei mir in meinem Haus in Tutzing getroffen. Also ..., überrascht ..? Ich wusste von Anfang an über Dein Befinden Bescheid und mich freut es darum umso mehr, dass Du hier mit diesem Haus ..., diesem Garten, zwischenzeitlich eine so schöne Aufgabe und Ablenkung gefunden hast ..., und nicht nur das, es hat Dir anscheinend wirklich Spass gemacht.*

„Angelika", sie hat sich nun von der Couch erhoben und geht nun nur in Strümpfen, ohne Schuhe, die sie unter dem Tisch stehen gelassen hat, nervös im Zimmer hin und her ..., *ja, ja, nun zu meinem Geheimnis, über das ich mit Dir heute Abend sehr eingehend reden muss.* Sie kratzt sich nun mehrere Male mit der rechten Hand hinter ihrem rechten Ohr. *Mein lieber Marcus ..., so gesehen trifft es sich ganz gut, dass ich schon einige Wochen vor meinem Flug in die Staaten, nach mehrmaliger Rücksprache mit meinem Sohn und meiner Schwiegertochter, eine auch für Dich sehr wichtige Entscheidung getroffen habe. Und wenn ich ganz ehrlich sein soll ..., Du hast großen Anteil daran, dass mir diese Entscheidung am Ende relativ leicht gefallen ist.*

Sie macht mich neugierig ..., anderseits bin ich froh, dass ich sie mit meiner Mitteilung nicht geschockt habe. So, so ..., sie wusste durch „Monika" über all´ meine Geheimnisse Bescheid. Auch gut ..., *lieber Marcus, Du musst wissen, dass ich dieses schöne Häuschen zu einem Preis verkaufen kann, den nur ein Liebhaber für ein solches Objekt zu zahlen bereit ist. Der neue Eigentümer, er ist ein weit über die Stadtgrenzen Münchens hinaus bekannter Augenspezialist, der sich, wie er sagte, schon allein durch diesen so wunderschön angelegten Garten und das bestens gepflegte Haus inspirieren lies. Zu einem solch´ wirklich großzügigen Angebot, konnte ich einfach nicht nein sagen. Noch dazu ich meinem Sohn in den Staaten mit diesem großzügigen Erlös, seinen gesamten Erbteil auszahlen und ihm außerdem beim Kauf und der Einrichtung einer eigenständigen Arztpraxis in Amerika finanzkräftig unter die Arme greifen kann. Diese Vereinbarungen haben wir schon bei meinem Besuch schriftlich fixiert, nachdem auch er meinem Vorschlag wohlwollend zugestimmt hat. Dabei hat er mich, wie mir scheint, auf eine wahnsinnig gute Idee gebracht, über die ich mich jetzt mit Dir sehr ausführlich unterhalten möchte.*

Doch zu allererst möchte ich Dir lieber Marcus, was Deine momentan so schlechte gesundheitliche Verfassung anbelangt, einen wirklich gutgemeinten Rat geben. Du darfst die Flinte unter keinen Umständen, verstehst Du ..., unter gar keinen Umständen vorzeitig ins Korn werfen. Bitte versprecht mir, dass Du die Hoffnung auf Heilung nie aufgeben wirst und bitte, betrachte das wirklich gutgemeinte Ersuchen Deines Freundes „Dr. Alfred Schreiber", Dich einer weiteren Chemotherapie zu unterziehen, als vielleicht rettenden Strohhalm.

Marcus, Du wirst lachen ..., auch mit ihm, Deinem guten Freund, einem wirklich prachtvollen Menschen, habe ich mich, zwar leider nur per Telefon, schon zweimal sehr informativ unterhalten. Er persönlich sieht ..., nein, er sagte zu mir wortwörtlich ..., ja, er räumt gerade dieser noch sehr neuen Behandlungstherapie, in Deinem Falle eine reelle Chance ein. Er sagte außerdem, dass er alles Menschenmögliche daran setzen werde, um Dir, seinem Freund, zu helfen. „Dr. Schreiber" ..., er imponiert mir. Unter anderem meinte er noch, er persönlich habe die Hoffnung, speziell in Deinem Falle, zu keiner Zeit völlig aufgegeben. Du bist ..., so sieht und kennt er Dich schon seit vielen Jahren ..., ein wirklich positiv denkender, sehr liebenswerter Mensch.

„Angelika" ..., sie wird mir immer mehr zum großen Rätsel. Warum nur ..., ja warum interessiert sie sich so sehr für meine Person? Bislang war doch fast immer ich derjenige, der letztendlich einen großen Nutzen aus dieser Bekanntschaft ziehen konnte. Na gut ..., ich habe ihrem chaotischen Garten wieder diese Optik, dieses so schön blühende Äußere gegeben. Doch hat sie mir nicht dafür eine sehr günstige Miete eingeräumt und mich darüber hinaus immer wieder mit sehr großzügigen Geschenken überhäuft? Ehrlich, ich kann mir keinen vernünftigen Reim aus ihrer so großherzigen Fürsorge machen. „Angelika" Du überraschst mich immer wieder mit Deiner so fürsorglichen Ader. Warum arrangierst Du Dich so intensiv für meine Person? Dabei kann ich mich doch Dir gegenüber mit meinen begrenzten Möglichkeiten, kaum erkenntlich zeigen.

Jetzt ..., da „Angelika" ihr Glas leert, fühle auch ich mich zum Austrinken animiert und das obwohl ..., ja ich verspüre noch immer dieses so mulmige Gefühl in mir, in meinem Bauch. *Darf ich Dir die noch verbliebenen restlichen Tropfen nachschenken ..., bleiben wir bei dieser Flüssigkeit oder kosten wir nicht lieber diesen so rassigen „Italiener" aus der Toscana? Du kennst sie ja, meine Hausmarke ..., bislang warst Du davon doch immer hellauf begeistert.* Sie blickt mir nun schon ein

wenig nachdenklich ..., sehr lange in meine Augen. *Marcus, mein lieber Marcus, Dir ist doch bewusst, dass ich mich heute noch mit meinem Auto bis Tutzing chauffieren muss ..., höchstens Du lässt mich heute Nacht ausnahmsweise bei Dir in Deinem ach so großen Bettchen schlafen.*
   Plötzlich beginnt sie lauthals zu lachen und ihre gute Laune steckt auch mich an und so lachen wir beide einige Sekunden sehr intensiv um die Wette. *Siehst Du ..., selbst Du findest meinen letzten Vorschlag zum Lachen. Was willst Du auch mit mir ..., mit einer so alten Tussi anfangen? Du brauchst bestimmt schon noch etwas Frischeres! Aber ..., ja doch, ein Gläschen ..., warum eigentlich nicht. Das erlaube ich mir großzügig ..., das darf ich schon noch mittrinken. Auch von Deinen vielen Leckerbissen, haben wir ja fast noch gar nichts gegessen und wie schon vorhin erwähnt ..., ich habe überdies ..., es gibt noch so einiges zu bereden.*
   Aus meinem Wohnzimmerschrank hole ich nun zwei Weingläser aus Kristall und hurtig, hurtig ..., aus dem Keller den versprochenen Italiener. Und während ich die Flasche entkorke und uns den purpurroten Tropfen in die Gläser gieße ..., *ich nehme doch an, dass wir heute zum Mindesten diese eine Flasche bis zur Neige schaffen. Vielleicht ist dieser edle „Toscaner" für mich auch ein guter Schlaftrunk. Morgen am Donnerstag, habe ich mir schon einiges vorgenommen ..., so habe ich unter anderem, schon um 9.30 Uhr einen Termin beim Friseur. Also heißt es für mich sehr zeitig aufstehen, denn vor dem darf ich noch alle meine Lieblinge ..., meine Blumen mit dem begießen nicht vergessen. „Angelika", Du siehst ..., zu lange sollte es heute nicht werden. Wir sollten uns ohnehin in allernächster Zeit zu einem notwendigen, ausführlicheren Gespräch, vielleicht bei einem Essen treffen.*
   Nun mache ich es mir wieder in meinem Sessel bequem und nehme mein Glas in die rechte Hand ..., *„Angelika", die Gläser sollen hell erklingen. Ich möchte mit Dir auf Deine Gesundheit, auf Dein Wohlbefinden anstoßen ..., ja und auf unsere noch so junge Freundschaft ..., möge sie eine Ewigkeit überdauern.* „Angelika", sie rückt nun auf der Couch ganz nach rechts, fast schon auf Tuchfühlung und nimmt ihr Glas und ..., ganz hell, wie Kirchenglöcklein erklingen unsere Gläser

und wir kosten diesen sehr süffigen Tropfen. *Ja, ja ..., lieber Marcus ich werde Dich beim Wort nehmen. Ehrlich, ich würde mich von ganzem Herzen freuen, wenn Du auf den gutgemeinten Vorschlag Deines Arztes eingehen würdest. Auch mein Vorschlag, über den ich jetzt mit Dir reden möchte, zielt noch auf eine lange ..., auf eine sehr lange Freundschaft hin. Doch zu allererst lasse uns noch einmal auf das anstoßen, was mir heute so am Herzen liegt ..!* „Angelika" und ich, wir erheben uns jetzt wie auf Kommando, von unseren Sitzen und während wir uns tief in die Augen blicken, genießen wir Schluck für Schluck bis zur Neige.

Bevor wir nun wieder ..., gieße ich noch schnell nach. Sie kreuzt nun ihre Beine, zieht sich mit beiden Händen ihren beigen, ein wenig eng sitzenden Rock, bestimmt aus edlem Zwirn, ein wenig über ihre Knie und lehnt sich nun bequem auf der Couch zurück. Man sieht es schon an ihrer exquisiten Kleidung, dass sie finanziell nicht am Hungertuch nagen muss, denn auch ihre hellgelbe Bluse ist aus feinster Spitze. Ebenso zeigen mir ihre drei mit Diamanten besetzten Ringe und Ohrringe, dass sie gut zu leben versteht und das dafür Notwendige, bestimmt auf der Bank liegen hat.

Also Marcus ..., die Sache ist die ..! Wie schon vorhin erwähnt, hat mich mein Sohn auf eine gute Idee gebracht, für die ich mich, umso länger ich darüber nachdenke, mehr und mehr begeistern kann. Es war übrigens das erste Mal, dass ich mich mit meinem Sohn so hervorragend ..., eigentlich über alles aussprechen konnte. Es waren seit langem wieder wirklich sehr harmonische Tage, die ich in Amerika, die ich im Kreise seiner Familie verbringen und genießen durfte. Auch der Wettergott spielte voll mit. Da sich auch mein Sohn einige Tage freigenommen hatte, konnten wir sehr ausgedehnte Ausflüge wie nach Denver, nach San Franzisko und in den Yelowstone, in den National Park unternehmen. Allein fünf Tage durchkämmten wir außerdem den Grand Canyon. Sehr abenteuerlich, mit einem hervorragenden Führer - teils mit einem angemieteten Wohnmobil, teils auf dem Rücken von Maultieren und dann auch noch in Schlauchbooten auf dem Colorado River ..., sagenhaft! Es waren über einhundertfünfzig, teils sehr gefährliche Stromschnellen, das ging nur mit Schwimmwesten und war für uns alle schon sehr anstrengend ..., aber auch sehr sportlich auf Schusters Rappen. Abschließend ..., ja das musste sein, versuchten wir auch noch unser großes Glück in Las Vegas, von wo es dann, allerdings um Einiges erleichtert, wieder mit dem Flieger nach Chicago heimwärts ging. Das waren, ehrlich gesagt, auch für mich wirklich märchenhafte, sehr erlebnisreiche, aber viel zu kurze fünf Tage. Hierüber kann ich Dir ja bei hoffentlich baldiger Gelegenheit, noch so einiges mehr erzählen und auch zeigen. Denn zwischenzeitlich sind garantiert auch die drei Videofilme entwickelt, die wir dann gemeinsam bei mir in meinem neuen, ich glaube schon komfortablen Heimkino bestaunen können. Einfach sagenhaft ..., einfach überwältigend, diese so einmalig schöne und gigantische Natur ..., sagenhaft. Wie schön doch unsere Erde trotz aller Unkenrufe noch ist. Man frägt sich allerdings immer öfter ..., wie lange dieser Istzustand noch so andauert?

Das müssen allem Anschein nach, wirklich herrliche Tage gewesen sein. Das heißt bei „Angelika" schon etwas, wenn sie einmal so von einer Reise ins schwärmen kommt. Ihre strahlenden Augen und auch die tiefe Röte auf ihren Wangen, zeigen mir sehr deutlich ..., das muss schon phänomenal, das muss wirklich gigantisch gewesen sein. Mich fasziniert ihre Art des Erzählens und so bekomme ich momentan kein Wort über meine Lippen. Sie ist darum auch diejenige, die nach einer Pause des Schweigens, weiterplaudert. *Liebster Marcus, Du bekommst ja Deinen Mund nicht mehr zu. Für mich war diese Reise in die Staaten, auch eine Zeit des Nachdenkens. Es waren aber auch Tage, in denen ich meine, von mir schon lange geplanten Entschlüsse und Entscheidungen, endlich realisieren konnte ..., die zum Teil auch Dich und unsere Freundschaft betreffen.*

Wie schon vorhin angesprochen, möchte ich meinen Sohn bei der Schaffung einer eigenen Existenz, soweit es in meinem Ermessen liegt, finanziell unter die Arme greifen. Nachdem ich mich mit meinem Sohn und seiner wirklich herzensguten Frau, sehr eingehend in allen finanziellen Fragen abgesprochen und dies auch gleich in Chicago notariell geregelt habe, möchte ich Dir jetzt meine in Amerika getroffene Entscheidung, was Dich betrifft, erläutern. Für mich schon ein wenig überraschend, stimmten mein Sohn und auch seine Frau meinen gemachten Vorschlä-

gen in allen Belangen voll zu. Wie gesagt, wir verstanden uns dieses Mal prächtig.

Irgendwie ..., ja doch ..., „Angelika", sie wirkt plötzlich übernervös. Abwechselnd reibt sie sich hastig die Hände, spielt mit ihren Fingern, dann kratzt sie sich mit der rechten oder linken Hand sehr intensiv hinter ihren Ohren. Marcus ..., mein lieber Marcus. Wie soll ich Dir dies jetzt alles am besten erklären? Vorab aber soviel: Du brauchst Dir auf alle Fälle keine neue Bleibe suchen ..., ja, wenn Du zu mir nach Tutzing, in mein Haus ziehen willst. Was wird das denn ..., was hat sie jetzt wieder vor ..? Nun bin ich aber wirklich perplex. Mit dieser Klarlegung hat sie mich nun vollkommen überrascht. Vor lauter Staunen ..., meinen Mund bekomme ich nun erst recht nicht mehr zu. Und „Angelika" ..., sie nimmt dies locker, sie lässt sich auch von meiner Maulsperre nicht irritieren. Bitte lieber Marcus, verzeih ..., verstehe mich jetzt nicht falsch ..., Du kannst natürlich in meiner sehr geräumigen Bleibe, den gesamten zweiten Stock besiedeln. Und ..., Du bist dort Dein eigener Herr. Nur wenn es Dir gesundheitlich wieder möglich ist, kannst Du Dich um das Haus und um alles was dazu gehört kümmern. Das heißt, dass auch der sehr große Garten in Zukunft Dein Refugium sein könnte. Das heißt also auch, dass Du diesen nach Deinen Möglichkeiten und nach Deinem Gutdünken auf Vordermann trimmen darfst ..., finanziell geht dies natürlich alles auf meine Kappe. Du kannst hier Deine wirklich echt vorhandenen Fähigkeiten und Qualitäten, völlig frei entfalten. Immer vorausgesetzt, dass Du wieder vollkommen gesund wirst.

Ab sofort brauchst Du mir auch keine Miete mehr zu bezahlen und Du bekommst außerdem von mir die schriftliche Zusage, dass Du auf Lebzeiten in meinem Haus das Wohnrecht hast. Selbst wenn Du einmal wieder heiraten solltest, bleibt dieser Passus Bestandteil des Vertrages, den ich ..., ich rechne fest mit Deiner Zusage ..., schon in den nächsten Tagen auch notariell beglaubigen lassen möchte. Den rechtlichen Teil habe ich soweit schon von einem mir sehr gut bekannten Notar, abfassen lassen. Zum Durchlesen werde ich in Dir, so lange wie notwendig, überlassen. Vielleicht kannst Du es Dir aber so einrichten, dass Du mir schon an einem der nächsten Tage

Deinen Entschluss einstweilen ..., es langt mir schon telefonisch oder per e-Mail.

Jetzt muss sie sich einige Male übernervös wieder hinter ihrem rechten Ohr kratzen ..., *Marcus, lieber Marcus ..., das Wichtigste kommt ja erst noch. Sollte ich einmal ..., ich wünsche und erhoffe es mir ..., vor Dir das Ewige segnen, dann erlischt auch in diesem Falle, nicht Dein Wohnrecht auf Lebenszeit. Dies habe ich alles auch mit meinem Sohne abgeklärt.*

Erst nachdem „Angelika" jetzt einige Male tief, sehr tief durchatmet, beruhigt sie sich und auch ihre vordem so zittrigen Hände kommen wieder zur Ruhe. Nun ..., ich benötige mehr Zeit ..., viel mehr Zeit, schon eine kleine Ewigkeit! Mit einem Bescheid, was mein Mietverhältnis anbelangt, habe ich ja gerechnet. Doch nicht im Traum mit einer solchen Offenbarung und erst recht nicht mit einem solch wahnsinnig großzügigem Angebot. Momentan bin ich ..., echt ..., ich glaube wirklich ..., ich träume. Doch was erwartet sie als Gegenleistung von mir und was soll ich ihr nun darauf antworten ..?

Wie schön, ich kann weiterträumen, denn sie lässt mir Zeit zum Nachdenken ..., *einen Passus behalte ich mir allerdings vor und mein Sohn ist auch mit dieser Regelung einverstanden. Zu allererst möchte ich erst einmal Deine endgültige Gesundung miterleben, mit der ich persönlich hundertprozentig rechne ..., ja dann werden wir weitersehen.*

Anscheinend habe ich meine Fassung wiedergefunden, denn ..., „Angelika" ..., *meine liebe „Angelika", was bewegt Dich ..., was bewegt Dich, was bewegt Dein so gutes Herz, mich so fürstlich zu beschenken? Wann und wie kann ich mich hierfür jemals revanchieren und erkenntlich zeigen? Du kennst sie ja zur Genüge alle, meine finanziellen und vor allem leider auch meine gesundheitlichen Probleme.*

„Angelika", sie lässt mich nicht weiterreden, denn sie streichelt mir jetzt mehrmals ganz sanft mit ihrer rechten Hand über mein Haar und ..., *bestimmt ..., ja bestimmt geht es mir in erster Linie nur darum. Mich freut es, wenn Du wieder gesund wirst, wenn es Dir wieder besser geht ..., wenn ich Dir damit eine sehr große Freude machen kann. Doch lieber Marcus, bitte lasse mich meinen Dialog zu Ende führen. Wie* schon gesagt, Du weißt jetzt um meine Absicht und Du kannst mir ja in den nächsten Tagen ..., ich rechne fest damit ..., Deinen hoffentlich positiven Entschluss mitteilen.

Du hast mich vorhin kurz unterbrochen. Einen wichtigen Entschluss ..., ja das Allerwichtigste, das möchte ich hier noch anfügen. Marcus ..., einen Hintergedanken verbinde ich allerdings mit meiner Offerte ..., einen großen Hacken, wenn es ein solcher für Dich sein sollte, hat die Geschichte vielleicht schon. „Angelika", sie unterbricht sich nun und streichelt mir jetzt ganz zart ..., sehr zärtlich über mein Gesicht, über meine Wangen. Ja, ja, mein lieber Marcus, einen Wunsch ..., allerdings einen sehr, sehr großen Wunsch hätte ich schon an Dich ..! Vielleicht kannst Du ihn mir einmal erfüllen? Sollte es bei mir körperlich und gesundheitlich, was ich mir keinesfalls wünsche ..., sollte es mit mir wider Erwarten, einmal steil bergab gehen, ja dann bitte Marcus ..., ja dann möchte ich in meiner alten Bleibe nur von Dir versorgt und gepflegt werden. Natürlich immer vorausgesetzt, dass es Dir oder vielleicht auch Deiner eventuell neuen lieben Lebensgefährtin, gesundheitlich möglich ist. Und ..., auf alle Fälle möchte ich unter gar keinen Umständen, je in ein Alten- oder Pflegeheim. Nur um diese eine Zusage möchte ich Dich sehr eingehend bitten. Dies und alles andere können wir, wenn es Dir zeitlich passt, schon in den nächsten Tagen notariell festlegen.

Ich bin nun gänzlich perplex. Das muss ..., ja es ist wie im Märchen. Träume ich nur, das kann doch alles ..., unmöglich, das ist doch so nicht Wirklichkeit. Während ihres Dialogs kam sie mit ihrem Gesicht dem meinem immer näher und jetzt umarmt sie mich auch noch mit beiden Armen und drückt mir einen ewiglangen, sehr intensiven, feuchten Kuss auf meine linke Backe, während ihr dicke ..., sehr dicke Tränen über ihre und jetzt auch über meine beiden Wangen kullern.

Beide in Gedanken, verbringen wir einige, sehr bewegte Augenblicke in sehr enger Umarmung, denn auch ich habe jetzt meine beiden Arme um ihre Schulter gelegt und streichele ihr mit meiner rechten Hand mehrmals ganz zart über ihren Rücken, über ihren Hals und über ihre beide Wangen. Sehr deutlich kann ich jetzt ihren erregten Herzschlag und die Hitze ihres

Körpers spüren. Mein lieber Marcus, ich kann Dir gar nicht sagen, wie gut mir dieser Moment ..., ich möchte sagen ..., wie gut mir Deine Nähe und Deine Zuwendungen tun. Sehr lange ist es her, dass mir ein Mann, dass mir die Nähe eines Mannes so angenehm war. Doch leider, leider ..., schon sehr bald holt mich die Realität wieder ein. Darum bin ich für jeden Augenblick dankbar, den ich in Deiner Nähe verbringen kann ..., sei es auch nur in einem Beisammensitzen, in einem Gespräch und wie ich es mir so sehr wünsche ..., vielleicht so hin und wieder bei einem Walzer, bei einem flotten Fox, einem feurigen Tango. Du weißt schon ..., bei einem Tanzabend mit Dir ..., und ja ..., Du kannst Dich mit mir als wirklich gute Tänzerin sehen lassen. So einige große Tanzturniere habe ich mit meinem leider viel zu früh verstorbenen Mann gewonnen. Und so stehe ich des öfteren vor diesen Pokalen und alte Erinnerungen werden wieder in mir wach.

Sehr deutlich kann ich jetzt ihren aufgeregten Herzschlag spüren. Was empfinde ich ..., was fühle ich ..? Ich weiß nicht so recht ..., ist es Mitleid ..., doch ich glaube, es ist echte Freundschaft. Noch kann ich meine Gefühle für „Angelika" nicht so richtig einordnen. Sie hat ihre Augen geschlossen und wie es aussieht ..., träumt sie vielleicht einen wunderschönen Traum? Fast hat es den Anschein, dass sie eingeschlafen ist, denn ihr Atem ist wesentlich flacher geworden. Ihre Augen sind noch immer geschlossen und ihren Kopf hat sie mir an die linke Schulter gelegt. Hallo ..., hallo meine liebe „Angelika" ..., wie geht es Dir ..., bist Du jetzt glücklich in Deinen Träumen?

Mein allerliebster Marcus, bitte entschuldige. Doch so hin und wieder erträume ich mir wirklich ..., ach was. Es ist eben nur meine sehr rege Fantasie, die mir so allerhand vorgaukelt. Nun entlässt sie mich aus ihrer so engen, auch für mich nicht gerade unangenehmen Umarmung. Ein wenig rückt sie von mir ab und öffnet die Augen. *Sehr wohl weiß ich, dass sich meine Träumereien niemals erfüllen werden ..., aber Du weißt ja noch so wenig von mir und warum ich Dir für jede Minute dankbar bin, die ich in Deiner Nähe verbringen darf. Ja, ja ..., Du wirst es nicht glauben, denn auch ich ...,* jetzt muss sie tief, sehr tief durchatmen, ein richtiger Seufzer ..., *ja auch ich, mein lieber Marcus,* auch ich habe so meine kleinen und größeren Probleme, und die mehr, als mir lieb sein kann.

„Angelika", sie nimmt nun ihr von mir wieder gefülltes Weinglas mit der rechten Hand und ..., ich habe schon einen völlig trockenen Mund. Prost ..., wieder erklingen unsere Gläser und wie auf Kommando trinken wir beide diese bis auf den letzten Tropfen leer. Mit dem Heimfahren wird das heute Nacht so seine Bewandtnis haben. Du siehst ja ..., sie betrachtet nun völlig überrascht ihre supermodernflache, goldene Armbanduhr ..., Wahnsinn, schon 21.30 Uhr und das bei meinem bestimmt schon sehr hohen Alkoholspiegel. Was soll ich nun tun ..., mit dem Taxi heimfahren? Anscheinend übernervös, kratzt sie sich mit der rechten Hand mehrmals am Hinterkopf ..., bei Dir schlafen ..? Weiß ich, ob Du mir traust ..., nicht dass ich Dich noch verführe. Überdies ..., unser Gespräch wird wohl oder übel noch ein wenig dauern. Vorhin habe ich Dir doch schon angedeutet, dass ich auch so meine kleinen und größeren Schwierigkeiten habe. Auch bei mir ..., das heißt ..., mit meiner Gesundheit ist auch nicht alles eitel Sonnenschein. Also ein bisschen wird es schon noch dauern. Vielleicht ist es dann doch besser, wenn Du mich auf Deiner Schlafcouch nächtigen lässt. Ich verspreche es Dir hoch und heilig ..., jetzt kann ich ein schelmisches Lächeln in ihren Mundwinkeln beobachten ..., ich werde bestimmt tief und fest schlafen und heute Nacht ganz artig zu Dir sein.

Meine allerliebste „Angelika", warum frägst Du? Selbstverständig kannst Du bei mir nächtigen. Bei ihrer letzten Andeutung wird mir allerdings siedend heiß. Bestimmt verfärbt sich auch mein Gesicht wieder bis ins dunkelste Rot. Komisch ist das schon ..., verstehe ich doch ihr Verhalten. Warum also meine Hitze ..., warum also mein Schamgefühl? Mir macht es bestimmt nichts aus, wenn ich ausnahmsweise mit der Schlafcouch vorliebnehmen darf. Das Bett werde ich Dir nachher frisch überziehen. Du wirst Dich wundern ..., auch Du wirst darin bestens schlummern. Jetzt habe ich mich endlich wieder gefunden ..., liebe „Angelika", ich kann Deine Träumereien gut verstehen. Du wirst lachen, auch ich finde es sehr schade, dass wir Al-

terswegen ..., *Du verstehst mich schon. Eigentlich schade ..., ehrlich ..., ich finde dies wirklich sehr schade.*
„Angelika" ..., sie schaut mir nun doch etwas verduzt, wegen meiner Andeutung irritiert ins Gesicht. Endlich ..., jetzt, ja nun höre ich wieder ihre so herzliche Lache ..., ein wenig zu laut aber doch sehr erfrischend. *Marcus ..., mein allerliebster Marcus ..., möchtest Du mich veräppeln? Ich weiß sehr wohl um meine gut sichtbaren Nachteile, mein Ältersein. Wenn ich mich allmorgendlich im Spiegel betrachte, bemerke ich sehr wohl, dass ich nicht mehr zum anbeißen bin und erst ..., Du weißt schon. Siehst Du sie denn nicht, diese vielen, vielen Fältchen und Falten. Was glaubst Du, wie viel ich tagtäglich von meiner Zeit wirklich verschwende, bis ich diese Unebenheiten in meiner Visage zugespachtelt habe.* Ihr so natürliches Lachen ..., auch mich hat sie damit inspiriert. So sind wir beide nun intensiv damit beschäftigt, uns gegenseitig mit so einigen weißroten Papiertaschentüchern, die Tränen von den Wangen, aus den Gesichtern zu wischen.

Nachdem wir uns beim abwischen unserer Tränen, fast wieder auf Tuchfühlung näher gekommen sind ..., sehr augenscheinig ..., ihre Miene verfinstert sich zunehmend. *Lieber Marcus, lasse uns nun zu einem sehr unangenehmen Thema kommen, welches mir schon seit geraumer Zeit große Probleme bereitet ..., Dir garantiert noch gar nicht aufgefallen ist. Nicht umsonst meine Andeutungen von vorhin, dass ich vielleicht schon sehr bald, also in absehbarer Zeit ein Pflegefall werden könnte.*

Sie hat mich mit ihrer Prophezeiung nun völlig überrascht ..., sie sieht mich perplex ..., sie hat recht ..., was Diesbezügliches ..., nein ..., das hätte ich doch merken müssen. Noch dazu ich mir - eine bestimmt sehr dumme Angewohnheit - sowieso alle Menschen um mich herum, immer sehr gründlich betrachte ..., noch dazu Frauen. „Angelika", *meine liebe „Angelika" ..., Du siehst mich mehr als neugierig ..., ehrlich Du machst mir echt Angst. Hoffentlich kann in Deinem Falle noch geholfen werden? Wenn Gott es will und ich in der gesundheitlichen Verfassung bin, werde ich Dir liebe „Angelika" immer helfen ..., Du verstehst mich schon richtig. Ich meine, dass dies für mich Selbstverständlichkeit ist, dass ich Dir ..., immer vorausgesetzt diese Situation würde so eintreten ..., helfen werde ..., und das kannst Du mir hundertprozentig glauben. Nun bin ich vollkommen irritiert ..., was ist mit mir? Kann ich denn noch normal denken? Nun ..., ich bin völlig durch den Wind und ich bin derjenige, der sich mit beiden Händen, mit den Fingern, mehrmals am Hinterkopf kratzen muss. „Angelika", nun ich sehe schon ..., Du möchtest, dass ich unter allen Umständen wieder gesund werde. Denn von ganzem Herzen wünsche ich mir, dass ich Dir diesen Deinen Wunsch auch erfüllen kann. Also Du siehst ..., so ganz habe ich mich noch nicht aufgegeben. Ein winziger Hoffnungsfunke ist schon noch vorhanden, seitdem mir mein guter Freund „Alfred", mit seiner neuen Behandlungsmethode einen kleinen Floh ins Ohr gesetzt hat. Vielleicht habe ich doch noch eine superkleine Chance. Oder ..., soll ich wirklich an ein ..., an das ganz, ganz große Wunder glauben? Doch nun zu Dir, meine liebe „Angelika". Was ist ..., welches Problem bedrückt Dich? Möchtest Du mir Deine Sorgen ..., Dein Herz ausschütten ..? Jetzt nachdem Du bei mir nächtigen kannst, haben wir ja noch genügend, noch jede Menge Zeit ..., so viel nun auch wieder nicht, wie ich bei meinem Blick auf meinen Regulator an der Wohnzimmerwand feststellen muss. Mittlerweile ist es wirklich schon 22.15 Uhr.*

Mit offenem Mund hat „Angelika" meinen letzten Worten zugehört. Mein lieber Marcus ..., Du bist gut . . ., Du verfügst schon über mein Tun, über meine Zeit ..., aber Du hast Recht. In meiner jetzigen Verfassung, mit meinem hochprozentigen Blutspiegel, komme ich nicht mehr alleine nach Hause. Wenn ich schon bei Dir schlafe, dann nur unter der Bedingung, dass wir Dein so schönes Bett gemeinsam teilen werden. Denn ich gebe Dir mein Versprechen ..., ich werde mich sittsam und brav benehmen, was mir allerdings sichtlich schwer fallen wird. Doch ich sehe es echt ein, dass gerade Du in Deiner so schwierigen gesundheitlichen Verfassung, einen festen, tiefen Schlaf dringend notwendig hast. Und außerdem, was soll´s ..., ich wette ..., Du musst doch wegen Deiner bestimmt extremen Schmerzen, sowieso Deine Ko-Tropfen einnehmen. Wer weiß wie lange Du in der Frühe schlafen wirst, wenn wir heute so spät zu Bette gehen. Vorneweg möchte ich mich allerdings, wenn Du mir dies großzügi-

gerweise gestattest, in Deinem lieben und so sauberen Bad noch gründlich duschen. Der lange Flug und auch Deine so unmittelbare Nähe, haben mich verständlicherweise ganz schön zum schwitzen gebracht.

Nach diesem langen Dialog von „Angelika", vertiefen wir uns wie verabredet, in mein liebevoll, optisch so schön gelungenes Meisterwerk. Und ehrlich, wie es aussieht, es mundet, bekommt uns vorzüglich. Der überaus süffige Italiener Monte Chiara, aus Montepulciano d´Abruzzo, einem Weingut in der südlichen Toscana, auch er passt bestens zu den belegten Weißbrötchen, zu den delikaten, köstlichfrisch schmeckenden Salaten. Schon sehr genüsslich, so schlemmen wir stillschweigend und jeder für sich ganz in Gedanken ..., endlich ..., was für eine Leistung, wir haben es ..., fast alles geschafft. „Angelika" sie blickt mich nun händereibend, kopfschüttelnd an ..., *das hätte ich nie von mir geglaubt. Sagenhaft ..., Du hast ja auch einen ganz guten Appetit. Mir selber habe ich diesen heute bestimmt nicht zugetraut. Ganz ehrlich ..., dies Alles, war echt köstlich und ein göttlicher Genuss. Mein allerliebster Marcus ..., Dich kann man ja nur beneiden. Ich bin wie immer, von Dir vollkommen begeistert. Warum nur ..., ja warum nur, bin ich schon so ein uralter Drachen?*

Beide erheben wir uns wie auf Kommando von unseren Sitzen und hoppla, hopp ..., schon haben wir gemeinsam den optisch vordem so schön und voll gedeckten Tisch fast leergeräumt. Nur noch zwei Weingläser, eine Karaffe, ebenfalls aus Kristall und die kleine Glaskristallplatte auf der die restlichen Canapés, ein paar süßsaure Essiggurken und rote leicht gewürzte Paprikas liegen, stehen nun auf der handgestickten Tischdecke, die den Tisch zu gut zweidrittel bedeckt. Dieses so schöne Stück, habe ich mir schon vor zick Jahren ..., ich glaube es war 1992 oder gar 1993, bei einem so herrlichen, so wunderschönen Kurzurlaub mit „Irene", als Andenken am kleinen Balaton in Ungarn, auf einem bunten Bauernmarkt in Balatonkeresztur von einer schon sehr betagten Bauersfrau eingehandelt. Ja damals ..., ja da glaubte ich wieder einmal wie schon so oft, an die ganz große ..., an meine zweite große Liebe.

Jetzt muss ich noch für die kommende Nacht vorsorgen ..., es wird Zeit für meinen Nachttrunk. Das viele Essen, damit habe ich meinem Magen, meinem Darm bestimmt keine allzu große Freude bereitet. Doch wenn ich ehrlich sein soll ..., es hat auch mir so hervorragend geschmeckt. Gleich, liebe „Angelika", bin ich wieder bei Dir. Nun habe ich es wirklich eilig. Sie kommen ..., und wie ..., es wäre doch zu schön gewesen. Gott sei Dank, wie gut, dass ich dieses Mal nicht lange suchen muss. Meine Arznei, dieses kleine dunkelgrüne Glasfläschlein ..., dort steht es, ausnahmsweise einmal an seinem richtigen Platz, gleich vorne links neben all' den anderen Medikamenten, im Hängeschränkchen über dem Spülbecken. Einen Suppenlöffel habe ich gleich bei der Hand und mit etwas Zucker versüße ich mir diesen extrem bitteren „Genuss", dieses bittere „Etwas". Tief und sehr intensiv durchatmend, meinen mir nun schweren Kopf auf beide Arme gestützt, so sitze ich nun schon wieder etwas deprimiert in der Küche, auf meiner Eckbank ..!

Marcus, Marcus ..., was ist, was hast Du ..? Wo bleibst Du denn? Du kannst mich doch hier nicht völlig alleine in Deinem Wohnzimmer sitzen lassen. „Angelika", sie ist es, die mich aus meinen fantasievollen Träumen reißt. Bin ich vielleicht schon wieder eingeschlafen ..? Das passiert mir jetzt immer öfters, dass ich fast unmittelbar nach der Einnahme dieser starken Schmerzstiller einnicke. Echt peinlich ..., hastig fahre ich mir mit meiner rechten Hand durch meine völlig zersausten wirren Haare. Vorsichtig drehe ich nun den Wasserhahn auf und erfrische mir mein heißes, so überhitztes Gesicht, meine Hände mit dem sehr kühlen Nass ..., welch eine Wohltat.

Meine liebe „Angelika" ..., nun siehst Du, wie schnell mich meine Probleme wieder voll im Griff haben ..., es geht schon wieder. Aber zu lange sollten wir unseren Abend nicht mehr hinausziehen. Meine Medizin, sie zeigt schon jetzt ihre so starke Wirkung. Und dann kannst auch Du mich garantiert nicht mehr ..., dann kann mich überhaupt nichts auf der Welt mehr wach halten. Mehrmals muss ich mir aus Verlegenheit mit den Fingern meiner rechten Hand, über mein unrasiertes, raues Kien ..., die Schläfrigkeit aus meinen bleischweren Augen reiben. *Meine liebe „Angelika", gehe ich Recht in der Annahme, dass Du noch eins von Deinen großen Geheimnissen für mich lüften willst?*

Ich versuche es ..., ich schaukele mich nun auf sehr weichen, schwammigen Füßen zurück in das Wohnzimmer und setze mich ..., etwas Abstand muss schon sein ..., ich versuche es zum mindesten ..., gleich neben „Angelika" auf die Couch. *Was ist mit Dir ...,* fragt sie mich und rückt sich fast auf Tuchfühlung. *Du gefällst mir gar nicht, soll ich Dir den Notarzt rufen?* Überaus zärtlich, sehr liebevoll und behutsam streichelt sie mir nun mit ihrer linken Hand mehrmals durch das Haar. *Nur halb so schlimm ...,* versuche ich zu beschwichtigen. *Es sind immer wieder diese so plötzlich auftretenden starken Schmerzen und jetzt diese wahnsinnigen, so betäubend wirkenden Tropfen. Alles, auch Dich liebe „Angelika" ..., ich sehe Dich momentan wie im Nebel, schon ein bisschen verschwommen. Aber wie gesagt ..., ich fühle mich schon etwas besser. Unser Gespräch sollte sich, wenn irgendwie möglich, nicht mehr zu sehr in die Länge ziehen.* Während meiner wenigen Worte streife ich mir schon wieder mehrmals mit den Fingern der rechten Hand über meine Augen ..., kein allzu großer Erfolg ..., noch bleibt dieser Nebel.

Du hast ja so Recht. Leider muss ich morgen schon zeitig, also gleich nach dem Frühstück heimfahren. Erwarte ich doch so gegen 10.00 Uhr, bereits meinen Steuer- und Vermögensberater zu einem für mich sehr wichtigen Gespräch. Während sie jetzt tief atmet, streichelt sie mir zärtlich über meine Wangen. *Trotz allem möchte ich eins von meinen Geheimnissen, wie Du Dich ausdrückst, noch loswerden. Also ein halbes Stündchen bitte ich doch noch um Dein Gehör.* Wieder atmet sie hörbar tief, sehr tief durch ..., *es fällt mir schwer. Auch ich habe gesundheitlich so meine Sorgen und die nicht erst seit gestern. Und bislang waren diese nur meinem Arzt und meinem Sohn bekannt. Nicht einmal meiner Schwiegertochter ..., ja sie weiß nichts von meiner schon weit fortgeschrittenen Parkinson.*

„Angelika" ..., es ist ihr anzusehen ..., das reden, das Darüberreden, es fällt ihr bestimmt nicht leicht. *Lange Zeit wusste ich nichts von meiner Krankheit und man schickte mich von Pontius zu Pilatus ...,* erst *nach fast dreijährigem Rätselraten, erklärte man mir mein großes Problem. Angeblich war der Auslöser eine verschleppte Gehirnhautzündung. Dabei musst Du wissen, dass durch das Absterben von Nervenzellen im Mittelhirn, ein Mangel an Dopamin entsteht. Dieses ist aber für die Reizübertragung und damit für die willkürliche aktive Muskelbewegung sowie für die Gestik und Mimik notwendig. Die zwangsläufige Folge ist somit eine Muskelstarre, eine allmähliche Verlangsamung der Bewegungen. Das Gesicht wirkt dann in der Folgezeit unbewegt, ausdruckslos. Das auffälligste Symptom ist aber dann ein unkontrollierbares Zittern, das sich mit dem Fortschreiten der Krankheit, in Schüttelbewegungen bemerkbar macht und dass bei Aufregungen, diese ganze Geschichte nur noch verstärkt wird.*

Ich kann es ihr ..., ich sehe es „Angelika" an, sie muss mit den Tränen kämpfen. Was sie mir jetzt offenbart ..., bestimmt sehr deprimierend. *Für mich brach meine bislang kleine so heile Welt zusammen, als man mir diese Einzelheiten erklärte. Du musst wissen, dass es bei der Parkinsonkrankheit zu einem Ungleichgewicht zwischen ..., hoffentlich spreche ich diese so schwierigen lateinischen Begriffe richtig aus ..., also es kommt dabei zu einem Ungleichgewicht zwischen Acetylcholin und Dopamin, zwei wichtigen Botenstoffen für den Teil des Gehirns, der die Bewegungen koordinieren soll. Und sinkt der Dopaminspiegel, überwiegt das Acetylcholin, was dann dieses quälende Zittern und die Muskelsteifheit hervorruft. Leider können bislang bekannte Medikamente, diese Krankheit weder heilen noch aufhalten, sondern bestenfalls nur lindern. Also zur Zeit, momentan, schlucke ich Anticholinergika ..., es wirkt dem Acetylcholin entgegen, indem es dessen Rezeptoren an den Nervenzellen blockiert und so das Zittern und die Muskelsteifigkeit verringert. Vordem hatte man mir Levodopa verschrieben, das im Gehirn in Dopamin aufgespalten wird, was aber bewirkte, dass der Dopaminspiegel wieder stieg. Aber wegen dieser Unverträglichkeit, versuche ich nun seit einem guten viertel Jahr, das vordem genannte Präparat.*

Nur sehr langsam kommt ihr dieser Schwall von Worten über die Lippen ..., sie spricht sehr behutsam. Ihre bislang so gute Laune ..., ihre Gesichtsmimik hat sich merklich verfinstert ..., sehr traurig sind ihre tiefbraunen Augen. Mein Herz es pocht mir bis zum Halse. Du musst sie jetzt, Du musst sie sofort in die Arme nehmen ..., ich fühle ..., aufgewühlt muss ihr Innerstes sein. Es bedrückt sie ..., ich muss sie umarmen und an mich drücken. Und schon ..., wieder auf Tuchfühlung, drücke ich sie sehr innigfest an mich, während ich mit der rechten Hand, mit einem roten Papiertaschentuch ihre Tränen aus ihrem inzwischen stark geröteten Gesicht trockne. So ganz verstehe ich das, bedingt durch meine Tropfen, was sie mir erzählt, zwar nicht ..., aber trotz alledem, mich berührt irgendwie diese mich nur teilweise schockierende Geschichte.

Anschmiegsam ..., sehr vorsichtig lehnt sie nun ihren Kopf an meine Schulter ..., *Dein Mitgefühl, es tut mir gut.* Nun umarmt auch sie mich ..., *immer deutlicher bemerke ich bei mir, dass ich viel schneller ermüde als in früheren Zeiten ..., meine Merk- und Konzentrationsstörungen nehmen überdeutlich zu. Und so konnte ich aus schon vielen Gesprächen mit einschlägigen Fachkapazitäten entnehmen, dass sich dieser Zustand schon sehr bald wahrscheinlich weiter verschlechtern kann. Das heißt aber auch, dass ich dann auf fremde Hilfe, lieber Marcus ..., auf Deine Hilfe angewiesen sein werde. Was ich besonders fürchte, ist die Tatsache, dass dann auch meine Depressionen, wie nach dem Tode meines Mannes, wieder deutlich zunehmen werden.* Wieder dieses tiefe Durchatmen ..., *jetzt weißt Du, warum auch mein lieber Sohn, dieser meiner großen Bitte, vorbehaltlos zugestimmt hat ..., dass Du zu mir in mein übergroßes Haus ziehen kannst und auch der Geschichte nach meinem Ableben. In ein Pflegeheim werde ich mich unter gar keinen Umständen legen lassen. Das weiß auch mein Sohn ..., er weiß auch, dass mein Leben dann für mich keinen Sinn mehr hätte ..., dass ich dann nicht mehr weiterleben möchte.*

Meine liebe „Angelika" ..., jetzt muss auch ich mit den Tränen kämpfen ..., mit so einem negativen Geheimnis ..., bestimmt damit habe ich nie und nimmer gerechnet. Und mit so was wolltest Du alleine fertig werden? Schlimm ..., jetzt verstehe ich erst Deinen gut gemeinten, so großzügigen Vorschlag. Darum ..., überlege es Dir bitte noch einmal. Lasse Dir damit genügend Zeit, denn hoffentlich hast Du Dir hier den richtigen Partner ausgesucht. Ich sehe schon ..., ich muss etwas tun ..., wenn ich hier auch nur den Hauch einer winzig ..., eine winzig kleinen Chance bekomme. Dabei darf ich nicht nur auf ein sehr großes Wunder warten und nur hoffen, dass Gott allein alles für mich erledigen und arrangieren wird. Wir beide ..., ja wir beide können zwar beten und hoffen, dass Gott unsere Bitte erfüllt, mit unserem Schicksal gnädig ist.. Aber ich sollte mir diese Sache mit der neuerlichen Chemotherapie, nicht mehr allzu lange überlegen. Vielleicht kann ich Dir dann wirklich helfen?

Jeder versucht nun ..., wir versuchen ..., wir lächeln uns nun wieder an ..., gegenseitig trocknen wir uns nun ganz zärtlich die Tränen von den Wangen. Ich glaube, dass es an der Zeit ist, dass wir nun unsere übermüden Glieder zu Bette tragen. *Dir, lieber Marcus ..., Du kämpfst ja schon seit geraumer Zeit sehr intensiv mit dem Sandmann. Wir beide, wir sind vielleicht ..., ach was. Vielleicht können ..., ja, wir können uns gegenseitig helfen ..., jeder auf seine Art ..., jeder mit seinen begrenzten Möglichkeiten. Versuchen wir es ..!*

Langsam aber sicher verlassen mich alle guten Geister. Nur mit Mühe kann ich mich noch wach und auf den Beinen halten. Meine Tropfen, sie zeigen Wirkung und mir meine Grenzen. „Angelika", *macht es Dir was aus, wenn ich mich vor Dir dusche? Kann ich mich doch kaum noch auf irgend etwas konzentrieren, geschweige mich mit Dir vernünftig unterhalten. Bitte entschuldige ..., bevor ich hier vor Deinen Augen auf der Couch einschlafe. Lass die Reste und die Gläser ruhig auf dem Tisch stehen. Schlimm ..., meine Augen ..., ich kann mich nicht mehr wach halten ..., besser ich verzichte auf das Duschbad und werde gleich unter die mich wärmende Decke schlüpfen. Du wirst Dich schon ohne mich in der Wohnung zurechtfinden.* Immer und immer wieder muss ich mir über die Augen streifen ..., bleischwer sind diese.

Mein Gott ..., wie vergesslich ..., meine liebe „Angelika", ich habe Dich ganz vergessen. Du brauchst doch etwas für die Nacht ..., ein Nachthemd. Bestimmt ..., ja doch ..., ein solches kann ich Dir anbieten, es stammt noch von meiner „Irene", meiner letzten großen Liebe. Einen kleinen Augenblick ..., hoppla ..., fast wäre ich in der Eile über die Türschwelle ins Schlafzimmer gestolpert. Meine weichen Füße ..., sie suchen und finden scheinbar schon ihren eigenen Weg. Bei meinem peniblem Ordnungssinn brauche ich nicht lange zu suchen.

Lieber Marcus ..., Du bist anscheinend jeder Situation gewachsen ..., ganz erstaunt betrachtet sie nun das dünne hellblaue „Etwas" das ich ihr in die rechte Hand drücke. Sagenhaft ..., dieses zauberhafte, hauchzarte Hemdchen ..., es verdeckt ja überhaupt nichts ..., Du bist mir vielleicht so ein Schwerenöter. Möchtest Du mich wirklich so transparent, so als Verführerin, als Eva sehen? Doch ich glaube ..., ja, es ist besser Du verschwindest augenblicklich in Deinem so schönen großen Schlafzimmer. Ja, ja ..., mir persönlich möchte ich jetzt in aller Ruhe zum entspannen, in Deinem so sauberen Bad, genüsslich eine Dusche gönnen und mich dann zu Dir ins Bett kuscheln. Du wirst es ja kaum noch mitbekommen, wenn ich mich zum wärmen an Deinen Körper drücke. Es wird für mich ohnehin eine sehr kurze Nacht. Dir, lieber Marcus, wünsche ich eine ruhige, schmerzfreie Nacht und einen schönen ..., einen wunderschönen Traum. Für mich persönlich, werde ich Deinen kleinen Reisewecker auf 7.30 Uhr stellen. Wer weiß wie lange Deine so starken Tropfen bei Dir wirken und Du in der Frühe schlafen und träumen wirst?

Noch während ihres letzten Dialogs, entkleide ich mich ungeniert völlig nakt neben meinem Bett. „Angelika", sie war während ihrer letzten Worte in das Schlafzimmer getreten und beobachtet mein Tun ..., *Marcus, Marcus ..., Du mutest mir schon so einiges zu. Bei diesem Deinem Anblick soll ich keine Gefühle haben? Liebend gern würde ich mit Dir den Rest der Nacht verbringen. Ich weiß, ich weiß ..., keine, was sage ich ..., Nullchance. Sehe ich doch selbst, wie schlecht es Dir geht.* Trotzdem ich schaffe es noch, dass ich in meine dunkelblaue Schlafanzughose schlüpfe. Eine Jacke ..., um diese Jahreszeit schlafe ich immer oben ohne und oft auch so wie mich mein Schöpfer geschaffen hat. Schwups die wups, wärmt mich meine Decke, die ich mir bis fast an die Schulter hochziehe ..., ich brauche Luft zum atmen. Meine Tropfen sie zeigen Wirkung und von ganz, ganz weit weg ..., nur noch sehr leise höre ich ..., *mit Dir allerliebster Marcus ..., ja, wenn ich nur jünger* wäre ..., mit Dir würde ich Pferde stehlen ..., mit Dir würde ich alles ..., wirklich alles tun. Ja, ja ..., mit Dir würde ich ..., ich würde mit Dir liebster Marcus, sogar bis ...., ja, ja, ich glaube ..., nein ..., ich weiß es Hundertprozentig. Mit Dir lieber Marcus, würde ich bis ans Ende der Welt, nur mit Dir würde ich sogar „durch Dick und Dünn" gehen.

Mein allerliebster ..., jetzt entschwebe ich vollkommen in meine wunder, wunderschönen Träume. Fliege in einem Düsen-Jet ..., drehe mit diesem mehrere Loopings ..., schraube mich immer schneller und schneller werdend, im Überschall durch die Lüfte ..., quer durch die Landschaft. Alles ist ein irrsinnig, ein wahnsinnig schnelles rauf und runter durch Täler und Schluchten, durch Ortschaften, Städte ..., durch viel zu enge Gassen und Straßenzüge ..., über die höchsten von Schnee und Eis bedeckten Bergesspitzen. Mit dem Jet ziehe ich große und immer kleiner werdende Schleifen ..., unter große ..., unter kleinere Brücken hindurch ..., über Bäche, breite Flüsse und riesig große Wasser, über Seen und wie mir scheint ..., über die unendliche Weiter der Ozeane, auf denen ich sehr, sehr viele Segelschiffe, mit riesigen weißen Segeln ..., Fracht- und supergroße Passagierschiffe erkennen kann.

Welch ein Dahingleiten und Schweben ..., was für eine Leichtigkeit. Ganz urplötzlich ein riesiger Feuerball ..., ein großer, ein wahnsinnig lauter Knall. Nun wieder ..., alles ist still ..., totenstill. Und ich stehe vor einem riesig großen schwarzen Loch. Nur ganz langsam wird das Bild klarer ..., ich erkenne ..., ja das muss ein Friedhof sein. Nichts außer Gräber, so weit mein Auge auch blicken kann. Ganz deutlich, überdeutliche erkenne ich viele, sehr viele schlichte, einfache Holzkreuze ..., nackte Holzkreuze. Dann wieder nur ganz winzigkleine Grabsteine ohne Inschrift ..., einzelne Grabdenkmäler so groß und breit wie Häuser, aus denen viele fast durchsichtige, nicht menschenähnliche, gasformige Gestalten kommen. Dann wieder ein riesiges, ein scheinbar unendliches schwarzes Loch.

Doch was ist? Aus dem schwarzen Loch höre ich nun eine tiefe ..., eine sehr tiefe Männerstimme ..., sie wird lauter und lauter, sie wird schreiender ..., nur mit Dir gehe ich durch „Dick und Dünn". Sie wiederholt sich immer und immer wieder. Und wie mir scheint ..., zick hundert ..., ja tausendfach ..., abertausend Male ..., wie eine Schallplatte mit die einen Sprung hat ..., nur mit Dir gehe ich „durch Dick und Dünn".

Nun verspüre ich die Luft, den wahnsinnigen Sog, der mich in das tiefschwarze Loch ziehen möchte. Mit Händen und Füßen, mit allen Vieren stemme ich mich gegen das endgültige Abrutschen. Doch anscheinend sind alle meine Bemühungen und alle meine Anstrengungen ..., nichts, rein gar nichts kann mich mehr retten. Bin ich wirklich rettungslos verloren? Immer näher und näher komme ..., zieht es mich zu dem endlos scheinenden schwarzen Loch. Dabei scheint es mir, als ob mich viele ..., nein unzählige unsichtbare Hände in dieses Schwarze, in dieses unendliche Nichts ziehen wollten. Und nun ..., der Sog, das Rauschen wird noch stärker, noch lauter, dröhnender, es steigert sich zu einem ohrenzerreißenden Lärm. Dann ganz urplötzlich ..., Grabesstille.

Doch was ist nun? Ja, doch ich höre ..., ganz leise flüstert eine liebliche, eine weiche Frauenstimme ..., die mir immer und immer wieder, kaum hörbar zuhaucht ..., *Du darfst Dich nicht fallen lassen ..., Du darfst Dich niemals, hörst Du nie und nimmer aufgeben.* Plötzlich wird alles ganz dunstig ..., sehr dichter Nebel ..., undurchdringliche Nebelschwaden umhüllen mich, aus dem sich mir jetzt eine Hand ..., die zarte Hand einer Frau entgegenstreckt. Möchte ich diese greifen? Ja, ja ..., ich möchte sie greifen! Aber jedes Mal, wenn ich sie kurz zu fassen bekomme, löst sich der Halt wieder und ich rutsche noch tiefer ab und ich falle und falle ..., immer schneller und schneller werdend, in dieses ..., ich falle mit einer irrsinnigen Geschwindigkeit in diese endlose ..., in eine schier endlos scheinende, unendliche Tiefe.

Komisch ..., jetzt ..., und ganz urplötzlich, erblicke ich in weiter, weiter Ferne, anfangs nur ganz schwach, einen winzigkleinen hellen Punkt, der sich rasend schnell zu einer wahnsinnig großen, strahlenden Sonne vergrößert. Und ..., jetzt kann ich in diesem gleißend hellem, mich voll blendenden Licht, eine frauliche Gestalt erkennen ..., kaum zu glauben ..., meine allerliebste „Hiltrud".

Nur noch hellstes Licht

Orientierungslos ..., völlig in Schweiß gebadet taste, ertaste ich ..., nur langsam erkenne ich, dass ich auf meiner flauschigweichen blauen Bettumrandung liege. Es muss die dem Fenster zugewandte linke Seite neben dem Doppelbett sein. Was für ein herrlicher Tag ..., die grelle Sonne, sie blendet mich.

Nur ganz langsam realisiere ich, dass ich persönlich den lauten Knall in meinem Traum verursacht haben muss. Denn allem Anschein nach, bin ich mit meinem Kopfe irgendwo dagegen geschlagen. Beim vorsichtigen Fühlen mit den Fingern meiner rechten Hand, kann ich an meiner Stirn, rechts über dem Auge, ein schönes Horn ertasten. Nun, mit solchen Tatsachen habe ich mich schon anfreunden dürfen, denn dies ist mir in den letzten Wochen das ein um´s andere Mal passiert. Was soll´s! Behutsam ziehe ich mich an der Bettkante hoch. Mit der gleichen Eile fängt auch mein Hirn ..., immer schön langsam ..., es funktioniert zum mindesten.

Was war eigentlich ..., ist es morgens, mittags oder gar schon nachmittags? Das kann doch nicht sein ..., stimmt die Zeit die mir mein übergroßer Regulator auf meinem Nachtkästchen anzeigt? Schon 11.35 Uhr ..., erschrocken reibe ich mir meine Augen und überrasche mich ..., hurtig eile ..., laufe ich in mein Wohnzimmer. Schau, schau ..., die gleiche Uhrzeit. Mittlerweile ..., ja so allmählich finde ich ihn, den sogenannten Durchblick. Auf meinem Wohnzimmertisch ..., hier stehen sie noch: Die schmutzigen Gläser, die Reste der Canapés, die Essiggurken, die Paprikas. Ja und wo ist „Angelika"? Sagte sie gestern abends nicht etwas von einem Termin bei ihrem Steuer- und Vermögensberater? Verständlich, dass sie da zeitiger aufstehen musste ..., hatte sie sich doch heute Nacht, meinen Wecker auf ihre Wünsche eingestellt.

Richtig ..., nun da ich wieder im Schlafzimmer bin, kann ich feststellen, dass sie das bisschen Nachthemd von „Irene", feinsäuberlich zusammengelegt auf das rechte Bett gelegt und dieses zurückgeschlagen hat. Und noch etwas ..., auf dem rechten Nachtkästchen, bestimmt eine kurze Notiz ..., richtig. *Mein allerliebster Marcus, vielen, vielen Dank für Deine so liebevolle Bewirtung und Fürsorge. Wirklich sehr* schade, dass es Dir gesundheitlich momentan so miserabel geht. Ich hoffe doch sehr, dass sich dieser Zustand mit Hilfe Deines Freundes bald ändern wird. Das wünsche ich Dir von ganzem Herzen. Schade, schade, dass zwischen uns so ein großer Altersunterschied ist. Trotzdem ..., ich glaube, Dir kann ich diese Tatsache ruhig anvertrauen. In Deiner Nähe fühle ich mich so überaus wohl ..., Du bist mir wertvoll und ich schätze Deine so liebevolle, Deine so fürsorgliche Art. Mich freut es schon, wenn ich nur mit Dir plaudern, Deine Nähe genießen darf. Vergönne mir bitte auch in Zukunft diese kurzen Augenblicke. Hast Du heute Nacht in einer großen Achterbahn oder in einem modernen Düsenjet Deine Loopings gedreht? Nur so kann ich mir Deinen Traum, Deine so aufgeregten Hand- und Körperbewegungen deuten. Mit Deinem gesamten Oberkörper, mit Deinem Kopfe hast Du des öfteren zum mindesten solche angedeutet und nachsimuliert. So gegen morgens, musst Du im Traum ja Schlimmes durchgemacht haben, denn so ab und zu hast Du lautes undefinierbares Kauderwelsch von Dir gegeben, mit allen Vieren, mit Händen und Füßen wie wild gestrampelt, so als ob Du Dich gegen irgend etwas gewehrt hast.

Nun wünsche ich Dir, lieber Marcus, einen sonnigen, möglichst schmerzfreien, sehr angenehmen Donnerstag. Am späten Nachmittag werde ich Dich aller Voraussicht kurz anrufen. In der Hoffnung, dass ich Dich dann auch erreichen werde ..., und vergiss mich nicht ..., Deine Dich ..., „Angelika".

„Angelika", „Angelika" ..., Du machst mir Sorgen ..., deine Botschaft, deine lieben Zeilen, sie geben mir zu denken. Ihre Andeutungen kann man so und so auslegen. Hoffentlich hat sie hier keine verkehrten Vorstellungen. Auch sie ist mir lieb und bestimmt schätze ich sie sehr. Irgendwie ..., ihre gesundheitlichen Aussichten ..., sie tut mir leid. Doch warum ..., es könnte echt funktionieren unser Zusammenleben, so wie sie es mir vorgeschlagen hat. Immer vorausgesetzt, dass ich dazu in der Lage sein werde und ihren Wünschen gerecht werden kann. Aber was ist, wenn nicht ..., das sollte momentan noch nicht meine größte Sorge sein. Zum jetzigen Zeitpunkt muss ich mich in erster Linie mit der Realität beschäftigen und die sagt mir ..., rosig ist sie nicht meine gesundheitliche Zukunft. Darf ich an eine solche überhaupt noch glauben? Und was wird aus „Angelika"? Sollten sich ihre gesundheitlichen Prognosen alle bewahrheiten, wird sich schon sehr bald ..., wird sich leider auch bei ihr in absehbarer Zeit, so einiges sehr graphierend verändern. Immer wieder meine Abschweifungen ..., gedankenverloren sitze ich an meiner dem Fenster zugewandten Bettkante. Ja was wäre ..., was hilft dieses ewige wenn und aber ..., dieses Grübeln?

Plötzlich wird mir bewusst, dass ich ..., ja ich habe ihn verschwitzt ..., verschlafen. Mein riesiger Wecker, er zeigt mir überdeutlich 12.25 Uhr ..., meinen Friseurtermin ..., sagte ich nicht etwas von 9.30 Uhr? Nun nervös geworden, muss ich mich mehrmals an meinem Hinterkopf kratzen. Es kribbelt und juckt mich am Kopf, in den Armen, in den Fingern, am ganzen Körper.

Was ist das ..., zu allem Überfluss ..? Nun, das ist mein Telefon aus der Küche. *Beyer ..., schon etwas gestresst, widerwillig und mit schlechter Laune melde ich mich. Herr Beyer sind sie´s? Gut, dass ich Sie antreffe. Hier ist Frau „Adamschick" ..., bestimmt erinnern Sie sich noch an mich. Bitte, bitte nicht böse sein ..., mir lässt dieses so traurige Schicksal von „Pantonella", von „Vanessa", keine Ruhe mehr. Vielleicht wissen Sie schon genaueres? Leider bekomme ich im Krankenhaus immer wieder diese blöde gleichlautende Auskunft. Herr „Dr. Schreiber", er ist nicht zu sprechen und lässt sich meines Erachtens verleugnen ..., er drückt sich so vor einem klärenden Dialog. Ich weiß nur soviel, dass „Vanessa" immer noch im Koma liegt. Die Sorge um „Vanessa" lässt mich kaum schlafen.*

Aus der Telefonleitung höre ich nun nur noch das auch mir zu Herzen gehende, intensive Schluchzen von Frau „Adamschick". *Meine liebe Frau „Adamschick" ..., leider ..., auch ich kann Ihnen nicht viel mehr berichten. Nur soviel, dass auch ich wieder für ein paar Tage, also bis zum 13. September in der Klinik war. Hier erzählte man mir auch nicht viel mehr ..., nur dass sich der Gesundheitszustand von „Vanessa" leider seit ihrem Zusammenbruch am Mittwoch, dem 08. September, sehr, schon sehr verschlechtert hat. So gibt es kaum noch Hoffnung, da ihr Körper durch die vielen Chemos und die doch sehr starken Medikamente schon zu stark geschwächt ist. Man spricht schon davon, dass sie aller Voraussicht, kaum wieder aus dem Koma erwachen wird.*

Dieses Gespräch mit Frau „Adamschick, es kostet mich viel ..., zuviel Kraft ..., ich wundere mich ohnehin über mich. Doch da sind sie schon wieder ..., jetzt melden sie sich und wie ..., Frau „Adamschick" ..., ich möchte sowieso heute noch in der Klinik anrufen. Bitte, bitte nicht böse sein ..., ich habe ein sehr dringendes, ein sehr schmerzendes Problem. Habe ich doch wieder einmal meine Pillen vergessen. Wenn ich näheres über „Vanessa" weiß ..., garantiert, ich werde sie gleich davon in Kenntnis setzen. Bitte ..., es geht nicht mehr ..., Wahnsinn ..., ich muss jetzt auflegen. Es tut mir echt leid und bitte ..., es gibt immer wieder einen Sonnenschein. Garantiert werde ich Sie diesbezüglich schon bald zurückrufen. Vielen, vielen Dank für ..., nun kann ich beim besten Willen dieses Toben, dieses Bohren, dieses Fressen nicht mehr aushalten. Unterbreche die Verbindung, sagt mir mein Kopf und fest presse ich mir dabei meine beiden Hände an den Bauch. Und wirklich ..., ich unterbreche die Verbindung und schleppe ..., ich krieche förmlich fast auf allen Vieren in meine Küche ..., hundeelend ist mir. Jetzt liege ich schon auf dem Steinboden ..., krümme, winde mich wie ein Wurm. Nur ganz kurz lassen sie mich kurz durchatmen, meine Probleme. Schnell rappele ich mich an meiner Spüle hoch, fülle mir Wasser in ein Glas und schlucke zwei von meinen Kapseln, die ich mir aus dem Schächtelchen hole. Gott sei Dank liegt es griffbereit vor mir auf der Arbeitsplatte. Immer noch dieser Wahnsinn ..., so verharre ich einige Sekunden, ein paar Minuten. Schon sitze ich wieder auf der Eckbank und hoffe ..., warte auf das Nachlassen meiner Schmerzen. Noch drücke ich mir beide Hände fest, sehr massiv gegen den Bauch.

Mit dem heute komischerweise sehr langsam nachlassenden Toben in meinem Bauch, überfällt mich nun nach einer leichten Besserung, umso schneller diese bleierne Schwere meiner Augenlider. Nur von weit, sehr weit weg höre ich ..., doch das muss die Glocke ..., doch das ist die Hausglocke, die mich schon des öfteren wegen ihrem übernervöslauten Gebimmele genervt hat. Nur für heute ist sie wie ein

Wegruf ..., wer weiß? Ansonsten ..., garantiert hätte ich heute den Rest des Tages verschlafen. Wie mir scheint ..., zwei Tabletten, diese mir neu verschriebenen ..., sie wirken bei mir wie eine Vollnarkose. Mein armer, mir jetzt stark brummender Kopf ..., ein Problem löst das andere ab ..., er deutet mir an, dass ich in Zukunft vielleicht nur eine Kapsel nehmen sollte. Das schrille Läuten ..., es lässt nicht nach.

Es muss wohl sein ..., also bewege ich mich wegen meines mir brummenden Kopfes nur sehr vorsichtig die 32 Stufen ..., endlich habe ich es geschafft und schon etwas genervt und mürrisch will ich den Schlüssel in der Haustüre umdrehen. Doch schau, schau ..., nicht verschlossen. Und richtig, mir dämmerts. „Angelika", sie konnte ja von außen die Eingangstüre nicht abschließen.

Was Du ..? Was für eine Überraschung. Mit ihr habe ich bestimmt nicht gerechnet. Da steht sie in voller Größe ..., Schwester „Petra"! *Mit mir hast Du, wie ich aus Deinem verduzten Gesicht ersehen kann, nie und nimmer gerechnet. Aber ich war vor einer Stunde bei einem Vorstellungsgespräch im Harlachinger Krankenhaus und da dachte ich ..., übrigens ich habe die Stelle ...,* noch immer bestaune ich sie mit weit offenem Munde. Wirklich hübsch ..., zum anbeißen ..., hübsch hat sie sich herausgeputzt. *Willst Du mich nicht hereinbitten? Du wohnst hier ja wie im Garten Eden, im wunderschönen Paradiesgarten. Welch eine Pracht und ein Duft ..., Deinen Garten meine ich natürlich.*

Nur langsam ..., sehr langsam finde ich meine Fassung wieder. „Petra", „Petra" ..., *Du siehst mich überrascht und wie fesch Du Dich heute herausgeputzt hast. Wenn man Dich nur im weißen Kittel und Du weißt schon ..., meine Erinnerung an Dich ist eine ganz andere. Und jetzt ..., jetzt da Du so wunderschön, so sonnenüberflutet vor mir stehst. Wenn ich bitten darf ...,* eigenartig momentan sind sie wie weggeblasen, meine Kopfschmerzen. Tief verneige ich mich ..., und sie ..., sie stolziert mit ihren hohen Absätzen wie ein Pfau, schon sehr sexy mit ihrem Hintern wackelnd, vor mir her über die Türschwelle und komisch ..., auch sie geht gleich die Treppen nach oben. Jetzt da ich hinter ihr hersteige, kann ich ihre schönen langen Beine, sehr weit nach oben begutachten. Ihr superkurzer, tiefschwarzer Mini gönnt mir sogar einen mehr als großzügigen Blick, auf ihren winzig kleinen transparenten Slip aus feinster weißer Spitze. Schon verführerisch, wie sie so kokettierend vor mir die Stufen bis zu meiner Wohnungstüre hochsteigt. Garantiert fühlt sie meine neugierigen, meine sie bewundernden Blicke, denn absichtlich zupft sie sich nun mit beiden Händen, ihren ohnehin sehr knappen Mini noch ein Stückchen höher. Nur zwei sehr schmale Träger ihres Büstenhalters verdecken ein wenig von ihrem tief gebräunten Rücken, denn ihre Bluse ..., frech ..., schon sehr gewagt und durchsichtig.

Schade ..., schon stehen wir gemeinsam vor der nur angelehnten Wohnungstüre. Zu schön waren für mich die letzten Augenblicke. *Darf ich eintreten ...?* Jetzt da sich Schwester „Petra" umdreht, so unmittelbar vor mir ..., jetzt kann ich sehen, dass auch ihr winzigkleiner BH mir nicht mehr viel verheimlichen kann. Sie wird sich doch nicht in dieser Sexy-Ausführung beworben haben? *Aber hallo ..., Marcus was ist mit Dir? Gefällt Dir mein Outfit? Ich sehe ..., ja Du machst Dir Gedanken über meine luftige Bekleidung. Bemerkst Du es nicht mein lieber Marcus ..., nur für Dich habe ich mich ..., Du musst wissen, ich habe endlich mein eigenes Paradies gefunden und nicht so weit von Dir. Eine liebe, nette Zweizimmerwohnung in einem supermodernen, sehr geräumigen Einfamilienhaus ..., und das gleich am Anfang von Großhesselohe, in der Kastanienallee 22. Du siehst also gar nicht weit von Dir. Doch was ist ...,* neugierig ist sie, schießt es mir durch meinen Kopf, denn schon betritt „Petra" mein kleines Reich.

Hinter mir schließe ich leise die Türe. Ich weiß nicht wie mir geschieht, denn als sie sich jetzt mir zuwendet ..., plötzlich bin ich auf Tuchfühlung und wir spüren unsere so heißen Körper und unsere Zungen ..., in ihren Armen bin ich scheinbar wie Wachs, völlig willenlos. *„Petra" ..., meine Allerliebste ...,* kann ich nur noch stottern ..., schon verschließt sie mir mit ihren feuchten, warmen Lippen meinen Mund und ihre Zunge ..., sie lässt mir keine Zeit zum nachdenken und ihre Hände. Sie drückt mich noch fester an sich. Ja, sie muss mich spüren, sie spürt mein Gefühl ..., ich kann es nicht verstecken. Schon fühlt ..., tastet sie sich mit ihren Händen ..., Fingern tiefer und tiefer ..., sie streichelt mich, und mein Hirn ..., es stellt seine Funktion ein, als sie jetzt den Reißverschluss ihres Minirocks nach unten zieht und dieser an ihren langen Beinen auf den hellen Teppichboden rutscht. Als sie sich nun, mich verführerisch anlächelnd, auch noch ihre Bluse und jetzt auch ihren Büstenhalter auszieht, bekomme ich meinen Mund vor Staunen überhaupt nicht mehr zu. Auch ihrer Schuhe und Strümpfe entledigt sie sich, mich nun herausfordernd anlächelnd. Ihr einziges Kleidungsstück, ihr transparenter weißer Slip, er verhüllt mir ohnehin nichts. Nun kann ich sie in voller Größe bewundern. Wunderschön ist sie, eine wirklich sehr hübsche Frau mit einem sagenhaften Körper. Völlig perplex, aber irgendwie schaffe ich jetzt die Kurve ..., *meine allerliebste „Petra", Du bist eine wirklich hübsche Frau. Aber mein Verstand sagt, dass ich diesen so wunderschönen Augenblick nicht ausnützen darf. Du kannst es mir glauben, dass ich mir diese Entscheidung wirklich nicht leicht mache, dass sie mir sehr schwer fällt. Es tut mir leid, aber vielleicht kannst Du mich verstehen, wenn ich Dir verrate, dass ich mich erst vor wenigen Tagen, mit Haut und Haar in „Hiltrud", in Schwester „Hiltrud" verliebt habe. Es wäre schlimm, wenn ich sie nun mit Dir liebe „Petra", betrügen würde. „Hiltrud" gab mir dabei zu verstehen, dass sie mich ohne mein Wissen, schon seit Jahren innig und heiß liebe.* „Petra", sie hat zu schlucken. Deutlich kann ich ihr die große Enttäuschung aus dem Gesichte lesen, während sie sich nun langsam wieder ankleidet. Bestimmt hat sie sich die Geschichte mit mir anders vorgestellt.

Tief muss sie nun durchatmen ..., und ja ..., in ihren Augen, auf ihren Wangen sehe ich nun dicke Tränen. *Marcus, dabei habe ich mich so sehr auf den Nachmittag mit Dir gefreut. Du hast ja bestimmt schon in der Klinik bemerkt, dass auch ich mich ..., Wahnsinn ..., für mich ist das eine sehr große Enttäuschung. Hatte ich mir doch so große Hoffnungen gemacht. Natürlich verstehe ich Dich ...,Du kannst ja nichts dafür.* Aber was soll ich gegen mein Herz machen. Sie tut mir leid und schon bin ich bei ihr und drücke sie an mich. Sie legt nun ihren Kopf ganz sanft an meine Schulter und noch immer kann ich sehen, dass sie weint, ich fühle das leichte Zittern ihres Körpers.

Doch was ist jetzt mit mir ...? Mir wird plötzlich schwindelig ..., alles dreht sich ..., schneller, immer schneller ..., mein Kopf, er dröhnt mir. Und an beiden Schläfen verspüre ich nun einen wahnsinnigen Druck. Mir wird schwarz vor meinen Augen und schon ..., was ist mit meinen Beinen? Noch im Fallen versuche ich mich mit meiner rechten Hand, am Türrahmen zum Schlafzimmer abzustützen ..., *Marcus was ist mit Dir?* Von weit, weit weg höre ich eine ganz leise Frauenstimme. Nun..., da ich meine bleischweren Augen ganz vorsichtig wieder öffne, blicke ich in das besorgte Gesicht von „Petra", die sich über mich beugt. Mit meiner rechten Hand möchte ich mir über mein Gesicht streifen und stelle fest ..., es ist ganz nass. *Marcus, Marcus, Du machst mir echt Sorgen ..., das sind vielleicht Schrecksekunden. In meiner Not habe ich Dir ein Glas kalten Wassers in das Gesicht geschüttet. Und allem Anschein nach ..., ja, ja es hat Dich, „Gott sei es gedankt" wieder zum Leben erweckt. Soll ich Dir nicht lieber den Notarzt rufen ..., das sah ja eben schlimm mit Dir aus.*

Schwester „Petra" sie hilft mir nun wieder ganz vorsichtig auf die Beine und schau ..., schau ..., sie stützt mich beim gehen und führt mich zu meinem Bett. Ganz langsam setze ich mich auf die Bettkante, während sie die Bettdecke zurückschlägt. Jetzt ist sie wieder bei mir und wirklich ..., sie zieht mir die Schuhe von den Füßen und auch noch meine Jeans schafft sie. Sie zieht mich aus ..., wie ein kleines Kind ..., bis auf die Unterhose. Ihre Hände sie zittern ..., sind übernervös. *Marcus, mein allerliebster Marcus ..., was ist mit Dir? Mein Gott, was bin ich dumm. Muss ich denn immer nur an mich und meine Gefühle denken? Bitte verzeih, ich kann es Dir ansehen, Dein Gesicht ist ja so kreideweiß. Anscheinend eine Kreislaufschwäche. Kein Wunder bei Deinen so starken Medikamenten und bei dem was Du in den letzten Monaten gesundheitlich und bestimmt auch privat alles erlebt und durchgemacht hast. Wo hast Du Deine Medikamente, Deine Tabletten? Nach dem Einnehmen Deiner Medizin solltest Du Dir Ruhe gönnen und bitte versuche, ob Du vielleicht einige Stunden schlafen kannst. Am Abend werde ich Dich mit meinem Handy anrufen. Mein Telefon ist leider noch nicht angeschlossen. Alles braucht nun einmal seine Zeit.*

„Petra", sie deckt mich nun mit meiner Bettdecke bis unter das Kien zu und setzt sich nun neben mich auf die Decke. Sie streichelt mir, da mir immer noch hundeelend zumute ist, unentwegt über mein Gesicht, durch meine Haare und nun sogar über meinen Bauch. Ich weiß nicht wieso ..., doch allem Anschein nach wirken die Tabletten nicht, denn nun melden sich auch meine Bauchschmerzen und wie ..! *Meine schöne „Petra", bitte kannst Du das Fenster öffnen? Diese stickige Luft ..., zum schneiden ..., ich bekomme momentan kaum Luft. Und bitte, bitte bringe mir meine Pillen. Diese liegen rechts in der Küche auf der Ablage. Ein Wasserglas findest Du gleich darüber in der Glasvitrine. Sogar das reden fällt mir schwer. Sehr mühsam ..., ich kann mich kaum auf irgend etwas konzentrieren.*

„Petra", sie schaut mir immer noch besorgt ins Gesicht. Nun beendet sie endlich ihre so intensiven Streicheleinheiten, dreht sich auf die rechte Seite und rutscht von der Bettkante. Sie hat es plötzlich eilig und läuft die wenigen Schritte in die Küche. Höre ich da nicht das klirren von Glas, das plätschern von laufendem Wasser? Schon steht sie mit einem bis an den Rand gefüllten Wasserglas und meinen Filmkapseln neben mir. *Mein geliebter „Marcus, hoffentlich helfen sie Dir, Deine Pillen. Ich kann mich noch so gut an die Worte von „Dr. Schreiber" erinnern. So emotional wie er dieses neue Präparat gelobt hat, muss es ja wahre Wunder bewirken. Ich weiß ..., es klingt schon etwas sarkastisch. Diese Pillen, fast reinstes Morphium, sind ehrlich gesagt die reinsten Ko-Pillen. Bewirken diese doch nur eine kurzfristige Linderung Deiner bestimmt wahnsinnigen Schmerzen.*

Sie beugt sich nun zu mir herunter, legt mir meine Tabletten in meinen geöffneten Mund, auf die Zunge ..., sie reicht mir fürsorglich auch noch das Glas Wasser zum nachtrinken an den Mund. *Mein Gott ..., wie sehr wünsche ich Dir auch weiterhin diese mentale Stärke. Bitte, bitte nimm diesen Vorschlag Deines Freundes zu einer neuerlichen Therapie an. Ehrlich, er ..., auch die anderen Ärzte „Dr. Schuster" und „Dr. Roder", sie alle versprechen sich soviel ..., sie versprechen sich wahre Wunder von dieser noch relativ neuen Behandlungsmöglichkeit und von dieser neuen Chemotherapie. Versuchen würde ich es allemal.*

Sie nimmt nun meinen Kopf in beide Hände und küsst mich ..., sie küsst mich ..., mir schwinden fast schon wieder die Sinne. Schwarz, tief schwarz wird mir plötzlich vor den Augen. „Petra", sie spürt ..., ja sie fühlt meine Schwäche. Augenblicklich unterbricht sie ihren so innigen Kuss, greift mir unter die Arme und legt mich ganz behutsam auf das frischweiße Bettlacken. Hastig erhebt sie sich nun aus ihrer gebückten Haltung ..., eilt zum Fenster ..., voll öffnet sie beide Flügel. Dieser frische Sauerstoff, tief und fest atme ich ihn ein. Doch nur langsam legt sich bei mir dieses schnelle Kreisen, dieses Schwindelgefühl. So allmählich, nur ganz langsam schwindet sie, diese tiefe Schwärze vor den Augen.

Als ich jetzt langsam, ganz vorsichtig meine Augen öffne, blicke ich in das mich freudig anstrahlende Gesicht von „Petra". *Marcus, mein liebster Marcus ..., Du machst mir Sorgen. Fast glaubte ich schon an das Allerschlimmste. Dies wäre für mich eine Katastrophe, der schlimmste aller Gaus. Jetzt bemerke ich, wie sehr ich Dich liebe. Ehrlich ..., ich glaube ..., doch es muss wirklich so sein. Echt, es fühlt sich so an ..., ich habe wirklich „Schmetterlinge im Bauch".* Sie legt sich jetzt zu mir in das Bett. Sehr behutsam rutscht sie auf Körperkontakt. Nun ..., sie streichelt mich wieder. *Mein lieber Marcus, ich habe mich so sehr auf den heutigen Nachmittag mit Dir gefreut. Schade, dass es Dir so schlecht geht. Ich weiß ...,* immer und immer wieder, streichelt sie mich ..., ganz sanft und mitfühlend von meinen Haarspitzen, über das Gesicht ..., meinen Hals bis zum Bauch. *Marcus ich werde Dich nun alleine lassen. Und bitte, versuch zu schlafen. Deine Tabletten sie beginnen ja schon zu wirken. Das wird bestimmt einige Stunden dauern, bis Du wieder ansprechbar bist.*

Und siehe da, es überfällt mich eine bleierne Schwere. Nur noch wie im Traum fühle ich das zärtliche Streicheln auf meiner Haut ..., auf meinem ganzen Körper. Es wird ein intensiver, ein langer Schlaf.

Momentan bin ich völlig verwirrt. Es ist fast dunkel im Raum. Nur schemenhaft kann ich an der gegenüberliegenden Wand, im Spiegel meines breiten Schlafzimmerschrankes, das leichte Wippen von Baumkronen erkennen, die sich vom Winde hin und her schaukeln lassen. Es muss tiefste Nacht sein ..., fast Vollmond, wie ich jetzt beim Blick aus dem vollkommen offenen Fenster feststelle. Nur schwach kann ich mich ..., es dauert und dauert. Doch nun ..., mein Gott, was ist mit ihr, mit „Petra"? Wo ist sie? Ganz vorsichtig taste ich mich mit beiden Händen über die Bettdecke. Ja sie muss mich fürsorglich auf meine blaue Decke gelegt und mit der Bettdecke zugedeckt haben. Erschrocken haspele ich mich aus meiner Zudecke ..., in der Küche ..., im Wohnzimmer ..., auch im Bad ..., in der Toilette ..., ich finde sie nicht und das, obwohl ich jetzt alle Räumlichkeiten hell beleuchtet, durchsucht habe.

Das darf doch nicht wahr sein. Unwahrscheinlich ..., ich kann es nicht glauben ..., so völlig ohne irgend einen Bescheid ..., keinerlei Nachricht. Bin ich deswegen etwa deprimiert? Gebeugt ..., meinen schweren Kopf stütze ich mir nun mit beiden Händen. Völlig daneben, sitze ich auf der Bettkante. Die ganze Welt ..., sie kann mich ..! Es will mir partout nicht in meinen wieder stark brummenden Kopf. Mein Gott, nun auch noch mein blöder Bauch. Also diesem Problem muss schnellstens abgeholfen werden. Schon bin ich in der Küche und suche etwas genervt nach meinen Tropfen. Doch halt ..., ja doch. Mit einem Wasserglas beschwert ..., hier liegt ein an mich gerichteter Brief. Doch zu allererst ..., schnell habe ich diese geschluckt und schon sitze ich wieder auf meiner Eckbank in der Küche. Neugierig ..., was hat sie mir alles geschrieben? Wie ich schnell feststellen kann ..., fleißig, sehr fleißig und das in vollen vier Seiten.

Nun und mein dieses Mal überaus schnell wirkendes Medikament, es lässt mir kaum Zeit zum lesen. Trotzdem, ich reibe mir mehrmals meine schon wieder ganz trüben Augen ..., *Marcus, mein über alles geliebter Marcus. Kurz, zu kurz ..., die Zeit mit Dir. Ich hatte mir soviel vorgenommen, dabei aber egoistisch nicht an Deine gesundheitliche Verfassung gedacht. Mit Dir wollte ich die Nacht verbringen ..., mit Dir wollte ich fliegen ..., mit Dir wollte ich schweben ..., nur mit Dir, mein allerliebster Marcus. Nur mit Dir möchte ich mein ganzes Leben ..., ja, ja, mit Dir möchte ich weiterleben und alles Schöne durchleben. Kurzum ..., glaube mir ..., für immer und auf ewig ..., in guten wie auch an schlechten Tagen.*

Ehrlich, Du bist meine so große Liebe, Du bist mein Glück! Nur für Dich möchte ich leben!
Schade, es ist zu schade ..., ich muss Dich jetzt, ich muss Dich für heute verlassen. Du weißt ja, ich möchte liebendgern ganz in Deiner Nähe wohnen und ich sollte mich daher auch um meine neue Wohnung und um meinen hoffentlich sehr baldigen Umzug kümmern. Schon um 18.00 Uhr habe ich diesbezüglich einen Termin mit meinem neuen Vermieter wegen der Vertragsunterzeichnung. Morgen, freitags ..., ja da ist für mich der letzte ..., der allerletzte Arbeitstag in der Klinik. Ja, ja, dann habe ich vier Wochen Urlaub! Zeit um Dich zu pflegen. Zeit nur für Dich und unsere Liebe. Ich kann es kaum erwarten, so wahnsinnig freue ich mich auf Dich. Und schon morgen nachmittags rufe ich Dich aus der Klinik ..., schon wirken sie, meine Tropfen.
Was ist das ..., ist es mein Kopf der mir ..! Vorsichtig reibe ich mir meine völlig verklebten Augen. Nun, mein Kopf ist es allem Anschein nach nicht. Momentan kein brummen und kein Schmerz. Unglaublich ..., schon komisch ..., er funktioniert. Ich realisiere, es muss ..., ja es ist mein Telefon aus dem Schlafzimmer. Wieder dieser mich nervende Song. Ja ..., melde ich mich, schon etwas redefaul. *Mein lieber Marcus, bist Du am Telefon ..?* Die Stimme ..., ja es muss Schwester „Hiltrud" sein. Jetzt fällt es mir wie Schuppen von den Augen. Mein Gott, ich habe sie völlig vergessen. O Schreck ..., das Datum im Display meines Telefons ..., wir haben ja schon Freitag den 17. September.
Jetzt darf ich mir aber eine passende Ausrede einfallen lassen. Meine liebe „Hiltrud", sie hatte ich durch meine Kreislaufschwäche ..., und ja, ja ..., und durch „Petra" völlig vergessen. *„Hallo, hallo ..., Marcus was ist mir Dir? Hat es Dir jetzt die Stimme verschlagen? Zweimal habe ich Dir gestern nachmittags auf Band gesprochen und Dich um einen möglichst kurzfristigen Rückruf gebeten. Schade, schade ..., hast Du unser Tete-a-Tete, hast Du mich vielleicht schon ganz vergessen?* Schlimm, wie peinlich ..., meine liebe „Hiltrud", keineswegs. Ehrlich ..., gestern war für mich kein besonders guter Tag ..., ich meine gesundheitlich ..., hundeelend fühlte ich mich den ganzen Tag ..., mein Kreislauf.

Wegen dieser bestimmt sehr zweideutigen Ausrede, könnte ich mich ohrfeigen. Gut, dass sie mein intensives Erröten nicht beobachten kann, denn. siedend heiß wird mir plötzlich und das am ganzen Körper. Nachdem ich gestern, die mir erst vor wenigen Tagen von „Alfred" verschriebenen Tropfen geschluckt hatte, dämmerte ich fast den ganzen gestrigen Donnerstag und auch noch die folgende Nacht so vor mich hin. Purer Wahnsinn ..., ich glaube fast ..., doch, das müssen echte Ko-Tropfen sein. Jetzt ..., nun erst verspüre ich meinen inzwischen wahnsinnigen Kohldampf. Ja ich habe Lust auf etwas Flüssiges ..., auf etwas Trinkbares. Erlaube mir ..., nur ein paar Sekunden, ich hole mir schnell eine kleine Flasche Aqua-Minerale aus dem Kühlschrank, dann können wir wieder in aller Ruhe weiterplaudern.

Für mich ein paar Minuten Bedenkzeit ..., zum Kühlschrank ..., öffnen und eingießen. Was für ein göttlicher Genuss, dieses kühle Nass. Mein Mund und mein Gaumen waren völlig ausgetrocknet. *Meine allerliebste „Hiltrud", ich hatte gestern wieder einmal wahnsinnige Schmerzen. Und da habe ich aller Wahrscheinlichkeit aus Versehen, die mir von „Alfred" verschriebenen Tropfen überdosiert. So ausgiebig und tief habe ich schon lange nicht mehr geschlafen. Die bestimmt zu laut eingestellte Erkennungsmelodie meines Telefons hat mich endlich geweckt ..., hat mich aus meinen kuriosen Träumereien gerissen. Wie ich soeben auf meiner Wanduhr bemerke ..., schon 10.46 Uhr.* Gar nicht so schlecht meine Argumente. Hoffentlich sieht „Hiltrud" diese auch so?

Mein lieber „Marcus ..., ich muss schon sagen ..., sagenhaft Dein Schlaf. Zwei Mal habe ich Dich gestern nach 17.30 Uhr angerufen. Ich machte mir wegen Dir wirklich ernsthafte Sorgen und stattete Dir so um 19.30 Uhr einen Besuch ab. Doch selbst mein fast viertelstündliches Geläute ..., mein Sturmgebimmele an Deiner Haustüre, es brachte mir nicht den mir so innig gewünschten Erfolg. Hatte ich mich doch schon den ganzen Tag wahnsinnig auf Dich und unseren ersten gemeinsamen Abend gefreut. Für mich ..., ehrlich der ganze Abend war für mich eine große, eine riesengroße Enttäuschung. So verbrachte ich letztendlich diesen für mich nun so langweilig gewordenen, ewiglangen Abend vor meiner Klotze. Marcus, mein allerliebster Marcus ..., ich ..., mein Herz sehnt sich so sehr nach Dir. Wann, ja wann kann ich endlich mit Dir ..., Du weißt schon. Ich liebe Dich so sehr ..., es tut mir schon weh, mein so dummes Herz. Glaube mir ..., es macht mir ab und zu wirklich Sorgen.

Durch die Leitung kann ich jetzt ihr festes, bestimmt enttäuschtes mehrmaliges Ausatmen hören. *Nur wegen Dir bin ich dann bis so gegen 24.00 Uhr vor diesem dummen Kasten gesessen. So hoffte und erhoffte ..., ich wartete so dringend auf Deinen Rückruf. Denn, hättest Du mein auf Band Gesprochenes abgehört, Du würdest sie verstehen ..., Du hättest vielleicht Verständnis für meine tiefe, tiefe Enttäuschung. Marcus ..., ich kann nicht anders. Bitte, bitte ..., Du darfst mir wegen meiner wahnsinnig großen Liebe zu Dir niemals böse sein.*

Schlimm ..., welche Suppe muss ich mir da jetzt wieder selber auslöffeln? Diese kurzen Augenblicke mit „Petra", sie gehen mir nicht mehr aus dem Kopf. *Meine allerliebste „Hiltrud" ..., bitte, bitte verzeih mir. Aber Du weißt ja um meine gesundheitlichen Probleme. Ehrlich gesagt ..., ich habe die Wirkung dieser Tropfen unterschätzt. Weiß ich doch selber nicht, wie es mit mir weitergehen soll. Schon morgen ..., ja, ja schon morgen kann alles vorbei ..., kann es mit mir aus und vorbei sein.*

Habe ich sie nicht mehr alle? Was habe ich jetzt schon wieder für einen Blödsinn geredet? Muss das denn immer sein ..., völlig ohne Hirn ..., das wollte ich wirklich so nicht. Schlimm, deutlich kann ich es hören ..., „Hiltrud", sie weint! Stoßweise, fast stotternd kommen ihre besorgten Worte ..., *Marcus, was ist mit Dir ..., was willst Du mir mit Deinen letzten Worten sagen? Möchtest Du wirklich, dass alles schon vorbei sein soll? Fühlst Du ..., glaubst Du mir nicht? Du weißt doch, was ich für Dich empfinde. Du weißt doch, dass ich alles, wirklich alles für Dich tun würde. Schon zu lange liebe ich Dich mehr als mein Leben, mehr als alles andere auf diesem Planeten.* Sie schnäuzt sich nun, schon etwas zu laut in ein Taschentuch. Und ..., wie bin ich froh, jetzt klingt sie schon um einiges ruhiger. *Marcus, mein über alles geliebter Marcus, ich möchte Dir helfen ..., helfen wo immer ich nur kann. Alles, wirklich alles will und werde ich für Dich tun. Glaube mir, nur mit Dir und an Deiner Seite möchte ich für immer und ewig leben. „Alles" ..., wirklich „Alles" möchte ich mit Dir nur noch gemeinsam erleben.*

Mein Gott ..., auch das noch. Was soll ich ihr nach diesen so lieben Worten sagen? Doch Gott sei gedankt, sie selber nimmt mir diese Entscheidung ab und schon ..., *lieber Marcus, so einiges kann ich Dir aber trotz alledem vorab an Unannehmlichkeiten nicht ersparen. Zum einen „Vanessa", ihr ohnehin schon sehr angegriffener Gesundheitszustand hat sich weiter verschlechtert. „Alfred", er meinte, dieser ist mehr als bedenklich und er befürchte schon in den nächsten Tagen für sie das Allerschlimmste. Zum anderen, es war abzusehen ..., Frau „Schäfer", Deine liebe „Irene" ..., sie hat ihr Arbeitsverhältnis sehr kurzfristig gekündigt und scheidet darum schon zum letzten dieses Monats bei uns aus. Sie wechselt zu gleichen finanziellen Bedingungen als Arzthelferin in das Schwabinger Krankenhaus. Überdies hat sie sich wieder ..., nun schon zum x-ten Male, von „Alfred", wie sie meint, nun aber endgültig getrennt. Und sie hat sich, wie sie mir erklärte, eine schöne, sehr großzügig geschnittene Dreizimmer-Eigentumswohnung mitten im Grünen, in einer völlig neu gebauten Parksiedlung in Oberschleißheim gekauft. Wenn ich richtig gehört habe, ist diese am August-Grassl-Weg. Überdies hat sie mich jetzt schon zu ihrer Einweihungsparty eingeladen. Wie sagte sie noch ..., es ist endlich an der Zeit, dass sich in ihrem Leben so einiges zum Vorteil ändern müsse. Sie finde es überdies sehr, sehr ..., wie sagte sie ..., Du warst ihre einzige, wirklich einzige echte große Liebe. Sie findet es sehr, sehr schade, dass es mit Dir am Schluss nicht mehr geklappt hat. Und noch etwas, also zum Dritten ..., auch „Petra", Frau „Petra Drexler", Du kennst sie ja bereits hinreichend, sie möchte sich endlich etwas Passenderes suchen. Scheinbar ist sie schon fündig geworden, denn sie schwärmte mir von einem baldigen Wechsel in das Harlachinger Krankenhaus vor, also ganz in unserer Nähe. Du siehst, es wird nie langweilig bei uns in der Klinik. Und ja unser „Alfred", er meinte noch ..., nun muss ich mich schon wieder an eine Frau gewöhnen ..., hoffentlich ist sie auch so hübsch?*

„Hiltrud" wenn du wüsstest ..., schießt es mir im ersten Moment durch den Kopf. Doch was soll ich jetzt tun? Am besten wird es sein, ich raffe mich auf und besuche sie ..., ich fahre ganz einfach zu ihr in die Praxis. Bei dieser Gelegenheit kann ich dann gleich „Vanessa" besuchen und ..., ja mit „Alfred" sollte ich nun endlich über einen weiteren Termin und über eine eventuell neue Chemo reden. So schaffe ich mir zum mindesten einen guten Tag Bedenkzeit, was das erste Treffen, die Verabredung mit „Hiltrud" anbelangt. So Etliches ging mir in den letzten Tagen viel zu schnell. Schlitterte ich doch von einem Problem in das andere. Das mit „Petra" ..., schrieb sie mir nicht von ihrer so großen Liebe zu mir? Sollte ich diese Geschichte mit „Hiltrud" nicht doch etwas gründlicher überdenken ..., mit wesentlich mehr Hirn als sonst? Allem Anschein nach ..., doch ich glaube fest daran ..., „Hiltrud", sie meint es wirklich ernst mit ihrem Gesagten. Und was ist mit „Petra", meint sie es nicht auch so wie sie es sagt? Spricht sie doch auch von ihrer so großen Liebe zu mir. Was soll ich tun ..., was will ich eigentlich selber? „Petra" oder „Hiltrud"? Wenn ich in mich ..., tief in mich hineinhöre ..., ich glaube mein Herz ..., wenn ich ehrlich sein soll ..., es schlägt wirklich nur für „Hiltrud".

Ach was ..., mein armer Kopf ..., er summt und brummt mir. Was soll´s, ich lasse diese Problematik am besten auf mich zukommen. Kommt Zeit, kommt Rat ..! Meine Idee, sie gefällt mir. *„Hiltrud" ..., bist Du noch an der Strippe? Das war schon allerhand was Du mir da soeben brühwarm aufgetischt hast. Verstehe darum auch meine etwas lange Denkpause. Wenn es Dir zeitlich passt, möchte ich Dich in der Klinik, jetzt ist es kurz vor 12.00 Uhr, also so um ca. 14.00 Uhr besuchen. Vielleicht kannst Du mir etwa um diese Zeit der Einfachheit halber, gleich einen Besprechungstermin bei „Alfred" einräumen? Ich möchte mit ihm vorab so einiges wegen meiner vielleicht neuerlichen Chemotherapie abklären. So meinte er doch noch vor wenigen Tagen, dass diese wegen meines so miserablen Gesundheitszustandes sehr kurzfristig erfolgen solle. Wie Du vielleicht schon weißt, möchte ich deswegen vor meiner neuerlichen Therapie einen einwöchigen Kurzurlaub im Zillertal einschieben. Das hieße also, dass ich meinen bereits fest gebuchten Urlaub sehr kurzfristig verschieben darf. Verzichten ..., nein darauf verzichten möchte ich unter gar keinen Umständen. Ich brauche für mich einige Tage Raum, Ruhe und Zeit. Ich muss meinen Kopf wieder frei bekommen und will* mir über das was ich noch tun möchte und werde, Klarheit verschaffen. Aber ich möchte unter allen Umständen, wenn es sich zeitlich irgendwie einrichten lässt, schon morgen meinen so dringend benötigten Urlaub, vom 21. bis zum 27. September buchen. Hoffentlich lässt sich dies so kurzfristig noch arrangieren?

Nicht schlecht ..., ich habe endlich wieder Pläne. Doch so viel wollte ich „Hiltrud" eigentlich gar nicht von diesen meinen Absichten erzählen. Nun ..., wer weiß, wer weiß? Lässt es sich einrichten? Wenn irgendwie möglich, möchte ich bei dieser Gelegenheit kurz bei „Vanessa" reinschauen. Wenn ich meine Gedanken verwirklichen will, sollte ich mich jetzt vielleicht ein wenig tummeln. Nicht, dass ich wieder ..., Du weißt schon. Ach so ..., meine Pillen sollte ich vorher noch einnehmen.

Marcus, mein allerliebster Marcus ..., deutlich ist ihr aufschnaufen ..., Du machst mir mit Deinen Entschlüssen eine wirklich große, eine sehr große Freude. Du hast Dich Gott sei Dank allem Anschein nach, endlich zu der einzig richtigen Entscheidung durchgerungen. Ich glaube schon, dass sich der Termin bei „Dr. Schreiber" ..., dass ich mit „Alfred" klarkommen werde. Heute ist es übrigens relativ ruhig bei uns. Nur so viel ist mir bislang bekannt, dass er sich so um 17.00 Uhr mit seiner neuen Flamme ..., dass er sich mit „Renate" treffen möchte. Hoffentlich hat er dieses Mal mehr Glück. Ich wünsche es ihm wirklich von ganzem Herzen. „Renate", sie ist ein wirklich liebenswertes sehr redseliges Geschöpf. Ein sehr heller Kopf, ruhig und ausgeglichen. Noch sehr jung, äußerst hübsch ..., nein sehr hübsch ist sie. Du wirst sie bestimmt bald kennenlernen. Wie ich „Alfred" kenne, wird er sie Dir garantiert bald repräsentieren. Also beeile Dich ..., ich freue mich schon so auf ein baldiges Wiedersehen. Und bitte vergiss nicht ..., nimm Deine Pillen vorher noch ein. Nun wieder dieses tiefe Atmen, doch etwas hat sich in ihrer Stimme verändert. Sie klingt wieder so, wie ich es von ihr gewöhnt bin. Freundlich, fröhlich ..., einfach super. Das ist sie wieder, meine liebe, meine allerliebste „Hiltrud".

„Hiltrud" ..., tschüss ..., auch ich freue mich schon auf Dich. Jetzt muss ich mich aber beeilen. Bis zum Taxistand ist es ja nur ein Katzensprung. Aus dem Hörer höre ich nun einen Kuss ..., nein es sind bestimmt mehrere. *Bussi, Bussi ..., ich freue mich schon so sehr auf Dich. Meine liebster Marcus, glaube mir, ich liebe Dich schon so lange ..., ich liebe Dich mehr als mein Leben* ..., noch ein langes, tiefes mehrmaliges Ausatmen ..., tut, tut, tut ..., sie hat aufgelegt.

Noch während meines kurzen Telefonats mit „Hiltrud", kommen mir schon wieder Zweifel. Am liebsten wäre es mir, ich bräuchte jetzt nicht in die Stadt, nicht in die Klinik fahren. Ist dies wirklich mein Wunsch ..., nach diesen schon so vielen Fehlschlägen. Möchte ich mich wirklich schon wieder therapieren lassen? Wollte ich nicht schon so oft den vielleicht einfacheren, den kürzeren Weg gehen? In meinem Hinterkopf ..., diesen Kurzurlaub in Hintertux. Noch einmal möchte ich nur dort ein paar schöne Tage erleben ..., ja dort wo ich einst mit meiner „Christina" so überglücklich war. Noch einmal möchte ich, wenn es mir gesundheitlich irgendwie möglich scheint, diese so wunderschönen Bergtouren erwandern ..., und was kommt dann ..? Noch habe ich keinen festen Entschluss gefasst. Nur, mit diesen oft so wahnsinnigen Schmerzen weiterleben ..., nein, nein ..., so weiterleben möchte ich unter gar keinen Umständen. Dann möchte ich schon lieber die kürzere, die einfachere Lösung vorziehen ..., oder doch nicht? Ich weiß nicht recht. Aber was hält mich eigentlich davon ab? Gerade in den Bergen gibt es doch so vielerlei Möglichkeiten ..!

Meine gedankliches Auf und Ab, es verunsichert mich, es verwirrt mich. Ist es jetzt und sofort nicht doch besser, ich treffe mich mit „Hiltrud"? Wer weiß was sie mir alles erzählen möchte. Ich muss unter Menschen sein, mit ihnen reden. Was ich jetzt brauche, ist ein klarer Kopf. Warum auch nicht. Anhören sollte ich mir auch das, was mir mein Freund „Alfred" in punkto einer neuerlichen Chemo vielleicht erzählen möchte. Aufgegeben ..., nein aufgegeben habe ich mich keinesfalls. Zu sehr hänge ich noch an diesem Leben und allem was dazugehört ..., das ist schon eine Menge ..., vielleicht sogar ein „kleines Glück"?

Plötzlich habe ich es sehr eilig. Ich muss raus aus meiner mich jetzt einengenden Wohnung, ansonsten fällt mir die Decke auf den Kopf.

Irgendwie bin ich froh, dass ich mich endlich zu einer Entscheidung durchringen konnte. Schon wesentlich schwieriger ist allerdings die Durchsetzung. Schnell habe ich mich geduscht, rasiert, die Zähne geputzt und in meine allerbesten Klamotten geworfen. Mit meinem französischen Rasierwasser, ein Geschenk von meiner allerliebsten Tochter „Monika" - es war zu meinem letzten Geburtstag - habe ich mir eine exquisite Duftnote verpasst. Und wenn ich ehrlich bin ..., ich kann mich noch freuen wie ein kleines Kind ..., ich freue mich jetzt wirklich auf die Begegnung mit „Hiltrud".

Die wenigen Meter zum Taxistand und auch die relativ flotte Fahrt zum Klinikum ..., mir verging die Zeit viel zu langsam ..., ich kann das Treffen mit „Hiltrud" kaum erwarten. Doch als ich jetzt wie gewohnt, die wenigen Treppen zur Arztpraxis hocheilen möchte ..., komisch ..., urplötzlich überkommt mich ein beklemmendes Gefühl. Was ist ..., habe ich Blei in meinen Beinen. Schwer, sehr schwer sind sie mir ..., es funktioniert nicht wie sonst ..., hoppla, hopp. Auch das noch ..., muss das sein? Mein dummer Kopf, er brummt, er schmerzt mir. Garantiert ..., Schuld ist hundertprozentig mein schlechtes Gewissen. Hoffentlich ..., ja hoffentlich begegne ich nicht „Petra", sie hat doch heute ihren letzten Arbeitstag in der Klinik. Was wäre wenn ..., könnte ich ihr ins Gesicht schauen? Eigenartig, völlig bedrückt schleiche ich die wenigen Treppen in den ersten Stock und bin erst erleichtert, als ich die Türe zur Praxis, zum Wartezimmer öffne und eiligst hinter mir wieder verschließen kann.

Grüß Gott ..., begrüße ich zwei schon etwas ältere Frauen, die mich bei meinem Eintreten wie einen Geist mit offenen Munde und ohne Gegengruß gründlich begutachten. Beide sitzen gleich rechterhand unmittelbar an der Eingangstüre auf bequemen Swingstühlen. Heilfroh bin ich, dass bei diesem schönen Wetter, bei diesem herrlichen Sonnenschein, beide Fensterflügel voll geöffnet sind. Gut, dass die Sitzgelegenheit unmittelbar am Fenster frei ist, mich zum sitzen einlädt. Nun, da ich es mir bequem mache, ist sie wieder da, meine gute Laune. Gedanklich abwesend, blättere ich mich durch eine politisch orientierte Zeitschrift. Nun, der Inhalt, er erscheint mir wenig ansprechend, die Thematik zum Haare ausreißen. Schon etwas angeregter blättere ich mich nun durch die Klatschspalten der hiesigen Boulevardpresse.

Urplötzlich ..., beim durchlesen eines Artikels ..., er regt mich auf, belastet mich. Eine weltbekannte Schauspielerin ..., sie kämpft schon seit Jahren einen aussichtslosen Kampf gegen den Krebs. Da ist sie ..., meine Angst und noch etwas ..., ist dies nur Zufall? Ja, doch, ich sitze wieder auf dem gleichen Stuhl, auf dem ich noch vor wenigen Tagen so intim, so vertraulich mit „Vanessa" ..! Wie mag es ihr wohl gehen? Schon vergessen ..., nein, es müssen meine so starken Medikamente sein, die mich alles so schnell vergessen ..., besser ..., die mich diese Dinge schneller verdrängen lassen. Erhoffte ich mir doch auch mit ihr, mit „Vanessa", eine neue, eine große Liebe. Eine Logik steckt bestimmt nicht hinter meiner momentanen Denke. Doch was ist mit meinen Gefühlen ..., sind diese wenigstens noch echt, noch ehrlich? Kann ich mich auf mich selber überhaupt noch verlassen? Bin ich noch ich? Schenkt mir Gott noch ein zweites Leben und damit verbunden, auch wieder eine echte, ein wirklich große Liebe? In meiner jetzigen fast aussichtslosen Situation, klammere ich mich verständlicherweise an jeden noch so dünnen Strohhalm.

Meine nun völlig verwirrten Gedanken, sie lassen mich zweifeln an meinen daheim getroffenen Entscheidungen. Soll ich wirklich diesen doch relativ unsicheren, für mich so schmerzhaften Weg gehen? *Der Nächste bitte* ..., eine angenehme, eine weibliche Stimme bringt mich wieder mit der Realität in Berührung und blicke noch völlig entrückt aus meiner Zeitschrift hoch ..., ein neues, ein hübsches, ein sehr junges Gesicht. Nein, davon hat mir „Hiltrud" in unserem Telefonat gar nichts erwähnt.

Sind Sie neu? Garantiert, diese Frage gilt mir. Dieses sehr junge Geschöpf, hat sich nun unmittelbar, nur wenig vor mir, in Position gebracht. Sie mustert mich nun freudig anstrahlend, sehr neugierig vom Fuß bis zur Nasenspitze. Da ich dies nun auch eingehend und sehr gründlich bei meinem Gegenüber, bei ihr tue, kann ich ein tiefes Erröten ihres wirklich schön gezeichneten Gesichtes beobachten. *Na, na ...,* unterbricht sie meine Neugierde. Offensichtlich ist meine Begutachtung, wieder einmal zu gründlich ausgefallen. *Verzeihen Sie, aber so viel Jugend und dabei noch so schön gewachsen ..., ja, ja und überaus hübsch. Was treibt Sie zu „Alfred" ..., verzeihen Sie ..., ich meine natürlich ..., sind Sie hier in diesem Krankenhaus bei „Dr. Schreiber" beschäftigt?*

Jetzt bin ich derjenige, dem die Röte voll ins Gesicht schießt ..., es muss wohl so sein, denn ich fühle sie. Mir wird heiß ..., siedendheiß ..! *Schau, schau, sie werden ja noch so richtig rot und wie ..! Aber wir können ruhig bei dem Kürzel „Alfred" bleiben. Dieser Schwerenöter, ich nehme an, ihr Freund, er ist mein allerliebster, mein leiblicher Vater. Und Sie kenne ich auch schon, allerdings dies nur vom vielen Hörensagen. Sie können nur ..., nein sie müssen dieser besagte, dieser liebenswerte Marcus sein. Mein Vater ..., ja und vor allem Schwester „Hiltrud" ..., ja, ja, diese „Hiltrud" ..., sie haben mir schon so viel von Ihnen erzählt. Ich erzähle nicht zu viel, wenn ich behaupte, dass Du Marcus ..., ich darf Dich doch so nennen ..., dass Du die ganz, ganz große Liebe für sie bist. Jeden Tag, nein fast jede Stunde schwärmt und erzählt sie von Dir. Du fragtest mich vorhin nach meiner Tätigkeit. Nun ..., ich absolviere hier in diesem Klinikum mein Praktikum und helfe momentan, da durch das plötzliche Ausscheiden von Schwester „Irene" Personalknappheit besteht, bei meinem Vater aus.*

Mein lieber Marcus ..., Du gefällst mir. Du gefällst mir sogar sehr. Entsprichst Du doch genau meinem Wunschbild von einem Mann. Du schaust so richtig erholt aus ..., tief gebräunt. Hattest Du etwa Urlaub? Wie mich das für „Hiltrud" freut. Sie ist eine herzensgute, eine herrliche Frau. Ich wünsche mir so sehr, dass ihr beide ..., was ist ..., jetzt wird sie noch um einiges röter und das bis hinter ihre beiden, so schönen Ohren. Dieses hübsche junge Ding ..., sie macht mich nun ganz verlegen. *Du, ich nehme doch an, dass ich auch Du zu Dir sagen darf? Du siehst mich erröten ..., Du machst mich ganz verlegen. Dir laufen doch auch die Männer scharenweise nach. Möchtest Du mir nicht Deinen bestimmt schönen Namen nennen?* Bei meinen letzten Worten erhebe ich mich aus meinem Stuhl und kann feststellen, dass wir fast die gleich Körpergröße haben. Sie hat sich jetzt, schon ein wenig herausfordernd, unmittelbar vor mir aufgestellt. Ganz plötzlich umarmt sie mich mit beiden Armen, drückt ihren warmen, geschmeidigen Körper fest an mich und gibt mir einen kurzen Kuss auf meine Lippen. Perplex ..., einfach perplex, was war das? Heiß wird mir ..., ich spüre die mich durchflutende Hitze. *Das musste sein, das war ich mir schuldig, bei dem was mir alles über Dich erzählt worden ist. Aber bitte ..., schau mich doch jetzt nicht so entgeistert an, sonst muss ich Dir noch einen, vielleicht auch mehrere Küsse schenken. War er Dir gar so unangenehm? Ich heiße übrigens „Monika" und bitte ..., Du kannst mich natürlich auch duzen.*

„Monika", sie hat mich mit ihrer unkomplizierten Art völlig verzaubert. Erst jetzt bemerke ich, dass die beiden Patientinnen immer noch lesend auf ihren Stühlen sitzen, unserem Treiben scheinbar keinerlei Beachtung schenken. Liebe „Monika" ..., jetzt habe ich mich wieder gefangen. *Hattest Du vorhin nicht gesagt „die Nächste"? Habe ich sie nun aus ihrem Konzept gebracht? Schau, schau ..., diese wunderschönen, fast perfekten Gesichtszüge, sie können auch anders.* Trotzdem, „Monika", sie gefällt mir auch so. *Was für ein grimmiges Gesicht ..., so finster und doch so hübsch.* Ihre Mimik ändert sich augenblicklich und lauthals beginnt sie zu lachen. *Marcus, Marcus ..., Du bist mir so einer ...,* sie dreht sich nun um ihre Achse und schwebt die wenigen Meter, sehr kokett mit ihrem kleinen Popo wackelnd, zur Türe. Öffnet diese, verneigt sich brav und schenkt mir aus der Beuge noch ein kurzes Lächeln und zu den Frauen ..., *die Nächste bitte!*

Komisch, jetzt erst reagiert die von mir aus gesehen, ganz links sitzende ältere Dame ..., geschätzte 70 Jahre, übergewichtig, kleingewachsen, fast weiß haarig, verlebt- und sehr krankaussehend. Sie schließt ihre Lektüre und legt diese überhastig auf einen kleinen runden Glastisch zurück, der unmittelbar neben ihr in der Ecke steht. Sie stützt sich mit beiden Händen fest auf ihren Stuhl und nur sehr mühsam und fest atmend erhebt sie sich nun von diesem. Aus ihrem faltigen Gesicht kann man ersehen, dass alle ihre Bewegungen sehr schmerzhaft sein müssen. Langsam, schon sehr schwerfällig und schlürfend sind ihre vorsichtig kleinen Schritte. So benötigt sie etliche Minuten, bis „Monika" endlich die Türe aus dem Wartezimmer, hinter sich schließen kann.

Mein Kopf ..., mein Hirn ..., ich muss mich ablenken und nehme mir darum wieder dieses Tratschblatt zur Hand ..., blättere gedankenverloren von vorn bis hinten und umgekehrt. Konzentrieren ..., nein ..., unmöglich. Dieses junge Ding „Monika", sie hat mein Hirn völlig verwirrt. Doch wie kommt es, dass „Alfred" nie etwas von seiner Tochter ..., komisch er hat auch nie erwähnt, dass er vielleicht schon einmal verheiratet war? Sicher wird er dies gleich bei unserem Gespräch nachholen.

Bin ich müde ..? Gähnen muss ich ..., halte mir die rechte Hand vor meinen weit geöffneten Mund. Plötzlich wird mir ..., was ist mit mir? Alles dreht sich um mich im Kreise. Die Stühle ..., die Wände ..., schnell ..., schneller und immer schneller. Mir wird schwarz vor den Augen. Nun ist alles dunkel, tiefste Nacht. Ein lauter Knall ..., ich fliege und ich schwebe durch ein riesig großes, schwarzes, endloses Loch. Doch weit, sehr weit vor mir ..., schau ein ferner schwacher weißer Lichtschimmer ..., es wird heller und heller ..., mein Gott wie ist dies plötzlich alles so grell. Was ist mit meinen Augen, was ist mit dem Kopf? Was sind das für wahnsinnige Schmerzen? Hör ..., von weit, sehr weit weg ..., ganz schwach, eine angenehm weiche, zarte Frauenstimme. *Hallo ..., und noch einmal ..., hallo Marcus ..., Marcus hörst Du mich? Mein Gott, wie bin ich froh. Er blinzelt ..., er ist ..., „Alfred" wir haben ihn wieder.*

Das gleißende Licht es blendet mich. Vorsichtig, ganz vorsichtig versuche ich meine Augen zu öffnen ..., es gelingt mir kaum. Da ist er wieder, dieser so stechende Schmerz über meinem rechten Auge. Mit meiner rechten Hand ertaste ich jetzt ein großes Pflaster, das meine Stirn über den Augen bedeckt. Meine Haare ..., Gott sei Dank sie sind frei. Doch über meinem rechten Auge, diese Stelle sie schmerzt ..., schlimm ..., als ich ganz vorsichtig darüber streichele.

Eine tiefe, etwa acht Zentimeter lange Platzwunde hast Du Dir da bei Deinem Sturz vom Stuhl eingehandelt. Ich glaube, dass Du an die Tischkante geknallt bist. Du hast Glück gehabt, dass Deinen Augen nichts passiert ist. Deine Kopfwunde mussten wir allerdings mit zwölf Stichen nähen. Da Du zwischenzeitlich ohnmächtig gewesen warst, brauchten wir für diese Prozedur auch keine Spritze. Klar ..., ein kleiner Schönheitsfehler ..., er wird Dich aber kaum entstellen können. Marcus, mein allerliebster Marcus ..., wie bin ich heilfroh, dass es Dir allem Anschein nach wieder so o là là geht. Es dauerte vorhin allerdings eine geraume Zeit, bis wir die stark blutende Stirnwunde verarzten konnten. Im ersten Augenblick sah diese sehr schlimm aus.

Es muss sein ..., dieser Schmerz ..., ich schaffe es. Mit dem linken Auge geht es so einigermaßen ..., nur rechts, es spannt. Ich versuche den schwachen Schatten über dem rechten Auge mit meiner rechten Hand wegzuschieben. *Verdammt ..., autsch. Wahnsinn ...,* dieser so stechende Schmerz, er geht mir durch und durch. *Vorsichtig ..., Marcus diese starke Schwellung wird Dich noch einige Tage schmerzen und sicherlich auch behindern. Aber wie ich Dich kenne, wird dies kein allzu großes Problem für Dich sein. Marcus erlaube mir, ich möchte Dich jetzt ..., ja ich möchte Dich am liebsten küssen. Du hast mir, Du hast uns allen hier echt einen Schreck eingejagt.* Jetzt erst bemerke ich, dass man mich auf einen OP-Tisch gelegt hat. „Hiltrud" die unmittelbar rechts neben mir am Tisch steht, hat sich über mich gebeugt und ist mit ihrem Gesicht dem meinem schon sehr nahe. Mit den Fingern ihrer rechten Hand streicht sie nun ganz langsam, sehr zärtlich und behutsam über meine beiden Wangen. Sie feuchtet ihren Zeigefinger mit ihrer Zunge an und streicht mir liebevoll über meine Lippen. Unsere Blicke treffen, vertiefen sich ..., mein Gott hat sie schöne, strahlende Augen. Und schon treffen sich unsere Lippen ..., unsere Zungen. Vergessen sind alle meine Schmerzen. Sie nimmt meinen Kopf in beide Hände und presst sich und ihren Kopf ..., ihren Oberkörper fest an mich. An meiner Brust fühle ich ihren aufgeregten Herzschlag. Ihre Zunge ..., unsere Zungen werden nun überaktiv ..., sie nimmt mir fast den Atem.

„Hiltrud", sie zuckt erschrocken zusammen, als sich die Tür des Behandlungszimmers ganz langsam öffnet und „Monika" in den Raum tritt. *„Hiltrud" arme „Hiltrud" ..., Dich hat es ja ganz schön erwischt. Muss Liebe schön sein. Du siehst doch, dass Marcus wie ein Karpfen nach Luft schnappt.* „Hiltrud" und „Monika" haben jetzt gut lachen. Außer einem verkrampften Lächeln kann ich hier nicht mithalten, denn urplötzlich hat mich auch mein Schicksal wieder eingeholt. Was sind das für wahnsinnige Schmerzen. Trotz meiner Kopfverletzung richte ich mich auf, um mir meine beiden Hände besser an den Bauch drücken zu können.

Bitte helft mir? *„Hiltrud" meine Schmerztabletten ..., ja, sie dürften in der rechten Innentasche des Sakkos sein.* Nun erst bemerke ich, dass ich nur im Hemd auf dem Op-Tisch liege. Allem Anschein hat man mir dasselbe vor meiner Behandlung ausgezogen. *Mein Gott ..., Marcus das ist völlig mit Deinem Blut getränkt. Wir haben es zum reinigen auf die Seite gelegt. Aber keine Angst wir können Dir und Deinen Schmerzen bestimmt schnell helfen.* „Monika", sie reagiert am schnellsten auf mein Problem. „Hiltrud" dagegen ist ganz in Gedanken. *Einen Moment, ich frage „Alfred" welches Medikament ich Dir für Deine Schmerzen geben darf. Gleich bin ich wieder bei Dir.* Hurtig, sehr flink ..., schon ist sie wieder aus dem Raum und schließt dieses Mal ganz vorsichtig die Türe hinter sich.

Marcus, verzeih ..., ich war gedanklich ganz woanders. Dein Unfall ..., bitte verstehe mich ..., er hat mich völlig verwirrt. Mein Kopf ..., ich mache mir solche Sorgen wegen Deiner Krankheit. Hattest Du das schon öfters, das mit Deiner Kreislaufschwäche, dass Du so plötzlich ohnmächtig wirst? „Alfred", er möchte heute sowieso mit Dir noch so einiges bereden. Ich habe ihm gesagt, dass Du eine Woche Urlaub einlegen möchtest und uns anschließend für eine eingehende Voruntersuchung zur Verfügung stehen wirst. Sie schaut mich jetzt ganz besorgt an, da ich mir immer noch meine Hände sehr intensiv gegen meinen Bauch drücke, ihrem Dialog nicht so recht folgen kann. *„Hiltrud", das ist lieb von Dir. Aber Du siehst ja, momentan kann ich vor Schmerz keinen klaren Gedanken fassen. So wie es aussieht, muss ich endlich etwas dagegen tun. Diese so* *starken Schmerzstiller, sie zeigen echt ernstzunehmende Nebenwirkungen. Vielleicht gibt es ein besseres Präparat?*

Was ist jetzt ..., plötzlich, sehr stürmisch geht die Tür auf und „Monika" eilt mit wehendem Kittel auf mich zu. *Mein lieber Marcus, jetzt hat es doch etwas länger gedauert. Mein Vater hatte leider ein längeres Telefonat und nach eigenem Gutdünken ..., nein, nein, das darf und kann ich nun wirklich nicht allein entscheiden. Er meinte, ich solle Dir zur Schmerzlinderung eine Spritze geben, die nicht so lange wirkt, dafür aber um ein vielfaches weniger Nebenwirkungen zeigt. Und ja, er möchte mit Dir doch noch so einiges bereden. Auch in punkto Deines geplanten Urlaubs.* Nun steht „Monika" unmittelbar links neben mir. „Hiltrud" hat sich am Fußende mit auf die Liege gesetzt und streichelt mir unentwegt ganz zärtlich über meine Fußsohlen ..., über meine schwarzen Socken, während sie mich jetzt wieder anstrahlt. *Marcus würdest Du mir bitte Deinen Hintern freimachen ..., Du siehst ja, was ich hier „Feines" für Dich in der Hand halte.* Und wirklich ..., nicht zu übersehen, und dabei lächelt mich „Monika" auch noch so herausfordernd an. Sagenhaft, die Ausmaße der Spritze und ihr Lächeln!

Langsam, sehr vorsichtig nehme ich jetzt meine beiden Hände wieder von der so schmerzenden Stelle meines Bauches, möchte mich auf meine rechte Seite legen, mir die Hose herunterschieben. Wahnsinn ..., unmöglich ..., das sind Schmerzen. Schon presse ich meine beiden Hände wieder an die besagte Stelle. Meine Gesichtsmimik, sie muss dementsprechend sein, denn ..., *mein allerliebster Marcus, ich werde Dir liebend gern helfen. Vor uns brauchst Du Dich nun wirklich nicht zu schämen. Außerdem müssen wir Dir sowieso noch andere Klamotten beschaffen, denn Du siehst ja selbst ..., Deine ganze Oberbekleidung und auch Deine so schöne Hose ..., alles ist voller Blutflecken.* „Hiltrud", sie war nun an meine linke Seite getreten und hilft mir nun mich seitlich hinzulegen. Und wirklich beide ..., „Monika" und „Hiltrud", entledigen mich nun mit einiger Anstrengung meiner Hosen, denn auch die Unterhose muss daran glauben und so liege ich nun „Untenohne" vor diesen beiden Schönen. Mir ist dies schon ein bisschen peinlich und so versuche ich krampfhaft, mit einer Hand meine gezeigte Blöße ein wenig zu verdecken. Was mir allerdings bei meinem gezeigten so starken Gefühl, nicht ganz gelingt. Natürlich werde ich jetzt auch noch aus- ..., oder vielleicht doch angelacht. Diesem doch sehr intensiven Lachen, kann ich mich nur schmerzverzerrt anschließen.

Marcus, Marcus, Du wirst ja wirklich noch rot. Vor uns brauchst Du Dich ..., echt ..., Du, gerade Du, brauchst Dich doch vor uns beiden nicht schämen. Sehenswert ..., Dein Gefühl. Das kann man beileibe nun wirklich nie und nimmer übersehen und das trotz Deiner bestimmt großen Schmerzen. Gerade sie, meine allerliebste „Hiltrud", sie muss mich ja schon sehr genau begutachtet haben. Mein Gesicht, es ist tiefrot, denn ich verglühe ..., so heiß ist mir plötzlich. Ich verschließe nun meine Augen und warte der Dinge ..., und da ist sie auch schon mit ihrer Spritze. So was von zärtlich ..., ich spüre sie kaum. Das ist Gefühl ..., nur ein ganz leichtes pieksen ..., jetzt warte ich auf eine möglichst schnelle Linderung meiner immer noch wie wahnsinnig tobenden Schmerzen. „Monika" sie erlöst mich endlich von dieser Tatsache.

Mein Vater, er meinte, dass Du Dich nach der Spritze noch ein wenig auf der Liege ausruhen solltest. Er kommt in einer halben Stunde und holt Dich hier ab. Nach einigem Suchen haben wir für Dich aus dem Fundus von „Alfred" die notwendigen Kleidungsstücke gefunden. Ehrlich ..., nur keine falschen Schamgefühle vor uns. Du kannst Dich doch wirklich sehen lassen. Nun auch noch „Monika" ..., was soll´s ..., mir ist momentan wichtig ..., ja sie lassen endlich nach und fast bin ich wieder am einschlafen. Doch nur fast ..., „Hiltrud" tritt nun an meine linke Seite, nachdem „Monika" den Raum verlassen hat. Sie beugt sich über mich und küsst mich einige Male zart, sehr zärtlich auf die linke Wange. Ganz leise, kaum hörbar ..., *mein lieber, mein allerliebster Marcus, Du glaubst gar nicht, wie sehr ich mich schon auf ein Treffen mit Dir freue. Vorhin ..., Du weißt schon ..., meine Gedanken ..., meine Fantasie sie lässt mich schon mit Dir schlafen. Wahnsinn ..., ich habe momentan so richtiges Herzflattern. Es tut mir hier an meinem Herzen so richtig weh. Freue ich mich doch schon so auf Dich ..., auf Deine Nähe. Ruhe Dich ein bisschen aus. Wir sehen uns ja dann bestimmt wieder bei „Alfred"* ..., und schon hat auch sie den Behandlungsraum verlassen. Nun bin ich mit meinen verwirrten Gedanken, mit meinen Gefühlen allein. Welch eine Ruhe ..., meine Augenlider ..., ich möchte am liebsten schlafen ..., tief und fest schlafen.

Wo haben wir denn unseren Patienten ..., was ist denn jetzt schon wieder? Zu schön war mein träumen ..., war es Wirklichkeit? Die erste Nacht, das erste Tete-a-Tete mit „Hiltrud" in einer Scheune in den Bergen ..., und alles was dazu gehört. Soviel Zärtlichkeit und Liebe ..., sie hat sich, ihre Liebe und ihren Körper wirklich nur für mich aufgehoben ..., einfach wunderschön. Erschrocken blicke ich nun in das Gesicht von „Alfred", der sich über mich gebeugt hat. Es dauert und dauert bis ich diese Tatsache endlich realisiere. *Hallo, hallo ..., Marcus ich bin´s ..., „Alfred". Nun hast Du allem Anschein nach, doch wieder ein Schläfchen abgehalten. Die Dosierung der Spritze war eigentlich nicht zu stark. Aber vielleicht ist dies Dein Sturz und Dein ganz miserabler Allgemeinzustand.* „Alfred", er runzelt nun seine Stirn und betrachtet mich mit sorgenvoller Miene. *Kannst Du Dich alleine anziehen ..? Natürlich ja ..., ich meine jetzt nach Deiner Kopfverletzung. Meine kleine „Monika", Du hast sie ja schon kennengelernt, sie hat Dir hier ersatzweise einige alte Klamotten von mir hergelegt. Hoffentlich ..., doch ich glaube schon, dass die Größe stimmt. Sie musste kurz weg auf eine Behörde. Benötigt sie doch für eine Prüfung vor der Ärztekammer einige Bescheinigungen.*

„Alfred", er meint wohl, dass mich schon so ein kleiner Kratzer in Schwierigkeiten bringen kann ..., mein lieber „Alfred", so gesehen ..., doch ich könnte schon jemand zum anziehen brauchen. Ausgezogen haben mich ja gleich zwei wunderschöne Frauen ..., unter anderem auch Deine sehr hübsche Tochter „Monika". Sag mir, wo hast Du sie in all´ den Jahren unseres Kennens so gut versteckt und wer ist die glückliche Mutter? Schon etwas verlegen muss er sich nun am Hinterkopf kratzen. *„Marcus Du bist mir vielleicht einer ..., jetzt muss er doch schmunzeln ..., das ist beileibe eine lange, eine sehr lange Geschichte. Vielleicht kann ich sie Dir heute noch erzählen. Du lernst ohnehin heute noch meine „Neue", meine „Renate"* kennen. Du wirst Dich wundern ..., Du wirst staunen ..., ein herrliches Wesen, ein wunderschöne Frau ..., außerdem, sehr intelligent. Aber was Deinen Wunsch ..., wenn es ein solcher war ..., dann kann ich Dir ja „Hiltrud" schicken. Wie ich sie kenne, wird sie Dir jeden ..., Marcus ..., sie wird Dir wirklich jeden Wunsch von den Augen ablesen und auch erfüllen. Sie und auch meine Tochter haben mir vorhin, diese für Dich anscheinend missliche Geschichte mit den beiden Hosen erzählt. Beide schwärmten überdies von Deinem so deutlich gezeigten Gefühl ..., wie sie sich ausdrückten. Ja, ja ..., das überraschte vor allem Deine „Hiltrud", aber auch „Monika". Wieder sehe ich ein Schmunzeln in seinen Mundwinkeln. Mein lieber „Alfred", Spass muss sein ..., ich hoffe doch, dass ich jetzt mit mir alleine klarkomme.

Während „Alfred" nun die Türe öffnet ..., ich erwarte Dich in meinem Besprechungszimmer. Du kennst ja zur Genüge alle Räumlichkeiten ..., schon schließt sich die Türe. So weit es mir den Umständen nach möglich ist, beeile ich mich mit dem Anziehen. Und so hoppla, hopp ..., die „Ersatzkleidung", sie passt. Die wenigen Schritte und die zwei Türen schaffe ich ohne große Schwierigkeiten alleine. Aber die zwei anderen Probleme ..., ja es sind jetzt zwei ..., sie schmerzen mich. Mein Kopf und mein Bauch ..., fast synchron. Als ich mich jetzt auf den mir schon so gut bekannten Sessel, gegenüber von „Alfred", setzen will, zucke ich vor Schmerzen zusammen. Aber noch etwas stelle ich fest ..., ich bin völlig alleine im Raum.

Marcus, mein lieber Marcus ..., Du bist schon da. Einen kleinen Moment musst Du nun leider noch warten. „Alfred", er hat einen Notfall. Zu lange dürfte diese Geschichte aber nicht dauern. Einfach Wahnsinn wie schnell die Zeit vergeht ..., es ist ja schon 16.30 Uhr. Die Geschichte mit Deiner Kopfverletzung hat unseren Stundenplan völlig durcheinander gewirbelt. „Hiltrud", ich hatte sie nicht eintreten gehört. Nun, da sie zu reden beginnt, zucke ich erschrocken zusammen. Gedanklich war ich schon wieder mit meinen Problemen unterwegs. Endlich ..., „Hiltrud" ich weiß, heute bin ich Euch wieder lästig. Leider, leider ..., ich bräuchte schon wieder etwas gegen meine Schmerzen. Von vorhin ..., Du weißt schon ..., das war mir wirklich peinlich ..., die Geschichte mit meinen beiden Hosen. Jetzt kannst Du sagen, dass Ihr dies gewohnt seid. Doch Dir gegenüber ..., ich glaube ..., ja ich glaube, dass ich mich mit Haut und Haar in Dich verliebt habe und da wollte ich nicht mit der Türe ins Haus fallen. Warum erzähle ich ihr dies alles ..., das ist doch auch sonst nicht meine Art. Vor Frauen ausziehen ..., das war doch noch nie ein Problem für mich. Warum jetzt ..., wollte ich mir dies wirklich für diesen ersten, so wunderschönen Augenblick aufheben? Wer weiß, wer weiß ..., ich kenne mich selbst nicht mehr. Aber eins bemerke ich sofort, nachdem sich „Hiltrud" nun unmittelbar neben meinen Stuhl, schon auf Tuchfühlung stellt, dass es mir wieder so richtig heiß wird.

Mein allerliebster Marcus ..., Du brauchst Dich doch nicht wegen Deiner Gefühle mir gegenüber zu schämen. Du glaubst gar nicht, was mir meine Fantasie so alles vorgaukelte, als ich Dich so liegen sah. Liebend gern wäre ich in diesem Augenblick alleine mit Dir in diesem Zimmer gewesen. Glaube mir, auch ich habe Gefühle für Dich ..., ich kann kaum den Augenblick erwarten, den Augenblick an dem wir beide endlich eins werden. Ich möchte Dir endlich meine große Liebe zeigen. Dies sind keine leeren Versprechen ..., auf ewig und immer möchte ich Dir, nur Dir gehören und nur für Dich da sein. Nun beugt sich „Hiltrud" ganz zu mir herab und unsere Zungen ..., Wahnsinn ..., ist das die große ..., die ganz große Liebe? Trotz meiner nun wieder tobenden, bohrenden und mich auffressenden Schmerzen ..., ich zittere am ganzen Körper und eine irrsinnige Hitze durchflutet mich von den Zehen- bis zu den äußersten Haarspitzen.

Sie tritt nun vollends vor mich hin und setzt sich auch noch auf meinen Schoß ..! Meine allerliebste „Hiltrud", aber hallo ..., was soll ich mit meinem Gefühl ..., sie muss dies fühlen, denn ihr heftiger Atem, ihre Zunge werden immer aktiver. Dabei streichelt und streichelt sie mir immer heftiger, immer schneller durch meine Haare, über mein Gesicht, über meine Wangen, als ich nun ihre Knie streichele und mich langsam mit zittrigen Fingern unter ihren weißen Kittel taste. Mein Hirn, es produziert nur noch Aussetzer und wer weiß was wäre ..., ja wenn nicht just in diesem schönen Augenblick

„Alfred" unmittelbar neben mir ..., *ich glaube mich laust der Affe. Was sehen meine alten Augen. Ihr beide ..., überdeutlich, man muss es sehen. Amore, amore ..., ich kann Euch ja verstehen.* „Hiltrud", Hiltrud", *weißt Du noch ..., mich hast Du damals abgewiesen und warum gerade Marcus? Ja, ja wo die Liebe hinfällt. Mein Gott, wie bin ich froh, dass Ihr Euch endlich gefunden habt. Vielleicht kannst gerade Du, meine liebste* „Hiltrud", *meinem Freund Marcus durch Deine Liebe helfen. Vielleicht bist gerade Du das so große Wunder, auf das ich schon so lange warte ..., um das ich sogar gebetet und in Maria Stein eine große Kerze gespendet habe. Du liebst Marcus ja schon so lange. Mit Deinem* „Anton" *hast Du Dich nur trösten wollen. Geliebt ..., nein geliebt hast Du nur Deinen Marcus. Deine verliebten Blicke, haben mir dies jedes Mal verraten.* „Hiltrud", „Hiltrud" ..!

Beide ..., „Hiltrud" und auch ich, wir waren schon bei „Alfreds" ersten Worten, wie von einer Tarantel gestochen aus dem bequemen Sessel hochgeschossen. Mit hochrotem Gesichtern stehen wir nun auf engster Tuchfühlung und mit gesenkten Köpfen neben dem Schreibtisch und wundern uns gemeinsam über „Alfreds" Menschenkenntnis. Komisch ..., kaum habe ich ein paar kurze schöne Augenblicke, schon kommt für mich wieder diese Realität. Zuerst meine Schmerzen und zu allem Überfluss ..., der Kreisel, das Karussell, beide drehen sich wieder und wieder ..., dunkel, tiefste Schwärze ist es um mich. Das Rauschen in meinen Ohren verstärkt sich und ein irrsinnig starker Sog zieht ..., saugt mich in ein tiefes ..., endloses Loch. In weiter, weiter Ferne ..., jetzt dieses winzig kleine Lichtlein, das sich mit einer wahnsinnigen Geschwindigkeit zu einem riesigen Feuerball, zu einer neuen Sonne aufbläst. Urplötzlich wieder grelles ..., gleißend helles Licht.

Das war aber auch allerhöchste Zeit! Mein Gott, Marcus ..., was ist nur mit Dir? Deine Geschichte, sie gefällt mir überhaupt nicht ..., nein, nein ..., sie darf mir auch nicht gefallen. Wir, Du und ich wir müssen endlich etwas dagegen tun und das möglichst kurzfristig. „Alfred", er ist in der Hocke, unmittelbar neben mir ..., neben dem Stuhl und ich sehe ..., ja er spritzt mir eben den Rest einer furchterregend großen Spritze in mein Hinterteil. *Deine Ohnmacht ..., wie oft in den letzten Wochen bist Du nun schon so zusammengebrochen? Mein lieber Marcus ..., unmöglich Du kannst unter diesen Voraussetzungen nicht allein in Urlaub fahren. Unmöglich ..! Stimmt es, was mir „Hiltrud" erzählt hat und dass Du Dir auch meinen Vorschlag zu einer neuerlichen Chemo überlegt hast? Vielmehr hast Du auch nicht mehr zur Auswahl.* Was ich mir vorher im Spass gewünscht habe, das ist jetzt Wirklichkeit. „Hiltrud" sie kleidet mich ..., zum mindesten was die beiden Hosen, meine Socken und Schuhe anbelangt. Nur dieses Mal ..., kein Verdecken meines wieder deutlich sichtbaren Gefühls. Nur gut, dass nur sie dieses begutachtet, denn „Alfred", er ist mit dem Aufräumen der Gerätschaften beschäftigt.

Langsam ist es glaube ich an der Zeit, dass ich mich für diese, Eure selbstlose Hilfe bedanke. Habe ich doch, zwar völlig unbeabsichtigt, Euren ganzen Nachmittag, Eure Zeitabläufe völlig durcheinander gewirbelt. „Alfred" Du hast recht, ich will und werde unter allen Umständen in Urlaub fahren. Muss allerdings diese neuerlich gemachte Zusage zu einer weiteren Chemo, noch überdenken und außerdem möchte ich meine nun völlig verwirrten Gedanken erst einmal ordnen. Nur den Zeitpunkt meines Urlaubs, den darfst Du nun bestimmen. Das heißt für mich, ich muss meinen bereits fest gebuchten Urlaub im Hotel Vierjahreszeiten in Hintertux, absagen. Heute ist schon ein komischer Tag ..., zwei Mal meine Kreislaufbeschwerden und nun ..., trotz der Spritze. Meine Schmerzen sind zwar nicht mehr so heftig ..., aber schmerzfrei ..., keineswegs und außerdem habe ich wahnsinniges Schädelbrummen.

„Alfred", er hat nun in seinem bequembreiten schwarzen Ledersessel hinter dem Schreibtisch Platz genommen. Bei mir geht das nur mit tatkräftiger Unterstützung von „Hiltrud", die mir aus meiner doch sehr unbequemen Sitzhaltung vom Boden hoch hilft. Sie lässt auch jetzt meine linke Hand nicht los und stellt sich eng, sehr eng ..., auf Tuchfühlung bedacht, unmittelbar an meine linke Seite. Aus mir unerklärlichen Gründen ..., sie ist anscheinend wieder ganz in Gedanken. Kein Wort kommt über ihre Lippen ..., doch jetzt ..., *Ihr beiden Hübschen ..., gerade fällt mir ein, dass ich noch so Einiges zu schreiben*

habe. Bei Euch wird es ohnehin noch ein wenig dauern. Ihr entschuldigt mich. Schon ist sie an der Türe und ohne eines weiteren Blickes, hat sie den Raum verlassen. *Was hat Sie ..., geht es Ihr nicht gut?* Ich bin nun vollkommen irritiert.
Mein lieber Marcus ..., merkst Du denn nichts? Sie macht sich Gedanken wegen Dir? Sie liebt Dich wirklich, mehr als Ihr Leben ..., hat sie zu mir gesagt ..., und jetzt möchtest Du ohne sie in Urlaub fahren. Du weißt doch auch, dass man Dich nicht mehr allein lassen kann. Du siehst doch, wie es um Dich, um Deine Gesundheit steht. Lass Dir doch von Ihr helfen. Sie ..., ja, ja ..., „Hiltrud", sie liest Dir wirklich jeden Wunsch von den Augen ab und sie kann Dich auch, wenn es sein muss, notdürftig versorgen. So kenne ich „Alfred" ja gar nicht, so habe ich ihn noch nie erlebt. Während seiner letzten Worte war er aufgestanden und mit hochrotem Gesicht, liest er mir jetzt anscheinend schon ein wenig lauter werdend, die Leviten. *Dein Urlaub ..., muss das denn unbedingt Hintertux sein? Hast Du einen bestimmten Grund? Und noch etwas ..., Deine Ex-Frau, „Christina", so heißt sie doch, sie hat sich schon des öfteren nach Dir erkundigt, nach Deinem Befinden gefragt. Möchtet Ihr Euch wieder versöhnen? Nach allem was Du mir über sie erzählt hast, finde ich das zum jetzigen Zeitpunkt nicht so gut. Du brauchst keinen Stress, sondern Deinen absoluten Frieden und eine Partnerin die Dich wirklich liebt und die Dir in Deiner so schwierigen Situation auch wirklich helfen kann.*
Er schaut mich nun fragend an, während er sich wieder stimmlich ruhiger, in seinen Sessel setzt. Und ich ..., *die Geschichte hat schon seine Bewandtnis. Die Sache mit meiner „Christina" ..., bestimmt habe ich sie Dir schon x-Mal erzählt. Damals hatten wir, „Christina" und ich, wirklich „Schmetterlinge im Bauch". Es war unsere Hochzeitsreise ..., ja und nun möchte ich diese Wege noch einmal gehen, möchte ich den Ort besuchen an dem ich damals so unendlich glücklich war. Kannst Du Dir dies nicht vorstellen? Noch dazu ich nicht weiß, wie lange noch ..., und ..., habe ich überhaupt noch eine reelle Chance? Du siehst doch selbst, wie schnell sich meine Situation tagtäglich verschlechtert. Und wenn ich ehrlich bin ..., ich habe mich schon so auf diesen Urlaub eingestellt.*

Waren meine letzten Worte so deprimierend? Deutlich sichtbar ändern sich die Sorgenfalten auf „Alfreds" Stirn. *Mein lieber Marcus ..., so was Ähnliches habe ich mir fast gedacht. Das sieht mir alles nach „Abschiednehmen" aus ..., oder täusche ich mich. Du glaubst doch nicht im Ernst, dass ich Dich so ohne weiteres Deinem Schicksal überlassen werde. Fürs Erste möchte ich Dich über Nacht hier in der Klinik lassen und ansonsten möchte ich Dir wegen Deinem Urlaub einen gutgemeinten Vorschlag machen.* Scheinbar durch meine Aussage irritiert, muss er sich mit seiner rechten Hand mehrmals hinter dem rechten Ohr kratzen. *Hör ..., schon seit meinem Wissen um Deinen Urlaub, lässt mich mein Hirn nicht mehr in Ruhe. Ich möchte Dir einen Vorschlag machen ...,* und wieder diese Nervösität, dieses Kratzen. *Auch ich habe so hin und wieder Urlaub. So trifft man sich mit anderen Menschen ..., man redet miteinander. Nun ..., und so entstehen auch hin und wieder Freundschaften. Eine solche pflege ich schon seit mehr als zehn Jahren, mit einem wirklich liebenswerten Ehepaar in Latsch im Vinschgau. Kennst Du diese Ecke?*

Warum frägt er das? Schießt es mir nun durch meinen immer noch vollkommen verwirrten Kopf. Warum sollte ich diese „Ecke", wie er sich ausdrückt, nicht kennen. Dort erlebte ich auch schon vierzehn herrliche Urlaubstage mit meinen drei Kindern und mit „Christina". Allerdings hatte schon damals unser Ehe so einige Risse und ..., ja wir hatten keine „Schmetterlinge im Bauch". *Natürlich kenne ich diese Ecke ..., das Vinschgau, das Martell-, Ulten- und das Passeiertal, und, und, und ..., wir, das heißt „Christina" meine drei Kinder und ich, verbrachten dort einen herrlichen Urlaub in Latsch. In einem Superhotel, mit einer exzellenten Küche, im „Paradies". Wenn ich mich noch recht daran erinnere ..., lang, lang ist es her, wie doch die Zeit vergeht. Ja die Wirtsleute ..., ich glaube, sie hießen „Pircher".*

Jetzt lacht er wieder ..., „Alfreds" Gesichtszüge haben sich nach meiner letzten Schilderung wieder aufgehellt. *Sagenhaft ..., Marcus Du nimmst mir einige Erklärungen ab. Von dieser Familie ..., ja von ihnen wollte ich Dir soeben vorschwärmen. Aber dies erübrigt sich, nachdem Du schon selber dieses Haus, dieses Superhotel bestens kennst und bereits besucht hast. Mit „Pilchers" verbindet mich eine wirklich echte Freundschaft und so habe ich mich unter anderem, auch schon einige Male mit ihnen zu einem echt süffigen Wiesenbesuch in München getroffen. Wirklich sagenhaft ..., wie klein doch die Welt ist. Er ist jetzt wieder bester Laune und so muss ich schon noch ein wenig weiter schwärmen ..., zwar teuer, aber ein hochkarätiger Service. Damals im Angebot waren auch einige Bergtouren und so lernte ich diese wirklich sehr schöne Gegend schätzen und lieben. Nur schade, dass dies damals auch der letzte gemeinsame Urlaub mit Kind und Kegel war. Doch lassen wir dieses private Nachtarocken.*

Mein lieber Marcus ..., Du siehst, es gibt auch noch andere schöne Punkte auf unserem Planeten. Aber der Sinn meines Angebots ist der, dass ich in Latsch auch einen wirklich kompetenten guten Arzt kenne, der Dir auch helfen könnte, wenn nun wirklich der sogenannte Gau eintreten würde. Mit ihm, mit "Christiano", mit „Dr. Christiano Antonetto" verbindet mich auch eine schon jahrelange Freundschaft. Ihn habe ich vor zick Jahren auf einer ausgedehnten Bergtour in der Ortlerregion, kennen und schätzen gelernt. Wenn Du einverstanden bist, möchte ich Dir vorschlagen ..., kurzum ..., kannst Du Deinen Urlaub nicht in Latsch verbringen? Garantiert ..., und selbst wenn es total ausgebucht ist ..., ich könnte Dir auf alle Fälle ein schönes Zimmer in diesem Superhotel buchen. Mir wäre in meiner Haut wohler und ich weiß Dich in sehr guten Händen. Jetzt juckt ihn scheinbar die Nase ..., mehrere Male greift er sich nun an sein schön geformtes Riechorgan und ..., mein Gott ..., Alzheimer lässt grüßen. Man sieht es ..., ich werde langsam aber sicher älter ..., ich habe es ganz vergessen. Schon am kommenden Montag nachmittags, treffen wir uns ja bei „Pirchers" mit unseren Freunden. Am Mittwoch muss ich dann leider wieder in der Praxis sein. Jetzt hat er wirklich allerbeste Laune ..., „Alfred er ist von seinem Sessel aufgestanden und schlägt sich nun mehrmals mit seiner rechten Hand auf seinen Oberschenkel. Ja ..., doch das machen wir. Marcus wenn es Dir irgendwie möglich ist, kannst Du ja mit uns, das heißt mit mir und „Renate" mitfahren. Bei dieser Gelegenheit lernst Du dann auch meine neue Flamme kennen. Lass Dich von ihr überraschen ..., gleich nach un-

serem Gespräch, es ist ohnehin schon 17.30 Uhr ..., er zuckt ein wenig zusammen, als er auf seine schöne Armbanduhr blickt ..., werde ich mit „Antonella", mit der Besitzerin telefonieren. Mein Gott wie bin ich froh, dass sich diese Angelegenheit so einfach regulieren lässt. Du darfst jetzt nicht nein sagen ..., die Geschichte nach Deinem Urlaub ..., das können wir alles unterwegs viel besser bereden. Ich glaube ..., doch auch Du bist mit dem heutigen Tage bestens bedient.

„Alfred", er schiebt seinen schweren Sessel ein Stück rückwärts und erhebt sich langsam, sich nun streckend zu voller Größe. Mir langt es für heute. Ich werde „Hiltrud" sagen, dass sie für heute Nacht, für Dich ein „exclusives" Bett in unserem Dir schon bestens bekannten „Hotel" reservieren solle. Was morgen sein wird ..., ich bin Morgen ohnehin sehr zeitig in der Klinik. Habe ich doch am morgigen Samstag, einige auch für mich sehr unangenehme Termine ..., unter anderen auch die mittlerweile schon ewiglange Geschichte mit Deiner „Vanessa". Ihre Chancen ..., sie hat, glaube ich, keine mehr. Ihre Blutwerte sind gelinde gesagt ..., mehr als chaotisch. Und siehst Du ..., das gleiche Schicksal möchte ich unter keinen Umständen mit Dir lieber Marcus erleiden. Kopf hoch ..., wir werden das Problem schon in den Griff bekommen.

Langsam ..., bei mir geht dies heute nicht so sportlich, erhebe ich mich aus meiner Sitzgelegenheit und gemeinsam verlassen wir nun „Alfreds" Besprechungszimmer. Ja, gedanklich habe ich mich für heute schon von „Hiltrud" verabschiedet und bin überrascht ..., welch ein Lichtblick, sie hat ihren weißen Kittel schon ausgezogen und sitzt in ihrem für mich so schönen „Outfit", immer noch bei der Arbeit an ihrem Computer. Wieder einmal bin ich von „Hiltrud" sowas von fasziniert, denn ich bin einige Schritte vor dem Tresen wie erstarrt stehen geblieben. „Alfred", er bemerkt meine Starre, tritt nun an mich heran und schiebt mich nun mit beiden Händen vor sich her. Um den Tresen herum, fast in die Arme von „Hiltrud", die sich nun, mich liebevoll anstrahlend, von ihrer Arbeit erhebt und mir die wenigen, noch uns trennenden zwei Schritte, förmlich entgegenfliegt. Schon liegen wir uns in den Armen und sie küsst mich auf meinen, sie anstaunenden, nun offenen Mund. Und un-

sere Zungen ..., mir schwinden fast schon wieder die Sinne. Sie bemerkt meine plötzliche Schwäche ..., meine weichen Beine. Ja sie greift mir helfend unter die Arme ..., sie hilft mir auf ihren Drehstuhl. Nur langsam, sehr langsam schwindet dieses mulmige Gefühl in meinem Bauch ..., das Kreisende, sich so schnell Drehende in meinem Kopf ..., diese Schwärze vor meinen Augen.
Mein Allerliebster ..., Marcus was ist mit Dir? Es wird Zeit, dass Du Dich ein wenig entspannst. Ich werde „Renate" ..., kennst Du sie ..? anrufen, sie soll Dich hier abholen lassen. Bestimmt ist es besser, wenn Du über Nacht zur Beobachtung in der Klinik bleibst. Morgen ..., wir werden sehen. „Alfred", er soll Dich in der Frühe kurz untersuchen. Wenn es Dir dann besser geht, kannst Du Dich ja mit dem Taxi heimfahren lassen. Jetzt steht sie unmittelbar, nur Zentimeter vor mir ..., streichelt mir unentwegt ganz zärtlich durch meine Haare. Nun bückt sie sich zu mir herab, umfasst meinen Kopf mit beiden Händen und küsst mich immer und immer wieder abwechselnd auf meine beiden Wangen ..., sie weint. Dicke Tränen verwischen ihre Wimperntusche, zeichnen dicke schwarze Linien auf ihre tiefroten Wangen. *Mein lieber Marcus ..., wenn es Dir schlecht geht, dann geht es auch mir nicht gut. Ich würde so gerne heute Nacht bei Dir bleiben und Dich hier in der Klinik umsorgen. Doch leider muss ich heute Abend daheim wegen meiner Scheidung und der Eigentumswohnung noch so einiges an sehr dringendem Schreibkram erledigen. Samstag und Sonntag möchte ich mir für Dich Zeit nehmen. Wenn ich vorhin „Alfred" richtig verstanden habe, möchtest Du ja schon am Montag mit ihm und seiner Freundin „Renate" nach Südtirol fahren. Und leider, leider ..., möchtest Du dort Deinen Urlaub alleine verbringen. Wer weiß, wer weiß, wann wir dann noch für unsere Liebe Zeit haben werden. Ist es nur meine Einbildung ..., fast glaube ich, dass Du mich nicht liebst. Nur eins möchte ich Dir jetzt schon sagen, ohne Dich mein innig geliebter, mein allerliebster Marcus ..., ohne Dich möchte ich ...,* „Alfred" ist von rückwärts an „Hiltrud" herangetreten und verschließt ihr mit den Händen ihren so schönen Mund ..., *Hiltrud" was fällt Dir ein. So darfst Du nie und nimmer denken. Du weißt ja noch gar nicht ..., was wird morgen, übermor-*

gen, vielleicht gar nächste Woche sein. Vielleicht gibt es wirklich noch Wunder ..., wer weiß. Vielleicht muss man auch bei Wundern, nur ein bisschen nachhelfen.

Eigentlich sollte ich mich wie im „Paradies" fühlen, denn seit 15.10 Uhr bin ich wirklich dort und mein allererster Urlaubstag ..., ja er ist nun schon fast wieder vorüber. Samstag, Sonntag und heute Montag, der 20. September, sowie die mehr als fünf Stunden dauernde Fahrt mit dem Auto ..., sie waren für mich, für meine momentane körperliche Verfassung schon ein bisschen zu viel. Nun und jetzt ..., die mir vor einer halben Stunde verabreichte Schmerzspritze ..., sie zeigt Wirkung und dementsprechend fühle ich mich. Sehr schlapp und meine Augen, ..., meine Augenlider ..., sie versagen mir den Dienst ..., für mich ist nun allertiefste Nacht!

Es muss ein herrlicher Morgen sein. Das helle und sehr geräumige Zimmer ist völlig sonnendurchflutet. Durch die sehr breite, ganz offene Balkontüre ..., das sind Töne ..., schon ein musikalischer Genuss. Herrlich ..., diese mehrstimmigen Partituren der vielerlei Vogelstimmen. Nur sehr oberflächlich habe ich gestern nach unserer Ankunft, meine Beherbergung begutachtet. Fühlte ich mich hierfür zu schwach und war überdies viel zu schläfrig. Jetzt erst bemerke ich, dass ich quer in einem riesigen, überbreitem Doppelbett die Nacht verbracht habe. Dieses und auch das andere fast neue Mobiliar, sind aus hellen Eschenholz ..., ein riesiger überbreiter Schrank an der Fußseite ..., rechterhand ein breiter Phonoschrank mit einem integrierten Fernsehgerät, einer Stereoanlage. Links vor dem die ganze Breite ausfüllenden Fenster mit Balkontür, stehen zwei hellblaue, bestimmt sehr bequemgemütliche Stoffsessel, an einem im Durchmesser 120 cm breiten runden Tisch, mit einer schön gemaserten Platte aus beigegelben Marmor. Links und rechts des Fensters hat man eine Zimmerlinde und einen Philodendron platziert. Zu meiner rechten Seite bemerke ich eine ganz im hellen Holz gehaltene, jetzt geschlossene Türe ..., anscheinend zu den Nasszellen, Bad und WC. Nach dem riesigen Philodendron, also noch vor dem Schrank ..., das muss die Türe zum Flur sein. Sagenhaft, das Zimmer hat seine 30 qm. In Mitte der ganz in weiß getünchten Stuckdecke, residiert eine große, ganz moderne Deckenleuchte. Sie gleicht in der Machart den Tischlämpchen, die links und rechts des Bettes auf den angebauten Nachtkonsolen stehen. Der Raum ..., das fällt mir jetzt erst auf, als ich mich neugierig aus dem Bett lehne ..., er ist mit einem hochwertigen nougatbraunen Hochflor-Teppichboden komplett ausgelegt. Die seitlichen Wände sind übrigens in einem leichten Gelb. Und noch etwas ..., an den noch freien Wänden, hängen drei wunderschöne, meisterlich gemalte Aquarelle, mit Landschaftsmotiven aus der hiesigen Gegend.

Kurzum ..., ich bin hier bestens untergebracht. Sehr lange wird mich mein Problem ..., ist es nicht an der Zeit, dass ich mich für den Tag frisch mache? Tatsache ist, mich treibt meine Neugierde aus den Federn ..., ja und ich muss schnellstens ..., super ..., welch ein Luxus. Während ich endlich meinem dringenden Bedürfnis nachkomme, habe ich genügend Zeit ..., welch ein Glanz, diese wunderschönen, länglichen Fliesen ..., bis an die Decke in hellgrau marmoriert ..., als Kontrast die Decke aus edlem Pinienholz. Die Sanitäreinrichtungen, die zwei Waschbecken, die großzügig große Badewanne, das WC und auch das Bidet, sind in perlweiß und alle Metallteile in Messing gehalten. Doch was mich besonders freut ..., alles blitzt und funkelt. Ja, so ist mir dieses erstklassige Hotel auch in sehr guter Erinnerung. Schon damals freute ich mich über diese Gründlichkeit. Nichts ist umsonst, alles hat seinen Preis ..., man soll sich hier ja schon wie im „Paradiese" fühlen.

Jetzt freue ich mich wirklich auf das Wiedersehen mit den Eignern, der Familie Pircher. Und noch etwas ..., ich verspüre und das seit ewiglanger Zeit wieder einmal ..., ich verspüre Appetit ..., ich habe so richtig Hunger auf ein gutes Frühstück, auf duftenden frischen Kaffee, auf knusprig frische Semmeln mit Erdbeer-, Kirschmarmelade, Honig und vielleicht zum Abschluss ..., auf einen guten, sahnigen Fruchtjoghurt. Das heißt aber auch ..., schnell ziehe ich mir wieder meine kurze Schlafanzughose an und suche. Die ganze Zeit frage ich mich schon, wer hat mich gestern abends zu Bett gebracht und entkleidet? Und ja, wer hat meine gesamten Hosen und Jacken, meine Wäsche und meine vielen, vielen Utensilien so feinsäuberlich, so schön geordnet und aufgeräumt? Nein, nein ..., ich selber kann es auf gar keinen Fall gewesen sein.

Das überrascht mich aber jetzt ..., als ich die erste, die zweite, die dritte Türe des fünftürigen Kleiderschrankes öffne ..., alles ist picobello und sehr penibel eingeräumt. Neugierig wie ich bin, öffne ich auch die vierte und auch die fünfte ..., das kann doch nicht sein, hier stimmt etwas nicht. Irgendwie komisch ..., in diesen zwei geräumigen Schrankteilen, hängen und liegen ebenfalls feinsäuberlich geordnet, wunderschöne, modische, bestimmt sehr teure Damenkleider in Größe 36 ..., und was sehen meine Augen ..., Damenunterwäsche, alles in feinster Spitze in den Modefarben weiß, rosa und schwarz. Und noch etwas nimmt nun meine gut funktionierende Nase wahr ..., dieses so exotisch duftende französische Parfüm. Eine sehr exquisite Marke ..., ich kenne sie nur zu gut ..., mein momentan wirklich miserables Gedächtnis ..., ja es lässt mich wieder einmal voll im Stich.

Die Sache mit den vergessenen Kleidungsstücken, das lässt sich ja an der Rezeption klären. So gesehen, ist dies nicht mein momentanes Problem. Die Tabletten ..., wo sind ..., das hätte ich mir eigentlich denken können. Hier liegen sie ja ..., neben meiner Armbanduhr ..., dem Wecker ..., einem kleinen purpurroten Herzchen aus Samt und Seide, mit dem goldfarbenen Aufdruck ..., „Mein Herz, es schlägt nur für Dich". Meine überaus rege Fantasie ..., was dieses letztere wohl zu bedeuten hat? Bei allem Grübeln, ich komme zu keinem Ergebnis ..., ich kann mir keinen Reim daraus machen.

Gott sei Dank ..., wie bin ich erleichtert, als ich jetzt meine Filmtabletten mit etwas Wasser geschluckt habe. Nun kann ich mich in aller Ruhe rasieren ..., ich freue mich nun wirklich auf das so erfrischende Nass. Alles funktioniert und schnell habe ich mich passend zu diesem herrlichen Morgen gekleidet. Und ..., hurtig und bestens gelaunt verlasse ich das Zimmer. Schon stehe ich staunend in einem ebenfalls von der Sonne durchstrahlten ewiglangen Flur. Am Anfang und am Ende sorgen riesiggroße Fenster, die bis an die Decke reichen, für diese mich jetzt blendende Helligkeit. Ja, ja ..., mein kleines „Paradies", es ist das Allerletzte, ich zähle links und rechts je acht Türen und mittig ..., schnell bin ich im großzügig gestalteten, breiten Treppenhaus. Gewendelte, breite Stufen aus hellbeigen Marmor mit weinroten Teppichläufern und reichlich verzierten schmiedeisernen Treppengeländern ..., geben dem Ganzen einen gewissen Hauch von Luxus. In Eile registriere ich noch, dass man mich im zweiten Stock untergebracht hat. Schon bin ich an der Rezeption. Hier am Haupteingang hat sich, wie ich oberflächlich feststellen kann, räumlich seit meinem letzten Besuch, so gut wie nichts verändert.

Ich wünsche Ihnen einen wunderschönen Morgen, welch ein herrlicher Tag und ..., was für eine schöne Frau. Blicke ich doch in zwei herrliche, mich freudig anstrahlende, funkelnde braune Augenpaare. *Verzeihen Sie, aber Sie sind wie dieser so herrliche Morgen ..., wunderschön und so jung.* Ich musste unbedingt meine gute Laune weitergeben, denn wirklich, hinter dem Tresen ..., dort steht sie ..., eine dunkelhaarige, rassige Schönheit, eine echte Italienerin. Nicht zu groß, zierlich, schon fast zerbrechlich ..., aber ein Gesicht ..., hier war unser Herrgott schon sehr großzügig. Sie ist in Tracht ..., leuchtend weiße Bluse mit vielen Rüschen und einem rotgrün gestreiften Rock. Kann ich jetzt in ihrem so schön geformten Gesicht nicht ein leichtes erröten beobachten? *Ganz der Alte ..., das ist er ..., das ist Marcus mein Freund, von dem ich Dir schon so viel erzählt habe.* Ich spüre die Hand, die sich plötzlich ganz locker auf meine rechte Schulter legt. Natürlich ..., das ist „Alfred", mein Freund ..., diese Stimme ..., da brauche ich mich nicht umzudrehen. *Mein lieber „Alfred", auch Dir einen wunderschönen guten Morgen. Aber Du siehst doch auch, ich bin doch nicht blind.* Jetzt tritt „Alfred" neben mich ..., *darf ich bekannt machen? Diese wunderschöne Frau, wie Du sie nennst, das ist die wunderschöne Tochter, die Seele des Hauses. Sie ist bestimmt auch für Dich, lieber Marcus, die schöne „Maria"!*

Jetzt bin ich derjenige, dem die Röte ins Gesicht schießt. Mir ist glühend heiß ..., welch ein Lächeln. *Du ..., ich darf Dich doch auch Marcus nennen ..., Du bist ..., ja wenn ich Dich so betrachte. Es stimmt ..., kein Wunder, dass die Frauen von Dir schwärmen.* Welche Frauen ..., jetzt wird mir noch heißer. *Welche Frauen schwärmen von mir ...,* jetzt tritt „Alfred" neben mich und ..., *hast Du schon gefrühstückt?* Geschickt ..., er versteht es, das Thema zu wechseln.

Nein ..., *ich wollte mich erst ein wenig in diesem so schönen Hause orientieren. Aber ..., weil Du es erwähnst, nun bemerke ich wie ausgehungert ich schon bin. Habt Ihr ...,* jetzt erst bemerke ich, dass er alleine ist. Zu sehr war ich von „Maria" geblendet. *Aber wo ist Deine liebe „Renate" ...?* „Alfred", er muss sich nun mit seiner rechten Hand am Hinterkopf kratzen. *Sie war eben noch im Bad. Das wird, wie ich sie kenne, garantiert noch ein Weilchen dauern. Wir könnten doch schon vorgehen und einstweilen vielleicht einen Saft oder was ähnliches trinken. Ich verspüre einen wahnsinnigen Durst. Bei uns ist es gestern abends sehr spät geworden. Schau Sie Dir an ..., bei „Maria" merkt man dies bestimmt nicht. Ja, ja ..., die Jugend.* „Maria" war jetzt um den Tresen herum zu uns getreten und scheinbar ein wenig zu auffällig betrachte ich ihre so graziösen kleinen Füße, diese kleinen Schühchen. Jetzt ..., mein Blick ..., diese so schönen Beine. *Und, wie gefallen Dir nun meine O-Beine ...,* wieder diese Hitze. Sie macht mich ganz verlegen als sie nun auch noch auf mich zukommt, mich fest in ihre beiden Arme schließt, mich fest an sich drückt und mir auf die rechte und linke Wange ganz sanft Küsse haucht. „Alfred", er steht unmittelbar neben mir und ..., *was ist mit mir? Wahnsinn, und ich ..., bekomme ich auch zum Frühstück diese herzliche Begrüßung? Deine lieben Küsse ..., und dann auch noch diese so enge Umarmung? Du mein lieber Freund ..., Du bist ein Glückspilz. Dir liegen scheinbar alle schönen Frauen zu Füßen. Ich glaube, Du verstehst mich ..., Spass gehört dazu. Es ist besser, wir stärken uns jetzt ein wenig, bis unsere Damen fertig sind.*

Er nimmt mich beim Arm und schupst mich lachend vor sich her ..., *liebe „Maria" wir sehen uns bestimmt später noch. Du siehst ja ...,* ich deute auf „Alfred" ..., *er hat es jetzt plötzlich sehr eilig.* Wieder dieses wahnsinnige Lächeln ..., *tschüss ..., ich wünsche Euch beiden einen wunderschönen Tag und lasst Euch das Frühstück gut schmecken. Und sollte etwas fehlen, bitte meldet Euch. Bis später ...,* schon entschwindet sie unseren Blicken, denn „Alfred", er ist jetzt in Eile. Den Weg kenne ich ja schon von früher. Der Frühstücksraum ist fast leer und so können wir uns einen schönen Tisch, gleich am riesig großen Fenster suchen. *Du kannst Dich ruhig setzen ..., ich spiele jetzt den Ober. Ich bringe Dir einen großes Glas handgepressten Orangensaft mit. Wirklich sehr zu empfehlen ..., sehr delikat.* Schon bedient er sich am riesig großen Frühstücksbüfett.

Wir stoßen an ..., *zum Wohlsein* ..., echt gut. Durstig, durstig ..., in einem Zuge leeren wir beide unsere Gläser. „Alfred", was meintest Du vorhin mit ..., *bis unsere Damen kommen? Hast Du in einem großen Harem geschlafen? Ich muss Dir ohnehin erzählen, dass zwei ganze Schrankteile meines großen Schrankes, mit modisch sehr schicken Damenkleidern und Damenunterwäsche aus feinster Spitze gefüllt sind. Hast Du hierfür vielleicht eine passende Erklärung?* Anscheinend habe ich ihn nun mit meiner Fragerei ein wenig verwirrt, denn er erhebt sich aus seinem Stuhl, tritt an das große Fenster und betrachtet, sich einige Male am Hinterkopfe kratzend, scheinbar teilnahmslos, die vielen schönen, so überaus farbenprächtigen Blumen und die immer noch sehr üppig blühenden roten und gelben Rosen, im bestens gepflegten Garten vor dem Hause.

Jetzt dreht er sich um seine eigene Achse ..., wenige Schritte und schon ist er wieder am Tisch und setzt sich nun mir gegenüber, immer noch schweigend auf seinen Stuhl, während er mich mit sehr ernstem Gesicht mustert. *Mein lieber Marcus, wie fühlst Du Dich heute? Eigentlich wollte ich mit Dir heute das weitere Vorgehen in Deiner Geschichte bereden. Aber verstehe mich, ich möchte Dir Deinen Kurzurlaub nicht verderben. Mich freut es ohnehin, dass es Dir momentan ein wenig besser zu gehen scheint. An den letzten beiden Tagen und auch gestern, machte ich mir schon ernsthaft Sorgen, ob ich Dich hier ohne ärztliche Betreuung allein zurücklassen kann. Doch schau ...,* jetzt kann ich ein Schmunzeln in seinen Mundwinkeln erkennen und schon ..., es hat sich Gott sei Dank eine, so glaube ich, für Dich sehr gute Lösung gefunden. Ich hoffe, dass ich Dich damit überraschen, dass ich Dir damit eine echte Freude bereiten kann.

Was hat er nun wieder vor ..., seinen Gesichtsausdruck nach, muss es etwas für mich sehr Angenehmes sein ..! „Alfred" Du machst mich jetzt wirklich neugierig. Es ist lieb von Dir, dass Du mich wenigstens die wenigen Tage hier in Latsch, mit den auf mich zukommenden Problemen verschonen willst. Hoffe ich doch auch, dass ich hier genügend Kraft für eine neuerliche Therapie finde. Doch sagtest Du nicht, dass Du mit Deiner lieben „Renate" schon heute nachmittags wieder nach München zurückfahren möchtest? So nehme ich an, dass Du meine für mich lebensnotwendigen Spritzen und Tabletten mitgenommen hast? Meine Miene, sie muss sich nach meiner letzten Frage verfinstert haben, denn ..., mein Gott, was ist mit Dir? Natürlich habe ich hier vorgesorgt. Noch etwas wollte ich Dich als meinen Freund fragen ..., was hälst Du von meiner neuen Flamme ..., wie gefällt sie Dir ..., meine „Renate"? Plötzlich muss „Alfred" lauthals lachen ..., was bin ich nur für ein Trottel ..., was frage ich Dich eigentlich. Du ..., ja Du warst doch während der langen Anreise, von ihr ganz hin und hergerissen ..., und sie von Dir ja auch. Denn Ihr habt Euch doch über Gott und die Welt unterhalten. Sie hatte doch kaum noch Zeit, kaum noch ein Auge für mich. Und selbst heute Nacht bei unserem Treff mit der Familie „Pircher", da erzählte, ja da schwärmte sie nur von Dir. Darüber hinaus wollte Sie Näheres über Deine Krankheit wissen und hör ..., inwieweit überhaupt noch eine reelle Chance für Dich besteht. Sie macht sich sehr große Sorgen um Deine Gesundheit. Kannst Du Dich eigentlich noch daran erinnern? Du hattest unmittelbar nach der Ortschaft Schlanders, einen Deiner gefürchteten Kreislaufaussetzer. Glaubte ich doch schon, das war´s mit Dir. Dieses Mal dauerte es sage und schreibe über eine halbe Stunde, bis wir Dich wieder bei uns hatten. Deutlich kann man es ihm ansehen, dass ihm diese Geschichte an die Nieren ging. Du hättest „Renate" sehen müssen, wie liebevoll sie Dich nach der Spritze umhegt hat. Deinen Kopf hatte sie sich auf ihren Schoß gelegt ..., sie hat Dich, und das immerwährend bis zum Hotel, im Gesicht, über Deine Wangen und über die Haare gestreichelt. Dazwischen hat sie Dich sehr großzügig immer und immer wieder ..., ja, so richtig abgeknutscht hat sie Dich. Garantiert sagst Du jetzt zu mir ..., Du hast von alledem rein gar nichts mitbekommen. Aber was soll's ..., da verstehe einer die Frauen.

Was bin ich froh, dass er während seiner letzten Feststellungen wieder ein Lächeln im Gesicht hatte. Dem muss ich mich jetzt auch anschließen. Mein lieber „Alfred", Deiner letzten Feststellung ist nichts hinzuzufügen. Komisch ..., ich kann mich wirklich ..., und das bei aller Mühe, an überhaupt nichts erinnern ..., geschweige fühlen. Eigentlich schade ..., also, Du darfst Deiner lieben „Renate" deswegen auch nicht böse sein. Sie ist eine sehr liebe, eine herzensgute, überdies sehr hübsche Frau. Ihr beide ..., Du und „Renate", ihr passt echt gut zusammen und bleibt es hoffentlich auch.

Wer passt echt gut zusammen ..., ich ..., wir beide hatten sie ..., wir hatten „Renate" nicht bemerkt. Sehr hübsch hat sie sich herausgeputzt, so wunderschön wie der heutige Morgen. Da sie so unmittelbar vor uns beiden steht ..., hellblonde modisch kurz geschnittene Haare, dieses weich geschnittene, ein wenig ovale Gesicht und diese Augen ..., super ..., dieses dunkle Blau. Dabei ist sie nicht einmal besonders groß gewachsen ..., geschätzte 165 cm, schlank aber mit einer fraulich betonten Figur. An ihren kleinen graziösen Füßen trägt sie elegante ..., bestimmt teure Italiener ..., und ihre schlanken Beine, einfach sagenhaft. Genüsslich fixiere ich diese bis über die Knie. Dabei trägt sie ein kurzes hellgrünes, leichtseidig glänzendes Kleid, mit einem gewagten Ausschnitt ..., sehr sexy. Ihre leichte Bräune im Gesicht, am Hals, an den Armen, harmoniert bestens mit ihrem Outfit. „Renate" schau Dir einmal diesen Marcus an ..., er verschlingt Dich förmlich mit seinen Blicken. Man merkt schon, dass es ihm heute wieder besser geht. Aber mich wundert schon überhaupt nichts mehr, denn so kenne ich ihn nun schon seit etlichen Jahren. Wieder muss er sich am Hinterkopf kratzen ..., „Renate", nun wenn ich Dich so betrachte ..., Du überrascht mich immer wieder mit Deinem so perfekten Geschmack, Deine so wunderschöne Ausstrahlung ..., Du siehst heute einfach sagenhaft aus. Allerliebste „Renate", ich liebe Dich von ganzem

Herzen. „Alfred", er ist jetzt an „Renate" herangetreten, nimmt sie fest in seine Arme und auch sie umschließt ihn fest mit beiden Armen. Lang, sehr lang ist ihr inniger Kuss.

Zeit für mich um meine wahnsinnige Hitze und auch meine Röte abklingen zu lassen. Doch schon ..., wie auf Kommando trennen sie sich, lösen „Alfred" und „Renate" ihre feste Bindung. *Mein lieber Marcus, ich weiß gar nicht wo sie so lange bleibt, unsere so liebenswerte Überraschung für Dich.* „Renate", sie steht plötzlich vor mir, nimmt mich in ihre Arme und was ist das ..., sie küsst mich auf den Mund. Wahnsinn ..., sie hat mich völlig überrascht und es dauert einige Augenblicke bis ich mit dieser Situation klarkomme. So stehen wir eine wunderschöne Ewigkeit auf Tuchfühlung, bis dann auch unsere Zungen! Schade, denn nun ..., *mein lieber Marcus ..., aber hallo, ich bin auch noch da. Hast Du mich vielleicht völlig vergessen?* Das kann doch nicht sein ..., wirklich ..., meine „Hiltrud", sie steht nun leibhaftig vor mir. Das ist bestimmt wieder eine von meinen Sinnestäuschungen, eine Fata Morgana. Freudig erschrocken löse ich mich aus der so innigen Umarmung von „Renate". *„Hiltrud" da siehst Du Deine treulose Tomate. Glaubst Du mir nun, was Dein so geliebter Marcus mit schönen Frauen so alles treibt?* Er, „Alfred" ist allem Anschein nicht sonderlich überrascht über den doch so innigen Kuss mit „Renate". Lauthals muss er jetzt lachen als er in „Hiltruds" Gesicht blickt. *Meine allerliebste „Renate", sie deutete mir heute früh schon so etwas Ähnliches an. Aber meine allerliebste „Hiltrud", wenn ich Dich so anschaue, verstehe ich, warum wir so lange auf Deine Erscheinung warten mussten. Du bist ja heute so richtig zum Anbeißen und wahnsinnig sexy. Du zeigst uns ja heute viel von Deinen wunderschönen Beinen und auch sonst! Jetzt weiß ich, warum ich schon immer in Dich vernarrt bin. Doch leider, leider ..., was konnte ich dagegen tun ..., Du hast ja immer nur Augen für Deinen so innig geliebten Marcus. Trotz alledem ..., ich bin ja so froh, dass er Dich hat.* Jetzt angelt er sich aus seiner rechten Hosentasche ein weißes, an den Rändern blau eingehäkeltes Stofftaschentuch und wischt sich die Lachtränen aus seinem sonnengebräunten Gesicht.

Lange, sehr lange benötige ich, bis ich mich wieder in die Gegenwart finde. Zum einen war es meine Fantasie, nach dem so langen Kuss von „Renate" und jetzt diese so sagenhafte, dieses so plötzliche Erscheinen von „Hiltrud". „Alfred", er hat es schon ausgesprochen, was ich erst jetzt so richtig analysiere. Meine Augen ..., ich kann sie nicht mehr von „Hiltrud" lassen. Will sie mir nun auf einmal all´ das zeigen, was sie in den vielen, vielen Jahren, für mich aufgehoben hat. Auch ihre Haare ..., sie hat ihr Bild total verändert. Hübsch, alles passt so perfekt zu ihr. Sie hat sich die Haare kurz, modisch schick schneiden lassen, passend zu ihrem schönen leicht ovalen Gesicht. Bei ihrer bestens gepflegten Haut, benötigt sie garantiert nicht viel Make-up. Sie weiß dies und hat ihren Lidschatten nur ganz leicht nachgezogen. Eine perlweiße, schlichte engansitzende Seidenbluse, die nicht mehr viel verheimlichen kann und ein knappsitzender weinroter, samtigglänzender Minirock ..., was hat sie vor? Wie sie so herausfordernd vor mir steht ..., meine Augen, sie verschlingen dieses so wunderschöne Bild. An ihren schlanken Beinen trägt sie hautfarbenschimmernde Seidenstrümpfe und ihre kleinen Füße, sie stecken in hochhackigen leichten Pumbs. Und noch etwas ..., erst jetzt bemerke ich dies. Sie muss meine überaus neugierigen, sie bewundernden Blicke spüren, ja fühlen, denn sie stellt sich ein wenig seitlich, fast schon auf Tuchfühlung zu mir ..., sie zeigt mir noch mehr von ihren so schönen Beinen. Ja, ja ..., ihr Rock ist seitlich, schon sehr sexy, bis fast an ihren kleinen Popo geschlitzt. Und nun, da sie mich freudig anlächelt ..., hebt sie ganz langsam mit ihrer linken Hand, den vorderen Teil ihres Rockes nur für mich sichtbar, ein wenig an ..., Wahnsinn. Zeigt sie mir doch ein wenig von ihrem fast weißen Oberschenkeln ..., von ihrem schmal geschnittenen schwarzen Slip, bestimmt aus feinster Seide. *Marcus, mein allerliebster Marcus ..., ich muss schon sagen, das bin ich ja gar nicht von Dir gewohnt, dass Du mich ..., ja dass Du mich so gründlich begutachtest. Bei „Irene" und eben auch bei „Renate ..., das ist bei Dir anscheinend normal. Aber mich hast Du so noch nie gemustert, da musste ich Dir schon ein bisschen was bieten.* Bei ihren letzten Worten sind wir schon auf Tuchfühlung und schauen uns nun schon sehr tief in die Augen ..., jetzt küssen wir uns endlich ..., wir umarmen uns ..., drücken uns gegenseitig mit beiden Händen fest aneinander und sie muss mein so starkes Gefühl für sie spüren, denn sie verstärkt ihren Druck und ihre Zunge wird noch aktiver, ihr Atem noch heftiger ..., noch kürzer und erregter.

„Alfred" und „Renate", sie beschäftigen sich jetzt sehr eingehend mit dem Frühstücksbüfett und so bemerken sie anscheinend nichts von unserem Treiben. *Meine Liebste ..., Du hast mich wirklich mit Deinem Erscheinen voll überrascht. Und so siehst Du mich noch immer fast sprachlos.* Noch völlig von „Hiltrud" verzaubert, suche ich nach den passenden Worten. Und ..., sie, sie schenkt mir eine weitere Denkpause. *Schon glaubte ich, dass Du mich wieder vergessen hast. Das eben vorhin mit „Renate", ich wusste nicht so recht was Sache ist. Aber Euer Kuss ..., das war ja eine Ewigkeit. Das tat mir schon im Herzen weh. Als mir „Alfred" am Sonntag per Telefon diesen Vorschlag machte ..., diesen Kurzurlaub mit Dir ganz allein ..., ja da war ich in den darauf folgenden Stunden völlig aus dem Häuschen ..., wie mich das freute. Und ehrlich, ich wähnte mich wirklich im Siebten Himmel. Verständlich, dass ich ernsthafte Schwierigkeiten beim Zusammensuchen meiner Utensilien, für diese nicht eingeplanten Tage mit Dir hatte.*

Meine liebe „Hiltrud" ..., ich fühle, dass ich ihr wehgetan habe. Das wollte ich nicht. Nun erst verstehe ich den Versprecher von „Alfred" ..., auch die Geschichte mit den Kleidungsstücken in meinem Kleiderschrank. Will sie es wirklich ..., möchte sie echt mit mir schlafen ..., mit mir Sex haben? Für mich kaum vorstellbar ..., mit mir einem todkranken Mann. Alles konnte ich mir vorstellen ..., bestimmt aber nicht diese, ihre so große Liebe zu mir. Seit einigen Monaten habe ich mich doch schon auf diese Tage „allein" fixiert. Noch bin ich mir ja nicht einmal sicher, inwieweit ich mich einer neuerlichen Therapie unterziehen solle und inwieweit ich mit meinen oft wahnsinnigen Schmerzen weiterleben will. Jetzt dieses so kurzzeitige, impulsive Umdenken ..., dieser unerwartete Vorschlag von „Alfred" ..., dieser Urlaub mit „Hiltrud". Für mich eine völlig neue Situation.

Noch Montag nachmittags telefonierte, ja da entschuldigte ich mich bei „Maria" in der Klinik. Den Termin mit ihr am Freitag ..., den habe ich unmöglich halten können. Und trotz meiner mehrmals vorgebrachten Argumente, gab sie mir zu verstehen, dass sie diese feig finde und schon mit einem solchen Bescheid gerechnet habe. Auch meine Vermieterin ..., sie setzte ich von meinem Vorhaben in Kenntnis. Sie war allerdings nicht sonderlich begeistert. Wollte sie sich doch mit einer Bekannten, für drei bis vier Wochen nach Spanien absetzen. Nun darf sie sich in den nächsten Wochen um das Haus, um die vielen Blumen und um die noch immer wunderschön blühenden Rosen kümmern. *Hallo Marcus ..., was ist mit Dir? Du bist ja mit Deinen Gedanken vollkommen woanders. Wir sollten uns jetzt auch um unser Frühstück kümmern.*

Schlimm ..., jetzt erst bemerke ich, dass sich „Alfred" mit seiner „Renate" schon zum Frühstücken an den Tisch gesetzt haben. *Lasst es Euch gut schmecken, wir dürfen jetzt auch dazutun, ansonsten können wir gleich zu Mittag essen.* Beim Blick auf die große Wanduhr, die gleich rechterhand über einem schönen Büfett aus Kirschholz hängt, ist es bereits 10.15 Uhr. *Lasst Euch genügend Zeit. Wir zwei stehen leider schon unter starkem Zeitdruck ..., haben wir doch in Meran ein Treffen mit verschiedenen uns sehr gut bekannten Ärzten. Es geht hier um den Erfahrungsaustausch bei der Therapierung von Leukämie- und Krebserkrankungen. Und unter anderem, werden dort völlig neue Behandlungsmethoden aufgezeigt und analysiert. Ihr seht also, ihr könnt frei über Eure Zeit verfügen. Jetzt viel Spass ..., eine riesige Auswahl ..., schwer das Richtige zu finden.*

Jetzt nehme ich „Hiltruds" rechte Hand mit meiner linken und ganz zart möchte ich sie ..., doch schon bei der Berührung unserer Fingerspitzen ..., was war das ..., bekam ich plötzlich einen leichten Stromschlag ..., auch „Hiltrud", sie zieht ganz erschrocken ihre Hand zurück. *Marcus was war das denn ..., Du stehst ja völlig unter Strom. Ich sehe schon, ich muss Dir sofort und gleich noch einen Kuss schenken. Dir fehlen allem Anschein meine so innigen Gefühle.* Vergessen ist unser Frühstück ..., vergessen sind „Alfred" und auch

„Renate". Wir spüren nur noch uns und unsere Gefühle. Wir umarmen uns ..., drücken uns ..., und unsere Zungen. Eine Ewigkeit ..., tief luftholend halten wir uns nun gegenseitig mit beiden Armen, mit beiden Händen. „Hiltrud" sie schmiegt nun ihren Kopf an meine Brust und ganz leise ..., „Marcus, mein geliebter Marcus ..., am Liebsten würde ich jetzt mit Dir schlafen. Spüre ich doch sehr deutlich auch Dein Verlangen ..., ich löse nun meine Umarmung und ..., sollten wir jetzt nicht zu allererst einmal Frühstücken und auch an meine Medizin sollte ich denken. Wir haben dann viel Zeit für uns und unsere Liebe. Schau doch ..., was für ein wunderschöner Tag. Zum Anfang möchte ich mit Dir heute liebendgern eine leichte Wanderung machen. Wir könnten mit der Seilbahn von „Latsch" aus nach „St. Martin" hochfahren und von dort den Höhenweg nach „Fora" ..., „Hiltrud" sie strahlt mich nun an ..., Du erfüllst mir endlich einen langgehegten Wunsch. Immer wenn mir „Irene" von Deinen Bergwanderungen erzählte ..., ja dann träumte ich. Ja, ja ...,meine Fantasie, sie spielte mir öfters was vor. Aber jetzt habe ich wirklich großen Appetit auf ein gepflegtes Frühstück.

Noch während wir, „Hiltrud" und ich sehr genüsslich und besonders reichlich frühstückten, verabschiedeten sie sich. „Alfred" und seine „Renate", Sie hatten es plötzlich sehr eilig ..., ach ja, das Ärzteseminar in Meran. „Alfred", er erklärte mir noch, dass meine „Hiltrud" die für mich notwendigen Medikamente und Spritzen bei sich habe und auch an die Adresse von seinem befreundeten Arzt in „Latsch" hatte er gedacht. Also schon am kommenden Dienstag, dem 28. September, meinte er noch, erwarte er mich bei bester Laune in der Klinik zu den Voruntersuchungen und ansonsten wünsche er und „Renate" uns beiden alles erdenklich Gute ..., gute Erholung. Wie sagte er noch zum Schluss, so schön zweideutig ..., „übertreibt es nicht und du meine liebe „Hiltrud", schone meinen lieben Freund Marcus. Ein flüchtiges Umarmen ..., auf die Schulterklopfen ..., ein Küsschen hier und Küsschen dort ..., das war´s auch schon. Tschüss ..., viel Amore ..., bis bald.

Das eben, das war echt „Alfred". Ich soll Dich schonen ..., ich bin doch keine ..! Aber in einem hat er wirklich recht. Echt, ich freue mich *schon so auf das erste Mal mit Dir. Alles möchte ich für Dich tun ..., alles was Du von mir verlangst. Nur eins wünsche ich mir von Dir ..., es soll Dir und auch mir gut tun. Mein allerliebster Marcus ..., ich liebe Dich mehr als mein Leben. Hoffentlich wirst Du wieder gesund ..., ich möchte immer ..., ich möchte sagen ..., noch ein ganzes langes Leben nur für Dich da sein. Mit Dir würde ich sogar sterben ...,* erschrocken blicke ich hoch und in die jetzt traurigen, so schönen Augen von „Hiltrud" ..., ihre Gedanken. *Na, na meine Liebe. An so etwas darfst Du nie denken. Genießen wir jetzt unseren Urlaub und was dann kommt ..., es gibt ja auch noch einen Herrgott. Er wird es schon für uns richten.* Auch ich hoffe, dass er uns und unserer Liebe noch viel Zeit und ein langes Leben schenkt.

„Hiltrud", sie sitzt immer noch unmittelbar neben mir. Küssen möchte ich sie jetzt und sofort. Und schon umarme ich sie ..., und unsere Lippen, unsere Zungen. Ich greife mit meiner linken Hand unter ihren linken Arm und drücke ihren so heißen Körper fest an meine rechte Seite. Mit meinen Fingerspitzen kann ich ihre weiche Brust, ihre feste Brustspitze ertasten. An meinen Wangen kann ich ihren immer heftiger werdenden Atem spüren und auch ihre Hand ..., ihre Finger, die sie mir auf den Oberschenkel gelegt hat werden immer aktiver. Sie streichelt sich immer höher und höher und jetzt ..., *mein lieber Marcus ..., Dein Gefühl ..., Wahnsinn ..., ich möchte Dich in mir spüren.* Siedend heiß wird mir bei ihren so intimen Wünschen und bei ihrem so intensiven streicheln. Mein Hirn ..., es produziert wieder nur Aussetzer. Mit meiner rechten Hand, mit den Fingern streichele ich mich ganz langsam, sehr zärtlich vom Knie aufwärts ..., jetzt unter den Saum ihres Minirocks. Weiter und weiter ..., ihr Atem ..., sie öffnet mir ihren Schritt und schon streichele ich über ihren so seidigweichen Slip über ihren Schritt. Schon will ich mit meinen Fingern unter ihren ..., das musste ja kommen.

Wieder einmal habe ich das Medikament vergessen ..., ich zucke zusammen und sehr schnell kühle ich wegen der mich nun wieder einholenden Realität ab. Irre, was sind das für Schmerzen. Marcus, *jetzt wo es so schön war. Mein Gott was ist mit Dir? Du wirst ja ganz weiß im Gesicht. Bleib bitte sitzen, ich hole Dir schnell Deine Medizin. Wie blöd ..., wie leichtsinnig von mir, aber ich habe sie Dir auf Deine Konsole am Bett gelegt. Nun musst Du wegen meinem Vergesslichkeit so leiden. Schon geht ..., nein sie rennt aus dem Frühstücksraum.* Mich haben meine Schmerzen nun wieder voll im Griff. Meinen Stuhl habe ich etwas nach rückwärts geschoben, so kann ich mir besser meine Hände an den Bauch drücken, während ich mich bis fast zu meinen Knien bücke. Gut, wir sind ja die letzten beim Frühstück.

Endlich ..., mir war es wie eine Ewigkeit ..., *es hat fast den Anschein, dass diese Dir erst vor wenigen Tagen verschriebenen Tabletten, nur für wenige Stunden helfen. Und diese schweren Hämmer, diese Tropfen, die Du über Nacht einnehmen sollst, die schaden Dir ja mehr, als sie Dir helfen. Du wirst ..., besser gesagt, Du bist schon drogenabhängig. Das ist fast pures Morphium und Dein Körper hat sich mehr oder weniger schon damit abgefunden. Über kurz oder lang zerstört Dir dieses Gift Deine Milz, Deine Leber und auch Dein Gehirn. Du wirst dies schon sehr bald feststellen können, ja wenn Du Dich weiterhin mit diesen so starken Medikamenten zufrieden gibst.* „Hiltrud" sie legt mir jetzt zwei von diesen Kapseln auf meine Zunge und reicht mir ein Glas Wasser zum Nachtrinken. *Das geht mir jetzt durch und durch, da ich Dich so schmerzgekrümmt vor mir sitzen und leiden sehe. Wenn es medizinisch machbar wäre, ich würde Dir gerne alle oder einen Teil Deiner wahnsinnigen Schmerzen abnehmen, sie mit Dir teilen.* Was redet sie da für wirres Zeug. Gut dass dies noch nicht realisierbar ist. *Das ist sehr lieb von Dir.* Meine liebe „Hiltrud", wie gut, dass Du Dir nicht vorstellen kannst, was das oft für wahnsinnige Schmerzen sind. Ich kenne echt keinen Menschen, dem ich diese wünschen möchte ..., am wenigsten aber Dir meine geliebte „Hiltrud". *Gerade in den letzten Wochen haben sich diese Schmerzinterwalle extrem verkürzt. Ein Zeichen, dass ich endlich etwas dagegen tun muss oder ich akzeptiere das baldige Endergebnis mit allen Konsequenzen. Also es kommen sehr rosige Zeiten ..., mir will es partout nicht in den Kopf, dass Du Dich mit mir, einem todkranken Menschen abgibst. Gerade Du ..., Du bist hochintelligent, jung und dazu sehr hübsch. Dir liegt doch die Welt zu Füßen. Ist es nicht besser, ich beende mein dummes Daherreden. Kann ich doch beobachten, wie sie mit ihren Tränen zu kämpfen hat. Gehen wir doch zum umkleiden auf unser Zimmer Sollten wir uns nicht für die Wanderung etwas Bequemeres anziehen? Ich habe einen kleineren Rucksack in dem wir auch eine Brotzeit und etwas zum trinken mitnehmen können. Unmittelbar an die Gondelstation angrenzend, gibt es einen großen Supermarkt und außerdem unterwegs genügend gute Gasthöfe und Jausenstationen. Also verhungern ..., niemals.*

„Hiltrud", sie trocknet sich nun ihre Tränen aus dem Gesicht und ..., ja sie lächelt. *Jetzt bekommt Dein Gesicht wieder Farbe. Mein Gott bin ich froh, dass es Dir anscheinend wieder besser geht. Ich muss mich erst daran gewöhnen, dass wir jetzt zu zweit sind. Zu lange brauchte ich nur für mich zu sorgen, habe ich nur an mich gedacht.* „Anton" *und ich, wir gehen nun schon seit fast zwei Jahren getrennte Wege und auch sonst ..., es war noch nie Liebe. Erst bei Dir, mit Dir fühle ich was es heißt ..., zu lieben. Du, ja Du mein lieber Marcus, Du bist schon seit gut zwei Jahren meine ganz große Liebe. Im Bett war mit ihm nicht viel los. Er hatte meistens keine Zeit und wenn, dann musste alles ruckzuck gehen. Dabei wünsche ich mir schon immer ein eigenes Kind. Und wenn es zwei wären, umso besser. Warum eigentlich nicht mit Dir ..? Ich bin noch nicht zu alt ..., wenn ich auch ...,* was hat sie? Warum unterbricht sie sich? *Was heißt bei Dir „wenn ich auch"?* Sie macht mich neugierig ..., jetzt da mir so einiges durch meinen Kopf schwirrt, merke ich erst, wie wenig ich eigentlich von ihr weiß. So gut wie gar nichts.

Mein allerliebster Marcus ..., ich wollte es Dir eigentlich nicht sagen. Nun, da ich mich fast verraten habe, sollte es kein Geheimnis sein. Ja, ja ich habe heute meinen Einundvierzigsten. Siehst Du, mein lieber Marcus, so alt bin ich ..., da staunst Du. Dies ist der Grund meiner Gedankenpause. Wie von einer Tarantel gestochen bin ich von meinem Stuhl hochgeschnellt ..., schon umarme ich sie und unsere Zungen. Sie drückt sich ganz fest an mich und ich bemerke ihr leichtes Zittern, das durch ihren ganzen Körper geht. Sie umarmt mich ..., sie drückt sich, ihr

Becken ..., sie drückt mich mit ihren Händen ganz fest an sich. Mir geht es allem Anschein wieder deutlich besser, denn sie muss mich und mein Gefühl spüren ..., ihr Atem, er wird heftiger ..., er wir kürzer. Nun gibt sie meinen Mund wieder frei. Noch außer Atem ..., *Marcus, mein geliebter Marcus ..., ich wünsche mir heute von Dir zum Geburtstag nur eines ..., Du kennst meinen so innigen Wunsch.* Ihr so tiefer Blick und ihr so himmlisches Lächeln ..., ich glaube, dass ich keine andere Wahl habe. Die eben geschluckten Tabletten sie haben meine Schmerzen auf ein Minimum reduziert. *Ist es nicht an der Zeit, dass wir uns endlich umziehen, ansonsten können wir gleich hier zu Mittag essen. Hast Du Dir eine lockere Kleidung zum Wandern mitgenommen?* „Hiltrud", sie löst nun ihre so feste Umarmung. *Doch, doch ..., Du wirst überrascht sein, auch leichtere Wanderschuhe habe ich mir eingepackt. Aber eins muss ich Dir schon beichten. Größere oder gar schwierige Bergtouren, die Du in früheren Jahren mit Deiner „Irene" unternommen hast, mit so was kann ich Dir nicht dienen. Ich glaube jedoch, dass Du in Deiner momentanen körperlichen Verfassung solch schwierige Touren kaum unternehmen willst. Wir werden ja sehen. Wenn ich bedenke, dass ich in meinen vierzig Jahren noch nie mit einer Gondel gefahren bin, geschweige denn auf einem Berg und sei er noch so klein, gewandert bin. Ich für meinen Teil, ich freue mich jetzt schon auf meine erste Gondelfahrt und auf die Wanderung mit Dir.* Sie nimmt mich nun mit ihrer rechten Hand und zieht mich lachend aus dem Frühstücksraum, die Treppe hoch. Vor unserer Zimmertür ..., *Marcus, schaffst Du es ..., aber nur wenn Du es Dir zutraust. Ich wünsche es mir so sehr. Ja ich möchte von Dir über diese Türschwelle getragen werden, denn für mich beginnt in diesem so schönen Augenblick, ein neuer Abschnitt in meinem Leben und den möchte ich mit Dir feiern. Lass Dich von mir überraschen.*

„Hiltrud", sie strahlt mich nun nur noch an. Welch ein Lächeln ..., sagenhaft! Sie umarmt mich und ..., ich öffne die Zimmertüre, stoße diese ganz vorsichtig mit meinem linken Fuß auf. Habe ich doch nur noch Blicke für sie ..., für „Hiltrud". Nehme sie mit beiden Händen hoch ..., sie ist ja ..., sie macht sich federleicht und schon bin ich mit ihr im Zimmer. Nun trage ich sie zum rechts am Fenster stehenden

Sessel und setze sie ganz vorsichtig in diesen. Doch was sehen meine Augen ..., auf dem kleinen runden Tisch gleich am Fenster ..., ein riesiger Strauss dunkelroter Rosen in einer bauchigen wunderschönen weißen Porzellanvase ..., in einem silbernen Sektkübel eine Flasche Champagner und daneben stehen zwei Sektgläser aus Kristall. Nobel, nobel ..! Unbeabsichtigt ..., doch ich glaube bewusst, schiebt sie sich nun im Sitzen den Saum ihres sehr eng sitzenden Minirocks fast bis zum Gesäß hoch, während sie mich anlächelnd mustert. Und sie schenkt mir wirklich einen wahnsinnigen Blick auf ihre so schön geformten Beine, auf ihre Oberschenkel und ..., sie zeigt mir ..., „Hiltrud", Hiltrud" ..., *Du heizt mir ja ganz schön ein. Du bist eine herrliche, eine so wunderschöne Frau. Du machst mich ganz verrückt nach Dir, nach Deinem Körper. Ich weiß nicht was mit mir geschieht* ..., sie verwirrt mich ..., ich bin völlig überwältigt von dem mir deutlich Dargebotenen ..., gedanklich bin ich mit ihr ..., mit „Hiltrud" schon im Bett. *Ich möchte Dich* ..., *mein Kopf, meine Gedanken sie schlagen Purzelbäume. Doch sollten wir nicht zu allererst auf Deinen Geburtstag anstoßen. Diese so schönen, so herrlichduftenden roten Rosen ..., hast Du einen Rosenkavalier? Und wie ich sehen kann, Du hast ja feinsäuberlich schon unsere Wandersachen zurechtgelegt ..., fast im Partnerlook. Wann hast Du denn dies alles bewerkstelligt ..., auch für den Champagner gesorgt?* „Hiltrud", sie strahlt mich immer noch an ..., sie gönnt mir auch weiterhin diesen sagenhaften Einblick, selbst als ich die Flasche mit einem lauten Knall entkorke und die bereitgestellten Gläser fülle. *Mein allerliebster Marcus ..., ich wünsche mir von Dir, dass Du mich nie allein lässt, dass Du mich immer lieben wirst. Aber vor allen Dingen wünsche ich Dir, dass Du bald wieder völlig gesund wirst. Nur noch mit Dir möchte ich bis an unser Lebensende beisammen sein. Ich liebe Dich so ..., mein Herz es schmerzt mich ..., mein lieber, mein allerliebster Marcus.*

Jetzt klirren unsere Gläser ..., *meine geliebte „Hiltrud", ich wünsche Dir zu Deinem Geburtstag alles Liebe und Gute, Gesundheit und alles Glück auf Erden und dass alle Deine Wünsche Dir stets in Erfüllung gehen. Möge das große Wunder geschehen, dass mich mein Schöpfer wieder gesund werden lässt. Möge er mir die Möglichkeit geben, dass ich Dich bis an mein Lebensende begleiten kann.* Beide haben wir unsere geleerten Gläser auf dem kleinen runden Tisch abgestellt und ich setze mich nun auf die Sessellehne ..., beuge mich zu „Hiltrud" und unsere Lippen unser Zungen finden sich. Mir wird glühend heiß als ich ihr jetzt ganz langsam und sehr zärtlich mit meinen Fingern durch die kurzen Haare streichele, über ihren Hals, über ihren Rücken und ganz langsam über ihre weichen Brüste ..., jetzt sehr zärtlich über ihre festen Brustspitzen. Ganz vorsichtig und sehr behutsam öffne ich ..., Knopf für Knopf, die vielen, alle acht ihrer so schönen weißen Seidenbluse. Und jetzt ..., meine Hände sie zittern ..., es ist nicht so einfach ..., aber endlich schaffe ich es. Endlich habe ich ihr die Bluse ausgezogen und lege diese sorgfältig auf den in griffweite stehenden zweiten Sessel. Ihr Atem wird immer heftiger und sie gibt meinen Mund frei und ..., *mein Liebster ..., ich kann es kaum erwarten, mir wird so heiß, ich möchte Dich auch streicheln ..., ich möchte Dich überall liebkosen.* Sie knöpft mir jetzt, da ich immer noch auf der Sessellehne sitze, mein Hemd auf ..., sie zieht es mir aus und auch mein Unterhemd ..., während ich ihr den so knappen Büstenhalter mit zittrigen Fingern hinten öffne und auch zu den anderen Kleidungsstücken lege. Und nun küsse ich ihren so schönen schlanken Hals, ihre so samtene Haut, ihre Schultern und nun ihre so weichen kleinen Brüste ..., ihre Brustspitzen ..., meine Zunge. *Marcus, Marcus ..., Du erregst mich, ist das schön.* Und nun küsst sie mich auch ..., meinen Hals meine Brust und ..., *mein liebster Marcus, Wahnsinn ..., Deine so vielen Narben. Was haben die alles mir Dir angestellt? Irre ..., Du hast bestimmt schon so allerhand durchgemacht und aushalten müssen.* Ihre Hände sie zittern und ihre Finger versuchen nun meinen Hosengürtel ..., jetzt meinen klemmenden Reißverschluss zu öffnen. Das sind schier unglaubliche Gefühle. Nein ..., ich kann mich wirklich nicht erinnern, dass ich mich schon einmal so intensiv auf das nun folgende gefreut habe.

Mir wird siedend heiß. Sie tastet sich ganz langsam, mich sehr vorsichtig und sehr zärtlich streichelnd in meine Hose ..., in meine Unterhose und berührt mich nun pur an meiner so empfindlichen Stelle.

Sie streichelt mich und sie muss es fühlen, dass mich ihre Fingerfertigkeit stark erregt und heiß macht. Auch ich taste mich mit meiner rechten Hand, mit den Fingern, an ihren heißen Schenkeln, an ihrer so samtenen Haut und an ihren Oberschenkeln hoch. Sie öffnet mir nun ganz weit ihren Schritt ..., mein Kopf ..., er zerplatzt mit fast. Meine Augen ..., sie zeigt sich mir und meine Finger ..., ich kann diese nicht mehr beruhigen. Sie streicheln sich unter ihren Slip ..., sehr deutlich fühle ich ihre Spalte. Ich bin so was von nervös, als ich mich endlich in sie taste ..., sie ist heiß, sehr heiß und sehr feucht. *Marcus, Marcus ich liebe Dich ..., was tust Du mit mir? Endlich ..., so lange hast Du mich darauf warten lassen. Fühlst Du wie ich auf Dich warte. Das ist alles für Dich, ich gehöre nur Dir. Ich möchte Dich so gern kosten. Das habe ich bisher noch nie bei einem Mann gemacht. Aber Du machst mich so neugierig ...,* und schon steht sie auf schubst mich von der Lehne und zieht mir, als ich jetzt unmittelbar vor ihr zu stehen komme, mit ihren zitternden Fingern meine helle Sommerhose, meinen weißen Slip, meine Schuhe und meine Strümpfe aus. Splitternackt ..., endlich hat sie es geschafft. Bevor ich die Situation so richtig realisiere ..., entledigt sie sich auch ihrer restlichen Kleidungsstücke.

Neugierig betrachten wir uns ..., nur zwei Schritte und schon finden sie sich ..., unsere Lippen ..., unsere Zungen. Ihr Körper ist heiß, ich kann ihn fühlen und ihr Atem wird immer kürzer und erregter als wir uns umarmen und uns nun auch noch unsere Becken mit unseren Händen gegeneinander drücken. Mein Gefühl, sie muss es überdeutlich zwischen ihren Beinen spüren. Ihr Atem ..., *Marcus, ich kann es nicht mehr erwarten, ich kann Dich so deutlich spüren ...,* ich hebe sie nun mit beiden Händen hoch ..., sie spreizt ihre Beine, kreuzt sie auf meinem Rücken. Ganz vorsichtig, sehr behutsam dringe ich endlich in sie ein. *Was für ein Wahnsinn ..., was für ein Gefühl ..., Marcus ..., tiefer, tiefer ..., das erste Mal, dass ich Dich in mir fühlen darf. Bislang habe ich es noch nie wie jetzt mit Dir, in pur ..., nur immer nur mit Kondomen. Marcus Du bist ein Wahnsinn ..., wie stark Du bist ..., ich Dich in mir fühlen kann. Mit Dir eins zu sein, das habe ich mir heute so sehr gewünscht.* Ich bleibe in ihr und trage sie jetzt zu dem bereits ganz aufgedeckten Bett. Langsam ..., ganz, ganz vorsichtig ..., jetzt bin ich wieder frei ..., ich kann meine Augen nicht mehr von ihrem so makellosen Körper lassen. *Mein lieber Marcus, bitte komm* ..., sie spreizt nun ihre so schönen Beine ganz weit und ihr Schritt ..., was für ein Wahnsinn ..., ich kann mich kaum noch beherrschen. Ich muss sie jetzt kosten und schon knie ich auf ihr und meine Zunge ..., *Marcus, Marcus ..., Du glaubst gar nicht wie gut mir das tut.* Und jetzt küsst auch sie mich ..., und nicht nur das, sie probiert mich und ihre Küsse ihr Probieren, es wird immer heftiger, verlangender, immer stürmischer. Ihre Hände und Finger, ihr Rhythmus ..., sie macht mich wahnsinnig. Und ich ..., ich kann auch nicht mehr von ihr lassen ..., meine Zunge, meine Finger. *Marcus, Marcus ..., mein allerliebster Marcus.* „Hiltrud", ihre Stimme ist kaum wieder zuerkennen, sie ist so erregt. *Bitte komme in mich ich kann nicht mehr, ich brauche Dich so notwendig. So was habe ich noch nie mit einem Mann erlebt.* Ganz vorsichtig gleite ich jetzt wieder in sie ..., sie ist feucht und so was von hitzig ..., sie, ihr ganzer Körper zittert, er vibriert. Ihre und auch meine Bewegungen werden immer schneller und heftiger ..., wir funktionieren und wie. Unser Atem, er wird kürzer, keuchender. *Mein Allerliebster ..., bitte, bitte bleibe in mir, wenn Du kommst. Du, ich möchte es das erste Mal ..., ich möchte es auch einmal spüren.* Wieder diese gepresste, so erregte Stimme. Ich betrachte mir nun ihr Gesicht, ihre Augen ..., jedes Mal wenn ich in sie dringe. Mein Gott ist sie schön und schon küssen wir uns und unsere Zungen. „Hiltrud" sie krallt sich nun förmlich mit ihren Fingernägeln in meine Schulter. *Wahnsinn ..., Du lässt mich schweben ..., mit Dir kann ich fliegen! Marcus ..., Marcus Du treibst mich auf die allerhöchste Spitze.*

Ihr Körper ..., unsere so erhitzten Körper, sie sind klebrignass, feuchtverschwitzt. Wir harmonieren und wie. So etwas habe ich noch nie, wirklich noch nie in einer Partnerschaft erleben dürfen. Wie besessen kosten wir uns, dann bin ich wieder in ihr, immer und immer wieder. Was ist nur los mit mir? Bin ich denn von allen guten Geistern verlassen? Wir ergänzen uns wie in Trance ..., völlig willenlos und können nicht genug von einander bekommen. Überdeutlich lässt sie mich, lässt mich „Hiltrud" mit ihren immer schneller, heftiger werdenden Bewegungen spüren, dass sie gleich ihren absoluten Höhepunkt, ihren höchsten Gipfel erreichen wird ..., auch bei mir ..., ich kann es fühlen ..., der Druck, er wird stärker und schon ist es passiert. „Hiltrud", sie muss es spüren, denn sie umarmt mich ..., sie drückt sich mit ihrem feuchten Körper noch fester an mich und trotz unserer Atemnot ..., wir küssen uns und unsere Zungen.

Nur langsam ..., nur ganz langsam legt sich bei uns beiden diese wahnsinnige Erregung, dieses irre Verlangen. Unsere Feuer, sie werden kleiner und schwächer ..., sie werden zur Glut. Unsere so innige Umarmung, sie wird lockerer, sie löst sich langsam. So allmählich beruhigt sich unser Keuchen, so langsam bekommen wir wieder Luft und unsere Lungen können wieder freier durchatmen.

Beide liegen wir nun tief ein- und ausatmend nebeneinander. Genüsslich betrachte ich nun von oben bis unten ihren so makellosen, so schönen, splitternackten Körper. Und schon kommt sie diese Erregung, erst langsam ..., du musst sie streicheln, schießt es mir durch meinen noch völlig verwirrten Kopf. Ich kann nicht anders und schon streichele, ertaste ich mich mit allen Fingern der rechten Hand behutsam, ganz sanft über ihren nassen, klebrig-feuchten Körper, über ihre Brüste, über ihren Bauch ..., sehr zärtlich in sie. Sie ist klebrig und sehr feucht.

So als hätte sie nur darauf gewartet, öffnet sie nun ihre so schönen braunen, ein wenig gläsrigen Augen ..., sie strahlt und wie. Mein streicheln, es erregt sie, ihr atmen wird kürzer, wird heftiger. Und schon bewegt sie ihren Körper im Rhythmus meiner wieder zitternden Finger. Auf und ab ..., immer schneller ..., auf und ab. Sie schließt nun ihre Augen und ihre heißen Finger, sie tasten sich über meine feuchtklebrige Haut ..., suchen sich meine schon wieder ..., meine so erregte Stelle ..! Schau, schau ..., auch ihre Handbewegungen, sie gleichen sich meinem Tempo an, sie werden wie auf Absprache immer aktiver, noch schneller und schon ..., unser Atem ..., *Marcus, mein geliebter Marcus, ich kann*

Dich nicht mehr erwarten. Bitte, bitte ..., noch einmal möchte ich mit Dir so hoch fliegen, so schweben ..., mit Dir Achterbahn fahren. Du kannst es doch auch mit Deinen Fingern spüren ..., so feucht bin ich nur für Dich. Auch ich kann es mit meinen Fingern fühlen, wie sehr ich Dich errege ..., einfach Wahnsinn! Bitte komm noch einmal in mich ..., nimm mich, ich gehöre nur noch Dir. Sie öffnet ihre so wunderschönen Augen ..., sie betrachtet mich von oben bis unten ..., ihre Bewunderung ..! *Marcus ich kann nicht anders ...,* schon küsst und probiert sie mich wieder. Immer und immer wieder. Sie ist auf das Äußerste erregt, als ich mich auch mit meiner Zunge in ihren Spalt koste und mit den Fingern in sie dringe. Jetzt gibt es für sie kein Halten mehr ..., *Marcus, ich muss Dich, ich möchte Deine Stärke in mir spüren ...,* und schon sitzt sie auf meinem Schoß und ich dringe nun tief, sehr tief in sie. Nur jetzt bestimmt sie die Heftigkeit, die Geschwindigkeit und die ist enorm und zunehmend ..., doch was ist jetzt? Wahnsinn ..., sind das plötzlich Schmerzen ..!

„Hiltrud", ja sie spürt mein Zusammenzucken, denn sie unterbricht sofort ihr Tun. Sie sitzt immer noch auf meinem Schoß und betrachtet mich ganz erstaunt, während ich mir meine beiden Hände an den feuchten, verklebten Bauch drücke, so als könne ich mir diese wahnsinnigen Schmerzen wegschieben. Pustekuchen, nun fängt es erst so richtig an ..., dieses Bohren, dieses Toben, dieses Fressen! *Marcus, mein allerliebster Marcus ..., was ist mit Dir? Mein Gott, was bin ich dumm. Habe ich ..., ja muss ich denn immer nur an mich und meine Lust denken? Bitte verzeih ..., ich habe es mir doch so innig gewünscht. Ich kann es Dir ansehen ..., es muss sehr schlimm sein.*

Sie kniet nun, immer noch völlig nackt, neben mir auf dem Bett und streichelt mir, da ich mich vor Schmerzen krümme, unentwegt über meine Brust, sogar über meinen feuchten Bauch, auf dem sich nun die Sonne spiegelt. Wir beide, die Kissen und auch das Betttuch ..., alles ist verschwitzt und klammfeucht. Die Luft im Zimmer ..., zum schneiden. Es riecht intensiv nach Sex und kaltem Schweiß ..., Ergebnis unseres extrem wilden Treibens.

Meine liebe „Hiltrud", bitte kannst Du die Balkontüre ganz öffnen? Diese stickige Luft ..., zum schneiden ..., ich bekomme momentan kaum

Luft zum atmen. Und bitte, bitte bringe mir meine Medizin ..., die von vorhin. Mir ist mittlerweile klar, diese Pillen halten nicht was sie versprechen. Aber Du weißt, ich möchte mit Dir noch diese kleine Wanderung machen. Und solange möchte ich auf alle Fälle wach bleiben. Bei den anderen Hämmern schlummere ich doch gleich wieder ein. Und das heute an Deinem Ehrentag. Ein Wasserglas findest Du bestimmt im Bad. Sogar das Reden, das Denken, es fällt mir schwer. Sehr mühsam ..., ich kann mich kaum auf irgend etwas konzentrieren.

„Hiltrud", sie schaut mir immer noch sorgenvoll ins Gesicht ..., jetzt beendet sie endlich ihre so intensiven Streicheleinheiten, dreht sich auf die andere Seite, setzt sich auf, rutscht von der Bettkante. Plötzlich hat sie es sehr eilig ..., läuft wie Gott sie geschaffen hat ..., die wenigen Schritte ins Bad ..., ich höre das leise Klirren von Glas ..., das Plätschern von laufendem Wasser und schon steht sie mit einem bis an den Rand mit Wasser gefüllten Kristallglas und meinen Tabletten neben mir. *Mein innig geliebter Marcus ..., hoffentlich hilft Dir Dein Medikament möglichst schnell. Ich kann mich noch so gut an die weisen Worte von „Alfred" erinnern. So emotional wie er dieses neue Präparat damals gelobt hat, müsste es ja wahre Wunder bewirken. Ich weiß, ich weiß ..., ich klinge schon etwas sarkastisch. Dabei sind diese Pillen, fast reinstes Morphium, für Normalsterbliche, die reinsten Ko-Pillen. Bei Dir bewirken diese jedoch nur noch eine kurzfristige Linderung Deiner bestimmt oft wahnsinnigen Schmerzen. Dabei möchte ich Dir so gerne helfen.*

Sie beugt sich nun zu mir herunter, legt mir die Pillen in meinen geöffneten Mund ..., auf die Zunge ..., sie reicht mir fürsorglich, nachdem ich mich jetzt aufgesetzt habe, das Glas Wasser zum Nachtrinken an den Mund. *Mein Gott ..., wie sehr wünsche ich Dir auch weiterhin diese so mentale Stärke. Bitte, bitte nimm diesen doch nur gutgemeinten Vorschlag von „Alfred", einer neuerlichen Therapie an. Ehrlich, nicht nur er ..., auch die anderen Ärzte „Dr. Schuster" und „Anton", ich meine natürlich „Dr. Roder", sie alle versprechen sich soviel ..., sie erwarten sich wirklich wahre Wunder von dieser noch relativ neuen Behandlungsmöglichkeit. Bitte, bitte ..., überlege es Dir.*

Sie nimmt nun meinen Kopf in beide Hände und küsst mich ..., sie küsst mich ..., mir schwinden fast die Sinne. Schwarz, tief schwarz wird mir plötzlich vor den Augen. „Hiltrud", sie spürt, fühlt meine Schwäche ..., augenblicklich unterbricht sie ihren ..., unseren so innigen Kuss, legt meinen Kopf auf das immer noch verschwitztfeuchte Bettlacken und dreht mich, so dass ich flach zu liegen komme. Hastig erhebt sie sich nun aus ihrer gebückten Haltung ..., eilt zum Fenster und öffnet beide Flügel der Balkontüre. Dieser frische Sauerstoff ..., er bewirkt bei mir wahre Wunder. Tief, sehr tief versuche ich nun durchzuatmen ..., schließe für einige Augenblicke meine Augen. Nur langsam, sehr langsam beruhigt sich bei mir dieses wahnsinnig schnelle Kreisen, dieses Schwindelgefühl. Was bin ich froh ..., so allmählich schwindet bei mir auch diese tiefe Schwärze vor den Augen.

Als ich jetzt langsam, ganz vorsichtig meine Augen öffne, blicke ich in das mich freudig anstrahlende Gesicht von „Hiltrud". Sie hat sich zu mir auf das Bett gesetzt und über mich gebeugt. *Marcus, mein liebster Marcus ..., Du machst mir Sorgen. Glaubte ich doch schon an das Schlimmste, an das Allerschlimmste. Dies wäre für mich eine Katastrophe, der schlimmste aller Gaus, denn ich liebe Dich schon so lange. Ehrlich ..., doch erst jetzt glaube ich ..., doch es muss so sein. Es fühlt sich so an ..., ich habe wirklich ..., ich habe zum ersten Mal in meinem Leben „Schmetterlinge in meinem Bauch".* Sie legt sich nun wieder neben mich. Sehr behutsam rutscht sie auf Körperkontakt. Nun ..., sie streichelt mich wieder und wieder. Sanft, ganz zart und mitfühlend von den Haarspitzen bis zum Bauch ..., tiefer, noch tiefer. Verweilt hier einige Minuten mit ihrer linken Hand, mit ihren Fingern ..., streichelt mich nun ganz zärtlich. Beugt sich nun über mich ..., sie küsst mich und kostet mich auch wieder. Jetzt tastet sie sich mit ihren Fingern und auch mit ihren Küssen wieder nach oben.

Jetzt, da sie bemerkt, dass sich meine Schwäche wieder legt, es mir besser zu gehen scheint, küsst sie mich ganz zart, sehr zärtlich auf meinen Mund ..., sie küsst sich nun wieder tiefer ..., zu tief. Meine Schmerzen, sie gönnen mir nach der Einnahme dieser Hämmer eine Pause, sie haben sich jetzt auf ein Minimum beschränkt. So kann ich nicht verhindern, dass mich ihr streicheln, dass mich ihre Zärtlichkeiten wieder erregen ..., stark erregen. Bestimmt ist dieser mein Zustand nicht ..., bestimmt nicht zu übersehen, denn „Hiltrud", ihr Atem ..., ihre immer intensiver werdenden Hand- und Fingerbewegungen, sie gleichen sich in der Heftigkeit an. *Marcus, ich fühle ..., ich kann es deutlich sehen, Dein enormes Gefühl für mich und Du siehst doch bestimmt auch, wie Du mich erregst. Am Liebsten würde ich ..., aber ich liebe Dich viel zu sehr. Ich muss jetzt vernünftig sein, denn nur Du ..., Du bist mir das Allerliebste, das Wertvollste auf diesem Planeten. Nur mit Dir möchte ich alt, sehr alt werden. Wenn es bei Dir geht ..., ich möchte Dich, ich möchte Deine so starken Gefühle jetzt nur noch einmal ganz kurz in mir spüren. Das war eben ein so sagenhaftes Gefühl, als Du in mir warst, als Du in mir auch kamst. Das war für mich wirklich das allererste Mal, dass mich ein Mann pur nahm und dann auch noch so ..., purer Wahnsinn.* Ich verstehe, fühle sie, ihre Gefühle, denn das was sie jetzt mit mir treibt ..., sie liebkost mich und wie ..., wo soll ich denn sonst hin mit meinem so innigen Gefühl und schon ..., langsam, behutsam gleite ich in sie. Ja sie ist immer noch heiß und feucht ..., und schon hat sie mich mit meinem doch so erregten Gefühl ..., wieder und wieder. *Mein Marcus ..., das ist ja noch viel schöner ..., nimm mich. Gib es mir ..., mein Gott ist das schön.* Ihr ganzer Körper, er zittert, er vibriert. Ihr ..., unser atmen wird heftiger, kürzer, keuchender. Wir lösen uns und wieder probiere ich ..., sie beugt sich und ihr Mund, er küsst und probiert und wie, so intensiv. Ihre Hände und ihr Mund ..., „Hiltrud" *was treibst Du mit mir.* Sie hat mich voll im Griff, jetzt bin ich derjenige, der schwebt, der fliegt, der Achterbahn fährt. So etwas habe ich noch nie erlebt. *Meine geliebte „Hiltrud" ..., Du treibst mich auf die Spitze, lass mich bitte in Dir kommen ...* schon bin ich wieder in ihr ..., beide merken wir, dass wir uns schnell unserem Höhepunkt nähern. Unser Atmen ..., sehr kurz ..., unser so erregtes Stöhnen ..., *mein lieber Marcus, ich habe es gespürt ..., das war ein so unbeschreiblich schönes Gefühl, einfach sagenhaft. Dieses möchte ich nie mehr missen. Jetzt ..., mit Dir fühle ich das erste Mal, was es heißt, wirklich zu lieben.*

Sie umarmt mich ..., küsst mich ..., eine Ewigkeit. Völlig außer Atem ..., Marcus ..., danke. *Nur Du schenkst mir dieses sagenhafte Glücksgefühl.*

Nur langsam legt sich diese Hitze. Während wir immer noch eins sind, küssen wir uns und unsere Zungen ..., mir schwinden fast die Sinne. Das Atmen fällt mir schwer und endlich schaffe ich es ..., ich löse mich von „Hiltrud". Langsam, sehr vorsichtig lege ich mich, immer auf engen Hautkontakt bedacht, auf den Rücken. So liegen wir beide nun eine kleine Ewigkeit. Tief ..., fast synchron, atmen wir nun die gute frische Luft in unsere Lungen.

Marcus schläfst Du ..., eigentlich wollten wir doch wandern. Aber dies eben mit Dir, es war tausend, nein hunderttausend Mal schöner als die beste ..., ach was ..., ehrlich es war das Beste ..., das Allerschönste, das ich je in meinem bisherigen Leben erleben durfte ..., unbeschreiblich ..., einfach himmlisch. Jetzt setzt sie sich neben mich auf und streichelt mir mit ihrer rechten Hand, mit ihren Fingern über meine feuchte, klebrige Haut ..., über meine Brust, über meine vielen Narben am Bauch und sie streichelt auch über mein völlig feuchtes, allerdings nun sehr schlappes Gefühl. *Marcus möchtest Du mit mir duschen? Vielleicht schaffen wir sie heute doch noch, unsere wenn auch nur kleine Wanderung.* Schon steht sie völlig nackt am offenen Fenster ..., dehnt und rekelt in der warmen Herbstsonne, ihren glänzendfeuchten Körper. „Hiltrud" was hast Du vor ..., Du bist doch ..., jetzt dreht sie sich um. *Marcus, ich bin so überaus glücklich und könnte die ganze Welt umarmen. Ich freue mich schon so auf heute Nacht. Aber nun benötige ich erst einmal eine kalte Dusche, ansonsten hüpfe ich gleich wieder zu Dir ins Bett. Und wer weiß ..., wer weiß ..., was dann geschieht?*

Wie recht sie hat, denn beim Anblick ihres so wunderschönen Körpers, ihrer Blöße ..., mein Gefühl. *Marcus, Marcus, Du machst es mir wirklich nicht leicht. Also komm endlich ..., auch Dir wird eine Abkühlung bestimmt gut tun. Komm, ich werde Dich massieren und einseifen, ich werde Dir endlich einmal den Kopf so richtig waschen.* Ich strecke ihr meine Hände entgegen ..., schon steht sie an meiner Bettkante und zieht mich stürmisch, schon sehr übermütig mit ihren Händen aus dem Bett. Beide prallen wir jetzt heftig mit unseren nackten Körpern aufeinander. *Mein lieber Marcus ..., einfach Wahnsinn ..., Dein Gefühl für mich.* Sie muss mich in ihrem Schritt fühlen ..., *ich möchte schon, aber es ist besser wir heben uns Deine Kräfte für die Nacht auf.*

Sie, „Hiltrud" ist Gott sei Dank so vernünftig und so schaffen wir es tatsächlich. Wir duschten uns ..., sie seifte mich gehörig ein und wusch mir auch gehörig den Kopf. Doch auch ich blieb eisern und begnügte mich nur mit jeder Menge Streicheleinheiten und einseifen. Jetzt stehen wir doch wirklich an der Gondel ..., wir steigen ein. Vorher haben wir uns tatsächlich mit einer Brotzeit, mit Saft, mit Mineralwasser im großen Einkaufszentrum reichlich eingedeckt. Alles erledigten wir händchenhaltend und auch jetzt, da die Gondel in der Talstation abhebt, stehen wir so, uns in die Augen sehend, in der Gondel. Meine Gedanken, meine Fantasie ..., sie drehen sich nur noch um „Hiltrud". Auch sie schaut mir ganz verklärt in die Augen. Konzentration ..., fast Null ..., trotzdem beim Blick durch das Kabinenfenster ..., *schau ..., Hiltrud", genau vor uns siehst Du jetzt die "Graue Wand", links daneben den „Rosskopf" und die „Zerminiger Spitze", und den „Schönspitz".* Gleich dort ..., mit meinen Fingern irritiere ich sie jetzt ein wenig ..., und schon ..., *da gleich rechterhand von der „Grauen Wand", das ist die „Vermoi-Spitze. Alle vier Gipfel schafften wir, das heißt ich und mein Bruder, vor zick Jahren in einer Drei-Tages-Tour. Das waren noch gesunde und bestimmt auch schöne Zeiten.* „Hiltrud", allem Anschein ist sie momentan mit Ihren Gedanken ganz woanders ..., *Marcus ..., Marcus ..., bitte nicht böse sein. Aber meine Fantasie ..., in meinem Kopf dreht sich noch immer alles nur um diese so wunderschönen Stunden, die ich mit Dir erleben durfte. Noch immer spüre ich Dich in meiner Fantasie in mir. Träume ich von diesem so einmaligen Gefühl, als Du im mir kamst. Ich bin so froh, dass wir bis auf zwei ältere Damen alleine in der Gondel sind. Du siehst ja selbst ...,* jetzt erst beachte ich auch die benannten zwei Damen, die sich sehr angeregt an der hinteren Gondelseite unterhalten. *Marcus und noch etwas muss ich Dir beichten ..., wie es*

aussieht, bin ich nicht ganz schwindelfrei. Mir ist plötzlich so ganz flau in der Magengegend. Bitte nimm mich ganz fest in Deine Arme und lass mich an Deinem Herzen träumen. So wie es aussieht haben wir sowieso unser Ziel schon gleich erreicht.
Folgsam ..., so bin ich erzogen worden. Fest und innig umarme ich nun meine „Hiltrud". Und sie verschließt nun ihre schönen Augen ..., vielleicht erträumt sie sich ..., *bitte vorsichtig aussteigen.* Schon hatten wir unser erstes Ziel erreicht. Meine letzte Wanderung in dieser Region ..., lang, lang ist´s her. So muss ich mich wohl oder übel erst ein wenig orientieren ..., „Hiltrud" *ich glaube, für heute belassen wir es bei einer kleinen Wanderung, vielleicht nur bis Fora? Das dürfte so eine knappe Stunde sein ..., da können wir es gemütlich angehen lassen und haben auch noch genügend Zeit für einen ausführlichen Plausch.* Verlegen muss ich mich jetzt am Hinterkopf kratzen ..., *vielleicht könntest Du mir heute ein wenig mehr von Dir erzählen. Du weißt doch schon wesentlich mehr von mir ..., Du bist mir so gesehen noch richtig fremd.* Wir haben uns jetzt wieder eng aneinander geschmiegt. Sie gibt mir nach meiner letzten Bemerkung mit ihrem linken Ellenbogen einen Stoß in die Rippen ..., *mein Liebster ..., das kannst Du aber jetzt wirklich nicht mehr sagen. Du kennst mich doch mittlerweile in und auswendig. Deine Küsse ..., hast Du damit nicht schon fast jede Stelle meines Körpers erkundet ...,* jetzt müssen wir beide herzhaft lachen, während wir uns nun endlich in Bewegung setzen.

Wenn ich mich noch recht erinnere ..., ja wir können zunächst in westlicher Richtung diesen fast neuen Fahrweg benützen. Und ..., nach vielleicht einer guten Viertelstunde Gehzeit, unmittelbar nach einer scharfen Linkskurve, sollten wir diese schmale Straße verlassen um dann auf einem gekennzeichneten Weg ..., ich glaube es ist der Steig 14, in der gleichen Richtung weiterzugehen. Er führt uns in die weite aber steile Talmulde des Tisserbaches. Am gegenüberliegenden Hang siehst Du dann schon die Gebäude von Fora am Hang kleben. Wie sie mich jetzt so ungläubig ansieht ..., so richtig zum reinbeißen ..., *und das weißt Du noch alles von damals ..., sagenhaft. Wie oft bist Du denn schon hier gewesen? Das kann ja lustig werden.* Wir haben schon wieder einen Grund ..., unsere gute Laune scheint ansteckbar, denn zwei uns entgegenkommende junge Leute, bestimmt auch ein verliebtes Pärchen ..., *bei diesem so herrlichen Wetter und bei so vielen gut gelaunten Menschen ..., das ist doch Grund genug, unserem Schöpfer zu danken. Einen wunderschönen Tag ...*, rufen sie uns noch freudig mit den Händen winkend zu und schon sind sie an uns vorbei.

Marcus ..., *mein Gott ..., ich habe es ganz vergessen*. „Hiltrud" sie hat, nachdem ich ihr ob ihres lauten Ausrufs in die Augen schauen muss, ein hochrotes Gesicht. *Liebster Marcus ..., Du stell` Dir vor, am vergangenen Sonntagabend hat mich Deine liebe Tochter „Monika" bei mir zuhause angerufen. Ich habe Dir doch bestimmt schon erzählt, dass wir schon einmal zusammen telefoniert haben. Damals habe ich ihr unter anderem, meine private Adresse und auch meine Handynummer gegeben. Ich kann es ihr ansehen, dass sie sich jetzt wegen ihrer ...,* wegen dieser Vergesslichkeit Vorwürfe macht. „Hiltrud", was war es denn so Dringendes, dass sie Dich gleich zuhause anrufen musste. Jetzt zeigt sie mir wieder ihr strahlendes Lächeln. *Wieso frägst Du ..., nichts Schlimmes. Mein lieber Marcus ..., sie hat mir, nachdem ich ihr Deine Geschichte mit Deinem neuen Vorsatz und Deinem so plötzlichen Umdenken in Sachen Urlaub erzählt hatte, alles Gute und einen wunderschönen Urlaub mit Dir gewünscht. Sie sagte unter anderem, dass sie sich so ..., dass sie sich von Herzen freue, dass wir nun endlich zusammengefunden haben. Sie und auch Deine anderen Kinder ..., ja und auch Deine „Christina", sie wünschen Dir alles erdenklich Gute und erholsame Tage. Und ..., ja sie freuen sich, dass Du Dich nicht aufgibst und Dich aller Voraussicht neu therapieren lassen möchtest. In den nächsten Tagen schon, möchten sie Dich kurz anrufen, denn ich habe ihnen meine Handy-Nummer und die Rufnummer vom Hotel gegeben. Sie alle können sich noch gut an diese schönen Urlaubstage von damals, an die Tage im „Paradies" erinnern.* Doch was ist? Ihr Gesicht wird ernster und auf ihrer Stirn ..., ja dort zeigen sich Sorgenfalten. Wir sind jetzt inmitten des Fahrweges stehengeblieben, umarmen uns ..., ja ..., *da ist doch noch etwas. Deine Tochter, sie muss Dir erst kürzlich erzählt haben, dass sich Deine „Christina" so auf ein Wiedersehen und auf einen* *eventuellen Urlaub mit Dir freuen würde. Die Psyche von „Christina", sie muss sich in den letzten Wochen und Tagen wieder radikal verschlechtert haben, so dass die behandelnde Ärztin von einem solchen Treffen oder gar einem Urlaub mit Dir unbedingt abrät. Sie, Deine „Christina", sie kann sich partout nicht damit abfinden, dass Du Dich nach Deiner Trennung von ihr, mit anderen, mit doch schon so vielen Frauen getroffen, mit diesen eventuell sogar zusammengelebt oder diese auch geliebt hast. Für einen gesunden Menschen völlig unverständlich. Ihre alte Krankheit ..., diese „Eifersucht" ..! Sie kann sich scheinbar nun doch nicht davon freischwimmen. Eine wirklich arme Frau ..., sie tut mir leid. „Monika", sie erzählte mir weiterhin ..., sie und Deine zwei Söhne, sie hatten sich schon auf ein Domizil für Euch festgelegt. Halte Dich fest ..., es war echt Dein von Dir so gelobtes Hotel „Vierjahreszeiten" in Hintertux. „Hiltrud", nun lacht sie wieder ..., schon eigenartig. Zufälle gibt es ..., sagtest Du vor einigen Tagen nicht das gleiche zu „Alfred"? Deine Tochter, ja sie sagte dann noch abschließend zu mir ..., und das hat mich so gefreut. Sie wünschen sich so, und das von ganzem Herzen, dass wir zwei miteinander glücklich werden. Und sie, ja alle Deine Kinder sie beten jeden Tag für Dich und sie spenden jedes Mal, wenn sie eine Kirche betreten, am Altar der „Heiligen Maria", die Du so verehrst, Kerzen und schließen Dich immer in ihr Gebet ein. Welch ein Blick ..., so tief. Ihre Augen, sie strahlen ..., was für eine wohltuende Wärme, was für eine innige Liebe. Siehst Du ..., mein liebster Marcus ..., schon wieder etwas was wir gemeinsam tun. Auch ich verehre die „Mutter Gottes" ..., ich verehre „Maria", und das schon seit meiner Kindheit. Auch ich spende und spreche jedes Mal ein Gebet, wenn ich eine Kirche betrete und das ist ..., glaube es mir ruhig, das kommt sehr oft vor. Meine Eltern, sie haben mich sehr streng und christlich erzogen. Viele Jahre habe ich früher im Kirchenchor ..., ja, ja ..., in der „Hl. Geistkirche" in München gesungen. Da staunst Du ..., ich kann es Dir doch ansehen. Das überrascht Dich, das hast du mir bestimmt nicht zugetraut. Sie umarmt mich nun noch inniger und drückt mich mit beiden Händen ganz fest an sich ..., wir küssen uns und unsere Zungen. Unser Atmen wird kürzer und kürzer ..., sie erregt mich, meine Gefühle.*

Es fällt mir schwer und nur mit Mühe kann ich mich von ihr trennen. Ich muss mich auf andere Gedanken bringen. Wir stehen uns nun einige Augenblicke, tief Luft holend, gegenüber. Sie mustert mich nun vielleicht etwas überrascht. Komisch ..., beide müssen wir nun lachen und schon stehe ich wieder neben ihr ..., meine liebe, meine allerliebste „Hiltrud". *Wir beide und wandern ..., wir kommen wie es aussieht, nicht vom Fleck.* Schon halten wir uns wieder an den Händen. *Aber um auf Dich zurückzukommen ..., es ist doch schon ein Anfang. Endlich erzählst Du mir auch etwas von Dir, von Deiner Kindheit. Du siehst ..., es freut mich riesig, dass wir beide Gemeinsamkeiten finden und dass ..., ja es stimmt wirklich. Schon während meiner Schulzeit habe ich schon immer lieber die Marienlieder im Knabenchor, in der Kirche oder auch so gesungen. Das waren noch Zeiten ..., ich hatte einmal eine wirklich herausragende Knabenstimme. So klar wie ein „Engerl", sagte man, so wie Heintje. Bis zu meinem Stimmbruch mit sechzehn Jahren, durfte ich meine Sangeskünste bei den „Münchner Chorbuben" im „Münchner Liebfrauendom" und in noch vielen, vielen anderen Kirchen und in großen Konzertsälen, unter Beweis stellen. Dann war es plötzlich vorbei ..., mit der Stimme und auch so.* „Hiltrud", sie drückt mich nun wieder fest an sich ..., mir ist ..., ja mir ist plötzlich so, als ob sich meine Schmerzen wieder zurückmelden. „Hiltrud" bitte nicht böse sein ..., Du hast doch bestimmt meine Pillen im Rucksack? Hat sie meine Frage jetzt so erschreckt ..., sie zuckt ein wenig zusammen und löst ihre so feste Umarmung. Mit sorgenvoller Miene ..., *wie schnell doch die Zeit vergeht. Jedes Mal ärgere ich mich über mich, wenn ich nur an mich und nicht an Deine Vorbeugung denke. Das wollte ich nun wirklich nicht. Allerliebste, ich wollte Dich mit meiner Frage nun wirklich nicht erschrecken. Es gibt Schlimmeres ..., aber bitte, hast Du ..., bin ich froh.* Sie lacht ja schon wieder ..., *ich habe Dir sogar die leichtere Dosierung mitgenommen und für alle Fälle ...,, aber daran möchte ich heute überhaupt nicht denken.*

Schnell hat sie mich von diesem Problem erlöst und mit je zwei großen Bechern Orangensaft ..., er mundet uns vorzüglich, haben wir auch das Durstige für den Augenblick erledigt. Tief in Gedanken und händchenhaltend, sind wir nun wieder flotten Schrittes unterwegs. Mich überrascht, dass sie mit mir so gut Schritt halten kann. Nachdem wir einen kleinen Bach überquert haben, halten wir uns rechts. Ein anderer, Weg 7, so konnten wir lesen, führt gleich linkerhand nach Pardatsch und über Ratschill wieder ins Tal zurück. Wir aber haben uns ja vorgenommen, dass wir, und das trotz dieser Schwindelgefühle von „Hiltrud", wieder mit der Gondel zu Tal fahren möchten. Einmal muss sie sich doch daran gewöhnen, meinte sie vorhin lachend. An einer verlassenen Mühle vorbei und über einige schmale Seitenäste des Bachs gelangen wir nach etwa einer Stunde doch tatsächlich nach Egg. Wir merken sehr schnell an unserer Puste, dass der Weg etwas steiler wird und das ein einige hundert Meter langes Stück über den sogenannten Rutschhang, nicht sonderlich gut zu gehen ist. An diesen Steigungen bemerke ich, dass ich „Hiltrud" vielleicht ein wenig helfend unter die Arme greifen sollte. Nachdem allem Anschein auch ich meine gesundheitlichen Grenzen erkennen muss, meine Probleme habe, ich bin völlig außer Atem, gehen wir seit geraumer Zeit, beide sehr intensiv nach Luft schnappend, schweigsam Arm in Arm nebeneinander her. Dieses mir von „Alfred" verschriebene neue Medikament, es bringt mir leider nicht die erhoffte Milderung. So quäle ich mich, mehr als ich mir eingestehen will, bis nach Fora.

Marcus ..., mein Allerliebster ..., warum tust Du Dir das an? Seit einer halben Stunde bemerke ich doch, dass es Dir nicht so gut geht ..., dass Du deshalb ziemlich wortkarg geworden bist. Beide setzen wir uns nun auf eine alte, schon etwas verwitterte Holzbank, die gleich linkerhand in der Wiese unter einem gewaltigen, etwas schiefstehenden Kruzifix steht. Unser atmen wird ruhiger ..., doch meine jetzt wahnsinnigen, meine so stechenden Kreuzschmerzen ..., und auch sonst ..! Ich versuche mich abzulenken ..., *liebe „Hiltrud" ..., eigentlich wollte ich mit Dir diesen Weg noch weitergehen, bis in das Hochtal des Fallerbaches. Gleich nach „Fora" geht es auf den Bergrücken zwischen dem Tisser- und dem Fallerbach. So erreicht man den ehemaligen „Laggárhof", von dem nur noch Mauerreste übriggeblieben sind. Der Einstieg in den Weg 14a, den „Goldgrubenweg", der unmittelbar an den „Knappenlöchern" vorbei über die „Raffinböden" und nach „Annaberg" führt, ist im oberen Teil ziemlich verwachsen.* Geht man allerdings diesen Weg weiter, kommt man durch einen kleinen lichten Wald, der an sehr heißen Tagen, dem müden Wanderer Kühlung spenden kann. Weiter geht es dann leicht abwärts bis zu dem ebenfalls verfallenen Hof „Zuckbühel", dessen Mauerreste Dich an eine uralte Burgruine erinnern. „Zuckbühel" soll ebenso wie „Laggár" aus Knappenunterkünften des ehemaligen „Goldrainer Bergwerks" entstanden sein. Anschließend gelangt man dann in das bereits von mir erwähnte Hochtal des Fallerbaches. „Hiltrud", sie schließt nun wie träumend ihre Augen und so nütze ich diesen Augenblick, um mir mit meinen beiden Händen meine aufkommenden Bauchschmerzen, wegzuschieben. Zum Mindesten ist es den Versuch wert ..., aber leider ohne Erfolg. Noch hat „Hiltrud" allerdings nichts von meinem immer schlimmer werdenden Dilemma bemerkt und so ..., *wenn man sich eingehender mit diesen Menschen hier oben befasst, kann man sehr schnell feststellen, dass diese ein hartes, ein entbehrungsreiches, ein armes Leben führen. Du wirst wahrscheinlich nicht viel über das Leben dieser armen Bauern hier oben wissen. Auch ich konnte mich nur aus Gesprächen mit älteren Leuten aus dieser Region, schlau machen. So ist das nun unmittelbar vor uns liegende Fora, zum Beispiel eine Anhäufung von kleinen und kleinsten Gehöften, von Schuppen und Scheunen. Wer also eine allzu romantische und einfache Vorstellung vom Leben dieser Bergbauern hat, kann hier sehr ausführlich und realistisch, Anschauungsunterricht über die wirklichen Lebensbedingungen dieser Menschen hier oben nehmen.*

Unser lieber Planet Sonne ..., er brennt uns nun schon sehr intensiv auf den Kopf. Wie gut ist nun das kühlende Wasser, das Nass aus der Thermoskanne. Von unserer alten Bank aus hat man einen herrlichen Blick bis hinab ins Tal, nach „Goldrain", nach „Latsch", in das „Martelltal" und auf die gegenüberliegenden Gipfel, auf die vielen Zwei- und Dreitausender ..., auf die „Weißwand", auf das „Kleine Hasenöhrl" und auf das „Hasenöhrl", auf den „Murman-

tenblais", die „Blaue Schneid" und auch auf die „Hohe Marchegg". Und ..., und . . , und ..!
Meine allerliebste „Hiltrud" ..., hallo ..., hallo ..., bist Du vielleicht schon eingeschlafen ..., langweile ich Dich mit meinen Ausführungen? Sie hat wirklich ihre Augen immer noch geschlossen ..., doch ich sehe es ..., ihre Augenlider sie flattern ganz leicht ..., also sie schläft noch nicht ..., doch ..., doch ..., mein lieber Marcus, ich höre Dich gerne erzählen. Aber diese Sonne ..., ihre Wärme sie durchflutet mich, sie tut mir so gut ..., so gut wie Deine ruhige Stimme. Bitte wenn Du willst ..., erzähle ruhig weiter. Natürlich interessieren mich solche Geschichten. Ist schon erstaunlich ..., Dein Wissen und Deine Gabe des Erzählens. So ein bisschen hat mir einmal Deine „Irene" vom „Sonnenberg", nach einem Eurer vielen Urlaube im Vinschgau erzählt. „Irene", was hat sie ihr noch so alles erzählt? Damals ging es mir noch besser.

Meine Schmerzen ..., sie wollen sich nicht beruhigen. So bin ich froh, dass mir noch Zeit zum ausruhen bleibt. Vielleicht wird es doch noch besser. Und ja, da kann ich ihr noch so einiges erzählen ..., *meine „Liebe" ..., meine allerliebste „Hiltrud". Der sogenannte „Sonnenberg" ist wie Du vielleicht schon von „Irene" weist, ein charakteristisches, ein landschaftliches Merkmal des Vinschgaus. Er ist die Flanke der Gebirgskette, die das Tal nach Norden hin abgrenzt. Zwischen der Biegung im Raum Mals und Meran, verläuft das Etschtal in fast genau westöstlicher Richtung; daher ist der Hang der Sonne voll ausgesetzt. Es ist aber schwer zu sagen, ob die Verkarstung nun eine Folge des Raubbaus durch den Menschen ist oder ob es sich um ein notwendiges Naturereignis handelt.*

Wie Du siehst, wirkt der Hang für uns Betrachter schroff und abweisend, doch wer sich näher mit ihm beschäftigt, der wird den herben Reiz dieser Landschaftsform schätzen ..., ja und bestimmt auch lieben lernen. So erzählte man mir, dass es Leute gibt, die selbst einen sehr weiten Anfahrtsweg nicht scheuen, um eine „Sonnenberg"-Wanderung zu unternehmen. Ein großer Vorteil besteht auch darin, dass infolge der klimatischen Bedingungen, diese Wanderungen auch im Winter möglich sind. Beides habe ich schon hinreichend genutzt. Muss aber sagen, dass für mich, die Wanderungen im Herbst die schönsten waren. „Hiltrud" sie legt nun ihren linken Arm um meine Schulter, schaut mir lächelnd in die Augen ..., liest mir jedes Wort von den Lippen. *Schon interessant ..., man sieht, dass Du Dich schon sehr intensiv mit dieser reizvollen, dieser wunderschönen Landschaft beschäftigt hast, dass Du dieses schöne Fleckchen Erde liebst. Doch ..., wirklich ich könnte mir auch vorstellen, dass wir einmal unseren gemeinsamen Altersruhestand, hier in dieser Region verbringen könnten. Warum eigentlich nicht.* Sie streichelt mir jetzt langsam, sehr zärtlich mit ihrer linken Hand durch meine Haare, während sie ihren Kopf jetzt ganz fest an meine Schulter drückt, so als wolle sie meinen nun wieder zu heftigen Herzschlag fühlen. *Bitte erzähle weiter, man kann hier unter diesem Kreuz so schön sitzen. Ich fühle mich hier so richtig geborgen und beschützt. Diese Ruhe, sie tut mir so gut.* Jetzt schenkt sie mir einen flüchtigen Kuss auf meine rechte Wange und lächelt ..., sie strahlt ..., sie strahlt mich an und auch in mir ist trotz meiner tobenden Schmerzen, so eine Ruhe, so ein Frieden!

Hiltrud" ich liebe Dich so innig ..., ich fühle mich so überaus wohl in Deinen Armen, an Deiner Seite. Mein Herz ..., hörst Du es, wie es aufgeregt pumpert und nur für Dich schlägt. Ich schenke es Dir ..., es gehört nur noch Dir. Und wirklich ..., mein Herz es schlägt momentan so heftig, es schmerzt mich so richtig. Dabei ist mir schon klar, dass sie, dass „Hiltrud" jetzt nicht die alleinige Ursache sein kann. Es muss ..., es ist mein mieser Allgemeinzustand, der sich zunehmend verschlechtert. Trotzdem ..., nein ich möchte es mir heute an ihrem Geburtstag und vielleicht auch aus Stolz, nicht anmerken lassen. Es wird schon noch zum aushalten sein ..., es muss ..., *ein bisschen möchte ich Dir dann doch noch weiter erzählen. Vielleicht können wir dann abschließend noch einige Schritte in die eingeschlagene Richtung gehen, bevor wir uns wieder auf den Rückweg machen. Es ist, wie ich auf meinem Regulator sehen kann ..., mein Gott es ist ja schon 15.30 Uhr. Meine liebe „Hiltrud", wir leben ja heute in der Hauptsache nur von Liebe, einem Frühstück und einem großen Becher Orangensaft.* Beide müssen wir lachen ..., mir ist so gar nicht zum Lachen. Meine

Probleme ..., ja sie haben mich jetzt mehr als gewohnt im Griff. Warum ..., ja warum nur ..., es ist schon eigenartig ..., warum bringen mir heute meine Tabletten nicht die so erhoffte Milderung?

Meine liebe „Hiltrud", dieser sogenannte „Sonnenberg" ..., etwas verkrampft versuche ich weiterzuerzählen ..., er hat es schon in sich. So gibt es für den Wanderer immer wieder neue Wege und Pfade zu entdecken. Einen Teil seines Reizes verdankt er aber seinem Pflanzenwuchs. Es sind in erster Linie mitunter schon sehr dornige Pflanzen, die hier allerdings gut gedeihen und sich hier auch durchsetzen können; wie Wacholder, Hagebutten, Sanddorn, Berberitzen und sehr viele Distelarten ..., wunderschön anzuschauen, wenn sie blühen und im Herbst.

Eine Gefahr für diese so einmalige Landschaftsform stellt der Bau immer neuer Zufahrtsstraßen dar, die trotz aller Warnungen und Beschriftungen durch die Naturfreunde und Umweltschützer, errichtet werden und der Natur tiefe Wunden schlagen und kaum mehr verheilen. Ein weiteres landschaftliches Merkmal sind die zum Teil mächtigen Schuttkegel. Sie sind durch Murbrüche entstanden und haben immer einen kurzen Taleinschnitt mit meist steilen Rändern hinter sich. Diese Schuttkegel, die den Talverlauf lebendig gestalten, hatten von jeher große Bedeutung für den Menschen als Siedler. Auf dem Scheitel bzw. an den Hängen entstanden Ansiedlungen, während die Talsohle noch den giftigen Dünsten der Sümpfe ausgesetzt war. Daher findet man heutzutage diese ältesten Zeugnisse menschlicher Sesshaftigkeit, gerade auf solchen Plätzen.

Tief und fest muss ich jetzt durchatmen. Mehr fällt mir zu diesem Thema ohnehin nicht mehr ein. Denn meine Konzentration ..., sie lässt stark nach und auch meine Schmerzen ..., ja sie haben mich nun voll im Griff. Das heißt, ich muss mich bewegen ..., schon erhebe ich mich, meine Arme und Beine dehnend und streckend ..., sind das plötzlich Schmerzen. Meine Füße, sie versagen mir fast den Dienst ..., zucke zusammen und gehe in die Hocke. Meine Hände drücke ich mir fest in meinen Magen, in den Bauch. Atme mehrmals tief durch, blase die Luft wieder aus meinen Lungen. *Marcus was ist mit Dir? „Hiltrud",* sie erhebt sich nun auch von der Bank und beugt sich besorgt über mich. *Du hast doch erst vorhin Deine*

Medizin geschluckt. Was soll ich Dir denn noch für ein Gift geben ..., ich weiß nicht so recht? Soll ich Dir jetzt schon diese schweren Hämmer ..., da schläfst Du doch gleich hier vor mir auf dem Weg ein. Diese Geschichte mit mir heute mittags, nun diese Wanderung ..., das war allem Anschein dann doch des Guten zu viel für Deine körperliche Verfassung. Mein Gott, was ist mit Dir?

Weiß ich doch selber nicht, wie mir geschieht. Ganz plötzlich wird mir so intensiv schwarz vor meinen Augen und ich muss ..., ist es Traum oder ist es Wirklichkeit ..., ich falle und falle ..., ich sehe vor mir ein riesiggroßes, rasend schnell näherkommendes schwarzes Loch, das mich regelrecht ansaugt und verschlingen will. In den Ohren spüre ich einen wahnsinnigen Druck ..., ein irres Sausen, das sich schnell zunehmend verstärkt. Ganz plötzlich ..., ist es ..., ist alles wie weggeblasen. Der Druck ..., das Sausen ..., ich fühle und spüre ..., ja es müssen ..., es können nur meine Schmerzen sein, die mich zum Wachwerden zwingen. Nun spüre ich meine Hände, die ich mir an den Bauch drücke und öffne meine Augen ..., bleischwer sind meine Augenlieder. Grell und gleisendhell sind sie, diese Strahlen der schon sehr tief stehenden Sonne. Jetzt erst bemerke, fühle ich, dass ich auf dem Rücken liege, gleich rechterhand unserer Ruhebank. Als ich nach oben, in den noch blauen Himmel blicke, sehe ich wie zufällig in das Antlitz, das schmerzverzerrte Gesicht des am Holz gekreuzigten Heilands. Nur ganz langsam, sehr langsam realisiere ich, dass ich einmal mehr, für einige Augenblicke wirklich abgetreten war. *Mein Herrgott, was hast Du mit mir vor? Warum schickst Du mich wieder in dieses armselige Leben zurück? Du hättest mich doch auch gleich bei Dir behalten können.*

Nun ..., anscheinend rede ich jetzt schon mit meinem Schöpfer. Zu aussichtslos scheint mir im Augenblick mein Leben, meine gesundheitliche Perspektive. Mein Kopf, meine Gedanken, sie funktionieren nur sehr langsam, nur im Unterbewusstsein. Doch wo ..., ja wo ist meine liebe „Hiltrud", sie wird mich doch nicht hier alleine ..., ich muss mich zwingen und so komme ich mit äußerster Mühe und mit Hilfe der alten, urigen Holzbank neben mir, an der ich mich hochziehe, zum Sitzen. Jetzt entdecke ich „Hiltrud" ..., welche Erleichterung. Sie steht mit dem Rücken zu mir, einige Schritte wegabwärts und sie hat ..., ja, sie spricht in ihr Handy, während sie wie wild mit der linken Hand in der Luft herumgestikuliert. Meinen Kopf habe ich auf meine Knie gestützt ..., zusammengekauert verharre ich einige Minuten neben der Bank, in der Wiese. Es will ..., es wird nicht besser mit meinen Schmerzen. Wohl oder übel ..., es muss also sein ..., ich und mein Wille, wir müssen es schaffen. Wahnsinnig, dieses jetzt so Bohrende, so Tobende ..., dieses so Fressende in mir. Immer wieder muss ich mein Vorhaben unterbrechen ..., falle wieder und wieder in das Gras zurück. Endlich gelingt es mir ..., ich schaffe es und ich lege mich jetzt auf die harten Holzbretter der Bank. Tief, sehr tief ist mein atmen. Mein Blick geht wieder nach oben ..., ich schaue in den blauen Himmel, in die Sonne ..., drücke mir meine Hände fest an den Bauch, schließe meine Augen. Diese Anstrengung ..., kostete mich viel ..., zuviel Kraft. *Mein Gott was ist nur aus mir geworden? So sehr habe ich mich auf diesen, auf meinen Urlaub gefreut. Und schon am zweiten Tag, schickst Du mir diesen gesundheitlichen Rückschlag. Was wird jetzt kommen ..., was hast Du noch mit mir vor? Wie soll es weitergehen mit mir und meiner allerliebsten „Hiltrud"?* Schon wieder halte ich meine Zwiegespräche, während ich mir das Kruzifix betrachte. Dabei möchte ich nur noch schlafen und schlafen ..., und schon ..., da ist sie wieder diese Schwärze ..., wieder dieses Sausen ..., und da ist auch dieses tiefschwarze, schnell näherkommende riesiggroße Loch. Doch was ist das ..., ein winzig kleiner Lichtpunkt. Nur langsam und das trotz dieser irren, dieser wahnsinnigen Geschwindigkeit ..., wird dieses winzig kleine Lichtlein größer, immer größer ..., heller und heller ..., greller und blendender als die Sonne.

Marcus ..., hallo ..., hallo ..., Marcus ..., was ist mit Dir? Du darfst mich jetzt nicht alleine lassen. Nur ganz leise, ganz schwach ..., ist es Traum ..., ist es gar Wirklichkeit? *Mein lieber, mein allerliebster Marcus ..., bitte lasse mich nicht alleine in diesem Leben zurück. Hallo, hörst Du mich?* Hände rütteln, schütteln und streicheln mich. Feuchtigkeit, warmes Wasser tropft mir ins Gesicht. *Marcus ..., hallo*

Marcus, so wach doch endlich auf. Öffne mir Deine Augen ..! Du darfst mich noch nicht ..., Du kannst mich jetzt, wo wir uns doch erst so richtig gefunden haben, nicht schon wieder verlassen. Hörst Du ..., Geliebter, mein allerliebster Marcus, „diesen Schritt gehen wir nur gemeinsam"!

Was ist mit meinen Augen, mit meinen Augenlidern, sie versagen mir ihren Dienst. Mit meinen beiden Händen ergreife ich ..., ja es muss ..., ja es ist meine„Hiltrud", die sich mit ihrem Oberkörper auf mich gelegt hat. Jetzt ..., ja jetzt schaffe ich es, meine bleischweren Augen zu öffnen und schau, schau ..., sie kniet vor der Holzbank und hat ihren Kopf, ihren Oberkörper auf meine Brust gelegt. Sie weint ..., es schüttelt ihren schmächtigen Körper. Große Tränen rollen über ihre Wangen ..., tropfen mir ins Gesicht. Behutsam lege ich nun meine beiden Arme um sie und drücke sie fest an mich. Komisch ..., ich verspüre, da ich „Hiltrud" jetzt gegen mich drücke, keine Schmerzen. Alles ist wie weggeblasen ..., das kann doch so nicht sein.

Meine allerliebste „Hiltrud" ..., das überrascht mich, auch meine Stimme, sie funktioniert. *Was war eigentlich los ..., was sagtest Du vorhin zu mir?* Wir blicken uns nun ganz tief in die Augen. *Ich solle Dich jetzt noch nicht verlassen ...,* sie drückt sich, ihren Oberkörper immer noch fest an mich und küsst mich immer und immer wieder auf die Stirn auf meine Wangen und jetzt ..., Wahnsinn ..., so intensiv ..., so heiß. Das habe ich bei ihr so noch nicht gefühlt ..., auf meinen Mund, während mir ihre Tränen in mein Gesicht tropfen. Lang ..., ewiglang ist ihr Kuss ..., ihre Zunge ist überaktiv. „Hiltrud", ..., sie nimmt mir die Luft zum atmen. Nun ..., ich muss sie, ihr Gesicht ganz vorsichtig mit meinen Händen wegschieben. Tief, sehr tief sauge ich nun die schon frische Abendluft in mich. Sie lächelt mich an ..., *Marcus ..., mein allerliebster Marcus, noch etwas sagte ich vorhin zu Dir ...,* und sie küsst mich nun wieder und wieder auf meine Stirn, auf meine Wangen ..., *wir haben uns doch jetzt erst so richtig kennengelernt. Du darfst mich nicht verlassen, „diesen Schritt gehen wir nur gemeinsam".* Wieder drückt sie sich an mich ..., an meine Brust ..., schmiegt nun ihren Kopf ganz sanft an meine Schulter. *Gleich wird man Dir helfen. Du darfst nur nicht*

einschlafen. Bitte rede mit mir. Ich habe mit dem Notarzt in Latsch, mit dem Krankenhaus in Meran telefoniert. Sie werden uns einen ... !
Ihre Nähe, ihre Körperwärme ..., sie tut mir jetzt so gut. Körperlich fühle ich mich irgendwie vollkommen leer, ausgebrannt und schwach. Wahnsinnig müde bin ich ..., ich muss gähnen ..., am liebsten möchte ich jetzt nur noch schlafen ..., schlafen ..., schlafen! Was ist mit meinen Augen, mit meinem Kopf? Dieses irre Sausen ..., diese so tiefe Schwärze ..., dieses Rauschen in meinen Ohren ..., es verstärkt sich irrsinnig schnell und ich fühle diese wahnsinnige Geschwindigkeit, die mich fortträgt ..., mit sich fortreißt. Und wieder ist da diese Helle, diese grelle Sonne und ganz plötzlich ist „nur noch hellstes Licht" und überall herrscht Ruhe ..., endlich habe, fühle ich keine Schmerzen ..., nicht mehr dieses Bohrende, dieses so Fressende in mir. Mein Gott habe ich nun endlich mein Leben, diese Schmerzen überstanden?

www.ingramcontent.com/pod-product-compliance
Lightning Source LLC
Chambersburg PA
CBHW020940230426
43666CB00005B/95